suhrkamp taschenbuch 2026

W0247608

Der Band dokumentiert erstmals umfassend die verschiedenen Aspekte, die für die Entstehung der Erzählungen und Romane Kafkas wichtig sind: die lebensgeschichtlichen Konfliktlagen, die spontan als Anlässe des Schreibens in Erscheinung treten und mit seismographischer Genauigkeit seinen Fortgang bestimmen; die damit konkurrierende Eigengesetzlichkeit des Ästhetischen; die Bedeutung literarischer Vorbilder; das Problem des Fragmentarischen und schließlich die Gesetzmäßigkeiten, nach denen das Entstandene stilistisch für den Druck überarbeitet wird. Eine günstige Quellenlage erlaubt ungewöhnlich detaillierte Einblicke in die Werkstatt eines großen Sprachkünstlers, besonders in die psychischen Gegebenheiten, die den eigentlichen kreativen Prozeß bewirken und begleiten: Es existieren eindringliche Selbstaussagen Kafkas über sein Schaffen, die systematisch ausgewertet wurden. Es haben sich Originalniederschriften seiner Werke erhalten, die benutzt werden konnten. Zahlreiche Vorlagen zu einzelnen Texten wurden entdeckt, die es ermöglichen, die produktive Rezeption fremder Motive und Strukturen zu verfolgen. *Das Urteil, Die Verwandlung, Der Verschollene, Der Jäger Gracchus, Ein Bericht für eine Akademie* und *Das Schloß* stehen im Mittelpunkt der Untersuchung.

Entgegen weitverbreiteter Ansicht erweist sich Kafkas Œuvre weder als literarisch voraussetzungslos noch von hermetischer Abgeschlossenheit. Es ist vielmehr Glied einer Traditionskette und mit seinem geistigen Umfeld Prag auf überraschend vielfältige Weise verknüpft. Rahmenbedingungen sinnvoller Deutung sind damit vorgegeben.

Kafka. Der Schaffensprozeß

Von
Hartmut Binder

suhrkamp taschenbuch
materialien

Suhrkamp

suhrkamp taschenbuch 2026
Erste Auflage 1983
© Suhrkamp Verlag
Frankfurt am Main 1983
Suhrkamp Taschenbuch Verlag
Alle Rechte vorbehalten, insbesondere das des öffentlichen Vortrags,
der Übertragung durch Rundfunk und Fernsehen
sowie der Übersetzung, auch einzelner Teile.
Satz: LibroSatz, Kriftel
Druck: Nomos Verlagsgesellschaft Baden-Baden
Printed in Germany
Umschlag nach Entwürfen
von Willy Fleckhaus
und Rolf Staudt

1 2 3 4 5 6 – 88 87 86 85 84 83

Inhalt

Für Eberhard und Ute

Vorwort

Angesichts einer kaum nachlassenden Flut von Veröffentlichungen zu Kafkas Werk scheint überraschend, daß eine Gesamtdarstellung zum Thema Schaffensprozeß bisher fehlt. Denn nicht nur, daß dieser selbst in seinen Tagebüchern und Briefen die mit seinem Schreiben zusammenhängenden Probleme zu einem Zentralpunkt gemacht hat, der das Interesse der Literaturwissenschaft verdient – von einer Erhellung der Gesetzmäßigkeiten, die der Genese seiner Werke und Fragmente zugrunde liegen, wären auch wichtige Aufschlüsse über die ästhetischen Strukturen zu erwarten, die ihm als Schriftsteller vorschwebten, sowie über die Absichten, die ihn jeweils bei der Niederschrift eines Textes leiteten.

Derartige Erkenntnisse sind viel schwerer, und in mancher Hinsicht überhaupt nicht zu gewinnen, wenn das Augenmerk des Betrachters allein auf das Ergebnis der ungewöhnlichen Eingebungen Kafkas gerichtet ist. Natur- und Kunstwerke lerne man nicht in ihrer Endgestalt kennen, schrieb Goethe am 4. August 1803 an Zelter, man müsse sie vielmehr »im Entstehen aufhaschen«, um sie einigermaßen begreifen zu können.

Die bedauerliche Forschungslücke ist nicht dem Zufall zu verdanken, so sehr dieser Anteil hat an den Ungereimtheiten, die für die Rezeptionsgeschichte des Kafkaschen Œuvre kennzeichnend sind. Ist sie also durch den Umstand veranlaßt, daß die Erzählungen und Romane erst teilweise in einer Gestalt veröffentlicht sind, die strengen Ansprüchen an Texttreue und Vollständigkeit genügt? Oder hat sie ihre Ursache darin, daß die in Kafkas Lebenszeugnissen überlieferten Selbstdeutungen des in Frage stehenden Sachverhalts wegen ihrer Kürze und schillernden Bildlichkeit nicht dazu einladen, sich der Frage von dieser Seite zu nähern?

Das alles hat wohl mitgespielt, sich als Hemmnis ausgewirkt, aber die Bearbeitung dieses Bereichs wurde doch vor allem deshalb vernachlässigt, weil die schöpferischen Prozesse Kafkas in den erhaltenen Manuskripten wenig greifbare Spuren hinterlassen haben, auf die man sich stützen könnte. Sie waren schon weitgehend beendet, wenn er daran ging, seine ihn bedrängenden traumhaften inneren Gesichte zu Papier zu bringen.

Aber die Entstehungsgeschichte dieser Gebilde ist deswegen

nicht weniger aspektreich und langwierig verlaufen, als es der Fall zu sein pflegt, wenn sich vorbereitende Werkstufen in Plänen, Quellenstudien, wieder verworfenen Fassungen, lebensgeschichtlichen Parallelen und das Projekt begleitenden Situationsberichten dokumentieren. Freilich müssen die sie bestimmenden Schreibvoraussetzungen wie Lektüre, Alltagserfahrungen, psychische Dispositionen oder biographische Konfliktlagen erst einmal identifiziert, in ihrer Tragweite erkannt und unter Zuhilfenahme von Rekonstruktion und Interpolation zu einem schlüssigen, das heißt mit dem gesamten zur Verfügung stehenden Material harmonierenden Ganzen vereint werden. Das ist keine einfache Aufgabe, zumal systematische Nachforschungen selten zum Ziel führen; denn es ist zunächst meist unbekannt, was da (und wo) aufgespürt werden soll: Man kann diese genetischen Gegebenheiten nicht suchen, sondern nur finden.

Die vorliegende Untersuchung, Ergebnis langjähriger Bemühungen, ist ein erster Versuch in die angedeutete Richtung. Anhand einer werkbezogenen Darstellung, deren Bogen sich vom Frühwerk bis zu Kafkas letztem Roman spannt, sollen die wichtigsten Aspekte vorgestellt werden, die für das Zustandekommen seiner Erzählwelten verantwortlich sind.

Ein Nebenergebnis könnte sein, daß sichtbar wird, auf welch fragwürdigen Grundlagen sich dieses Werk erhebt. Es taugt wenig dazu, die überhöhten Ansprüche einzulösen, die von literaturgläubigen Wahrheitssuchern immer wieder an es herangetragen werden, und bildet so hoffentlich ein nüchtern-realistisches Korrektiv zu den Apotheosen, die anläßlich Kafkas hundertstem Geburtstag zu erwarten sind.

Drei Kapitel sind schon früher als Zeitschriftenpublikationen erschienen. Das erste im *Euphorion* (Jg. 70, 1976, S. 129-174), das vierte im *Jahrbuch der Deutschen Schillergesellschaft* (Jg. 15, 1971, S. 375-440) und das letzte in der *Deutschen Vierteljahrsschrift für Literaturwissenschaft und Geistesgeschichte* (Jg. 50, 1976, S. 683-719).

Ditzingen, im Oktober 1982   H. B.

Abkürzungsverzeichnis

A = F. Kafka, Amerika. Roman [authentischer Titel *Der Verschollene*], New York/(Frankfurt/M. 1953) (*Gesammelte Werke*, hg. von M. Brod)

B = F. Kafka, Beschreibung eines Kampfes. Novellen, Skizzen, Aphorismen aus dem Nachlaß, New York/(Frankfurt/M. 1954) (*Gesammelte Werke*, hg. von M. Brod)

BE = F. Kafka, Beschreibung eines Kampfes. Die zwei Fassungen. Parallelausgabe nach den Handschriften, hg. von M. Brod. Textedition von L. Dietz, (Frankfurt/M. 1969)

Br = F. Kafka, Briefe 1902-1924, New York/(Frankfurt/M. 1958) (*Gesammelte Werke*, hg. von M. Brod)

DZB = (*Deutsche Zeitung*) *Bohemia*, Prag

E = F. Kafka, Erzählungen, New York/(Frankfurt/M. 1952) (*Gesammelte Werke*, hg. von M. Brod)

F = F. Kafka, Briefe an Felice und andere Korrespondenz aus der Verlobungszeit, hg. von E. Heller und J. Born, (Frankfurt/M. 1967) (*Gesammelte Werke*, hg. von M. Brod)

FK = M. Brod, Über Franz Kafka: Franz Kafka. Eine Biographie. Franz Kafkas Glauben und Lehre. Verzweiflung und Erlösung im Werk Franz Kafkas, (Frankfurt/M. 1966)

H = F. Kafka, Hochzeitsvorbereitungen auf dem Lande und andere Prosa aus dem Nachlaß, New York/(Frankfurt/M. 1953) (*Gesammelte Werke*, hg. von M. Brod)

M = F. Kafka, Briefe an Milena, hg. von W. Haas, New York/(Frankfurt/M. 1952) (*Gesammelte Werke*, hg. von M. Brod)

NS = H. Binder, Kafka in neuer Sicht. Mimik, Gestik und Personengefüge als Darstellungsformen des Autobiographischen. Mit 21 Abbildungen, Stuttgart (1976)

O = F. Kafka, Briefe an Ottla und die Familie, hg. von H. Binder und K. Wagenbach, (Frankfurt/M. 1974) (*Gesammelte Werke*)

P = F. Kafka, Der Prozeß. Roman, New York/ (Frankfurt/M. 1950) (*Gesammelte Werke*, hg. von M. Brod)

PT = *Prager Tagblatt*

S = F. Kafka, Das Schloß. Roman, New York/(Frankfurt/M. 1960; 14.-16. Tausend: die Seitenzählung dieser und der folgenden Auflagen unterscheidet sich von der von 1951) (*Gesammelte Werke*, hg. von M. Brod)

SK = F. Kafka, Das Schloß, hg. von M. Pasley, (Frankfurt/M. 1982) (*Schriften, Tagebücher, Briefe. Kritische Ausgabe*)

SKA = F. Kafka, Das Schloß. Apparatband, hg. von M. Pasley, (Frankfurt/M. 1982) (*Schriften, Tagebücher, Briefe. Kritische Ausgabe*)

T = F. Kafka, Tagebücher 1910-1923, New York/(Frankfurt/M. 1951) (*Gesammelte Werke*, hg. von M. Brod)

Der Schreiber und das Geschriebene:
Die Darstellung der traumhaften inneren Welt

1. Verstehensprobleme

Die Voraussetzungen, die Kafkas Schreiben ermöglichten, und die Kräfte, die es in seinem Ablauf bestimmten, bilden miteinander einen vielschichtigen, sich wechselseitig beeinflussenden, aber freilich in sich auch widersprüchlichen Komplex von Schaffensbedingungen, dessen Kenntnis nicht ohne Bedeutung für das Verständnis der daraus hervorgegangenen Literatur sein kann.

Die Art dieser Produktion soll im folgenden untersucht werden, und zwar mit Hilfe der Selbstaussagen Kafkas, die möglichst umfassend herangezogen werden, und der handschriftlichen Überlieferung, die ebenfalls Rückschlüsse auf die beim schöpferischen Prozeß wirksamen Gesetzmäßigkeiten gestattet. Da es begründete Hinweise darauf gibt, daß seine literarische Arbeit im Lauf der Zeit Wandlungen unterlag, wurden Texte aus allen Schaffensphasen beigezogen und möglichst als Ganzes ausgewertet.[1]

Man könnte zunächst daran denken, die bei der Werkgenese interessierenden Vorgänge auf der Grundlage der an Kafkas Erzählungen und Romanen ablesbaren Strukturformen zu bearbeiten. Doch scheint dieser Weg nicht sehr erfolgversprechend, teils aus grundsätzlichen Erwägungen heraus, teils auch, weil, jedenfalls bisher, die hierfür erforderlichen Methoden der Textbetrachtung fehlen. Die wenigen Versuche, die in dieser Richtung unternommen wurden, vermögen nicht zu überzeugen.

So stellte zum Beispiel H. Richter die bestechende These auf, die Nachlaßtexte, denen er bloßen Entwurfscharakter zubilligt, seien von Kafka wegen ihrer literarischen Minderwertigkeit nicht veröffentlicht worden; im Gegensatz zum gedruckten Œuvre seien hier gesellschaftliche Probleme vergleichsweise schwach reflektiert worden.[2] Unhaltbar ist diese Auffassung nicht so sehr deswegen, weil Richters Bezugspunkt außerhalb des ästhetischen Bereichs liegt; viel mehr fällt ins Gewicht, daß er Kafkas eigene

Bewertungen nur unzureichend in die Darstellung einbezieht und seine Einteilung die Texte vergewaltigt: So dürfte etwa der Beweis schwer zu führen sein, die im *Urteil* dargestellten Schwierigkeiten der Hauptfigur explizierten besser die Lebensbedingungen eines dem Prager Mittelstand entstammenden Juden als die in den *Forschungen eines Hundes* formulierten Sachverhalte, in denen das Problem des Gemeinschaftslebens im Mittelpunkt steht.

Man muß außerdem wissen, daß die Publikation der Werke Kafkas nicht immer dem freien Willen des Autors entsprang: In der Regel ging die Initiative von Max Brod aus,[3] oder es spielten, wie bei der *Verwandlung* und der Sammlung *Ein Hungerkünstler*, finanzielle Erwägungen[4] eine wichtige Rolle. Schließlich darf in diesem Zusammenhang auch nicht übersehen werden, daß Kafka zumindest in einem seiner Testamente über das von ihm Veröffentlichte das gleiche Verdammungsurteil spricht wie über das andere »Gekritzel«.[5] Eine klare Trennung zwischen verschiedenen Werkgruppen bloß auf der Basis des von Richter ausschließlich beachteten formalen Gesichtspunkts ist demnach äußerst fragwürdig.

Allerdings besteht ein auffälliger Formunterschied zwischen den nachgelassenen Texten und den von Kafka selbst edierten: Bilden diese durchgängig in sich abgeschlossene epische Einheiten, so sind jene ausnahmslos Fragment geblieben. Doch verhält sich die Forschung in dieser Frage kontrovers, so daß dieses Moment als Beurteilungsmaßstab ausscheidet: Einerseits wird die mit dem bruchstückhaften Charakter der Werke gegebene Offenheit zum durchgängigen Strukturprinzip erklärt, andererseits als eine vom Autor bekämpfte Schwäche.[6] Aussichtsreicher scheint die von P. Richter in seinem Kafkas Romanen gewidmeten Buch *Variation als Prinzip* vertretene Sicht der Dinge. Mit Hilfe des wortstatistischen Verfahrens sucht er zu zeigen, daß sich Kafkas epische Welt aus einer verhältnismäßig begrenzten Anzahl vorgeprägter, durch frühkindliche Traumata konstellierter Einzelelemente aufbaut, die in wenigen, semantisch fixierten Hauptvorstellungen gruppierbar sind. Spielarten dieser Konstanten determinieren insofern etwa die Hälfte des Romanwerks, als nach dem herausgestellten Prinzip des Additionszwangs bei der Niederschrift eines gruppenspezifischen Zentralworts das ihm zugehörige Programm im Zusammenhang darstellerisch realisiert wird.

Die Folgerung liegt nahe, daß die Intensität, mit der innerlich miteinander verbundene Einheiten eine Erzählszene prägen, für Kafka ein Qualitätsmaß gewesen sei.[7] Wenn man jedoch diejenigen Romanpassagen, über die Wertungen Kafkas erschließbar sind oder direkt vorliegen, auf den Grad ihrer Geformtheit durch Elementgruppen untersucht, findet man keine Zuordnungen, die eine solche Vermutung stützen.[8]

Auch wenn es differenziertere Möglichkeiten struktureller Betrachtung gäbe, könnten damit vor allem diejenigen Selbstdeutungen Kafkas überprüft werden, die sich auf die Beurteilung schon vorliegender Texte beziehen, weniger aber solche, die auf die Beschreibung des Schaffensverlaufs selber zielen, weil dieser nur unter bestimmten Bedingungen im fertigen Text Spuren hinterläßt, die als solche dann wieder allein in Relation zu bestimmten Auffassungen über die Genese des fraglichen Werks greifbar werden.

Zu bedenken ist überdies die jeder bildhaften Formulierung eigene Mehrdeutigkeit, die ausschließlich durch Konfrontation mit objektiven Bezugskriterien begrifflich erfaßt und dadurch in wissenschaftlich brauchbare Aussagen überführt werden kann. Nicht bloß die in Kafkas Lebenszeugnissen überhaupt feststellbare, der Anschauung verhaftete Denkweise hat schillernde Metaphern in dem hier in Frage stehenden Bereich hervorgebracht, diese sind vielmehr auch durch besondere Schwierigkeiten bedingt, die sich bei der Darstellung des Schaffensvorgangs ergeben. Da der Schreibende in den entscheidenden Augenblicken ganz auf sich selber zurückgezogen ist, festumrissene äußere Objekte nicht vorhanden sind, die gewonnenen Einsichten den Erlebnisumkreis des Normalbewußtseins überschreiten, kann darüber eigentlich keine Mitteilung im Sinne eines zwischen einander zugeordneten Individuen üblichen Erfahrungsaustauschs stattfinden.

Schließlich könnten Kafkas durchgängige Tendenz zur Selbstverurteilung, die übergroße Gewissenhaftigkeit, mit der er alles betrachtete, und endlich die Tatsache, daß er sich stets am Vollkommenen maß, es mit sich bringen, daß der heutige Leser ein verzerrtes Bild des literarischen Produktionsvorgangs erhält.

Methodologisch bleiben zwei Wege der Verifizierung, die beide beschritten werden sollen: Absicht und Verlauf der Produktion Kafkas können einmal erhellt werden, indem seine darauf bezüglichen Selbstaussagen mit den entsprechenden Erstniederschriften der einzelnen Werke in Beziehung gesetzt werden, die sich glücklicherweise vielfach erhalten haben (das wäre die Objektivation mit Hilfe des Produkts), oder indem sie als Beschreibung einer allgemein zu beobachtenden Grundmöglichkeit des literarischen Hervorbringens verstanden werden, die dann den Gesetzmäßigkeiten des psychischen Apparats unterworfen und dadurch einer psychologischen Interpretation zugänglich wäre (Objektivation mit Hilfe des produzierenden Subjekts).

Im ersten Fall liegt die Schwierigkeit darin, daß bei Kafka in der Regel nur die allerletzte Produktionsphase aktenkundig wird, sich der Großteil des schöpferischen Prozesses also vor dem Beginn der eigentlichen Niederschrift abspielt. Andererseits besteht die Unzulänglichkeit psychologischer Betrachtung darin, daß die Tiefenpsychologie, die allein ernstzunehmende Theorien des produktiven Vermögens hervorgebracht hat, die dem literarischen Schaffen zugrunde liegenden innerpsychischen Vorgänge nicht an Objekten, nicht als Übertragungsphänomene analysieren kann, weil in der Schreibsituation jede reale Bezugsperson fehlt.[9]

2. Eingebungen

Während eines Aufenthalts in Paris (1910 oder 1911) besuchte Kafka auch das Musée Carnavalet, wo Jean Hubers Bild *Le lever de Voltaire* offenbar den größten Eindruck auf ihn machte. Der Philosoph, eben aus dem Bett gesprungen, ist mit dem Anziehen beschäftigt. Die Nachtmütze abzunehmen, war noch keine Zeit, und mit der linken Hand hält er die Hose, in die er eben, die vom Schlafrock umflatterten Oberschenkel weit entblößend, geschlüpft ist. Gleichzeitig verraten Mund und Augen Entschlossenheit und innere Anspannung, und die Rechte ist schon befehlend gegen einen seitwärts an einem Tischchen sitzenden, Voltaire aufmerksam anblickenden Schreiber ausgestreckt, der dessen hervorsprudelnde Gedankenflut festzuhalten hat. (Vgl. Abbildung 1) Von dieser Darstellung, berichtet Max Brod, habe sich Kafka nicht losreißen können und später oft davon gesprochen.[10]

In den gleichen Zusammenhang gehört eine Tagebuchnotiz vom 8. Februar 1912: »Goethe: Meine Lust am Hervorbringen war grenzenlos.« Was der Verfasser von *Dichtung und Wahrheit* im 12. Buch mehr beiläufig und im Blick auf eine konkrete Situation

Abb. 1   Jean Huber: *Le Lever de Voltaire à Ferney*. Kafka sah das Bild 1910 oder 1911 im Musée Carnavalet in Paris.

äußert, wird für Kafka, der den Satz öfters im Gespräch anzuführen pflegte, offensichtlich zum Musterfall des Schreibens, der sich ihm bei der Lektüre der beiden folgenden Bücher von Goethes Autobiographie so konkretisieren mußte: Sein »produktives Talent« konnte als Naturgabe durch Fremdes »weder begünstigt noch gehindert« werden, trat »unwillkürlich, ja wider Willen« hervor, und manifestierte sich besonders »zur frühesten Tageszeit«, aber auch abends, »ja tief in der Nacht«, manchmal als derart überschäumende »Geburt«, daß er die Feder mit dem Bleistift vertauschen mußte, »welcher williger die Züge hergab«. Nur der Einbildungskraft folgend und gegen Ende zu hingerissen von einer wundersamen Leidenschaft, also ohne Entwurf oder Plan arbeitend, formte sich ihm der *Götz von Berlichingen*.

In vergleichbarer Weise wird der *Werther* zu Papier gebracht, nämlich »ziemlich unbewußt« und in einer »Glut [. . .] welche keine Unterscheidung zwischen dem Dichterischen und dem Wirklichen zuläßt«. Nach vier Wochen lag der ebenfalls ohne Schema entstandene Roman mit nur »wenigen Korrekturen und Abänderungen« vor Goethes Augen: »das Ganze schoß von allen Seiten zusammen und ward eine solide Masse, wie das Wasser im Gefäß, das eben auf dem Punkte des Gefrierens steht, durch die geringste Erschütterung sogleich in ein festes Eis verwandelt wird.« Ilse Graham, die auf die große Bedeutung der Wasser-Metaphorik im Zusammenhang mit Goethes Briefroman hinweist, kommt in ihrer Analyse dieser Stelle zu dem Ergebnis, »daß wenn es nur ein Künstler ist, selbst in dem scheinbar gestaltlosesten Fluß des Erlebens ein Gebildetes verborgen liegt, das urplötzlich und spontan völlig strukturiert in Erscheinung tritt. Zweitens, daß in dem Künstler selbst ein entsprechender Verfestigungsprozeß stattfindet, der dem Hervortreten des Werkes vorangeht, ja von diesem vorausgesetzt wird«.[11]

Daß Voltaire und Goethe für Kafka das Ideal inspirierter Darstellungsgabe darstellten, kommt besonders in der Art und Weise zum Ausdruck, wie er sein eigenes Schaffen beschreibt: Seine Fähigkeit zu schreiben ist »unberechenbar« und tritt »zur unpassendsten Zeit« in Erscheinung. Wie Goethe fühlt er besonders am Morgen das Wehen, die nahe Möglichkeit ihn »aufreißender Zustände«: das *Urteil* wird deswegen als »regelrechte Geburt« bezeichnet.[12] In solchen Zeiten der Erhebung ist die Fülle der Eingebungen übergroß, der Arbeitende »fast bewußtlos«. Tief in der Nacht und im »Feuer zusammenhängender Stunden« wird er »fortgerissen«, wohnt »ganz und gar in jedem Einfall«, so daß er sagen kann, er und sein Schreiben seien eins.[13] Auch ähnelt das unvermittelte Gestaltwerden eines Werks aus amorphen, weitläufigen, lange bedachten Vorstellungszusammenhängen, das Goethe im Bild auskristallisierenden Wassers einzufangen sucht, den Entstehungsumständen des *Urteils*. Weiter kann man darauf verweisen, daß Kafka aus der eilig über das Papier fliegenden Feder seines Freundes Max Brod offenbar auf die hohe Qualität des so Geschaffenen Rückschlüsse zog und daß er, in Weimar das Manuskript von Goethes *Lied der Mignon* betrachtend, von der Tatsache fasziniert war, daß keinerlei Korrekturen vorhanden waren.[14]

Daß er tatsächlich Einsatz und Umfang seiner Produktion nur schwer vorhersehen konnte, wird durch handschriftliche Befunde bewiesen. Die beim *Verschollenen* vorliegenden Manuskriptverhältnisse verdeutlichen beispielsweise, daß er im Zweifel darüber war, ob es sich lohne, für dieses Vorhaben ein eigenes Heft anzulegen:[15] »Das erste Kapitel beginnt bei T 295, nach ›Lützows wilde Jagd‹. Nach › . . . verfahren, und wenn‹ (A 29) wird das Kapitel im zweiten Tagebuchheft (das noch freie Blätter enthielt) fortgeführt bis › . . . noch auf der obersten‹ (A 46) und auf zwei losen Tagebuchblättern beendet. Auf den gleichen Tagebuchblättern beginnt das zweite Kapitel und der Roman wird nach ›wenn es auch eine Übertrei . . .‹ (A 50) in drei Quartheften [. . .] fortgeführt.«[16]

Da es sich hier um eine zweite Fassung eines schon recht umfangreichen Romanfragments handelt, muß bei Schreibbeginn irgendwie ein größerer Plan vorgelegen haben. Trotzdem legt Kafka erst während der Arbeit am zweiten Kapitel ein eigenes Heft an, nachdem er sich zunächst noch mit leeren Blättern beholfen hatte, die verschiedentlich angefallen waren, ganz so, als ob er nicht sicher gewesen sei, wie weit ihn die neuentdeckten Fähigkeiten »ungezwungen«[17] würden tragen können. Es entsprach also der eigenen Praxis, wenn er vom Schriftsteller forderte: »Man muß wie in einem dunklen Tunnel schreiben, ohne daß man weiß, wie sich die Figuren entwickeln werden.«[18] Da sich belegen läßt, wie sich bei Kafka Änderungen der lebensgeschichtlichen Problemlage sofort in neuen Erzählmodellen niederschlagen[19] und in welch bedeutendem Maße biographische Vorgänge, die während der Niederschrift eines Werks eintreten, auf dessen Gestaltung einwirken,[20] kann er während des Schreibens nur sehr vage Vorstellungen über Handlungsablauf und Gesamtaufbau eines Textes gehabt haben.[21]

Freilich, ganz im dunkeln tappte er doch nicht. So scheint er sich gelegentlich, wenn er auch »vereinzelte Erleuchtungen künftiger Ereignisse« mehr fürchtete als verlangte, Notizen für noch zu schreibende Kapitel des *Verschollenen* gemacht zu haben.[22] Interessant ist eine Sofortkorrektur, die er noch auf der ersten Manuskriptseite der *Verwandlung* vornahm. Hatte es dort zunächst geheißen, Gregor habe für das aus einer illustrierten Zeitung ausgeschnittene Bild einen Rahmen »beschafft«, so ist in der geänderten Version davon die Rede, das Konterfei der Damit mit dem Pelzboa sei in einem Rahmen »untergebracht« worden.[23] Höchstwahrscheinlich wußte er also zu diesem Zeitpunkt schon, daß es sich dabei um eine eigene, mit der Laubsäge hergestellte Arbeit Gregors handeln sollte, auf die später die Mutter den Prokuristen hinweist.[24]

Finden sich nun in den Handschriften Hinweise darauf, daß Kafka während des Schreibens über die Gesamtkomposition der jeweils entstehenden Werke weithin im Unklaren war? Zunächst ist auffällig, daß in den Arbeitsheften umfangreichere oder später publizierte Texte sich äußerlich in keiner Weise von ihrer literarisch weniger bedeutsamen Umgebung abheben. Vielfach wachsen die in der Regel zunächst unbetitelten Stücke aus kleinen Skizzen, Schreibübungen oder Erzählanfängen heraus. Auch die Romanmanuskripte tragen keine Titel, und soweit Kapitelüberschriften überhaupt vorhanden sind, hat Kafka diese zu einem relativ späten Zeitpunkt nachgetragen. Ein besonders günstiges Beobachtungsfeld in dieser Hinsicht bildet die *Verwandlung*, weil durch Überlieferungsgunst die Entstehungsumstände dieser Erzählung genauestens bekannt sind. Da zeigt sich nun, daß Kafka zunächst nur mit einer kleinen, die Anstrengung eines einzigen Abends fordernden Geschichte rechnet, die sich ihm dann nach und nach im Verlauf der folgenden drei Wochen zu einer zweiteiligen, dann dreiteiligen, etwa siebzig Druckseiten umfassenden Novelle auswächst.[25]

Wie stimmt dazu aber, daß die *Verwandlung* in einem Quartheft überliefert ist, das offenbar eigens für ihre Niederschrift bereitgestellt wurde? Das sechste Tagebuchheft, das bis September 1912 reicht, war am 17. November, als die *Verwandlung* begonnen wurde, schon vollgeschrieben, ein neues jedoch noch nicht begonnen. Außerdem erwähnt Kafka selber, daß er in der Zeit des intensiven Briefverkehrs mit Felice kein Tagebuch führte.[26] Da er die Arbeit am *Verschollenen* zugunsten des neuen Projekts nicht aufgeben, sondern nur unterbrechen wollte, eine Niederschrift in dem dem Roman vorbehaltenen Heft nicht in Frage kam, mußte für die Erzählung ein neues angelegt werden; Schlüsse auf den geplanten Umfang des sich ankündigenden Werks läßt dieser Vorgang nicht zu.

Die Handschrift verdeutlicht sogar an einer Stelle, daß der Autor tatsächlich erst verhältnismäßig spät die jetzige Ausdehnung der Geschichte anvisierte: Kafka markiert in seinen Romanmanuskripten regelmäßig den Schluß von Kapiteln durch einen für sich eine Zeile bildenden Querstrich; dieser findet sich auch zwischen dem ersten und zweiten Teil der *Verwandlung*, während er nach dem letzteren fehlt. Das kann nur so verstanden werden, daß Kafka beim Beginn der Arbeit am letzten Kapitel noch von der Zweiteiligkeit der Erzählung ausging.[27]

3. Handschriften

Unterstellt man die beschriebene Verfahrensweise als typisch für Kafka, so ist man geneigt, die zahlreichen Entstehungsvarianten als Symptom für sein Ringen mit noch vergleichsweise ungestalteten Darstellungsgegenständen zu deuten. In diesem Fall wäre zu erwarten, daß die Handschriften viele getilgte Passagen aufweisen, in denen einzelne Erzählelemente auf ihre Brauchbarkeit innerhalb einer Handlungseinheit experimentell erprobt und bei Nichtgefallen solange wieder verworfen werden, bis die beste Weiterführung gefunden ist.

Das Überraschende ist nun, daß die Handschriften, wenigstens der von Kafka selbst veröffentlichten Erzählungen, in keiner Weise dieser Erwartung entsprechen. Zwar beschreibt Brods im Blick auf die *Beschreibung eines Kampfes* gemachte Bemerkung, die Manuskripte zu den beiden Fassungen seien oft seitenlang ohne Besserungen,[28] die Sache etwas unzutreffend, denn es gibt dort wie sonst viele kleinere und kleinste Korrekturen, die möglichst unauffällig und unter weitgehender Bewahrung eines ansprechenden Schriftbilds durchgeführt werden.[29] So ist in diesem Zusammenhang bezeichnend, daß Kafka Felice gegenüber die Handschrift der *Verwandlung* als recht unleserlich bezeichnet, obwohl der Text zwar nicht schön, aber durchweg doch klar geschrieben und leicht entzifferbar ist.[30]

Bei den Lesarten handelt es sich aber nun um rein sprachliche oder stilistische Verbesserungen eines an sich schon feststehenden

Sachverhalts oder aber um dessen allmähliche sachliche Präzisierung und Entfaltung, seltener straffende Konzentrierung eines ebenfalls von der ersten Darstellungsstufe bis zur endgültigen Gestalt unbezweifelten Vorstellungszusammenhangs. Davon einmal abgesehen, gibt es nur sehr wenige, umfangmäßig höchstens Einzelsätze umfassende Streichungen, denen entweder eine Modifizierung des Sinngefüges oder eine Änderung des Handlungsverlaufs zugrunde liegt. Teilweise sind diese Striche nur dadurch veranlaßt, daß Kafka Überflüssiges oder Störendes tilgt oder einen an sich fest umgrenzten Sachverhalt erzählerisch mit verschiedenem Material realisiert. Diese Fälle sind natürlich kein Indiz dafür, daß er wegen mangelnder Übersicht unsicher hinsichtlich Arrangement oder Verlauf des Darzustellenden gewesen wäre.

Hier einige Beispiele. Am Schluß der *Verwandlung*, in dem nach dem Tod der Hauptfigur spielenden Epilog, verlassen Eltern und Schwester die gemeinsame Wohnung, an die sie »seit Monaten« praktisch gefesselt waren, und fahren »nach dem schönsten öffentlichen Park der Stadt«. Eine biographisch naheliegende Assoziation, war doch der Chotek-Park, nach Kafkas Meinung der schönste Ort in Prag, sein und Ottlas, der Lieblingsschwester, bevorzugter Aufenthalt; aber eben nicht der stringente Gegensatz zur Situation hoffnungslosen Eingeschlossenseins, und so schreibt er, noch in der Handschrift: »ins Freie vor die Stadt«.[31]

Während der alte Samsa die drei Zimmerherren wegen dem ins Wohnzimmer eingedrungenen Gregor zurückzudrängen sucht, wird er »wieder« von seinem Eigensinn ergriffen, »der nur eine Alterserscheinung sein konnte«, so daß er jeden Respekt vor seinen Mietern vergißt. Kafka streicht den interpretierenden Relativsatz, weil die fragliche Regung erst mit dem Wiedereintritt des Vaters ins Berufsleben auftritt, also gerade Ausdruck seiner Wandlung vom Greis zum vitalen Familienoberhaupt ist, das Gregor ersetzt. Die damit gegebene Umkehr der Verhältnisse veranschaulicht er dadurch, daß Attribute des Sohnes auf den Vater übertragen werden.[32] Der »Eigensinn« des Herrn Samsa ist im Zusammenhang mit dem »unbegreiflichen Starrsinn« zu sehen, der Gregor, in diesem Punkt ein Bild des Autors, vom Prokuristen eingangs der Erzählung bescheinigt wird, aber im letzten Kapitel längst fast dauernder Apathie gewichen ist.[33]

Streicht Kafka also hier, um die Deutlichkeit der Komposition rein zu bewahren, so ist an andern Stellen Erzählökonomie die Ursache des Eingriffs: Die Rede der Mutter, die Grete daran hindern soll, Gregors Möbel aus seinem Zimmer zu entfernen, enthielt zunächst die Worte: »Komm Grete stellen wir den Kasten wieder an seinen frühern Platz.« Die von Kafka durchgehend erstrebte strenge Funktionalität aller Erzähldetails läßt diese Aussage als entbehrlich erscheinen.[34]

Anders sind die beiden folgenden Fälle zu bewerten. In den ersten Tagen nach seiner Verwandlung beobachtet Gregor das Leben der Familie im Wohnzimmer. Im Gegensatz zu früher hört er »keinen Laut«. Im ersten Arbeitsgang fuhr Kafka fort: »Die Köchin, die sonst in der Küche mit den Vorbereitungen für das Nachtessen beschäftigt, so kräftig mit« (zu ergänzen wäre etwa: »den Töpfen lärmte, war vielleicht schon schlafen gegangen«).

Der sich von den Wohnverhältnissen der Familie Kafka her anbietende Sachverhalt findet aber nicht die endgültige Billigung des Schreibers, weil dieser wohl im Augenblick das Mädchen vom weiteren Handlungsverlauf ausschließen wollte: Die Belastungen, die Grete und Frau Samsa durch die Verwandlung Gregors erwuchsen, konnten dann besser veranschaulicht werden. So wird folgerichtig später berichtet, das Dienstmädchen habe gleich am ersten Tag gekündigt. An einer Stelle aber, die entstehungsgeschichtlich zwischen den beiden erwähnten liegt, ist davon die Rede, Gregor habe immer morgens sein Essen bekommen, wenn die Eltern und das Dienstmädchen noch geschlafen hätten, das übrigens dann im Gefolge von Einschränkungen in der Haushaltsführung doch noch entlassen wird. Hier setzt sich, freilich nicht sofort (denn die Wendung »und das Dienstmädchen« ist nachträglich in den Text eingeflickt) die Konzeption durch, die eben noch verworfen wurde. Im weiteren Handlungsgang versucht Kafka dann den Ausgleich dadurch, daß er so tut, als ob es zu Anfang zwei Bedienstete gegeben habe, von denen durch den freiwilligen Abgang der Köchin eine übrig geblieben sei.[35]

Läßt sich an diesem Beispiel ein noch in der Druckfassung nicht ganz bereinigtes Schwanken Kafkas hinsichtlich der Stellung einer Nebenfigur ablesen, so deutet eine andere Stelle auf eine Sinnesänderung in der Handlungsabfolge. Als die Bedienerin zufällig die Tür von Gregors Zimmer öffnet, bleibt sie überrascht »im Anblick Gregors« stehen, der, so wird zunächst formuliert, »wie häufig in der letzten Zeit auf dem Damenbildnis hockte«;

dann verändert Kafka zu: »hin und her zu laufen begann«.[36] Das Motiv der Bewegungsunwilligkeit, das Gregors baldiges Ende schon andeutet, wird nicht etwa verworfen, sondern wenig später eingeführt: Bei weiteren Konfrontationen mit der Bedienerin bleibt er »unbeweglich auf seinem Platz«.[37]

Wie stellen sich die Dinge nun im *Urteil* dar, dessen Konzeption doch für Kafka Beispielfall inspirierten Schaffens war? Streichungen, den eben besprochenen vergleichbar, gibt es überhaupt nur zwei. Während Georg Bendemann zum Schreckbild seines Vaters aufsieht, erscheint vor seinem Auge das Bild eines russischen Pogroms, dessen Beschreibung ursprünglich noch durch folgenden Satz fortgeführt wurde: »Trampelndes Volksgetümmel zog reihenweise vorbei.« Für die sofort vorgenommene Korrektur läßt sich ein ästhetischer und ein genetischer Grund namhaft machen. Der endgültige Text ist statisch und ganz auf den Petersburger Freund konzentriert, gewinnt als Erzählung keine selbständige, vom Bezugspunkt wegführende Bedeutung. Durch die handlungsmäßige Bewegtheit des zitierten Satzes droht dem Bild eine unerwünschte Verselbständigung. Die ihr zugrunde liegende Triebkraft läßt sich sogar aufspüren: Kafka hatte nämlich, als er sich zum Schreiben des *Urteils* niedersetzte, ursprünglich einen Krieg darstellen wollen: »ein junger Mann sollte aus seinem Fenster eine Menschenmenge über die Brücke herankommen sehn«.[38] Dieser verdrängte Ansatz brach hier durch, und zwar an der Stelle, wo sich die neue Konzeption am engsten mit ihm berührte. Der andere Beleg: Der vom Vater gesprochene Satz: »Wie hast du mich doch heute unterhalten« sollte ursprünglich, nur leicht verändert, schon die vorhergehende Replik des alten Bendemann einleiten.[39]

Zur Stützung des Vorgetragenen hier noch eine Analyse der unter den veränderten Bedingungen der Spätzeit[40] entstandenen Erzählung *Josefine, die Sängerin oder Das Volk der Mäuse*: An drei Stellen sind ganze Sätze in der Handschrift ersatzlos gestrichen worden.[41]

Jedesmal handelt es sich zwar um Interpretamente des Erzählers, die zwar akzentuieren, daß in diesem Text ein einem Beobachter undurchdringliches Phänomen aus einer kritischen Perspektive heraus gedeutet wird, aber die epische Objektivation schwächen, weil sie, die keine neuen Sachinformationen über den Erzählgegenstand liefern, den Blick des Lesers von den sowieso nur bruchstückhaft und andeutungsweise dargestellten Vorgängen ablenken. Da Kafka stets die sinnlich faßbare Repräsentation eines Sachverhalts gegenüber darauf bezüglichen Reflexionen vorzog,[42] mußte ihm eine allzu starke Profilierung der Erzählerebene unerwünscht sein.

Daß diese Auffassung richtig ist, zeigt die Art und Weise, in der Kafka das Manuskript für den Druck vorbereitete. An vier Stellen werden Wendungen gestrichen, in denen Gegebenheiten als Erkenntnisse der erzählenden Subjektivität präsentiert worden waren (»wenn ich nicht irre«, »wie ich es deute« usw.); in einem weiteren Fall erfolgte eine Umformung, die das Personalpronomen unnötig machte.

Andere Tilgungen führen zu einer Vereinfachung des Erzählgeschehens. Schon im Manuskript werden zwei Passagen verworfen, in denen ausdrücklich die Reaktionen des Ich-Erzählers auf die Kürzung der Koloraturen und das Verschwinden Josefines von denen ihres Anhangs unterschieden worden waren. Und die in der Druckfassung erscheinende »charakteristische Lebensäußerung« war vorher in zwei Arten differenziert.[43]

Überblickt man das Belegmaterial, so wird man nicht vorbehaltlos sagen können, um Strenge des Baus und Distanziertheit des Tons habe sich Kafka nicht mühen müssen, diese Merkmale seien also keineswegs das Ergebnis eines rigorosen Reduktionsprozesses.[44] Denn insgesamt bewirken die erwähnten Streichungen eine beträchtliche Straffung des Erzählverlaufs, die er durch Umformulierung mancher Einzelmomente noch zu erhöhen suchte.

Wenigstens eine Belegstelle sei hier angeführt. Nach der Beschreibung der fröhlichen, unübersehbaren Kinderscharen, die täglich geboren werden, war Kafka zunächst wie folgt fortgefahren: »Es liegt natürlich am Temperament des Beurteilers wie er sich zu diesen Dingen stellt, ich neige dazu, sie gut und schön zu finden.« Sofort ersetzt er diesen Passus durch eine sachlich gleichwertige, aber viel kürzere Formulierung: »Freilich, wie schön dies auch sein mag [. . .].«[45]

Eine derartige Tendenz zur Verknappung ist in andern Texten kaum nachzuweisen. In der dreimal so umfangreichen *Verwandlung* gibt es dafür nur ein kleines Beispiel: Die Gestalten, die Gregor in seinen schlaflosen Nächten erscheinen, werden in einem ersten Ansatz szenisch repräsentiert, auf der nächsten Produktionsstufe jedoch stark vereinfacht als »unzugänglich und hochmütig« bezeichnet; die Drucke schließlich nennen allein das erste Adjektiv.[46] Bei der Revision anläßlich der Drucklegung sind noch zwei sachlich überflüssige Sätze ausgemerzt worden, durch deren Wegfall auch nicht die feinste Nuance verloren geht. Die Korrektur des *Urteils* aus gleichem Anlaß bringt dagegen überhaupt keine Veränderung im Textumfang.

So wird man zu dem Schluß kommen müssen, daß die Kafka mißliebige Weitschweifigkeit seiner letzten Erzählung und ihr störendes Rankenwerk auf eine Schreibschwäche deuten, deren Ursachen unter anderem auf seinen schlechten Gesundheitszustand zurückgeführt werden können.

Freilich, in den bisher aus *Josefine* angeführten Belegen wird der Text nirgends umgestellt, sachlich verändert oder erweitert; sie sind also für die in Frage stehende mögliche Irritation Kafkas hinsichtlich Erzählgang und Szenenarrangement nicht beweiskräftig.

Anders die folgenden Beispiele: Daß die Sängerin unlängst verschwunden sei, wird zunächst schon innerhalb des Abschnitts erwähnt, der ihren Primadonnen-Allüren gewidmet ist. Da sich Kafka jedoch sogleich zu einer detaillierten Beschreibung dieses »Schauspiel[s]« gedrängt sah, mußte das die Erzählung weiterführende Element wieder gestrichen werden und konnte erst zu Beginn des nächstfolgenden Abschnitts erscheinen.

In einer Passage, in der die Zusammenhänge zwischen der Unmusikalität des Mäusevolks und seiner Bevorzugung des Pfeifens aufgezeigt werden, wollte Kafka ursprünglich Josefines Kunstfertigkeit durch eine kleine Beschreibung ihrer Mundstellung verdeutlichen; dieser Sachverhalt tritt aber endgültig dann nur in der sich anschließenden Erzähleinheit in Erscheinung.

Schließlich, und damit sind die in diese Rubrik gehörigen Fälle schon vollständig aufgezählt, konnte er ein Textstück, in dem der Erzähler die früher gegebenen Definitionen des Pfeifens zu präzisieren sucht, erst im dritten Anlauf fertigstellen, wobei es zwischen den einzelnen Fassungen ganz beträchtliche Unterschiede gibt.[47]

Da eine Überprüfung der Handschriften einiger im *Landarzt*-Band gedruckter Erzählungen nur minimale Schwankungen in der Reihenfolge der epischen Einheiten und winzige Irrwege in der Ausgestaltung einzelner Erzählglieder ergibt, kann gesagt werden, daß der Befund in *Josefine* quantitativ der Zahl und dem

Umfang der jeweiligen Einzelstelle nach im Rahmen des auch sonst bei Kafka Üblichen bleibt. Es entstehen höchstens, wie etwa beim *Dorfschullehrer* und in *Schakale und Araber*, Schwierigkeiten mit dem Erzähleinsatz, was angesichts der grundlegenden Bedeutung, die den ersten, allem Späteren die Richtung weisenden Zeilen zukommt, gar nicht erstaunlich ist.[48]

4. Gesetzmäßigkeiten

Wenn der Handlungsverlauf Kafka so deutlich vor Augen stand, wie ist dann damit seine Aussage zu vereinbaren, die Arbeit gelinge am besten, wenn über den weiteren Fortgang des Geschehens nichts bekannt sei? Art und Anzahl der in den Handschriften feststellbaren Korrekturen sprechen nicht dagegen, daß die Gesamtkomposition beim Beginn der eigentlichen Niederschrift schon vorgegeben war, obwohl einzelne Selbstaussagen und der verhältnismäßig bescheidene Umfang des jeweils an einem Abend ohne Unterbrechung Geleisteten darauf hindeuten, daß ein beträchtlicher Teil der Zeit für Reflexionen über das zu Schreibende und über das Geschriebene verwendet wurde.[49]

Die vielen, vor allem stilistischen Änderungen, in denen sich diese den Schaffensprozeß begleitenden Überlegungen niedergeschlagen haben, sind in keinem Fall ein Indiz für die Führungsrolle des Bewußtseins bei der literarischen Produktion Kafkas, denn sie bringen die erzählte Welt ja nicht hervor, sondern verbessern nur Darstellungsschwächen, die ganz unabhängig von der Stärke der Einbildungskraft auftreten können. Solchen Varianten liegt auch dann keine ursprünglich aktive Bewußtseinskomponente zugrunde, wenn sie durch Ermüdungszustände oder durch Arbeitsunterbrechungen bedingt sind, die seiner Darstellungsgabe äußerst abträglich waren. Er konnte darüber klagen, daß ihm die Worte nicht vom Ursprung her einfielen, so daß das in den inneren Bildern repräsentierte wahre Gefühl nicht sofort mit den ihm zugehörigen sprachlichen Formulierungen zusammenstieß.[50] Der Primat des Einfalls wird dadurch aber nicht angetastet.

Sofern durch Streichungen und Umformulierungen allzu deutliche Entsprechungen zum Lebensgang des Autors vermieden werden (so im *Bau*) oder mehrfach sich eindrängende Motive an keiner Stelle in den Text Eingang finden (so in den *Forschungen eines Hundes*), kann man von Abwehrmechanismen des Ich sprechen, denen ebenfalls eine bloß reagierende oder regulierende Aufgabe zukommt. Vor allem aber sind die Lesarten als eine Folge der Erfahrung Kafkas zu verstehen, daß das Geschriebene die ihm zugrunde liegenden Eindrücke, Sachverhalte oder Erlebnisse modifiziert oder gar ersetzt. Wenn sich dem Schreibenden Vorstellungszusammenhänge aufdrängen, von deren Darstellung er sich eine Klärung oder gar Lösung bestimmter Lebensschwierigkeiten erhofft, so war bei ihrer Fixierung äußerste Umsicht und Gewissenhaftigkeit am Platze, weil sonst, bei inadäquater sprachlicher Realisierung, von falschen Bedingungen ausgegangen werden müßte, wenn aufgrund des Gestalteten Rückschlüsse auf die ihm entsprechende reale Situation gezogen werden.[51] Es ist deswegen kein Zufall, daß sich im Manuskript des *Urteils* die Korrekturen an den Stellen häufen, wo von Braut und Verlobung die Rede ist. Auch derartige Vorgänge sollte man vom eigentlichen produktiven Vermögen unterscheiden.

In die gleiche Richtung weist der Entstehungsbericht zum *Urteil*, dessen für den augenblicklichen Zusammenhang entscheidender Satz lautet: »Die fürchterliche Anstrengung und Freude, wie sich die Geschichte vor mir entwickelte, wie ich in einem Gewässer vorwärtskam.«[52] Während der Arbeit an einer ihm sehr am Herzen liegenden, nicht erhaltenen Erzählung klagt Kafka Felice, daß sich das Darzustellende vor ihm verschließe, nachdem es sich vorher »mit einem Schlag« vor ihm geöffnet habe. Und Anfang 1913 schreibt er ihr über die Schwierigkeiten bei der Abfassung des *Verschollenen*: »liegt die Last auf [. . .] dem Wagen oben, dann ist mir wohl, ich entzücke mich am Peitschenknallen und bin ein großer Herr; fällt sie mir aber vom Wagen herunter (und das ist nicht vorauszusehn, nicht zu verhindern, nicht zu verschweigen) wie gestern und heute, scheint sie unmäßig schwer für meine kläglichen Schultern«. Dieses Bild enthält zunächst das Moment der Belastung, das auch im Entstehungsbericht zum *Urteil* erwähnt wird: »Mehrmals in dieser Nacht trug ich mein Gewicht auf dem Rücken.«[53]

Einmal hat er dabei wohl die mit der literarischen Arbeit verbundene Anstrengung im Blick, die nur im fast niemals erreichten Zustand äußerster Konzentration auf seine Imagination aufgehoben war, der gegenüber er dann die Rolle eines bloß passiven Beobachters einzunehmen vermochte.[54] Die dann vorhandene

»grenzenlose[n] Stärke«, innere Wahrnehmungen aufzunehmen, ließ, wie beispielsweise mitten in der Nacht, in der das *Urteil* entstand, jede Müdigkeit vergehen. Er werde, meinte er einmal, nur zwischen seinen inneren Gestalten wach.[55] Da dies aber in jedem Fall ein längerer Prozeß ist, darf es nicht verwundern, daß er beim Schreiben dieser Erzählung zunächst, wo ja der Erzählgegenstand noch nicht feststand, den Eindruck hatte, er sei ungeheurer Anspannung ausgesetzt.

Neben diesem formalen Aspekt der Last ist aber noch ein inhaltlicher zu beachten, den Jürgen Born als während des Schreibens sich einstellendes »Gefühl der inneren Sicherheit« bestimmt hat. Die Pflicht, gegen psychische Widerstände um Felice zu kämpfen, wird öfters im Bild des zu tragenden Gewichts beschrieben. Indem nun durch die literarische Produktion die Bewußtseinslage gefestigt wird, können diese inneren Belastungen besser ausgehalten werden. Oder: Wenn es nach seiner Meinung die Wirkung des Gemeinschaftslebens ist, daß die dem einzelnen auferlegten Lasten von allen Rücken mitgetragen werden, dann muß während des Schreibens, in dem er sich in seinem eigentlichen Lebenskreis unter fiktiven Figuren bewegt, auf die Erzählinhalte projiziert werden können, eine Erleichterung des von der Gemeinschaft auf ihn ausgehenden Drucks eintreten.[56]

Wenn nun diese »Öffnung des Leibes und der Seele« stattgefunden hat, und das ist der andere, hier hervorzuhebende Aspekt der eben angeführten Selbstdeutungen, dann tritt die traumhafte, innere Welt – mit diesem Ausdruck belegt Kafka summarisch den von seiner produktiven Einbildungskraft[57] zu bearbeitenden Bereich – ihm als etwas Vorgegebenes, Selbständiges gegenüber: Er fährt auf dem Wasser im Boot[58] oder auf dem Wagen, Mittel der Fortbewegung, denen er sich anvertraut und die ihn tragen. Daß unbewußte Phänomene auf das Ich als fremdes Gegenüber wirken, ist eine Einsicht, die ihm sogar beim Briefschreiben aufging, das im Vergleich zur Entstehung fiktiver Texte noch in ganz anderem Maße der Bewußtseinskontrolle unterliegt, bemerkt er doch in seiner Korrespondenz mit Felice Sätze, »die wie von außen kommen und doch wohl ihre Quelle in einem verborgenen Innern haben müssen«. Nicht er also entwickelt den Verlauf einer Erzählung, sondern diese bietet sich ihm im Idealfall zum Mitschreiben an, das ihn dann hinreißt.[59] Läßt jedoch die innere Sammlung so sehr nach, daß die von der Einbildungskraft erzeugten Bilder verschwinden, fühlt er sich von einer Geschichte »ausgeworfen« oder »abgewiesen«, er verliert sich, ungeführt, in darstellerischen Irrwegen:[60] Die konstitutiven epischen Bauformen können nicht mehr vom Bewußtsein aufgenommen werden.

Nur unter dieser Voraussetzung ist eigentlich die Aussage verständlich, jede Novelle, »falls sie berechtigt ist«, trage bei noch unvollständiger Entfaltung »ihre fertige Organisation in sich«. Das wird gesagt angesichts des eben »fast bewußtlos« begonnenen und für gut befundenen *Dorfschullehrers*.[61] Sinnvoll ist diese Formulierung nur, wenn eine solche literarische Geburt – Kafka verwendet im Kontext des eben Angeführten selber diesen Vergleich – nicht durch bewußte Überlegung hervorgebracht wurde, denn in diesem Fall könnte der Erzeuger des ihm jetzt selbständig gegenübertretenden Wesens leicht die Gesetze angeben, die sein Wachstum bestimmen. Dieses müßte dann dem Verständnis offen daliegen.Die Lebenszeugnisse zeigen jedoch, wie hilflos er literarischen Formen gegenüber stand, und er wußte dies auch selbst.[62] Was seine eigenen Schöpfungen betrifft, so konnte er im *Urteil* noch Monate nach der Niederschrift keinen vernünftigen Sinn entdecken. Die Legende *Vor dem Gesetz* verstand er erst über anderthalb Jahre nach ihrer Entstehung, als er sie Felice vortrug.[63]

Wenn man annimmt, daß die Niederschrift eines Textes derart weitgehend verstandesmäßigem Zugriff und bewußter Kontrolle entzogen ist, dann kann man aus dieser Einsicht zwei Folgerungen ziehen. Einmal müßten die einzelnen Teile eines Werks in chronologischer Reihenfolge entstanden sein, denn wenn die Erzählzusammenhänge sich erst während des Schreibens bewußt entwickeln, dynamische Prozesse der Innenwelt Kafkas spiegeln, ist es wenig wahrscheinlich, daß er spätere Partien außerhalb schon vorliegender Werkzusammenhänge im Vorgriff, also innerlich davon in gewisser Weise abgetrennt, zu gestalten vermochte: Im Hinblick auf seine mißlungene *Automobilgeschichte*, die für ihn wegen ihres unorganischen Handlungsablaufs nur aus »abreißende[n] Anfängen« bestand, meint er, sie erweise sich nicht als richtiger »Blutsverwandter«, weil ihre Teile »heimatlos« herumliefen und in ihm ganz heterogene Vorstellungen erweckten.[64]

Die Überlieferung entspricht ungefähr der eben vorgetragenen Hypothese. Klaus Wagenbachs Behauptung, Kafka habe seine Werke häufig kapitelweise geschrieben, ohne Rücksicht auf den Ablauf der Handlung, entbehrt jeden philologischen Beweises:

Alle handschriftlichen Erstniederschriften, auch der Fragmente, setzen sofort mit dem Eingangsteil ein und werden ohne jede Lücke bis zum endgültigen Abschluß oder Abbruch geführt. Ausnahmen sind das Kapitel *Das Naturtheater von Oklahoma*, das handlungsmäßig nicht an die schon vorhandenen Teile des *Verschollenen* anschließt, die Zweitfassung des *Jägers Gracchus*, eine Vorstufe des *Berichts für eine Akademie*, wo zwischen dem vorhandenen Erzählbeginn und dem folgenden Dialog jeweils noch ein Zwischenglied unausgeführt bleibt, ein Fragment zum *Verschollenen* und zum *Schloß*, und vor allem der *Prozeß*, wo mehrfach Kapitel unabgeschlossen geblieben sind, ohne daß das doch Kafka am Weiterschreiben gehindert hätte.[65]

Die im *Prozeß* und im Schlußteil des *Verschollenen* angewandte Verfahrensweise ist die gleiche: Wenn der Autor an einen Punkt kam, wo sich ihm die Gestaltung einer bestimmten Erzähleinheit versagte, so daß die Gefahr bestand, daß durch Weiterschreiben alles verdorben wurde, wenn jedoch gleichwohl kein Anlaß war, deswegen die Arbeit an dem sich augenblicklich verschließenden Text überhaupt abzubrechen, springt er weiter zum zeitlich nächstliegenden Teil, dessen Formung er sich zutraut, und dieser Vorgang kann sich mehrmals hintereinander wiederholen. In den anderen Fällen liegt der später noch zu erläuternde Versuch vor, Erzählzusammenhänge gleichsam vorläufig, ins Unreine zu formulieren, ohne sich dadurch jedoch deren endgültige Gestaltung zu verbauen.[66]

Weiterhin, und das ist die andere Konsequenz, die sich aus den gemachten Annahmen ergibt, ist es fast ausgeschlossen, daß nach dem Abschluß des eigentlichen Schaffensprozesses, der durch dauernd wechselnde seelische Spannungszustände in seinem Ablauf gesteuert wird, noch wesentliche Änderungen möglich sind, denn es ist unwahrscheinlich, daß eine exakte erlebnismäßige Reaktivierung einer früher bestehenden Konfliktsituation gelingt.

Die Lebenszeugnisse Kafkas bieten überraschende Belege auch für diese Vermutung: Er war unfähig, im Nachhinein erkannte Fehler im *Dorfschullehrer* auszumerzen, und die Neuformulierung einer ihn anwidernden Stelle gegen Ende der *Strafkolonie* mißlingt, so daß er bei der Drucklegung der Erzählung sich gezwungen sieht, die Passage zu streichen und einen Handlungsbruch hinzunehmen. Schließlich versuchte er, vielleicht erst im Winter 1923/

24, den längst gedruckten *Hungerkünstler* im Mittelteil beträchtlich zu erweitern; diese Fassung scheint zunächst in die Druckvorlage seiner letzten Erzählsammlung eingegangen zu sein. Offenbar erst bei der Korrektur der Fahnen wird das neu Hinzugekommene wieder getilgt.[67]

Nun gibt es aber zwei Erzählungen, die sich diesem Gesetz nicht zu fügen scheinen. Ludwig Dietz schreibt im Blick auf die Manuskripte der *Beschreibung eines Kampfes*: »Selbst wenn eine Erzählung schon abgeschlossen war, konnte es sein, daß er sie wieder aufbrechen und in ihrer Substanz verändern, ausbeuten und ›fragmentarisieren‹ mußte.«[68]

Diese Formulierung ist zumindest etwas mißverständlich. Erzählstücke, wohlgemerkt immer geschlossene epische Einheiten, die Kafka aus größeren Zusammenhängen zu Publikationszwecken auswählte, entstammen seit 1910 stets Bruchstücken, die nicht mehr weiterbearbeitet wurden, deren Fertigstellung also nicht mehr erhofft wurde. Die unvollständig gebliebene Neubearbeitung der *Beschreibung eines Kampfes* unterscheidet sich zwar von der abgeschlossenen Erstfassung durch thematische Akzentverlagerungen, umfangreiche Streichungen, die Einfügung neuer Episoden und durch Veränderungen in der Perspektivgestaltung, wodurch die Handlung auf eine einheitliche Ich-Erzählung zurückgeführt wird.[69]

Insofern mag man tatsächlich von substantiellen Änderungen sprechen, aber der Erzählgang wird dadurch in seinem Gesamtablauf nicht grundlegend verändert: In der Neufassung läßt Kafka den zweiten Teil des *Spaziergangs* und die *Ansprache an die Landschaft* weg und fügt dafür *Kinder auf der Landstraße* ein. Ersatzlos gestrichen wird das übernächste Kapitel, die *Geschichte des Beters*. Es handelt sich dabei um in sich abgeschlossene Episoden, wie sie für den Mittelteil der Erzählung kennzeichnend sind. Weder wird der Handlungsverlauf als Ganzes, der weithin bloß stilistisch bearbeitet wird, angetastet, noch erfahren Einzelszenen Umstellung oder grundlegende Umarbeitung. An der Stelle, wo das letztere doch geschieht, nämlich im *Fortgesetzten Gespräch zwischen dem Dicken und dem Beter*, bricht er bezeichnenderweise die Arbeit an der zweiten Fassung ab.[70]

Dabei ist zu beachten, daß es sich um ein Frühwerk handelt, entstanden in einer Zeit, wo das Beste seiner Arbeiten nicht in jenen Stunden der Erhebung geschrieben wurde, in denen er sich an den Grenzen des Menschlichen überhaupt fühlte.[71] Der Bewußtseinsanteil war vor dem entscheidenden Durchbruch im Jahr 1912 gewiß größer als danach, wo es aus den schon diskutierten Gründen undenkbar erscheint, daß nach mehreren Jahren eine abgeschlossene Erzählung einer derart eingehenden, Satz für Satz verändernden Revision unterzogen wird.

Und doch gibt es in der Spätzeit ein Beispiel, das in gewisser Beziehung an die *Beschreibung eines Kampfes* erinnert, nämlich die produktiv gemeinte Bearbeitung, die Kafka den ersten Seiten der *Forschungen eines Hundes* zuteil werden ließ. Die Neubearbeitung ist in einem eigens zu diesem Zweck angelegten Quartheft erhalten, dessen Blätter nur einseitig beschrieben sind. Dieser für den mit Papier stets geizenden Kafka ungewöhnliche Befund, der sich so freilich auch in den *Schloß*-Manuskripten findet, deutet darauf hin, daß die freibleibenden Seiten genügend Raum für geplante Ergänzungen lassen sollten, mit denen offenbar von vornherein gerechnet wird. Diese stellten sich dann auch sehr bald ein. Schon auf der Rückseite des zweiten Blattes finden sich zwei inhaltlich unterschiedene Versionen des gleichen Sachverhalts, die aber beide wieder verworfen wurden.

»Weil ich mich nicht begnügen kann mit dem Aufblick zum Himmel der Volkseinheit, wenn der Leib in der Hölle schmort. Weil Himmel und Hölle nicht weiterhelfen können, denn in ihrer unendlichen Klarheit – die Hölle noch klarer als der Himmel – geben sie ja immerfort Antwort, dem der fragt und hören will. Nur wir, das vertrackte Geschlecht, drehen und winden uns und halten die Zunge fest zwischen den Zähnen, um sie zu zerbeißen, wenn sie nicht mehr widerstehen könnte und reden wollte, aber sie widersteht aus eigenem.«

Offensichtlich ist das ein Versuch, den zweiten Abschnitt der Erzählung fortzuführen, in dessen Schlußsatz sich der Ich-Hund die Frage stellt, warum er nicht dem zugekehrt bleibe, »was glücklich bindet«, sondern dem verfallen ist, was »unwiderstehlich [. . .] aus dem Volkskreis zerrt«.[72] Nun hatte Kafka schon in der ersten Fassung diese besondere Stellung des Erzählers zu seinem Volk »veranschaulichen« wollen und in unmittelbarem Anschluß an das Zitierte metaphorisch von der »Flanke an Flanke« versammelten Hundeschaft gesprochen, deren Blick auf den »innern Kreis«, auf das verborgene Kraftzentrum des Volkes also, gerichtet sei.

Diese Fortsetzungsmöglichkeit wird jedoch aufgegeben, bevor noch die besondere Stellung des Erzählenden innerhalb der Hundegemeinschaft in den Blick kommt. In der Zweitfassung nimmt Kafka diese Fragestellung wieder auf, versucht aber gleichzeitig, die an dieser Stelle fühlbare und ihn störende Lücke im Gedankenablauf zu überbrücken: Der neue Passus ist als zweifach begründete Antwort auf das Vorhergehende diesem formal gut angepaßt, visiert, wenn von der Eigenart der Hunde die Rede ist, sich möglichen oder nicht möglichen Erkenntnisaussagen zu verweigern, jedoch gleichzeitig den weiteren Erzählgang an. Denn diese Verhaltensweise kennzeichnet später die Musikhunde, die sich tatsächlich »drehen und winden«, das ambivalente Verhältnis der Mithunde zum Forscher-Außenseiter, in dem lebenerhaltendes Schweigen das vorhandene Erkenntnisverlangen dominiert, und die Kritik, die der Erzähler an der gegenwärtigen Generation übt: Während den Urvätern das wahre Wort noch auf der Zungenspitze schwebte, würde man es jetzt nicht einmal mehr im Gekröse finden.[73]

In der Neufassung nun, die, ebenfalls noch auf dem zweiten Heftblatt, diese Ergänzung des Darstellungsgangs ersetzt, finden sich zwei bemerkenswerte Änderungen: Jetzt wird betont, man habe, da die Zeit zu ruhiger Betrachtung fehle, von Himmel und Hölle nur »unsichere Ahnungen«. Offensichtlich sollte mit dieser Werkstufe deutlicher der Eindruck vermieden werden, als seien die Hunde für ihren desolaten Zustand mitverantwortlich; an anderer Stelle der Erzählung wird ja eine solche Schuld der jetzt lebenden Generation ausdrücklich zurückgewiesen.[74]

Interessanter ist, daß die Neuformulierung sprachlich nicht mehr an die Schlußworte des zweiten Abschnitts der *Forschungen eines Hundes* anschließt, beginnt sie doch mit den Worten: »Freilich muß man uns zugute halten [. . .]«. Auch beziehen sich die Aussagen jetzt auf die Mithunde, deren Lebensweise – das muß Kafka inzwischen bewußt geworden sein – ebenfalls noch erklärungsbedürftig war: Alle leben doch nach Vorschriften, »die nicht die der Hundeschaft sind; ja, eher gegen sie gerichtet«. An diese Worte sollte sich der neue Text anschließen, dessen Schlußsatz eine Verständnismöglichkeit bringt: Es ist vielleicht die Verzweiflung über die erwähnte Erkenntnisunfähigkeit, die die Hunde dazu bringt, in den gewählten »Beschäftigungen« fortzufahren: »aber was für eine Verzweiflung war es, die uns zwang, mit ihnen zu beginnen?«

Mit dieser Frage ist nun zwar ein sehr guter Übergang zum folgenden Jugenderlebnis des Erzählers gegeben, denn nach jenem richtungsweisenden Konzert beginnen dessen Untersuchungen, aber sie macht auch den Schlußsatz des zweiten Abschnitts fast unhaltbar, denn wie soll jetzt die für den Erzählgang konstitutive Sonderstellung des Forscherhundes verstanden werden, wenn doch alle den gleichen unzulänglichen Erkenntnisvoraussetzungen unterliegen? Und so wird dieser dritte Erweiterungsansatz ebenfalls wieder gestrichen.

Nimmt man hinzu, daß Kafka schon an einer früheren Stelle vergeblich versucht hatte, eine im vorgegebenen Textbestand nicht vorkommende Besonderheit des Hundevolkes in die zweite Fassung einzuführen, so bestätigt sich an dem Sonderfall der *Forschungen eines Hundes* die sonst feststellbare Gesetzmäßigkeit, daß eine nachträgliche Verbesserung oder gar Erweiterung des Erzählgangs nicht möglich ist, obwohl die Bedingungen dafür – sie sind wohl auch der Grund, daß Kafka gegen sonstige Gewohnheit eine derart einschneidende Bearbeitung überhaupt plante – im Sommer und Herbst 1922 besonders günstig waren:

Wenn im ersten Abschnitt der Erzählung für »zurückgezogen« in der Erstfassung noch »von Tag zu Tag« steht, so ist das ein spezifischer Ausdruck für die zur Entstehungszeit bestehende gleichförmige Lebensweise Kafkas, wo ihm »ein Tag regelmäßig wie der andere« verging, wo er »eingerichtet« war und so einen »Aufruhr im eigenen Innern verhinderte«.[75] Im Gegensatz zu der Zeit, in der er um Felice kämpfte, berufstätig war, eine Änderung seiner Lage erstrebte und so dauernd starken Veränderungen in Stimmungslage und Bewertung seiner Verhältnisse unterlag, blieben in der Phase der Einsamkeit die psychischen Gegebenheiten weitgehend konstant, so daß bei der noch im gleichen Jahr anzusetzenden[76] Überarbeitung der *Forschungen eines Hundes* die Anknüpfungs- und Identifikationsmöglichkeiten mit dem Geschriebenen besonders groß waren, so daß er sich organische Eingriffe in den Textbestand zutrauen durfte. Auch sei nicht vergessen, daß der Erzählgegenstand, stofflich als autobiographischer Rückblick genommen, dem Autor selbstverständlich jederzeit gegenwärtig war.

5. Fragmente

Das im Blick auf das Erzählarrangement formulierte Ergebnis schließt die übrigens auch von Max Brod vertretene These ein, daß Kafka dann an der Konzeption eines Erzählganzen scheiterte, wenn er von einer Geschichte abgewiesen oder ausgeworfen wurde, also im Zweifel über die zu wählende Fortsetzung war.

Das läßt sich zunächst am *Dorfschullehrer* belegen. Während sich auf den ersten, von Kafka noch positiv beurteilten Manuskriptseiten die für ihn eigentümliche Form »flüssig, ohne Korrekturen, wie selbstverständlich« ergibt,[77] bemerkt man in dem Teil, in dem die Reaktion des Lehrers auf die Erklärung des Kaufmanns beschrieben werden soll, der sich von der gemeinsamen Sache zurückzieht, umfangreiche Streichungen, die, als Alternativen hinsichtlich der Handlungsführung und bloß assoziative Digressionen des Erzählers von der konkreten Situation, die Kontinuität und Homogenität des Ablaufs aufheben und so schließlich zur Aufgabe des Projekts führen.

Wohl das ausführlichste und eindrucksvollste Beispiel findet sich in der Handschrift des *Schloß*-Romans. Bis einschließlich der großen, über vierundzwanzig Druckseiten umfassenden Erzählung Pepis gibt es zwar recht umfangreiche Tilgungen, wie sie, bedingt wohl durch das Überwiegen von Gespräch und Reflexion gegenüber handlungsmäßigen Vorgängen und durch konzentrationshemmende Schwächezustände des Autors, nur in der Spätzeit vorkommen, aber es handelt sich dabei vielfach um verhältnismäßig geringfügige Änderungen inhaltlicher Art innerhalb von an sich unverrückbaren größeren Erzähleinheiten. Dann jedoch verwirrt sich offensichtlich der erzählerisch einzuschlagende Weg dem Schreiber vollkommen. Nach Pepis Schlußworten konzipierte er zunächst eine acht großformatige Manuskriptseiten umfassende Fortsetzung. Bringt deren erster Abschnitt eine detaillierte Schilderung der Vorgänge, die während Pepis Bericht im Schankraum stattgefunden haben, so der zweite in indirekter Rede eine ausführliche Replik K.s, die, ganz auf Pepis Jugend abgestellt, ihr Handeln in einer Weise auf die eigene Situation bezieht, wie das in der Endfassung nicht geschieht. Der dritte Abschnitt schließlich berichtet, wie Pepi antwortet und, nachgiebiger werdend, sich weinend über K.s Hand beugt.[78]

Mit den sofort wieder durchgestrichenen Worten: »Jetzt glaubte

Gerstäcker seine Zeit endlich für gekommen« beginnt Kafka einen weiteren Abschnitt, der dann erzählt, wie Pepi sich von K. löst und, als sich im Flur Schritte vernehmen lassen, schnell mit Bratmaier (so ist dieser Name mit der Handschrift zu lesen), der wie Gerstäcker während ihrer Erzählung eingetreten war, den Raum verläßt.[79]

Kafka war unsicher über die Stelle im Erzählablauf, an der K.s Auseinandersetzung mit dem Fuhrmann erzählt werden sollte. Beugte sich dieser in der ursprünglichen Konzeption – aber schon diese Werkstufe entspringt einem nachträglichen Einfall – gleich am frühen Morgen über den erschöpft auf einem Brett zusammensinkenden Landvermesser, so betritt er, wie man aus Pepis Worten erfährt, in der endgültigen Fassung erst während des Tages den Schankraum, wo er eine Zeitlang vergebens auf K. wartet. Vorbereitet durch sein erneutes Auftauchen dort während Pepis Bericht, wo er K. belästigt und so die Erzählende veranlaßt, diesen in ihre Nähe zu ziehen, sollte das Gespräch zwischen dem Landvermesser und dem Fuhrmann also noch in Anwesenheit des Mädchens stattfinden, wird dann aber zunächst nach ihrem Abgang und unmittelbar vor dem erwarteten, vorher ebenfalls schon angekündigten Erscheinen der Herrenhofwirtin dargestellt. K. folgt dieser ins Privatkontor, nachdem er auf eine entsprechende Frage erklärt hat, er habe auf sie gewartet. Gerstäcker, der vorher K. vergeblich aufgefordert hatte, ihm als Pferdeknecht zu dienen, erhält den Befehl, im Ausschank zu warten.[80]

Nun wurde jedoch dieser vielgliedrige Zusammenhang durch die in den Ausgaben gedruckte Fassung ersetzt, in der sich der Fuhrmann nicht schon in der Schankstube an K. heranmacht, sondern erst auf dem Flur, den dieser überqueren muß, um in das Kontor zu gelangen. Seine grob geführte Unterredung mit K., als dessen Ergebnis beide sofort Gerstäckers Mutter aufsuchen, findet jetzt nach der Unterredung des Landvermessers mit der Wirtin über deren Kleider statt, die schon die vierte Fassung dieses geheimnisvollen Themas darstellt. Denn eine ihn befriedigende Form der Szene zwischen K. und den Wirtsleuten am frühen Morgen, wo es ebenfalls schon um die Garderobe der Herrenhofwirtin gegangen war, wird erst im dritten Anlauf gefunden, und zwar in der Weise, daß entscheidende Gedanken des ersten Ansatzes zwar umformuliert werden, aber doch in der Substanz unverändert in das zweite Gespräch zwischen K. und der Wirtin im

Privatkontor eingehen, so daß die Vermutung naheliegt, daß die übrigens kaum Einzelbesserungen aufweisenden Vorstufen nicht deswegen gestrichen wurden, weil sie an sich unbefriedigend waren, sondern weil sich während ihrer Niederschrift wesentliche Motive als unzeitige Vorwegnahmen späterer Erzähleinheiten zu erkennen gaben.[81]

Nimmt man hinzu, daß in der schließlich gewählten Handlungsführung Pepi sich nicht zu Bratmeier schlägt, sondern K. einlädt, sich in der folgenden Nacht von ihr und ihren Zimmergenossinnen Geschichten über Frieda anzuhören und in deren gemeinsamer Schlafkammer zu übernachten, so ist nicht schwer zu erkennen, was Kafka im August 1922 zu der Aussage veranlaßte, er habe die Arbeit am *Schloß* endgültig aufgeben müssen.[82]

Er kam mit dem Arrangement und der Abfolge der Erzähleinheiten nicht mehr zurecht, sowohl hinsichtlich der Verschachtelung der verschiedenen Handlungsstränge, die zu einer zweimaligen Verschiebung zwischen K. und Gerstäcker führte, als auch im Blick auf die Inhalte (Herrenhofwirtin) und die Figurenkonstellation (Pepi). Das Ende dieses Romans ist der aufschlußreichste Beleg für Kafkas Behauptung, er irre beim Schreiben leicht ab, und illustriert seine Beobachtung, daß angefangene Geschichten manchmal ausbrechen und sich verlaufen.[83]

Aufschlußreich ist ein Vergleich mit dem *Verschollenen*. Anfang 1913 wird der Abbruch an der Konzeption dieses Romans als vorläufig bezeichnet und damit begründet, daß beim Weiterschreiben das ganze Projekt in Gefahr gerate. Dahinter steht die Erkenntnis, daß das bisher Entstandene im großen und ganzen nur »gleichsam in Erinnerung an ein großes aber durchaus abwesendes Gefühl hingeschrieben« sei.[84] Es wird verworfen, weil es die ihm zugrunde liegenden Eingebungen nur unzureichend wiederspiegelt, nicht weil eine Irritation hinsichtlich des weiteren Erzählgangs bestanden hätte. Es finden sich keine größeren Varianten vor der Stelle im sogenannten *Fragment I*, an der die Arbeit unterbrochen und im Oktober 1914 fortgeführt wurde, ohne daß irgendeine Unebenheit im Geschehensablauf merkbar wäre. Das *Fragment II*, das ebenfalls zu diesem Zeitpunkt entstand, endet unvermittelt mitten in einem Erzählzusammenhang und ohne daß die geringste Sinnvariante im Kontext festzustellen wäre.[85]

Gewiß ist einzuräumen, daß die Ende 1912 vorhandene Sicherheit Kafkas in bezug auf die Textkontur nach und nach etwas abnimmt, finden sich doch im Spätwerk, auch bei abgeschlossenen Erzählungen, Irrwege der Handlungsführung, die über das bisher Festgestellte hinausgehen. So wurde beispielsweise der dritte Abschnitt der *Kleinen Frau* zunächst recht lange in eine Richtung vorangetrieben, die sich für den endgültigen Erzählzusammenhang als unbrauchbar erwies, so daß nur drei offenbar zum festen Vorstellungsarsenal dieses Darstellungskomplexes gehörige Einzelmotive später in anderen Funktionszusammenhängen wiederkehren. Und in den *Forschungen eines Hundes* gibt es vereinzelt gestrichene, nur wenige Zeilen umfassende Passagen (von einer thematischen Digression, einer Jugenderinnerung des Erzählers, einmal abgesehen[86]), die jedoch in keiner Weise an späterer Stelle wieder aufgenommen worden sind. Da der Text die gegebene Problemstellung schon sehr weitgehend expliziert hat, ist es unwahrscheinlich, daß diese Elemente in den noch ungeschriebenen Teilen Verwendung gefunden hätten.

So kann behauptet werden, daß die Vollendung einer Arbeit dann mißlang, wenn deren Gestalt aufgrund sich schnell verändernder, die Produktion steuernder seelischer Gegebenheit (oder, davon gleich, wegen überstarker Ich-Abwehr) inspirativ nicht mehr als Ganzes bereitlag, so daß sie dem ins Dunkel tastenden Schreibenden nicht mehr Rahmen und Richtung abzugeben vermochte.

Interessant ist in diesem Zusammenhang noch, wie Kafka die Schaffensweise Flauberts beurteilte, der zu seinen großen literarischen Vorbildern gehörte. Seine französische Ausgabe der *Education sentimentale* enthielt einen Anhang, der veranschaulichte, wie Flaubert durch dauernde stilistische Umarbeitung und sprachliche Konzentration dem Gemeinten näher zu kommen suchte. Faksimiles zeigen Ausschnitte zweier Fassungen einer Romanpassage, die selbst wieder zahlreiche Einzelstreichungen, Verbesserungen und auf die Blattränder geschriebene, teilweise auch wieder verworfene Alternativlösungen enthalten und so das Ringen des Schreibers mit seinem Stoff verdeutlichen.[87] Es ist bezeichnend, daß Kafka diesen Befund so versteht, als ob es sich hier um ein eigenen Erhebungszuständen vergleichbares inspiratives Vorgehen handle, schreibt er doch darüber an Felice Bauer: »Die zerstrichenen Seiten, Liebste, bedeuten nicht Nächte, in denen es an Kraft fehlte. Gerade das sind die Seiten, in die er sich ganz vertiefte, in denen er sich jedem menschlichen Auge verlor. Und noch bei der dritten Niederschrift erlebte er [. . .] dieses unendliche Glück.«[88]

6. »Das Urteil«

Wurde bisher versucht, Kafkas auf den Schaffensvorgang bezügliche Ausführungen mit den Erstniederschriften seiner Werke zu konfrontieren, so besteht daneben die Möglichkeit, diese mit Erkenntnissen in Beziehung zu setzen, die die Psychologie zur Erhellung dieses Phänomens bereitstellt. Um Objektivität zu erreichen, werden die vorliegenden Befunde mit Hilfe dreier konkurrierender Systeme gedeutet, die unterschiedliche Aspekte des Schreibens in den Mittelpunkt stellen.

C. G. Jung, der schöpferische Persönlichkeiten bei der psychotherapeutischen Behandlung beobachtete, unterscheidet eine psychologische Art des Kunstschaffens, die sich innerhalb der Reichweite des menschlichen Bewußtseins und üblicher kontrollierbarer Lebenserfahrung bewegt und deswegen beim Rezipienten kaum Fragen nach dem Sinn des Geschaffenen aufwirft, von einer visionären, die den Horizont des Normallesers überschreitet.[89] Nach Sujet und Wirkungsgeschichte gehören Kafkas Erzählungen und Romane dem zweiten Typ an, denn die meisten seiner Werke transzendieren in einer sonst nur selten zu beobachtenden Radikalität Empirie und literarische Tradition. Die Deutungsflut der letzten Jahrzehnte, die nur die schon erwähnte Ratlosigkeit fortsetzt, mit der Kafka zuweilen selbst seinen Schöpfungen gegenübertrat, dokumentiert auf ihre Weise die Fremdartigkeit des Phänomens.[90] Im Licht der analytischen Psychologie erweisen sich die Triebkräfte des literarischen Schaffens, wie schlechthin alle Bildungen, die sich zunächst unbewußt entwickeln und erst bei stärkerer Triebbesetzung als wahrgenommene sich mit dem Bewußtsein assoziieren, als autonome Komplexe, die als vom bewußten Vorstellungsleben abgetrennte Teilpsychen ein selbständiges, der Hierarchie des Bewußtseins entzogenes energetisches Eigenleben führen und entsprechend dieser Kraft entweder als Störung der willkürlich gerichteten Denkprozesse erscheinen oder als übergeordnete Instanz, die das Ich in ihren Dienst zu nehmen vermag.[91]

Beides läßt sich bei Kafka beobachten. Es kommt vor, daß sich seine Schreiblust zur unpassendsten Zeit regt, ihn etwa bei der Ausübung seines bürgerlichen Berufs quält, andererseits geschieht es aber, daß sein Selbstwertgefühl völlig vom Gelingen des Schreibens abhängt, mit dem er sich zuzeiten ganz und gar identifiziert.[92]

Da dem autonomen Komplex Personalität eignet, ist es nicht verwunderlich, daß seine literarischen Manifestationen den Schriftstellern häufig als fremde, lebendige Gewalten und Figuren entgegentreten. Die Entwicklung der Handlung beispielsweise kann unabhängig von bewußten Bewertungen des Autors auf Grund einer schon festliegenden Gestalt des Gesamtwerks bestimmt sein und eine so starke innere Notwendigkeit erlangen, daß dem Künstler sein Werk als etwas von ihm Unabhängiges erscheint. Tolstoi beispielsweise fühlte sich für das Verhalten seine fiktiven Figuren nicht verantwortlich, und Beaumarchais führte mit ihnen besorgte Dialoge.[93] Eben diese Beziehungen unterhielt auch Kafka zu seiner epischen Welt. Richtig sagt Max Brod, sein Freund habe bei der Beurteilung von Kunstwerken oft das Kriterium aufgestellt, »daß die Gestalten eines echten Dichters sich selbständig machen, aus sich selbst heraus leben, aus sich selbst hervor sich bewegen und daß ihr Schicksal manchmal Wendungen nimmt, die den Autor und Schöpfer überraschen«.[94]

Weitere allgemein verbreitete Verhaltensweisen dem eigenen Werk gegenüber sind gleichfalls von den erwähnten genetischen Prozessen her zu verstehen. So drängt sich dem Produzierenden häufig der Eindruck auf, allein zu stehen, etwas ohne geschichtliches Vorbild zu unternehmen,[95] natürlicherweise, wenn das zu Schaffende in bisher unbekannte Bereiche vorstößt. In der Spätzeit ist die Singularität seiner Lage für Kafka eine feste Denkvorstellung, für die er höchstens im Lebensgang einiger anderer Schriftsteller Vergleichsmöglichkeiten fand.[96]

Typisch ist überdies die auch in Kleists Aufsatz *Über die allmähliche Verfertigung der Gedanken beim Reden* beschriebene Überzeugung, das Entstandene sei etwas eben erst Entdecktes und, obwohl doch seither unbekannt, gleichwohl ein treffender Ausdruck des Gewollten. Bei Kafka zeigt sich dieser Aspekt am deutlichsten im Entstehungsbericht zum *Urteil*, wo die Art des Schreibvorgangs selber, der Durchbruch der Inspiration als Gestalt, als das Neue erkannt wird.[97]

Ein anderer Punkt betrifft die Gefühlsregungen, die literarische

Produkte, fremde und eigene, in einem Autor hervorrufen können. Da die fiktiven Gestalten, als Ausdruck gefühlsbetonter Vorstellungskomplexe, in innigstem Zusammenhang mit Vitalproblemen ihrer Schöpfer stehen, vermögen sie ein derart intensives Erleben auszulösen, wie es sonst nur gegenüber wirklichen Personen auftritt. Dickens, Thackeray und Goethe zum Beispiel weinten über das Schicksal ihrer Figuren, E. T. A. Hoffmann fühlte sich von ihnen verfolgt.[98] Kafka schrieb an Felice über die *Verwandlung*: »Weine, Liebste, weine, jetzt ist die Zeit des Weinens da! Der Held meiner kleinen Geschichte ist vor einer Weile gestorben. Wenn es Dich tröstet, so erfahre, daß er genug friedlich und mit allen ausgesöhnt gestorben ist.« Er, der sich die Fähigkeit zu weinen gewöhnlich absprach, schluchzte bei der Konzeption des *Heizers* an einer Stelle so sehr, daß er fürchtete, die im Nebenzimmer schlafenden Eltern könnten aufwachen, und über eine Vorlesung des *Urteils* notiert er: »Gegen Schluß fuhr mir meine Hand unregiert und wahrhaftig vor dem Gesicht herum. Ich hatte Tränen in den Augen. Die Zweifellosigkeit der Geschichte bestätigte sich.«[99] Eine vergleichbar heftige Erschütterung trat ein, als er einmal ein unterhaltendes Büchlein las, in dem eine Szene auf einer positiven Vater-Sohn-Beziehung aufbaute. Daher kommt es, daß er das *Urteil* als die ihm liebste Erzählung beurteilt, während er doch den *Heizer* für sein bestes Werk hielt: Gefühlsmäßig war er dort aus den verschiedensten Gründen mehr affiziert.[100]

Die vielleicht auffälligste Regung im Verhalten Kreativer gegenüber den eigenen Hervorbringungen ist der Wunsch, sich mitzuteilen. C. R. Rogers schreibt zur Begründung dieses Sachverhalts: »It is doubtful whether a human being can create, without wishing to share his creation. It is the only way he can assuage the anxiety of separateness and assure himself that he belongs to the group.«[101]

Gerade weil Kafka gewöhnlich gegenüber seinen Schöpfungen eine recht zwiespältige Stellung einnahm, nie ganz freiwillig und selbständig ein Werk publizierte und manchmal sogar ein Verdammungsurteil über sein gesamtes Schaffen sprach, muß es auffallen, daß er sich im Fall des *Urteils*, als dem Musterbeispiel gelingender Produktion, anders, nämlich im Sinn der eben angeführten These verhielt. Unter den vielen während des Schreibens mitgeführten Gefühlen nennt er an erster Stelle die Freude darüber, daß er für einen geplanten Sammelband Max Brods jetzt einen so schönen Beitrag habe: Schon im Verlauf des Schaffensprozesses selber steht also das Daß und Wie der Veröffentlichung fest! Genau so bezeichnend ist ein anderer Passus des Entstehungsberichts, der die Vorgänge am Morgen, unmittelbar nach Abschluß der Arbeit, festhält: »Das zitternde Eintreten ins Zimmer der Schwestern. Vorlesung. Vorher das Sichstrecken vor dem Dienstmädchen und Sagen: ›Ich habe bis jetzt geschrieben.‹«[102]

Das sind gleich zwei Belege für ein Mitteilungsbedürfnis, das gewöhnlich von seinem Vollkommenheitsstreben unterdrückt wurde: Ottla und die Freunde mußten manchmal monatelang warten, bis sie, wenigstens auszugsweise, das Neuentstandene vorgetragen bekamen.[103] Kafka jedoch, der in Gesprächen von sich aus sein Schreiben kaum erwähnte, überraschte, als er am 29. September 1912 Max Brod und Felix Weltsch, die von einer Reise zurückkehrten, am Bahnhof abholte, diese mit der Mitteilung, er habe vor sechs Tagen eine Erzählung fertiggestellt und wolle sie in Brods Jahrbuch *Arkadia* gedruckt sehen.[104] Für die Tage und Wochen nach der Entstehung sind außer der Lesung vor Ottla und Valli vier weitere Rezitationen des *Urteils* bezeugt, eine davon öffentlich; es ist dies der einzige Fall, daß Kafka ein eigenes Werk auf diese Weise in Prag zur Darstellung brachte.[105]

Die Veränderungen, die sich während der Produktion am psychischen Apparat des Schreibenden vollziehen, lassen sich mit Hilfe der analytischen Psychologie besser verstehen. Da die zur Verfügung stehende seelische Energie bei jedem Individuum grundsätzlich begrenzt ist und bei Kafka sogar recht klein war,[106] wird diese in beträchtlichem Maße dem Ich entzogen, wenn sich das Unbewußte belebt, der schöpferische Komplex sich bildet. Dadurch schwindet die Intensität bewußter Interessen und Tätigkeiten, es kommt zur Inaktivität oder gar zur Rückbildung der bewußten Denkfunktion.

Erinnerungen Dora Diamants über Kafkas Verhalten unmittelbar vor dem Schreiben bestätigen das Gesagte. Er habe dann, gegen seine Gewohnheit, nicht gesprochen, ohne Appetit gegessen und sei niedergedrückt gewesen: »Sonst brachte er auch für die unwesentlichsten Dinge das lebhafteste Interesse auf, doch an solchen Tagen verschwand dies vollständig.« Im Entstehungsbericht zum *Urteil* wird dieses Moment darin sichtbar, daß Kafkas Beine morgens so steif waren, daß er sie kaum unter dem Schreibtisch hervorziehen konnte: Alle Aktivitäten waren in dieser Nacht nach innen gerichtet. Bei der Rückkehr der Wahrnehmungsfunktion in die Außenwelt wird diese dann selbst in ihrer Banalität wie neu erlebt und jede kleine Veränderung darin wahrgenommen: Kafka fällt der blau werdende Himmel auf, ein fahrender Wagen, also der beginnende Verkehr, Männer, die über die vor seinem Fenster liegende Brücke gehen, und sieht sein Bett an, »als sei es jetzt hereingetragen worden«. Darin wird auch sichtbar, daß es eines starken Entschlusses bedurfte, um nach solcher Versenkung »an die Luft des gewöhnlichen Tages zu treten«, handelt es sich doch bei den genannten Objekten ausnahmslos um Dinge, die in der Erzählung eine wichtige Rolle spielen.[107]

Dem entspricht es, daß Kafka sich während des wahren Schreibens nicht »bei Sinnen« glaubt und daß er seinen Zustand mit Bewußtlosigkeit und tiefem Schlaf vergleicht. Wenn er den bei literarischer Arbeit sich vollziehenden psychischen Akt metaphorisch als Versinken oder Eintauchen in unbekannte Tiefenschichten der Persönlichkeit versteht, so ist das ein gängiges mythologisches Bild für die zumindest partielle Identifikation mit dem Unbewußten, das, nach der klassischen Formulierung Pierre Janets, von einem »abaissement du niveau mental«[108] begleitet ist. Wird eine solche innere Verfassung durch dauernde Wiederholung habituell, dann werden die üblichen Triebansprüche auf Glück, Zufriedenheit, äußeren Lebensgenuß gewissermaßen »entblutet«, das heißt, sie schrumpfen zugunsten der schöpferischen Introspektion. Energetisch gesehen sind diese Minderwertigkeiten insofern sinnvoll, als dem Ich einzig auf diese Weise genügend Lebenskraft zugeführt werden kann.[109]

Kafka reflektiert diese Zusammenhänge an vielen Stellen, besonders deutlich jedoch in einer Tagebucheintragung vom 3. Januar 1912: »Als es in meinem Organismus klar geworden war, daß das Schreiben die ergiebigste Richtung meines Wesens sei, drängte sich alles hin und ließ alle Fähigkeiten leer stehen, die sich auf die Freuden des Geschlechts, des Essens, des Trinkens, des philosophischen Nachdenkens, der Musik zuallererst, richteten. Ich magerte nach allen diesen Richtungen ab«.[110]

Was sind nun aber, psychologisch gesehen, die Inhalte dieser visionären Bilder? Nach C. G. Jungs Auffassung Schöpfungen des kollektiven Unbewußten, also Gestalt gewordene Resultate unzähliger typischer Erfahrungen der Menschheitsgeschichte. Der einzelne erlebt sich dann als Stimme der Menschheit.[111] Zu inflationistischen Gefühlen, in der Regel Größenwahn, ist dann kein großer Schritt mehr.[112]

Solche Momente werden bei Kafka angetroffen. Er glaubte bei günstigen Schaffensbedingungen an die Grenzen des Menschseins überhaupt zu stoßen, das heißt seine unzugänglichen Tiefen zu erreichen, und hielt die Thematik der *Strafkolonie* für repräsentativ für die Lage seiner Generation.[113] Auch ist es bemerkenswert, daß der masochistische Autor einmal die besondere, ihn beglückende Art seiner Inspiration mit folgender, freilich wieder verworfenen Aussage zu spezifizieren sucht: »Mittellos bin ich jetzt im Geistigen der Mittelpunkt von Prag.«[114]

Da nach den Lehren C. G. Jungs alle Äußerungsformen des Unbewußten unter anderem den Sinn haben, einseitigen Bewußtseinseinstellungen kompensatorisch entgegenzuwirken,[115] müßte dieser Mechanismus auch beim *Urteil* nachweisbar sein. Auf der Ebene des Autors könnte man zunächst auf einen Formaspekt verweisen. Der Schaffensprozeß selber machte ihm klar, daß er sich mit seiner bisherigen Produktion »in schändlichen Niederungen des Schreibens« befinde, er als Schriftsteller in Zukunft sich an anderen Kriterien zu orientieren hatte als bisher.[116]

Im Blick auf das Dargestellte ist zu sagen, daß er zur Zeit der Niederschrift längst ein endgültiges »Urteil« – er benützt selbst diesen Begriff – über Felice gewonnen hatte. Sein Entschluß stand fest, sich dieses Mädchen gegen innere und äußere Widerstände als Ehepartnerin zu erkämpfen.[117] Der Handlungsverlauf des *Urteils*, der dieser biographischen Problemstellung seine Entstehung verdankt, zeigt nun aber, wie der Versuch eines Sohnes, durch eine Ehe dem verhaßten Vater ebenbürtig zu werden, kläglich scheitert, nimmt also den späteren, endgültigen Gang der Verlobungen Kafkas vorweg. Dieser, indem er Folgerungen aus der Geschichte für sein Verhältnis zu Felice zu ziehen suchte, betrachtete die Erzählung durchaus unter dem erwähnten Aspekt, sträubte sich aber gegen die durch den Textverlauf nahegelegte Korrektur seiner bewußten Einstellung, indem er resümiert: »Georg geht aber an der Braut zugrunde.« Erst 1917, nach dem Ausbruch der Tuberkulose, bricht sich die Einsicht Bahn, daß er sich durch die Kämpfe der Verlobungsjahre selbst zerstört und so frühere Verfluchungen durch den Vater realisiert hatte.[118]

Was den zeitgeschichtlichen Aspekt angeht, so könnte man darauf verweisen, daß Kafkas Erzählungen – das *Urteil* ist in dieser

Hinsicht nur Exponent einer allgemeinen Tendenz – im Gegensatz zu vielen Darstellungen des Generationenkonflikts in der Dichtung des 19. Jahrhunderts und im gerade aufkommenden Expressionismus, wo Siege der Söhne über ihre Väter dargestellt werden, zu einer gegensätzlichen, die vorherrschende Literaturauffassung also korrigierenden Sicht der Dinge kommen.[119] Schließlich bringt es die Entstehung aus unbewußtem Material mit sich, daß derartige Texte nach Form und Sinn alle Merkmale primitiver psychischer Zustände an sich haben,[120] was in der Regel dazu führt, daß der Leser nicht nur Inhalte, sondern auch artikulierte Formprinzipien als am Werk fehlend deklariert oder sie hineinprojiziert.[121]

Das bedeutendste Beispiel für ein Verfahren, in dem auf Kosten mangelnder äußerer Geschlossenheit und unter Brüskierung herkömmlicher Bewußtseinserwartungen die seelische Tiefenkohäsion die disparaten Teile zusammenhalten soll, stellt wohl der zweite Teil des *Faust* dar. Zu der für das Werk charakteristischen sprunghaften, Lücken lassenden Handlungsführung gewann Goethe erst nach und nach eine positive Einstellung.[122]

Wie *Faust II* kann man das *Urteil* als Darstellung archetypischer Vorgänge verstehen, wird doch keine individuelle, psychologisch motivierte Familiengeschichte gegeben – Kafka spricht in diesem Zusammenhang von »Abstraktionen« –, sondern eine urtümliche Grundkonstellation im Verhältnis der Generationen zueinander, die den Autor selbst an entsprechende mythologische Vorgänge erinnerte.[123] Daß der Vater ein Urbild darstellt, das göttlich-archaische Züge trägt – in der *Verwandlung* heißt es einmal bezeichnenderweise: »es klang schon hinter Gregor gar nicht mehr wie die Stimme bloß eines einzigen Vaters«[124] –, ist immer wieder herausgestellt worden. Die innere Situation Georgs, des Sohnes, wird in einer Weise beschrieben, die als Überwältigtwerden seines Bewußtseins durch ein aus unbewußten Schichten aufsteigendes Schreckbild des Vaters gedeutet werden muß – so versteht es auch Kafka selber.[125] Gregors schon anfangs ungeordnete Gedanken verlieren im Lauf der Erzählung ihren inneren Zusammenhang, so daß sein Ich immer mehr durchlöchert wird und schließlich völlig dem destruktiven Archetyp ausgeliefert ist.[126]

Über die Form des *Urteils* ist zu sagen, daß Gesamtablauf und Einzelargumentation gegen jede Plausibilität und Erfahrung verstoßen, obwohl Kafkas Aussagen zur Ästhetik und die Art seiner

Besserungen in den Handschriften den Schluß zulassen, daß er äußerste logische Prägnanz in der Verknüpfung der Satzglieder und Kontinuität in der Entfaltung des Handlungsgangs erstrebte. Immer wieder hat sich die Forschung darum bemüht, die widersprüchlichen Aussagen über den Petersburger Freund rational aufzulösen oder die Inkommensurabilität zwischen Georgs Verfehlungen und der ihm auferlegten Strafe aufzuheben, wenn sie nicht gar die Rätselhaftigkeit der Erzählung als Folge ihrer künstlerischen Unvollkommenheit darzustellen suchte.[127] Indem Kafka seinem Verleger gegenüber erklärte, das *Urteil* sei mehr gedichtmäßig als episch und brauche freien Raum um sich, damit sich seine Wirkung, die sich »niemals allgemein« feststellen lasse, voll entfalten könne,[128] verweist er direkt darauf, daß die das Material arrangierenden unbewußten Bindeglieder nur unvollkommen seine sprachliche Durchorganisation bestimmen.

Wenn man das, was über Kafkas Schaffensprozeß bekannt ist, den Vorstellungen der orthodoxen Psychoanalyse unterwirft, ergibt sich, was die herausragende Rolle des Unbewußten beim Schreiben angeht, kein wesentlich verändertes Bild. Naheliegend ist eine derartige Betrachtungsweise schon deswegen, weil Kafka selbst während der Niederschrift des *Urteils* an Freud dachte, mit dessen Hypothesen er überhaupt gut vertraut gewesen zu sein scheint.[129] Nach dieser Auffassung reaktivieren starke aktuelle Erlebnisse im Schriftsteller Kindheitserinnerungen, deren Erfüllung zwar erstrebt, aber wegen ihrer Unvereinbarkeit mit den Bewußtseinsnormen (oder weil die Mittel zur Durchsetzung dieser Triebbefriedigungen fehlen) verhindert wird. So entstehen als Dichtung Wunsch-Bilder der Phantasie, die sowohl Elemente des frischen Anlasses als auch der alten Erinnerung enthalten.[130] Inhaltlich gesehen sind diese Produkte Ausdruck der ödipalen Situation,[131] der Form nach Manifestationen der bei der Bildung von Träumen ebenfalls beobachtbaren Verarbeitungsmechanismen, die dem ins Vorbewußte abgedrängten Material durch bildhafte Verdichtung, Verschiebung und Überdeterminierung den Wiedereintritt in die bewußte Vorstellungswelt ermöglichen.[132]

Ein solches aufgrund infantiler Regression zustande gekommenes, für ein Publikum bestimmtes Werk kann nur narzißtischer Triebbefriedigung dienen. Der Schriftsteller erstrebt Bewunderung seiner Person, eine Befriedigung seiner »Eitelkeit und Selbstsucht«, und sein Glaube, über das Vorhandene und Vergangene hinausgegangen zu sein, erscheint innerhalb dieses Systems im Gegensatz zu C. G. Jungs Position als »eine im Unbewußten sich abspielende Abwehr der Ahnung, daß sein Werk auch eine Kur sei«.[133]

Alle diese Momente lassen sich im Blick auf Kafkas Schreiben verifizieren, besonders was die Entstehung des *Urteils* angeht. Kafka betont selbst an zeitlich weit auseinanderliegenden und unterschiedlichen Blickrichtungen verpflichteten Stellen, daß seine sich eben anbahnende Beziehung zu Felice Bauer den entscheidenden Impuls zur Konzeption der Erzählung geliefert hat.[134] Eine genaue Analyse der der Niederschrift vorausgehenden Zeitspanne erweist die Richtigkeit dieser Selbstdeutung.[135]

Neben dem Verlobungsmotiv können weitere Erzählelemente als rezentes Erlebnismaterial identifiziert werden, nämlich Georgs unbewußter Haß auf seinen Vater, dessen Aussage, der Sohn sei unschuldig und teuflisch zugleich, und die Meinung der Braut, Georg hätte wegen seines Freundschaftsverhältnisses nicht heiraten dürfen, denn diese Gegebenheiten lassen sich gleichzeitig als Erkenntnisse Kafkas über sich selber nachweisen.[136]

Was die Kindheitserfahrungen angeht, die ins *Urteil* eingegangen sein müßten, so ist die Beweisführung wegen der schlechten Quellenlage in Kafkas Frühzeit schwierig, doch kann ihr Vorhandensein immerhin wahrscheinlich gemacht, für Szenen der *Verwandlung* sogar sicher belegt werden.[137] Geht man davon aus, daß sich in diesen beiden Erzählungen die Machtverhältnisse zwischen Vater und Sohn zweimal umkehren,[138] daß schwache Söhne in Träumen ihre potenten Väter dadurch entmachten, daß sie diese lächerlich und zu Kindern machen, während sie selber als die Herrschenden erscheinen,[139] so ist nicht von der Hand zu weisen, daß die Szene, in der Georg den kindischen Alten ins Bett legt und nach Art eines besorgten Vaters zudeckt, eine vom Schreiber seit jeher gewünschte und vielleicht geträumte Umkehrung eines auf ihn traumatisch wirkenden Kindheitserlebnisses darstellt. Im *Brief an den Vater* berichtet er, wie er noch nach Jahren »unter der quälenden Vorstellung« litt, daß sein Vater, »der riesige Mann«, ihn als kleines Kind fast grundlos in der Nacht aus dem Bett holte und ihn auf dem Balkon vor der geschlossenen Tür ein Weilchen im Hemd stehen ließ.[140] Und daß der alte Bendemann dem heiratswilligen Georg die niedrigsten sexuellen Motive unterstellt, mag in der Kafkas Persönlichkeitsentwicklung deformierenden Tatsache gründen, daß Hermann Kafka seinem sechzehnjährigen Sohn Bordellbesuche empfahl, ihn in das »Schmutzigste« hinunterstieß, ihn wegen alter Schuld und aus tiefster Verachtung verurteilte.[141]

Die Figurenkonstellation des *Urteils* kann als Ausdruck einer ödipalen Situation gedeutet werden. Ein auf Respekt, Angst, Haß, Machtwillen und Rebellion gegründeter Protest des Sohnes gegen seinen dominierenden Vater entspricht einer erotischen Fixierung an die Mutter: Georg kann sich erst nach deren Tod beruflich entfalten und verloben. Und indem er das väterliche Todesurteil anerkennt, empfindet er sein Verhältnis zu Frieda Brandenfeld als Schändung des Andenkens an seine Mutter, die im Petersburger Freund, also dem unverheirateten, geschäftlich erfolglosen Junggesellen, offenbar einen Sohn nach ihrem Herzen sieht.[142]

Vergleichbare Verhältnisse herrschen in der *Verwandlung*, wo die ihrem Sohn liebevoll zugewandte Frau Samsa beim Vater um Schonung für sein Leben bittet, während sie sich – auch dies ein charakteristisches Element der Freudschen Familiensituation – vor dessen Augen mit ihrem Mann vereinigt. Der zum abhängigen Kind zurückverwandelte Gregor aber verschiebt seine erotischen Besitzansprüche von der Mutter auf die Schwester, die er küssen und zu einem ständigen Zusammenleben mit sich zwingen will.[143] Daß Kafka in der Geschwisterliebe eine Wiederholung der Mann-Frau-Beziehung und in sexueller Beziehung sich als Rivale des Vaters bei der Mutter sah, belegen seine Lebenszeugnisse.[144]

Beziehungen zwischen Kafkas literarischer Arbeit und den Gesetzen des Traumes lassen sich gleichfalls nachweisen: Die von Freud vorgenommene »Gleichstellung des Dichters mit dem Tagträumer«[145] scheint haltbar, wenn man an die Gegebenheiten denkt, die Kafkas Erzählwelt und den Traum gleichermaßen auszeichnen.[146] Man hat dazuhin die offensichtliche Multivalenz einiger Motive im *Urteil*[147] und das Verbergen des sinnaufschließenden Zentralgedankens der *Strafkolonie* in einem Nebenmotiv[148] als traumspezifische Verdichtungs- und Verschiebungstechnik verstehen wollen. Die für Träume kennzeichnende Aufspaltung eines intrapsychischen Konflikts auf verschiedene Figuren läßt sich im *Urteil* belegen, wo Georg und der Freund, der nach Kafkas Auffassung »kaum eine wirkliche Person« darstellt, die beiden Aspekte der ihn beschäftigenden Problemstellung verkörpern.[149]

Wenn er demnach von der Darstellung seines traumhaften inneren Lebens als seiner eigentlichen Aufgabe spricht,[150] so enthält diese Wendung keine bildhafte Analogie, sondern eine direkte Aussage über seine psychische Welt. So konnte er Felicens Vater die Lektüre des *Urteils* empfehlen, damit dieser über seinen Schwiegersohn die eigentliche Wahrheit erfahre. Deswegen ist es nicht weiter erstaunlich, daß er diese Erzählung direkt als traumartiges Gebilde betrachtet zu haben scheint. Er nennt sie sinnlos, billigt ihr aber innere Wahrheit zu, und das sind genau die beiden Begriffe, mit denen er an anderer Stelle das Wesen von Träumen beschreibt, sie sind »sinnlos und innerlich wahr«.[151]

Was schließlich das Movens des Schreibens angeht, so befindet sich Kafka dann in Übereinstimmung mit der psychoanalytischen Theorie, wenn er sein Schaffen als Ersatz für eine eigentlich erstrebte Gemeinschaftsbindung interpretiert. Das läßt sich wiederum gut am *Urteil* veranschaulichen. Alles, was er Felice zu sagen habe, schreibt er dieser einmal, dränge sich ihm auf »wie eine Volksmenge, die gleichzeitig in eine enge Tür hineinkommen will«. Daß er die ihm »in der Nacht in immer neuen Formen durch den Kopf« gehenden einfachsten Dinge ihr nicht mitzuteilen vermag, liegt daran, daß er ihre Menge »nicht unterbringen kann in Zeit und Raum« (es stehen sich gegenüber »gleichzeitig« und »enge Tür«). Wenn nun, wie schon angeführt, sein Erzählgegenstand am Abend des 22. September 1912 ursprünglich in einer Vorstellung bestand, die mit dem gerade angeführten Bild strukturgleich ist, so kann aus dieser Koinzidenz auf ein Substrat geschlossen werden, das beiden Aussagen in gleicher Weise zugrunde liegt. Die Organisation dieses Komplexes als geformtes, sukzessive in der Zeit ablaufendes, übersichtliches Erzählganzes kann als Übertragung einer stagnierenden lebensgeschichtlichen Konstellation auf eine Symbolhandlung verstanden werden, deren Rückkoppelung an die Realität dadurch erfolgt, daß der Autor sein Produkt Felice ausdrücklich widmete.[152]

Sah er die Dinge so, dann mußte er auch, in Übereinstimmung mit den Auffassungen der Psychoanalyse, sein Schreiben als »Selbstgenuß«, Ausfluß eines »Eitelkeit und Genußsucht« verlangenden Scheinlebens verstehen, Zustände, die sich bei gelingender Produktion durchaus einstellten. Insofern er aber diese als literarisch wertlos, jedoch für ihn gleichwohl als existenznotwendig erkannte, brauchte er, »schöpferisch nur in Selbstquälerei«, die Ahnung, er behandle beim Schreiben eigentlich seine Neurasthenie, gar nicht zu verdrängen, denn diese verfestigte sich ihm schnell zur sicheren Erkenntnis.[153]

Wo über die Vorbedingungen und Ergebnisse des Schaffensprozesses hinaus jedoch der eigentliche Vorgang der Formung in den Mittelpunkt der Betrachtung rückt, müssen die beiden klassischen psychologischen Kunstauffassungen durch Einsichten ergänzt werden, die, teilweise auf experimenteller Basis, in selbständiger Weiterentwicklung dieser Ansätze gewonnen wurden.

7. Regressionen

Ausgehend von Börnes 1823 verfaßtem Aufsatz *Die Kunst, in drei Tagen ein Original-Schriftsteller zu werden*, wo dem Adepten empfohlen wird, alles niederzuschreiben, was ihm durch den Kopf geht, und unter Verweis auf einen an seinen Freund Christian Gottfried Körner gerichteten Brief Schillers vom 1. Dezember 1788, wo er betont, bei einem »schöpferischen Kopfe« habe »der Verstand seine Wache von den Toren zurückgezogen«, so daß die Ideen »pêle-mêle« hereinstürzen könnten, hatten Freud und seine Schüler das Prinzip der freien Assoziation entwickelt.[154]

Daraus erklärt sich, warum Arthur Koestler Kreativität als die Fähigkeit bestimmt, unbewußte Inhalte mit bewußten Vorstellungszusammenhängen zu verknüpfen,[155] oder warum S.A. Mednick es als das Entscheidende produktiver Vorgänge ansieht, daß weit auseinanderliegende Realitätsbereiche, die im Falle des literarischen Schaffens ins Vorbewußte abgesunkene sprachliche Formen (Lektürespuren) oder Beobachtungen und Erlebnisse sein können, miteinander zu neuen, sinnhaften Kombinationen assoziiert werden[156].

L.S. Kubie sieht in der freien Assoziation, dem schnell und flexibel ablaufenden Spiel des Suchens, Abtastens, Durcheinanderschüttelns und Zusammenfügens von Vorstellungszusammenhängen die wichtigste Voraussetzung für eine schöpferische Verfahrensweise. Das Unbewußte und das schon Vorhandenes nur reproduzierende Bewußtsein haben in diesem System, weil sie die Assoziationsvorgänge erstarren lassen, den Stellenwert von bloßen Störfunktionen.[157] Wichtige Umstände in Kafkas Schaffen sind durch die erwähnten Zusammenhänge beschrieben. Seine Fähigkeit, Vorstellungen miteinander zu verknüpfen, muß ungewöhnlich groß gewesen sein: »Auf tausend ganz leichten Wegen«, schien es Max Brod, »flogen ihm als Betrachter Zusammenhänge zu, die man nie geahnt hatte, solch hurtig in fernste Ferne springende Assoziationen« seien einmalig gewesen.[158]

Ihre Flüssigkeit war beim Schreiben noch außerordentlich erhöht. Im Entstehungsbericht zum *Urteil* spricht Kafka nämlich davon, während der Niederschrift sei »für die fremdesten Einfälle ein großes Feuer bereitet« gewesen, in dem diese zu neuen Zusammenhängen verschmolzen worden seien. Diese Art der Verwendung vorgegebener Elemente wird deutlich von einem bloß rationalen Zusammentragen unterschieden, das jedem möglich ist.[159] Wo sich seine Behauptungen durch quellenkritische Analysen haben überprüfen lassen, ergab sich tatsächlich, daß er Vorstellungen unterschiedlichster Herkunft, vorgeprägte Einheiten, Formen oder Sachzusammenhänge, in neuartige, homogene, alle ursprünglichen Ordnungsprinzipien zerschlagende Verbindungen eingehen läßt.[160] War er dagegen literarisch inaktiv, bemerkte er an sich sofort eine Schwerfälligkeit des Denkens, die bis zur Erstarrung gehen konnte. Beide Zustände, Flexibilität und Unbeweglichkeit, lassen sich vorzüglich mit Kubies Annahmen vereinbaren.[161]

Außerdem finden sich in Kafkas Werken gleichförmig wiederholte Motive und Vorstellungszusammenhänge – er spricht selbst einmal davon, Teile des *Prozeß*-Romans seien nur »der Widerschein guter früherer Arbeit« –, und zwar in der Konstanz gewisser Bildvorstellungen über viele Jahre hinweg, in der Art und Weise, wie Vater-Sohn-Konflikte, wenngleich in hintergründiger Verkleidung, perseverieren[162] oder vergangene, glanzvollere Zeiten orientierungsloser Gegenwart entgegengestellt sind. Selbst das zwanghafte Moment als Voraussetzung der Produktion tritt in den Lebenszeugnissen Kafkas auf, so wenn vom Schreibenmüssen, vom Nicht-anders-Können und vom »Diktat« gegen den eigenen Willen die Rede ist.[163]

Das, was Kubie herausstellt, ist freilich weitgehend mit der Intuition identisch, jener typologisch festzumachenden, unbewußten Wahrnehmungsfunktion also, die die Einfühlung in andere in ungewöhnlichem Ausmaß erlaubt, die die Hintergrundsvorgänge jeglicher Beobachtung als selbständige, vom Subjekt losgelöste Bilder betrachtet, neue Möglichkeiten erfaßt, indem sie Beziehungen zwischen Auseinanderliegendem herstellt und ihre Ergebnisse unvermittelt als Ganzheit herausstellt.[164]

Daß Kafka intuitiv veranlagt war, zeigt nicht nur seine Fähigkeit, »mit ganzen Orchestern von Assoziationen« zu »phantasieren«, sondern beispielsweise auch die Tatsache, daß er seine literarischen Einfälle als Gespenster oder Tiere bezeichnet, die bemerkenswerterweise von außen auf ihn eindringen, daß er »im Sprung« zwar einzelnes erfassen, aber nicht entwicklungsmäßig deduzieren konnte, und daß er sich, als seines einzigen Vorzugs, rühmt, andere Menschen sicher durch Einfühlen erkennen zu können. Dies letztere ist vor allem gemeint, wenn er davon spricht, er wohne bei gelingendem Schreiben in jedem Einfall, indem er diesen ganz erfülle, sei in sein Werk eingekrochen oder suche sich darin einzugraben.[165]

Voraussetzung für die erhöhte Flüssigkeit der Vorstellungen beim Schreiben und für die ungestörte Konzentration auf die inneren Bilder ist, energetisch betrachtet, eine im Gegensatz zur psychotischen Persönlichkeit vom Bewußtsein gesteuerte Ich-Regression – in der Krankheit überwältigt das Unbewußte das Ich –, wobei natürlich frühere Entwicklungsphasen reaktiviert werden.[166]

Wenn, wie Kafka einmal sagt, der frische Stachel des Unglücks fehlt, durch den er ins Schreiben hineingetrieben werde, kann er versuchen, durch Hineinreiten oder Kämpfen, also durch bewußte Aktivität, die Introspektion zu fördern. Mit Hilfe der Regression erfolgt der Rückzug von widerborstigen realen Lustobjekten zu einem ursprünglichen Zustand intensiver Bezogenheit.[167]

Dies wäre der psychologische Hintergrund von Aussagen, in denen er feststellt, er wolle im *Verschollenen* ein Bild seiner besseren Existenz geben oder sein Ziel beim Schreiben sei eigentlich, die Welt ins »Reine, Wahre, Unveränderliche« zu heben. Mit dem letzten Begriff ist das entscheidende Stichwort gefallen: Michael Balint hebt hervor, daß die Beziehungen zur Primärobjekten und ihren Ableitungen primitiver bleiben als zu allem andern. Häufig nehmen dabei Erde, Wasser, Feuer und Luft (beziehungsweise Wind), denen Unzerstörbarkeit eignet, eine besondere Bedeutung ein.[168]

Alle vier Elemente kommen als Metaphern in Aussagen vor, in denen Kafka sein Schreiben veranschaulichen will; das Vertrauen, das auf frühkindlicher Stufe durch die Unwandelbarkeit wichtiger Bezugspersonen erworben wird, hatte er nur in glücklichen Momenten des Schreibens. Felice, die er als Lebendiges dem eigenen Nichts entgegensetzte, betrachtete er beim ersten Zusammentreffen unter der Kategorie des Unzerstörbaren und entwickelte, gleichsam in Hypostasierung dieser Sachverhalte, eine Philosophie des Unzerstörbaren, aus der sich auch die oft zitierte, aber kaum jemals ernsthaft analysierte Aussage erklärt, das Schreiben sei eine Form des Gebets. Wenn nämlich der Mensch ohne dauerndes Vertrauen zu etwas Unzerstörbarem nicht leben kann, dann versucht er im Glauben und Gebet an einen persönlichen Gott, das Unzerstörbare in sich zu befreien. Wenn diese ununterbrochene Beziehung zur unendlichen Höhe oder Tiefe fehlt, kann dafür das »äußerst wollüstige Geschäft« des Schreibens eintreten – das Adjektiv verweist darauf, daß dabei urtümliche Beziehungen zu Primärobjekten reaktiviert werden –, das, wie gezeigt, genau die gleiche Aufgabe hat. Als Vertrauen schaffende Tätigkeit und Mechanismus der Selbstvergewisserung ähnelt es in seiner Struktur tatsächlich religiösen Praktiken.[169]

Die Bilder, mit denen der Vorgang der Regression beschrieben wird, beziehen sich also, wie man sieht, offenbar auf die Vorstellungsinhalte des Differenzierungsniveaus, das bei der Regression gerade durchlaufen wird.

Die Auffassung, die Anton Ehrenzweig vom künstlerischen Schaffensprozeß vertritt, scheint besonders geeignet, Kafkas Schreiben unter dem schon von C. G. Jung behandelten Aspekt des Eintauchens – dies Kafkas eigener Begriff – des Bewußtseins in tiefere, undifferenziertere psychische Schichten zu verstehen. Danach werden in der ersten Phase des Produktionsprozesses auf Grund von Angriffen des Über-Ichs Elemente vom Bewußtsein abgespalten und ins Unbewußte verdrängt. Spannungszustände, die sonst vom Ich nicht ertragen werden könnten, werden dadurch entschärft; es entsteht aber Angst, weil das Bewußtsein vorübergehend dissoziiert wird.[170]

Die Konzeption des *Urteils* und der *Verwandlung* wird von Kafka als Durchbruch einer ihn vernichtenden Zukunftsmöglichkeit und als Angsttraum verstanden, die Arbeit am *Schloß* als »eine mit Nägeln aufgekratzte Deckung im Weltkrieg«, und die ihn in

Berlin zum Schreiben treibenden »Nachtgespenster« können als ihn bedrohende Normen der Sozietät gedeutet werden, mit denen des Nachts zu kämpfen war. Die den Vorgang einleitende Konfliktlage ist etwa in der Vorstellung repräsentiert, der Kopf zerreiße oder gehe auseinander. Regression und Verdrängung ins Unbewußte sah er deutlich, wenn er, der nicht ohne Zufall den Herkunftsbereich seiner dichterischen Vorstellungswelt regelmäßig als unzugängliche »Tiefe« bezeichnet, seine Produktion als »Hinabgehen zu den dunklen Mächten« versteht. Im Kontext dieser Stelle deutet er ausführlich seinen dabei auftretenden Gemütszustand als Todesangst.[171]

Auf der oralen Ebene als der vorletzten Stufe bewußtseinsmäßiger Dedifferenzierung wäre der das Produzieren einleitende Vorgang der Projektion als Verschlingen oder Verbrennen zu verbildlichen.[172] Dazu stimmt, daß Kafka verhaltene Schreiblust als Feuer benennt, das nicht ausbrechen dürfe, die dem eigentlichen Niederschreiben des *Urteils* vorausliegende psychische Verfassung aber als alle Einfälle verzehrendes Feuer. Im Tagebuch ist sein Verlangen dokumentiert, das Geschriebene vollständig in sich einzubeziehen.[173]

Die entsprechende, auf einen geringeren Regressionsgrad deutende Anal-Metaphorik – in einen Abgrund oder ins Leere fallen – läßt sich in Selbstdeutungen beobachten, in denen er sein Augenmerk auf den Schreibbeginn richtet: Es sei, um eine angefangene und gleich wieder unterbrochene Arbeit wieder in Gang zu bringen, notwendig, »förmlich unterzutauchen und schneller zu sinken als das vor einem Versinkende«. Oder er bemerkt, bei versiegender oder nach längerer Zeit wieder aufgenommener Arbeit müsse er »die Worte wie aus der leeren Luft« ziehen. Der Verwahrung und gezielten Ausstoßung der Exkremente auf der analen Entwicklungsstufe entspricht als Vorbereitung für die schöpferische Arbeit innere Verdrängung durch Streuung und Begraben von Persönlichkeitsteilen. Auf die sich selbst gestellte Frage, ob er Felice gegenüber schweigen oder besser die Korrespondenz weiterführen solle, gibt Kafka diese Antwort: »Ich möchte eine Falltür unter mir sich aufmachen und mich irgendwohin versinken lassen, wo der elende Rest von Kräften, den ich habe, für eine spätere Freiheit bewahrt bliebe.«[174]

Schließlich die genitale, schon durch die ödipale Dreiecksbeziehung ausgezeichnete Entwicklungsebene, in der das Projizieren als Ejizieren zu verstehen wäre: Kafka interpretiert seinen Schreibdrang öfters als Wunsch, sich zu ergießen, und dachte während der Formulierung des Schlußsatzes im *Urteil* an eine starke Ejakulation, freilich als naheliegende Assoziation zu dem dort vorkommenden Begriff »Verkehr«, aber sicher zugleich in der Überzeugung, dort, wo ja, mythologisch gesprochen, die Hauptfigur sich selber durch Versinken ins Unbewußte vernichtet, kulminiere das sich im Schreiben vollziehende rückhaltlose Nach-Außen-Stoßen der inneren Nötigungen. Die Befriedigung seiner Liebe zu einer Schauspielerin, vermerkt Kafka einmal im Tagebuch, sei nur durch Beischlaf oder Literatur möglich.[175]

Wenn bei derartigen Projektionen das Ich mit abwehrender Rigidität reagiert und die als fremdartige Bilder auftauchenden Inhalte der Verdrängung nur vom engen Blickpunkt des Bewußtseins aus beurteilt werden, erscheinen diese matt, wenig dauerhaft und chaotisch. So stellt Kafka das Gefühl des Falschen, das er beim Schreiben habe, einmal »unter dem Bilde« dar, daß jemand vor zwei Bodenlöchern auf Eingebungen wartet, die allein dem rechts liegenden entsteigen können, aber durch eine links emporkommende flüchtige, sich immer mehr ausbreitende und schließlich alles verdeckende Flut von Erscheinungen beeinträchtigt werden. An andern Stellen ist vom kaum wahrnehmbaren Gedränge in der Tiefe die Rede, vom sich wälzenden, sumpfigen und trüben, nur augenblicksweise erleuchteten Innern, das sich wie eine Schlange unter den Händen winde.[176]

Daß, bei der masochistischen Selbsteinschätzung Kafkas, das Beherrschtwerden vom Chaos als Hauptbedingung des eigenen Schreibens erscheint, dem als Gegenmöglichkeit eine heilige Literatur entspricht, darf nicht verwundern. Daß Ich-Abwehr im Spiel ist, wenn das Unbewußte derart andrängt, zeigt seine Aussage, er könne fragwürdige eigene Arbeiten nicht ertragen. An den *Gracchus*-Fragmenten, in denen es ihm, obwohl er mindestens fünfmal ansetzte, nicht gelang, die disparaten Bruchstücke zu einer »schwingenden Geschichte« zusammenzusetzen,[177] ist ablesbar, daß seinen Klagen entsprechende Produktionsverhältnisse wirklich zugrundelagen.[178]

Kann das Ich seine Ängste ganz überwinden, dann schreitet der Prozeß zur entscheidenden zweiten Phase fort, der Integration der unbewußten Inhalte und Tendenzen, indem durch Dedifferenzierung nach und nach – die Wege seien lang, meint Kafka, und deswegen brauche er das systematische, zusammenhängende Schreiben, um die optimalen Schaffensbedingungen zu erreichen – das Ich sich wechselseitig mit den Tiefenschichten der Persönlichkeit durchdringt. Jeder Unterschied zwischen Innen und Außen, Subjekt und Objekt ist jetzt aufgehoben. Als entwicklungspsychologische Analogie könnte ein Zustand angeführt werden, in dem die Eltern des Kindes von dessen Identifikationen vollständig aufgesogen werden, so daß dieses allein übrig bleibt.[179] Es tritt genau das ein, was Balint als Wiederherstellung des Urvertrauens, als harmonische Verschränkung einer Person mit den für sie wesentlichsten Teilen der Umwelt durch äußerste Regression beschrieben hat. Ehrenzweig nennt das ozeanische Imagination.[180]

Nichts anderes meint Kafka, wenn er davon ausgeht, äußerste Offenherzigkeit und Hingabe, vor der man im zwischenmenschlichen Verkehr aus Angst, seine Identität zu verlieren, zurückschrecken werde, solange man »bei Sinnen« sei, genüge zum Schreiben bei weitem nicht. Die literarische Arbeit ist für ihn also durch eine Entgrenzung der bewußten Persönlichkeitskontur ausgezeichnet, die – folgerichtig schließt er diesen Gedankengang – nur bei äußerstem Alleinsein erreicht werden kann. Dann, wenn alle Objekte verschwunden sind, kann sowohl gesagt werden, man befinde sich mitten im Schreiben, sei in es »eingekrochen«, als auch, man sei ganz bei sich selber oder in sich versunken. Der Unterschied liegt allein in der Perspektive.

Ein derartiger Zustand erfaßt den somatischen Bereich mit: Kafka spricht davon, er habe, seit er Felice zum erstenmal sah, ein Gefühl, als sei eine Öffnung in seiner Brust, »durch die es saugend und unbeherrscht« ein- und ausziehe. Aus anderen Stellen geht hervor, daß physiologische Spannungszustände im Bereich der Brust, die sich ganz konkret in Zerrungen am Herzen manifestierten, gerade dann auftraten, wenn seine Schreibbereitschaft aufs äußerste hervortrat. So ist es zu verstehen, daß er während der Konzeption von *Urteil* und *Verwandlung* Herzschmerzen hatte.[181]

Die weniger dedifferenzierten Entwicklungszustände des Psychischen in der Phase der Integration sind gleichfalls in seinen Selbstzeugnissen nachweisbar. Gegenseitige Durchdringung muß sich auf der oralen Ebene im Bild des Verschlungenwerdens manifestieren. Das tritt in seiner Aussage zutage, er sei beim Schreiben den fragwürdigen Umarmungen von Natur aus gebundener Geister ausgeliefert, also von autonomen oder verdrängten Komplexen überflutet. Er fühlte sich dicht von Gespenstern umstellt, denen er nur im Schreiben entkommen konnte.[182]

Anales Gefangen- oder lebendig Begrabenwerden – Kafka gebraucht diesen Begriff selber für unproduktive Verdrängung – zeigt sich in der Vorstellung des mit unsichtbaren Ketten ans Schreiben Gefesselten und in dem Wunsch, am liebsten »im innersten Raume eines ausgedehnten, abgesperrten Kellers« arbeiten zu wollen, eingegraben in die literarische Arbeit und ohne Kontakt zu Freunden und Familie.[183]

Dem genitalen Bereich ist auf der Stufe der Integration der verdrängten Vorstellungen metaphorisch Empfängnisbereitschaft zuzuordnen, die bei Kafka dann zum Ausdruck kommt, wenn er sich als »Instrument« in der Hand einer höheren Macht sieht, mit seinen Vorstellungen »schwanger« geht oder sich, wie in einigen schon in anderm Zusammenhang angeführten Selbstdeutungen seines inspirativen Vermögens, dieser Kraft passiv ausgeliefert sieht.[184]

Ehrenzweig nimmt zwischen Jung und Freud insofern eine Mittelstellung ein, als das Unbewußte weder wie bei jenem in seinen tieferen Schichten von außerindividuellen Erfahrungen der gesamten Ahnenreihe konstelliert wird noch wie bei diesem als bloßer Schuttplatz minderwertiger Bewußtseinsabfälle deklariert wird. Indem er vielmehr komplementär zum bewußten, auf entsprechender Beobachtung beruhendem Denken eine unbewußte Wahrnehmung ansetzt, die aufgrund derselben äußeren und inneren Reize die Phantasietätigkeit in Gang hält, gelangt er folgerichtig zu der Einsicht, daß die in der Integrationsphase des Schreibens eintretende Verschmelzung aller Gegebenheiten, die Raum und Zeit aufhebt, Tod und Leben eins sein läßt, miteinander Unvereinbares nicht aufhebt und zwischen Wichtigem und Unwichtigem nicht unterscheidet, konstruktive Reihenstrukturen hervorbringt, die dem intuitiv schauenden Auge des Schriftstellers innerhalb einer vorgestellten Ganzheit oder Kontur eine Vielzahl von schon gestalthaften Auswahlmöglichkeiten gestattet.[185]

Tatsächlich beweisen die Aussagen großer Künstler, daß die für ein Werk entscheidende Durchformung das Ergebnis unbewußter Prozesse ist.[186] Wenn Kafka vom glückhaften Schreiben spricht, so benützt er den Vorstellungsbereich des Fließens, der sich im strömenden Wasser und, vor allem, als heftige Luftbewegung konkretisiert. Wälzt sich das Innere beim Mißlingen der Produktion sumpfig-träge hin und her, so ist es im andern Fall stürmisch bewegt, vom Wehen des Windes aufgewühlt. Im Blick auf die ihn am 17. November 1912 bedrängende *Verwandlung* heißt es, sie habe an diesem Tag in seinem Kopf noch ihren »natürlichen Zug und Sturm« gehabt, und indem das *Urteil* »wild« genannt wird, haftet nach seiner Einsicht sogar dem fertigen Produkt das entscheidende Moment seiner Entstehung an.[187]

Eine Nuance der Angelegenheit ist gewiß die Beweglichkeit und Geschwindigkeit, die dem Sturm und schnell dahinschießendem Wasser eigen sind und deswegen ein Bild für entsprechende psychische Zustände abgeben konnten. Homogenität und Kohärenz des Vorstellungsflusses sind natürlich mitgemeint, ebenso seine unwiderstehliche Intensität. Strukturierter noch wird der Sachverhalt in einer Tagebuchstelle verdeutlicht: »Ist es so schwer und kann es ein Außenstehender begreifen, daß man eine Geschichte von ihrem Anfang in sich erlebt, vom fernen Punkt bis zu der heranfahrenden Lokomotive aus Stahl, Kohle und Dampf, sie aber auch jetzt noch nicht verläßt, sondern von ihr gejagt sein will und Zeit dazu hat, also von ihr gejagt wird und aus eigenem Schwung vor ihr läuft, wohin sie nur stößt und wohin man sie lockt.«[188]

Das Entscheidende, weil das zunächst mit der Empirie konform gehende comparatum ins Unvorstellbare wendend, ist die völlige Koinzidenz von Aktivität und Passivität, zwischen dem Eigenleben des Heranbrausenden und den steuernden, bewußten Eingriffen des Wahrnehmenden, die das richtig sich vollziehende Schreiben auszeichnet. Der Entstehungsbericht des *Urteils* veranschaulicht diesen scheinbaren Widerspruch, indem einerseits gesagt wird, die Geschichte entwickle »sich« vor dem Autor selbsttätig, andererseits jedoch gleich anschließend davon die Rede ist, dieser selber bewege sich aktiv in einem Gewässer voran.

An anderer Stelle erwähnt Kafka die »Harmonie« des in ihm Liegenden und verleiht seiner Überzeugung Ausdruck, bei der Bereitschaft, Tieferes hervorzulassen, bilde sich sofort eine »innerliche Ordnung«. Dem entspricht es, daß er beklagte, wenn Arbeiten Fragment blieben.[189]

Es wäre verkehrt, die an den Handschriften festgestellte Sicherheit hinsichtlich des Erzählaufbaus als ein Ergebnis überlegter

Planung verstehen zu wollen. Denn einmal verdeutlicht die psychologische Betrachtung der Selbstaussagen Kafkas, nach welchem System auch immer, daß die entscheidenden Schaffensprozesse jenseits der Bewußtseinsschwelle verliefen. Auch die stilistischen Lesarten in den Handschriften zeigen deutlich, daß bewußter Geisteshaltung in ihrer Entscheidungsfreiheit eher Ambivalenz – dies ein Hauptmerkmal des Kafkaschen Denkens[190] – als Sicherheit und Eindeutigkeit in bezug auf die Ausrichtung und Anordnung bestimmter Vorstellungselemente eigen ist: Es kommt mehrfach vor, daß zunächst verworfene Varianten später, zuweilen erst bei der Drucklegung, in zwei Fällen beim *Urteil* sogar noch in der sechs Jahre nach der Entstehung gedruckten dritten Auflage, wieder in den Text eingesetzt werden.

Weiterhin muß bedacht werden, daß bei derartigen Änderungen nicht wie in der Mehrzahl der im Hinblick auf Textverlauf und Szenenausstattung besprochenen Beispiele nur eine Wahlmöglichkeit besteht, sondern häufig vier oder gar fünf Stufen gebraucht werden, bis der Prozeß der Überlegung zum Stillstand kommt. Absichtliche Besinnung erhöht also, besonders bei Kafka, mögliche Unsicherheiten in der Textgestaltung! Wäre es anders, hätte wenigstens einer der beschriebenen Versuche, in erheblichem Umfang nachträglich in den Textbestand einzugreifen, erfolgreich sein müssen. Kafka selbst schätzte zuzeiten diese Zusammenhänge durchaus richtig ein, schrieb er doch Anfang 1913 über den *Verschollenen*: »Was für eine schwere Arbeit, vielleicht eine unmögliche das sein wird, nach der ersten Beendigung in die toten Partien auch nur ein halbes Leben zu bringen! Und wie viel Unrichtiges wird stehen bleiben müssen, weil dafür keine Hilfe aus der Tiefe kommt.«[191]

Besondere Beachtung verdient noch die Stufe der literarischen Arbeit, in der die Bilder der produktiven Einbildungskraft zu schwach sind, um sich ohne Nachhilfe des Willens durchsetzen zu können; die vielen, oft verschiedene Versionen ein und desselben Sachverhalts darstellenden Erzählanfänge, die in Kafkas Nachlaß überliefert sind, können als Lockerungsübungen verstanden werden, die in dieser Situation, wie er selbst formuliert, die Zunge lösen sollten.[192] Auch durch bewußte Kraftanstrengung – einmal ist von einer aufzusprengenden Tür die Rede –, das heißt durch angespannte Konzentration auf das Innere, soll der Rückzug psychischer Energie von der Außenwelt gefördert und somit eine bessere Wahrnehmung intrapsychischer Vorgänge gewährleistet werden. So können zur Veranschaulichung dieses Sachverhalts Metaphern benützt werden, die Aktivitäten des Bewußtseins veranschaulichen sollen. Kafka wird in diesem Fall nicht in das Schreiben hineingetrieben, sondern er muß »hineinreiten«. Besonders aspektreich ist in diesem Zusammenhang folgende Aussage: »Nun stehen vor mir vier oder fünf Geschichten aufgerichtet, wie die Pferde vor dem Zirkusdirektor Schumann bei Beginn der Produktion.«[193] Unmittelbar auf die Zirkuswelt beziehbar scheint die Formulierung, der *Verschollene* wehre sich, wolle »noch immer nicht folgen«. Die gleiche Distanz zum Werk kommt zum Ausdruck, wenn in der Tagebuchstelle die Formulierung gebraucht wird, der Schreiber stehe »vor« seinen Geschichten, sei also weder in diese »eingekrochen«, noch direkt von ihnen »ausgeworfen«.[194]

Ein weiterer wichtiger Gesichtspunkt ergibt sich daraus, daß die Tiere aufgerichtet sind. Man kann deswegen, und weil das Pferd, wie zum Beispiel im *Landarzt*, als Verkörperung von Vitalkräften erscheint,[195] in den Zirkustieren Phallussymbole sehen; Kafka selber spricht Felice gegenüber davon, sie sei doch ein Mädchen und wolle einen Mann »und nicht einen weichen Wurm«, der er jetzt, schreibunfähig, sei.[196] Hier wäre also der Gegensatz zum lebenskräftigen Pferdebild artikuliert.

Man darf aber das hier Gemeinte nicht nur im Sinn der Freudschen Libido verstehen, sondern muß in den angespannt aufgerichteten Pferden ein Bild der psychischen Energie überhaupt sehen. Kafka war der Auffassung, gelingendes Schreiben erfülle ihn nicht nur ganz, sondern spanne sogar noch »in die Weite«. An anderer Stelle wird ein solcher Zustand direkt beschrieben: Er fühlt sich »geschwollen« und »möglichst viel Raum einnehmend«, sogar der äußeren Welt gegenüber. Eine derart »sich anspannende[n]« Existenz erhält Festigkeit, die sich beispielsweise in dem klaren, alles überschauenden Blick manifestiert, mit dem die Erscheinungen beherrscht werden. Deswegen kann er im Entstehungsbericht zum *Urteil* als eigene Kategorie des Erlebnisses festhalten: »Die immer klaren Augen«, eine Aussage, die nichts mit seiner Wachheit zu tun hatte, denn seine anfängliche Müdigkeit verging erst während der Nacht.[197]

Ein anderes bedeutsames Strukturmoment ist die mit der Zirkusarena gegebene Kreisvorstellung, die zunächst im Zusammenhang mit dem Begriff Produktion wieder darauf verweist, daß schon vor oder bei Beginn der eigentlichen Niederschrift eine geschlossene Form, ein Rahmen vorliegt, dessen erzählerische Konkretisierung, wie sie auch immer ausfalle, innerhalb der vorgegebenen Ordnung bleibt.

Dazu kommt ein zweites. Das Bild der Luft, des Wassers und der Lokomotive haben etwas Zerfließendes, Großräumiges, weitläufig Reales, während der überschaubare Spielkreis der Arena demgegenüber eingeschränkt und künstlich erscheint. Es ist legitim, diesen Sachverhalt mit den auffälligen Klagen Kafkas in Verbindung zu bringen, die Grenzen seiner Fähigkeit seien »selbst im Ergriffensein« sehr eng gezogen. Der Anschauungselemente enthaltende Gedanke der »Grenze« des Daseins wird in den Lebenszeugnissen regelmäßig als Scheidelinie zwischen einer psychotischen und normalen, höchstens neurotischen Bewußtseinslage gedeutet. Der Irrsinn aber – dies der gewöhnliche Begriff – wird verstanden als Folge eines Überschwemmtwerdens durch die innere Vorstellungswelt, die zu einer totalen Desintegration des Bewußtseins führt. Die das Schreiben einleitende Verdrängung und die Identifikation mit der Produktion, die das »Miterleben der Zustände eines andern« einschließt, verstärkt natürlich noch das Auseinanderlaufen der Bewußtseinsinhalte.[198]

Der innere Zusammenhang gerade von gelingendem Schreiben, das dann als Durchrasen der Nächte verstanden wird, und möglicher Psychose wird von Kafka selbst deutlich herausgestellt. Die Beschränktheit seiner Fähigkeiten beschreibt demnach seine Ich-Schwäche, die deutlich in seiner Angst zutage tritt, daß durch die geplante Verbindung mit Felice eine »Auflösung« seiner Nichtigkeit eintrete. Die »Entfesselung« unbewußter Inhalte beim Schreiben führte also sehr schnell zu psychotischen, selbstzerstörerischen Zuständen, die von der Tiefenpsychologie als gescheiterte Form kreativer Prozesse angesehen werden.[199]

Kafka will deswegen sein Bewußtsein zusammenhalten, »zusammenfassen« oder seine Schaffensmöglichkeiten mit der Hand umfassen wie einen Stein, wie einen Ball (auch hier wieder die Vorstellung des überschaubaren Kreises), also Übersicht halten. Diese Metaphern verdeutlichen seinen Wunsch, den Gang des Schreibens so zu steuern, daß die Ich-Kräfte seinen Verlauf mitbestimmen können. Dadurch entsteht aber erst das Dilemma, denn je mehr das geschah, desto größer wurde die Gefahr, daß er die für die, wie er sagt, reine Gestaltgebung erforderliche seelische Tiefenschicht nicht mehr erreichen konnte und deswegen schneller ermüdete oder daß wegen abnehmender Motivierung durch die nicht mehr gegebene virulente Ausgangssituation unbewußte Inhalte energetisch unzureichend belebt wurden.

So fand er im zweiten Kapitel der *Verwandlung* Mängel, weil er dort eine längere Schreibunterbrechung hinnehmen mußte, glaubte bei der Konzeption der Erstfassung des *Verschollenen* versagt zu haben, weil er sich dabei nur unzureichend von eingebungsträchtigen Erhebungszuständen leiten lassen konnte.[200]

Die Bedingungen, die während der Niederschrift des *Urteils* herrschten, stellen demnach eine selten erreichte Ausnahmesituation dar: Der Anteil bewußt-konstruktiver Gestaltung und damit die Unzufriedenheit Kafkas mit dem Geschaffenen waren gewöhnlich größer, was häufig zum Abbruch der Arbeit an einem Textzusammenhang führte: Wenn wichtige lebensgeschichtliche Konstellationen durch andersartige ersetzt wurden und im Gefolge dieses Umschichtungsprozesses sich das gequälte, zwischen verschiedenen Entscheidungsmöglichkeiten hin und her geworfene Ich der unbewußten Wahrnehmung möglicher Lösungen dieser Konflikte verschließen mußte – »ein [. . .] schrecklicher Anblick«–, dann verwirrte sich das unbewußte Material, wie beim *Dorfschullehrer* und beim *Schloß* deutlich zu beobachten war.[201]

Schließlich läßt sich aus dem angeführten Zirkus-Bild der schon mehrfach betonte Sachverhalt ablesen, daß Kafka keinen bewußten Überblick über das Erzählganze hatte, wenn er zu arbeiten begann. Max Brod schrieb über seinen Freund: »Er wartete immer wie Pygmalion auf den Moment, in dem seine Figuren lebendig werden und ihr eigenes Leben selbständig weiter führen würden. Er ließ sich überraschen.« In völliger Übereinstimmung damit schrieb Kafka einmal an Felice: »Gestern habe ich eine kleine Geschichte angefangen, sie ist noch so klein, steckt kaum den Kopf hervor, es läßt sich nichts sagen«.[202]

Der im »geheimen sich vollziehende Weg, auf dem die Worte aus uns hervorgetrieben werden«, erfährt bei Kafka gegenüber den bei vergleichbar Schaffenden als allgemein gültig herausgestellten Zusammenhängen also nur die Modifikation, daß er es bewußt vermied, sich das von seiner Einbildungskraft schon abgegrenzte Ganze unabhängig von der eigentlichen Darstellung »in ausdrücklichen Worten« vorzustellen, weil dadurch beim natürlicherweise dann »überlegten Niederschreiben« zwangsläufig sofort eine unerträgliche Diskrepanz zwischen dem Ausformulierten und der ihm zugrunde liegenden Erfindung sichtbar würde, auch im Blick auf die formale Geschlossenheit. Deswegen zügelte er seine Einbildungskraft in ganz bestimmter Weise, ein Vorgang, der mit den Mechanismen nichts zu tun hat, die seine Ich-Schwäche in Bewegung setzte, artikulierte in der Regel allein die Erzähleinfälle im engeren Sinn, die epische Ausgangssituation also, und konnte sich dann häufig darauf verlassen, daß die jeweils folgende, erst im Niederschreiben sich sprachlich exakt manifestierende Darstellungseinheit eine der Alternativen darstellte, die als legitime Fortsetzungsmöglichkeiten von einem unbewußt zugrunde liegenden Baumuster gesetzt waren und in jedem Fall zu einem Formganzen führen mußten. Im Entstehungsbericht zum *Urteil* wird dieser Zusammenhang in der Erkenntnis festgehalten, daß alles »gewagt« werden könne.[203]

So hat der Autor in der dritten von Ehrenzweig beschriebenen Arbeitsphase, während der eigentlichen Niederschrift also, vor allem die Aufgabe, die bisher unbewußte Komposition teilweise zu verdeutlichen, überflüssige Einzelheiten zu beseitigen, Erzählsprünge auszugleichen und sich für eine der bereitliegenden Möglichkeiten zu entscheiden. Dadurch werden die früher verdrängten Bewußtseinsinhalte dem verarmten Ich wieder zugeführt: Kafka spricht in diesem Zusammenhang von Nichtigkeit und Leere, die durch produktive Freisetzung dieser inneren Welt aufgehoben werde. An anderer Stelle heißt es, er bringe sich auf diese Weise aus der Unterwelt herauf.[204]

Auf der oralen und analen Ebene sind Schlaf und Tod nebst ihren Gegenbegriffen das metaphorische Veranschaulichungsmaterial, auf der genitalen ist es natürlich die Vorstellung der Geburt.[205] So deutete Kafka auch sein Schreiben als tieferen Schlaf und damit als Tod, »und so wie man einen Toten nicht aus seinem Grabe ziehen wird und kann, so auch mich nicht vom Schreibtisch in der Nacht«. Sogar der Begriff der (Wieder)geburt kommt vor, und die ihm vor Augen liegende Gestalt des *Urteils* versteht er als Auferstehung disparater Vorstellungszusammenhänge in andersartiger Formzusammensetzung.[206]

Das Ich wird durch die neustrukturierten Gehalte gestärkt und bereichert. Von daher ist es verständlich, daß Kafka der Meinung war, er habe nur in einem Lebensabschnitt mit gelingender Produktion das Recht, um Felice zu werben, denn allein dann schien ihm eine für solche Auseinandersetzung notwendige Sicherheit vorhanden, besonders weil das übersichtlich Gestaltete als konkrete Entscheidungshilfe im Durchspielen verschiedener lebensgeschichtlicher Entwicklungslinien zu dienen vermochte.[207]

Andererseits kann es zu Depressionen kommen, weil das Material auf einer Ebene geformt wurde, die weniger differenziert ist als das Bewußtsein des späteren Betrachters. Formschwächen in der Oberflächenstruktur fallen in die Augen, und die Rückkehr des Verdrängten kann Ekelgefühle hervorrufen, deren analer Ursprung evident ist.[208] Diese Beschreibung Ehrenzweigs liest sich wie eine Phänomenologie der Regungen, mit denen Kafka seine Werke betrachtete.[209]

Anmerkungen

1 Die beiden letzten Seiten des beigezogenen *Fragments II* aus dem *Verschollenen* befindet sich heute in der Österreichischen Nationalbibliothek in Wien (Autographensammlung Stefan Zweig), die freundlicherweise die Auswertung dieses Manuskriptteils ermöglichte.

2 Franz Kafka, Berlin 1962.

3 Vgl. FK 60, 94, 110 f., 173 und P. Raabe, Franz Kafka und der Expressionismus, in: *Zeitschrift für deutsche Philologie* 86 (1967), S. 164.

4 Vgl. H. Binder, Kafka und »Die neue Rundschau«, in: *Jahrbuch der Deutschen Schillergesellschaft* 12 (1968), S. 108 und Br 480.

5 Br 472, vgl. P 316 f.

6 Vgl. etwa W. Kudszus, Erzählhaltung und Zeitverschiebung in Kafkas »Prozeß« und »Schloß«, in: *Deutsche Vierteljahrsschrift für Literaturwissenschaft und Geistesgeschichte* 38 (1964), S. 192 ff. mit H. Binder, Motiv und Gestaltung bei Franz Kafka, Bonn 1966, S. 259 ff.

7 Vgl. die vorsichtige Argumentation in P. Richter, Variation als Prinzip. Untersuchungen an Kafkas Romanwerk, Bonn 1975, S. 132 ff. mit S. 284 f.

8 So weist etwa der *Heizer*, den Kafka von allen seinen Werken am meisten schätzte, keineswegs eine signifikant höhere Prägung durch Elementengruppen auf als die übrigen, von ihm verworfenen Kapitel des *Verschollenen*, vgl. F 291 und 332.

9 Zur Schwierigkeit theoretischer Aussagen über den Schaffensvorgang M. Balint, Therapeutische Aspekte der Regression. Die Theorie der Grundstörung, Stuttgart (1970), S. 35 f.

10 FK 231.

11 T 248, Goethes Werke, Band 10: Autobiographische Schriften II, Hamburg (1966), S. 47, 80, 48, 81 und Band 9: Autobiographische Schriften I, Hamburg (1964), S. 519, 585, 587, vgl. 570 f. und I. Graham, Goethes eigener Werther. Eines Künstlers Wahrheit über seine Dichtung, in: *Jahrbuch der Deutschen Schillergesellschaft* 18 (1974), S. 287; Kafka hatte die Lektüre von *Dichtung und Wahrheit* Ende 1911 begonnen.

12 T 420, F 184, T 75 und 296.

13 T 449, F 153, 204 und T 57, vgl. 162.

14 Vgl. F 276 und T 660.

15 Zur Vorliebe Kafkas für Schreibhefte vgl. M. Pasley, Der Schreibakt und das Geschriebene. Zur Frage der Entstehung von Kafkas Texten, in: Franz Kafka. Themen und Probleme, hg. von C. David, Göttingen (1980), S. 11.

16 T 286 und M. Pasley/K. Wagenbach, Datierung sämtlicher Texte Franz Kafkas, in: J. Born/L. Dietz/M. P./P. Raabe/K. W., Kafka-Symposion, Berlin (1965), S. 62, vgl. F 332, Br 96 ff. und T 435.

17 T 269.

18 M. Brod, Uyttersprot korrigiert Kafka, in: *Forum* 4, Heft 43/44 (1957), S. 265, vgl. FK 349.

19 Vgl. unten S. 95-100, 285 f. und 326-330.

20 Kafka verweist F 66 selbst auf einen solchen Zusammenhang; eine ähnliche Beziehung besteht zwischen der in Br 377 beschriebenen Büroszene und der im 24. (nach Brods Ausgabe 19.) Kapitel des *Schloß*-Romans beschriebenen Aktenverteilung; vgl. auch unten S. 164-166.

21 So jetzt auch M. Pasley, Der Schreibakt und das Geschriebene, S. 9 ff.

22 F 280, zu den Vorformulierungen späterer Erzähleinheiten im *Verschollenen* und im *Schloß* unten S. 112-116.

23 Vgl. das Faksimile der ersten Manuskriptseite in: Franz Kafka 1883 bis 1924. Manuskripte. Erstdrucke. Dokumente. Photographien, (Berlin) 1966, S. 65.

24 E 71 und 80.

25 Vgl. W. Jahn, Kafkas Handschrift zum »Verschollenen« (»Amerika«), in: *Jahrbuch der Deutschen Schillergesellschaft* 9 (1965), besonders S. 547 f. und M. Pasley, Zur äußeren Gestalt des »Schloß«-Romans, in: Kafka-Symposion, S. 181 ff., SKA 72 ff., 34 (Faksimile des Romananfangs) und unten S. 137-140.

26 Vgl. F 102, 116, 125, 135, 145 und 336; schon am 13. November hatte Kafka das 6. Kapitel abgeschlossen (Br 111), das wie die drei vorhergehenden ganz in Quartheften überliefert ist.

27 F 145, 1. XII. 1912: »nach Beendigung des Kampfes mit meiner kleinen Geschichte – ein dritter Teil, aber nun ganz bestimmt [. . .] der letzte, hat begonnen sich anzusetzen – muß ich unbedingt Dir, Liebste, noch Gute Nacht sagen«.

28 BE 155.

29 L. Dietz, Zwei frühe Handschriften Kafkas, in: *Philobiblon* 13 (1969), S. 211 und 215.

30 Vgl. das in Anmerkung 23 genannte Faksimile mit F 116.

31 E 141, vgl. T 467.

32 E 132, vgl. 119 ff. und H. Binder, Motiv und Gestaltung bei Franz Kafka, S. 354 f.

33 E 82, vgl. 88, 123, 125, F 230 und unten S. 288 f.

34 Vgl. E 109 f., zu Kafkas Erzählweise H. Binder, Kafkas literarische Urteile. Ein Beitrag zu seiner Typologie und Ästhetik, in: *Zeitschrift für deutsche Philologie* 86 (1967), besonders S. 227 ff.

35 E 95 und 99, vgl. 114 und 121, T 141, Br 85, F 87, E 100 und 108; zum schaffenspsychologischen Hintergrund des Sachverhalts unten S. 166-168.

36 E 124.

37 E 125.

38 F 394, vgl. E 64.

39 E 66.

40 Vgl. T 57, F 66, T 293 f. und 422.

41 Die Stellen betreffen die alten Sagen, die törichte Störerin bei der Volksversammlung und die unausrottbare Kindlichkeit der Mäuse. (E 269, 272 und 280).

42 Vgl. etwa F 317 und FK 71.

43 E 270, vgl. 287 f. und 289.

44 So J. Kobs, Kafka. Untersuchungen zu Bewußtsein und Sprache seiner Gestalten, hg. von U. Brech, Bad Homburg v.d.H. (1970), S. 78.

45 E 280; vielleicht liegt aber, wegen Kafkas Abscheu vor geschlechtlichen Dingen (vgl. F 410), doch eine Sinnesänderung vor!

46 E 122.

47 E 289, vgl. 281 f.

48 Vgl. E 245, F. Martini, Ein Manuskript Franz Kafkas: »Der Dorfschullehrer«, in: *Jahrbuch der Deutschen Schillergesellschaft* 2 (1958), besonders S. 272, T 450 und N. Miller, Der empfindsame Erzähler. Untersuchungen an Romananfängen des 18. Jahrhunderts, München (1968), S. 9 ff.

49 F. Martini, Ein Manuskript Franz Kafkas, S. 298, vgl. T 294 und unten S. 138 f. Das *Urteil* entstand »in einem Zug« (T 293), und die *Verwandlung* wäre am besten gelungen, wenn Kafka sie »höchstens mit einer Unterbrechung in zweimal 10 Stunden« niedergeschrieben hätte (F 125).

50 F 341.

51 Vgl. H. Henel, Das Ende von Kafkas »Der Bau«, in: *Germanisch-Romanische Monatsschrift* N.F. 22 (1972), S. 23, T 94 und 308.

52 T 293.

53 F 204, 231 und T 293.
54 A. P. Foulkes, The Reluctant Pessimist. A Study of Franz Kafka, The Hague, Paris 1967, S. 72.
55 Br 100, vgl. F 367 und T 293.
56 J. Born, »Das Feuer zusammenhängender Stunden«. Zu Kafkas Metaphorik des dichterischen Schaffens, in: Das Nachleben der Romantik in der modernen deutschen Literatur, hg. von W. Paulsen, Heidelberg (1969), S. 179, vgl. F 637, Br 297 und F 140.
57 T 306 und 420.
58 Vgl. F 176, 300, T 162, Br 290 und E 181.
59 T 294 und F 259, vgl. 204.
60 T 461 und F 268, vgl. T 456.
61 T 450 und 449.
62 Vgl. F 650 und T 458.
63 F 394 und T 460.
64 T 142.
65 K. Wagenbach, Franz Kafka. Eine Biographie seiner Jugend 1883 bis 1912, Bern (1958), S. 123, vgl. T 518, B 334 ff., 323 ff. und unten S. 116-118, 272 und 287.
66 Einzelheiten unten S. 112-116.
67 Vgl. T 451, 525 ff., Br 159, 245, 246, J. M. S. Pasley, Asceticism and Cannibalism: Notes on an Unpublished Kafka Text, in: Oxford German Studies 1 (1966), S. 102 ff. und Br 486 Z. 12.
68 L. Dietz, Zwei frühe Handschriften Kafkas, S. 209.
69 J. Ryan, Die zwei Fassungen der »Beschreibung eines Kampfes«. Zur Entwicklung von Kafkas Erzähltechnik, in: Jahrbuch der Deutschen Schillergesellschaft 14 (1970), besonders S. 564 und 568 f.
70 BE 115 ff.
71 T 57.
72 B 242, vgl. 350.
73 B 246 ff., vgl. 255 ff. und 268.
74 B 268 f.
75 B 241, Br 382 und 415.
76 Vgl. T 584. (Im folgenden Winter war Kafka fast dauernd bettlägrig, scheint auch literarisch kaum aktiv gewesen zu sein, und gegen das Frühjahr zu wurde seine ganze Arbeitskraft vom Hebräischen absorbiert.)
77 F. Martini, Ein Manuskript Franz Kafkas, S. 297.
78 M. Pasley, Franz Kafka MSS: Description and Select Inedita, in: Modern Language Review 57 (1962), S. 57 ff., der gesamte Zusammenhang jetzt SKA 469 ff.
79 SKA 482, vgl. 475.
80 SKA 456, S 417 (= SK 451), SKA 470 und 475 ff. (teilweise reproduziert S 542 f.).

81 S 454 (= SK 491) und S 540 (= SK 494 f.), vgl. SKA 453 ff. und S 454 ff. (= SK 491 ff.).

82 S 444 und 449 (= SK 481 und 485 f.), vgl. Br 413.

83 F 250 und T 454.

84 F 271 und 332.

85 W. Jahn, Kafkas Handschrift zum »Verschollenen« (»Amerika«), S. 541, 548 f. und Anmerkung 1.

86 B 351 f.

87 L'éducation sentimentale. Histoire d'un jeune homme, Paris 1910, besonders S. 634 ff.

88 F 252, vgl. T 218 f.

89 C.G. Jung, Psychologie und Dichtung, in: C.G.J., Über das Phänomen des Geistes in Kunst und Wissenschaft, Olten und Freiburg i. Br. (1971), S. 102 ff. (Gesammelte Werke XV).

90 Weitere Gründe für Art und Umfang der Sekundärliteratur in: H. Binder, Kafka-Kommentar zu sämtlichen Erzählungen, 3. Auflage, München (1982), S. 9 f.

91 C.G. Jung, Psychologie und Dichtung, S. 90 und 86 f.

92 F 184, T 76 f., 65, 226 und 407.

93 S.L. Rubinstein, Die Arbeit, in: Kreativitätsforschung, hg. von G. Ulmann, Köln (1973), S. 215 f.

94 FK 327, vgl. F 208, 231 und Br 111.

95 C.R. Rogers, Toward a Theory of Creativity, in: Creativity and its cultivation, ed. by H.H. Anderson, New York and Evanston (1959), S. 77.

96 T 544, Br 194 f., M 247 f., Br 296, 337 f. und 392.

97 T 293 f.

98 S.L. Rubinstein, Die Arbeit, S. 216 f., W. Dilthey, Das Erlebnis und die Dichtung, 15. Auflage, Göttingen (1970), S. 137 (Kafka las das Buch Anfang 1914, vgl. T 350) und E.T.A. Hoffmann in Aufzeichnungen seiner Freunde und Bekannten. Eine Sammlung, hg. von F. Schnapp, München (1974), S. 708.

99 F 160 und T 295, vgl. F 136.

100 T 344.

101 C.R. Rogers, Toward a Theory of Creativity, S. 78.

102 T 293, vgl. 294.

103 Vgl. z.B. F 291.

104 FK 59, 113 und 326.

105 Vgl. T 295, Br 112, F 144 und T 297.

106 F 65 ff. und T 436.

107 J.P. Hodin, Erinnerungen an Franz Kafka, in: Der Monat 1 (1949), Nr. 8/9, S. 92, T 294 und 218.

108 C.G. Jung, Über die Beziehungen der analytischen Psychologie zum dichterischen Kunstwerk, in: Über das Phänomen des Geistes in

Kunst und Wissenschaft, S. 91, dort auch die Formulierung Pierre Janets.

109 F 250 und C.G. Jung, Psychologie und Dichtung, S. 117, vgl. T 449, F 412 f., Br 384 und T 461.

110 T 229, vgl. 263.

111 C.G. Jung, Psychologie und Dichtung, S. 111 und ders., Über die Beziehungen der analytischen Psychologie zum dichterischen Kunstwerk, S. 94.

112 »Dasjenige Individuum also, welches die ihm a priori und unbewußt gegebene Kollektivpsyche seinem ontogenetisch erworbenen Besitzstand angliedert, als ob sie ein Teil desselben sei, erweitert damit den Umfang der Persönlichkeit in ungerechtfertigter Weise mit den entsprechenden Folgen. Insofern nämlich die Kollektivpsyche die ›parties inférieures‹ der psychischen Funktionen und damit das jeder Persönlichkeit als Basis Untergeordnete ist, beschwert und entwertet sie die Persönlichkeit, was sich in der Inflation, entweder in jener Erdrückung des Selbstgefühls oder in jener unbewußten Steigerung der Ichbetonung bis zum krankhaften Machtwillen äußert.« (C.G. Jung, Die Beziehungen zwischen dem Ich und dem Unbewußten, in: C.G.J., Zwei Schriften über analytische Psychologie, Zürich und Stuttgart 1964, S. 162) (Gesammelte Werke VII).

113 T 57, Br 150, T 305 und F 596.

114 Unveröffentlicht, nach T 42 Z. 1 »[. . .] früheren«. Vgl. F 65, 458, T 420 und 274: »Nur nicht überschätzen, was ich geschrieben habe«. Auch der andere von Jung herausgestellte Aspekt läßt sich natürlich bei Kafka belegen: »Es ist möglich, daß mein Schreiben nichts ist, aber dann ist es auch ganz bestimmt und zweifellos, daß ich ganz und gar nichts bin.« (F 76) Oder er erschrickt vor dem Widerlichen, das er aus seinem sich wälzenden, sumpfigen Innern herausbefördert hat. (F 306)

115 C.G. Jung, Die Beziehungen zwischen dem Ich und dem Unbewußten, S. 112.

116 T 294.

117 T 285, vgl. F 45 und 66.

118 T 315, O 40 und H 131 f.

119 Vgl. Br 291 ff.

120 C.G. Jung, Die Beziehungen zwischen dem Ich und dem Unbewußten, S. 111 f.

121 Vgl. A. Ehrenzweig, The Psycho-Analysis of Artistic Vision and Hearing, London (1953), S. 14.

122 Vgl. Goethes Brief an Wilhelm von Humboldt vom 1. XII. 1831.

123 T 296, vgl. Br 345.

124 E 93.

125 Vgl. T 296 f.

126 Vgl. W.H. Sokel, Franz Kafka – Tragik und Ironie. Zur Struktur
seiner Kunst, München, Wien (1964), S. 58 ff., V. Murrill/W.S.
Marks III, Kafka's »The Judgment« and »The Interpretation of
Dreams«, in: *Germanic Review* 48 (1973), S. 215 ff. und H. Binder,
Kafkas literarische Urteile, S. 233 f.

127 H. Politzer z.B. meint, Psychologie und Metaphysik seien im *Urteil*
»noch nirgendwo überzeugend ineinander verflochten«, und hält es
für einen »technischen Mangel«, daß der Leser eine hinreichende
Schuld Georgs nicht auffinden könne. (Franz Kafka, der Künstler,
[Frankfurt/M. 1965], S. 98 und 102) Für gehaltliche Projektionen
sind viele ältere Deutungen ein Beleg, aus denen sich eher der ideo-
logische Hintergrund der Interpretation als der Sinnzusammenhang
des Textes ablesen läßt.

128 F 156, vgl. Br 149.

129 Vgl. T 294 und H. Binder, Leben und Persönlichkeit Franz Kafkas,
in: Kafka-Handbuch, hg. von H.B., Band 1: Der Mensch und seine
Zeit, Stuttgart (1979), S. 410 ff.

130 S. Freud, Vorlesungen, zur Einführung in die Psychoanalyse, 2. Auflage, (Frankfurt/M. 1969), S. 364 ff. (Studienausgabe, Band I) und
ders., Der Dichter und das Phantasieren, in: S.F., Bildende Kunst und
Literatur, 3. Auflage, (Frankfurt/M. 1969), S. 176 ff. (Studienausgabe, Band X).

131 Vgl. O. Rank, Das Inzest-Motiv in Sage und Dichtung. Grundzüge
einer Psychologie des dichterischen Schaffens, Leipzig und Wien
1912.

132 Die solcher Verbildlichung zugrunde liegenden Techniken sind
zuerst von S. Freud in seiner 1900 erschienenen *Traumdeutung* beschrieben worden.

133 O. Rank, Der Künstler und andere Beiträge zur Psychoanalyse des
dichterischen Schaffens, 4. Auflage, Leipzig, Wien, Zürich 1925,
S. 70 und 71.

134 Vgl. T 315, M 214 und T 529.

135 Vgl. H. Binder, Kafka-Kommentar zu sämtlichen Erzählungen,
S. 137 ff.

136 T 132, 408, 311 und F 504.

137 Vgl. dazu unten S. 173-179 und, als Parallele im *Schloß*, S. 338 f.

138 Vgl. H. Binder, Motiv und Gestaltung bei Franz Kafka, S. 350 ff.

139 V. Murrill/W.S. Marks III, Kafka's »The Judgment«, S. 217. Auch
Kafka selbst hatte ähnliche Träume, vgl. T 491 f.

140 H 167 und F.J. Beharriell, Kafka, Freud, and »Das Urteil«, in: Texte
und Kontexte. Studien zur deutschen und vergleichenden Literaturwissenschaft. Festschrift für Norbert Fürst zum 65. Geburtstag, hg.
von M. Durzak, E. Reichmann und U. Weisstein, Bern und München
(1973), S. 36 ff.

141 H 212.
142 Vgl. zu dieser Deutung auch R. Falke, Biographisch-literarische Hintergründe von Kafkas »Urteil«, in: *Germanisch-Romanische Monatsschrift* N.F. 10 (1960), S. 164 ff.
143 E 118 und 130.
144 T 290, 15. IX. 1912: »Liebe zwischen Bruder und Schwester – die Wiederholung der Liebe zwischen Mutter und Vater.«
145 S. Freud, Der Dichter und das Phantasieren, S. 177.
146 Vgl. H. Binder, Kafka-Kommentar zu den Romanen, Rezensionen, Aphorismen und zum Brief an den Vater, 2. Auflage, München (1982), S. 43 ff.
147 I. Seidler, »Das Urteil«: Freud natürlich? Zum Problem der Multivalenz bei Kafka, in: Psychologie in der Literaturwissenschaft, hg. von W. Paulsen, Heidelberg (1971), S. 174 ff.
148 Vgl. H. Kaiser, Franz Kafkas Inferno. Eine psychologische Deutung seiner Strafphantasie, in: Franz Kafka, hg. von H. Politzer, Darmstadt 1973, S. 93 ff.
149 F 396.
150 Vgl. T 420.
151 F 156, vgl. 141.
152 F 336 und 53, vgl. 394.
153 Br 385 und T 464, vgl. H 71, Br 431 und unten S. 322-325.
154 Vgl. W.L. Furrer, Neue Wege zum Unbewußten, Stuttgart, Wien (1970), S. 152 f.
155 A. Koestler, Der göttliche Funke. Der schöpferische Akt in Kunst und Wissenschaft, Bern, München 1956.
156 S.A. Mednick, Die assoziative Basis des kreativen Prozesses, in: Kreativitätsforschung, S. 287 ff.
157 L.S. Kubie, Psychoanalyse und Genie. Der schöpferische Prozeß, (Reinbek 1966), besonders S. 11, 20 37, 41 und 51.
158 FK 64 und 337.
159 T 293, vgl. F 594.
160 Vgl. unten S. 230-232 und 246-251.
161 T 458 und F 230.
162 Dazu F.G. Peters, The Transformation of the Father Imago in the Works of Franz Kafka, Columbia University 1963 (M.A. Thesis).
163 T 441 und F 460, vgl. 142, 197, 404 und 425.
164 C.G. Jung, Psychologische Typen, 9. Auflage, Zürich und Stuttgart 1960, besonders S. 398 f. und 434 f. (Gesammelte Werke VI), vgl. unten S. 160-173.
165 T 530 f. und F 400, vgl. 275, 597, T 57, 422 und F 626.
166 Vgl. E. Kris, Psychoanalytic Explorations in Art, London (1960), besonders S. 305 ff.
167 F 142, 147, 197, 145 und M. Balint, Therapeutische Aspekte der

Regression, S. 82 und 91.

168 T 534, vgl. F 86, 407 und M. Balint, Therapeutische Aspekte der Regression, S. 84 und 167.

169 F 117, vgl. 349, 148, 84, 97, H 44, 348 und F 289.

170 A. Ehrenzweig, Ordnung im Chaos. Das Unbewußte in der Kunst. Ein grundlegender Beitrag zum Verständnis der modernen Kunst, (München 1974), S. 113 ff. und 296 f.

171 Br 374 und 451, vgl. F 400, 413, Br 384, F 100 ff., 394, 626, O 137 und J.P. Hodin, Erinnerungen an Franz Kafka, S. 92.

172 A. Ehrenzweig, Ordnung im Chaos, S. 130 f., 220, 225 und 280.

173 T 486, 293 und 185, vgl. F 367.

174 T 461, 190 und F 648, vgl. A. Ehrenzweig, Ordnung im Chaos, S. 192 ff. und 280.

175 E 68, vgl. T 76, 241, 486, F 50, 105, 176, FK 114 und T 146.

176 T 216 f., vgl. F 138, 229, 306, 450, Br 298, T 192 und A. Ehrenzweig, Ordnung im Chaos, S. 45.

177 T 498, vgl. Br 400.

178 Vgl. F. Kafka, Shorter Works, Volume I, translated and ed. by M. Pasley, London (1973), S. 52 ff., B 334 ff., T 518 und unten S. 258.

179 F 250, 412 und A. Ehrenzweig, Ordnung im Chaos, S. 195.

180 A. Ehrenzweig, Ordnung im Chaos, S. 298 f.

181 F 250, 66 und T 422, vgl. 218, 311, 161, 486, 293, F 108 und 252.

182 Br 384, F 597 und 650.

183 F 250, vgl. T 306, F 450, 618 und 626.

184 F 66 und T 105, vgl. A. Ehrenzweig, Ordnung im Chaos, S. 280.

185 Vgl. A. Ehrenzweig, Ordnung im Chaos, S. 42 ff., 89, 113 und 201.

186 Vgl. etwa Schillers Brief an Goethe vom 27. III. 1801 und H. Schenker, Ein verschollener Brief von Mozart und das Geheimnis seines Schaffens, in: *Der Kunstwart. Monatshefte für Kunst, Literatur und Leben* 44 (1930/31), S. 661.

187 F 125 und 156.

188 T 60, vgl. 192 f., 447, 105, 331, F 45, 143 und Br 100.

189 T 75 und 34, vgl. T 444 und Br 216.

190 Vgl. F 289.

191 F 251, vgl. Goethes Brief an Schiller vom 6. IV. 1804.

192 Vgl. M 208.

193 F 197 und T 456.

194 F 178, T 422 und 461, vgl. F 596, 626, 147 und besonders T 336.

195 Vgl. dazu K. Fingerhut, Die Funktion der Tierfiguren im Werke Franz Kafkas. Offene Erzählgerüste und Figurenspiele, Bonn 1969, besonders S. 130 ff.

196 F 322.

197 T 75, 100, F 71 und T 294, vgl. 331, 335 und für die durch Nichtschreiben verursachte Gegenstimmung (Stumpfheit) F 298 und 305.

198 T 436 und F 504, vgl. 408, 436 und 622; zur Genese des Zirkusbildes unten S. 287 f.

199 F 426 und Br 384, vgl. F 250, 427 und A. Ehrenzweig, Ordnung im Chaos, S. 187.

200 F 672, vgl. H 71, T 294, 161, F 251, 271 und 341.

201 F 306.

202 FK 349 und F 320.

203 F 306, T 161 f. und 293. Die Lesung »wie alles gesagt werden kann« beruht auf einem Tippfehler in der Druckvorlage, vgl. G. Neumann, Franz Kafka: »Das Urteil«. Text, Materialien, Kommentar, (München 1981), S. 223.

204 A. Ehrenzweig, Ordnung im Chaos, S. 88 und 115, T 353, 345, 419, 456 und F 595.

205 A. Ehrenzweig, Ordnung im Chaos, S. 179 ff. und 280.

206 F 412, vgl. T 293, F 322, T 296, 450 und Br 431.

207 F 66 und 407, vgl. Br 453 und M 264.

208 A. Ehrenzweig, Ordnung im Chaos, S. 89, 113 f. und 224 f.

209 Vgl. etwa T 451 und F 142.

II

Erlesenes Amerika: »Der Verschollene«

1. Die Neue Welt als Identifikationsangebot

Am 10. Juli 1910 erschien in der bedeutendsten deutschsprachigen Tageszeitung Böhmens, dem *Prager Tagblatt*, unter dem Titel *Dichter in Amerika* ein Feuilleton des Wiener Essayisten Karl Friedrich Nowak, in dem es heißt: Die beiden Zeitalter der Kolonisation und der Freiheitskämpfe, die in Europa fast jedermann aus Jugendbüchern bekannt waren, seien durch eine »Epoche der Nüchternheit« abgelöst worden, die gleichwohl die Schriftsteller, die neuen Amerikafahrer, in ihren Bann schlage: »in ihr Dichten surrt jäh, surrt eisern und starr ein neuer Klang, der Sang der Maschinen. Und das dritte Zeitalter wacht bei den Dichtern auf, chaotisch wirr und schrill und blendend, die Zeit der Nerven und der Gier, der Emporkömmlinge und der Versinkenden, das Zeitalter der Milliardäre, der Trusts, der Wolkenkratzer und der brausenden Städte«.[1]

Kafka selbst, aufgeschlossen für technische Neuerungen wie Kino, Grammophon und Flugzeug,[2] muß als Vertreter dieses Amerikabildes angesehen werden, obwohl das Thema seines ersten großen Romanversuchs gar nicht Amerika selbst ist, sondern die Geschichte eines von seinen Eltern verstoßenen Sohnes, der als Einwanderer in den Vereinigten Staaten endgültig scheitert. Als er nämlich Ende Mai 1913 Belegexemplare seines eben veröffentlichten *Heizers* erhielt, der das erste Kapitel seines *Verschollenen* bildet, sah er als Frontispiz einen Stahlstich von W. H. Bartlett aus dem Jahr 1838 reproduziert (*View of the Ferry at Brooklyn, New York*), den Franz Werfel, damals im Leipziger Kurt-Wolff-Verlag tätig, ohne sein Wissen ausgesucht hatte.[3] In einem Brief an seinen Verleger schrieb Kafka daraufhin, er sei zunächst über das Bild erschrocken, habe sich dann aber damit abgefunden. Er, der »das allermodernste New York« darstellen wollte, fühlte sich im ersten Augenblick durch die unpassende Illustration widerlegt.[4]

Aufgrund dieser Briefstelle scheint die gelegentlich vorgebrachte Behauptung unhaltbar, die Kafkas detailreiche Beschreibung der amerikanischen Verhältnisse ausschließlich seiner dichterischen Phantasie entsprungen sieht.[5] Anders freilich als Emil Strauß, Knut Hamsun, Johannes Vilhelm Jensen und Henning Berger, die Nowak als Beleg für seine Auffassung anführt, kannte Kafka das Land, in dem er das Romangeschehen ansiedeln wollte, nicht aus eigener Anschauung, war also auf Berichte angewiesen, unter denen den Reisebeschreibungen von Arthur Holitscher und František Soukup zweifellos die größte Bedeutung zukommt.[6]

Viele Einzelfragen, deren Beantwortung aber für ihn Schreibvoraussetzung war, sind in diesen beiden Quellen nur unzureichend behandelt. Als zusätzliche Informationsquellen standen ihm jedoch Familienberichte, Filme, teilweise bebilderte Zeitschriftenaufsätze und vor allem Zeitungsbeiträge zur Verfügung, die ihm, und zwar schon in den Jahren vor der Entstehung des *Verschollenen*, typische Vorstellungen vermittelten, die seine Zeit mit dem modernen Amerika verband.

Er muß sich dieses Angebots schon aus dem Grund bedient haben, weil es allerpersönlichste Lebensprobleme berührte, wurde er doch von seinen Eltern offensichtlich teilweise nach den erfolgversprechenden oder schon erfolgreichen Karrieren anderer Familienmitglieder seiner Generation bewertet, die ihr Glück in der Auswanderung versucht hatten. Otto Kafka, geboren 1879, ein Sohn des ältesten Bruders von Kafkas Vater, wanderte 1906 nach den Vereinigten Staaten von Amerika aus, nachdem er schon als Sechzehnjähriger von zu Hause weggelaufen und nach Südamerika gereist war; sein jüngerer Bruder Franz folgte ihm 1909 im gleichen Alter. Bereits 1904 hatte sich Emil Kafka, ein anderer Vetter, zu seinem in Chicago lebenden Onkel eingeschifft, wo er seit 1909 in einem riesigen Kaufhaus arbeitete; ein Jahr später hat sich auch sein jüngerer Bruder Viktor zeitweilig in Chicago aufgehalten.[7]

Mit diesem ihm von der Sozietät angebotenen, naheliegenden Identifikationsmuster hatte sich Kafka um so mehr auseinanderzusetzen, als er, entscheidungsschwach, unklare Berufswünsche hatte und in seiner Selbstachtung, besonders vor seinem literarischen Durchbruch im Sommer 1912, in hohem Maße von den Wertvorstellungen der Familie abhängig war, in denen dem wirtschaftlichen Erfolg der höchste Stellenwert zukam.[8]

Die Stimmigkeit dieser Behauptung zeigt sich nicht nur darin, daß Kafka im *Verschollenen*, in dem eine Analyse seiner Stellung in der Familie und eine fiktive Erprobung bestimmter Lebensmöglichkeiten außerhalb Prags vorgenommen wird, Lebensumstände seiner Vettern dem Romanhelden Karl Roßmann zuschreibt,[9] sondern vor allem auch in dem Umstand, daß er mehrfach eine berufliche Tätigkeit im Ausland ins Auge gefaßt hat: Als sein in Madrid lebender Onkel Alfred Löwy im Sommer 1902 besuchsweise in Prag war, warf er im Gespräch die Frage auf, ob eine mehr praxisorientierte Ausbildung dem ungeliebten akademischen Studiengang nicht etwa vorzuziehen sei; 1907 rechnete er damit, durch Vermittlung dieses Onkels in Spanien oder Südamerika einen Posten zu bekommen;[10] im gleichen Jahr beabsichtigte er, Spanisch zu lernen und an der Prager Handelsakademie eine Zusatzausbildung zu absolvieren, die ein Studium an der Wiener Exportakademie ermöglichen sollte; und noch im März 1914 bezeichnete er Grete Bloch gegenüber die Arbeit in englischen und amerikanischen Filialen der Firma, in der sie beschäftigt war, angesichts ihrer Selbständigkeitsbestrebungen als höchst begehrenswert.[11]

Im Herbst 1907 trat er in die Prager Filiale der weltweit verbreiteten Triester Versicherungsgesellschaft *Assicurazioni Generali* ein; er ließ sich damals in der italienischen Sprache unterrichten, weil er »immerhin Hoffnung« hatte, »selbst auf den Sesseln sehr entfernter Länder einmal zu sitzen, aus den Bureaufenstern Zuckerrohrfelder oder mohammedanische Friedhöfe zu sehn«; letztere sind wohl in der Türkei zu suchen, denn die Familie hatte Beziehungen zu Istanbul, auf die er in einem Erzählfragment anzuspielen scheint.[12]

Unter solchen Voraussetzungen mußte jeder Bericht über Amerika, der ihm zufällig in die Hand kam, gesteigerte Aufmerksamkeit erregen, als ein von Familienerwartungen unabhängiges Zeugnis über die Verhältnisse in der Neuen Welt, das darüber Aufschluß geben konnte, wie aussichtsreich der Versuch war, berufliche Verwirklichung und persönliche Unabhängigkeit im Ausland erreichen zu wollen. Auf diese Weise mußte sich kulturelles Gemeingut über die Vereinigten Staaten von Amerika in einem langwährenden Verschmelzungsprozeß mit eigenen Erlebnismustern, Zukunftshoffnungen, Ängsten und Träumen unentwirrbar verbinden. Die ihm zukommenden Informationen über Amerika wurden also daraufhin abgetastet, ob sie existentiell bedeutsam, nämlich in der Lage waren, Entscheidungshilfen zu geben. Autonome Sachinteressen hat er hinsichtlich dieses Landes so wenig verfolgt wie sonst als Leser.

Als dann Anfang 1912 erhöhte psychische Spannungszustände die Konzeption des *Verschollenen* auslösten, waren, als Produkte dieser teilweise schon erfolgten Durchdringung des Eigenen mit dem Fremden, längst vorgestellte Bildkomplexe, Figurenkonstellationen und Handlungselemente abrufbar, die er während des Schreibens als autonomes Gegenüber erlebte, das Richtung und Ergebnis des Geschaffenen auch deswegen bestimmte, weil er weder zielgerichtete Quellenstudien trieb noch Erzählzusammenhänge mit Hilfe von Exzerpten herzustellen suchte.[13]

Bezeichnenderweise bemerkte er erst fünf Jahre nach der Niederschrift des *Verschollenen*, daß er hinsichtlich Motivik und Darstellungsweise in beträchtlichem Umfang von *David Copperfield* abhängig war. In der betreffenden Tagebuchstelle kommt recht deutlich zum Ausdruck, daß der Ort der Handlung und die Verhältnisse, mit denen sich Karl Roßmann auseinanderzusetzen hat, als Darstellung gewertet werden sollen, in der sich Zeitgeschichtliches als Ausruck individueller Problemstellungen erweist: »Meine Absicht war, wie ich jetzt sehe, einen Dickens-Roman zu schreiben, nur bereichert um die schärferen Lichter, die ich der Zeit entnommen, und die matteren, die ich aus mir selbst aufgesteckt hätte.«[14]

2. Die Rezeption in der Frühzeit

Es gibt Beweise dafür, daß Kafka schon vor der eigentlichen Entstehungszeit seines Romans mit dem Amerika-Komplex beschäftigt war, besonders aus dem Jahr 1911, dem ersten, für das regelmäßige Tagebucheintragungen vorliegen. Am 11. November zitiert er, offensichtlich nach einem Zeitungsbericht, aus einem Interview, in dem Thomas Alva Edison nach seiner eben erfolgten Rückkehr von einer Europareise die verhältnismäßig höhere Industrialisierung Böhmens darauf zurückführte, daß aus Amerika rückwandernde Tschechen »neues Streben« mit nach Hause brächten,[15] eine Bemerkung, die ihm vielleicht wegen der darin zum Ausdruck kommenden wirtschaftlichen Überlegenheit Amerikas bewahrenswert schien, über deren Ursachen damals unterschiedliche Erklärungen abgegeben wurden.[16] Auf Edison war er wohl schon durch Zeitungsberichte vom 16. September aufmerksam geworden, die einen Prag-Besuch des amerikanischen Erfinders vom Vortag zum Gegenstand hatten.[17] Gespräche, die Edison auf weiteren Stationen seiner Reise geführt hatte, fanden gleichfalls in der Prager Presse ihren Niederschlag.

Das Tagebuch, das Eindrücke einer im August und September 1911 unternommenen Ferienreise überliefert, enthält zwei weitere Belege für sein damaliges Interesse am Problemkreis Amerika: Einmal den Bericht über einen jüdischen Goldarbeiter, mit dem er sich während einer Bahnfahrt, die ihn von Paris nach Zürich führte, über dessen zweieinhalb Jahre währenden Aufenthalt in Amerika unterhielt, ein Gespräch, das möglicherweise Spuren im *Verschollenen* hinterlassen hat.[18] Zum andern eine Notiz, in der die leeren, dunklen, hügeligen, waldigen, durch zahlreiche Landzungen gegliederten Ufer des Zuger Sees als »Amerikanischer Anblick« bestimmt werden.[19]

Der Vergleich kann nicht allein auf Lektüreeindrücke zurückgehen, vielmehr muß Kafka auch mit Bildern von der Neuen Welt vertraut gewesen sein. Man könnte an Kinobesuche denken, denn zufällig ist belegt, daß Kafka, in jungen Jahren ohne Zweifel ein Filmfreund, Mitte 1913 *Sklaven des Goldes* sah, einen Wildwestfilm mit schauerlichen Cowboy-Ritten durch sumpfige Ebenen, mit einem Überfall auf einen Millionär, dessen Verhalten besonders beeindruckte, und einer Schlangenszene, die mit verblüffender Realistik wiedergegeben war. Sein Freund Max Brod berichtet in einem 1909 gedruckten Essay, in dem er die damalige Praxis der Filmherstellung glossiert, er stelle sich vor, wie Mitarbeiter eines französischen Filmproduzenten, die malerische Umgebung von Paris bereisend, angesichts einer Sandgrube auf den Einfall kommen, dort eine Szene zu drehen, die man dann »Drama in den Goldminen Kaliforniens« nennen könnte. Andererseits erlebte er beim Anschauen eines »Reise nach Australien« betitelten Streifens eine Feuersbrunst, die er glaubte schon auf einer Reise durch Chicago gesehen zu haben. Soll man es wirklich Zufall nennen, daß beide Themenkomplexe im *Verschollenen* erwähnt werden? Nicht vielmehr annehmen, daß es sich um gängige Klischeebilder handelt, die deswegen schon damals den Weg auf die Leinwand fanden und von dort Kafka als kinematographische Versatzstücke entgegentraten?[20]

Natürlich hat es in Prag immer wieder Lichtbildervorträge über die Vereinigten Staaten gegeben, von denen er nachweislich mindestens einen besucht hat.[21]

Eine wichtigere Vermittlungsinstanz waren aber sicherlich bebilderte Zeitschriftenartikel. Man muß dazu wissen, daß Kafka, nach eigener Aussage ein ausgesprochener Liebhaber der Geographie, schon früh mit *Über Land und Meer* bekannt geworden war, einer populär aufgemachten illustrierten Wochenschrift, die diesem Gegenstandsbereich gewidmet war, und sogar, bei sonst spartanischer Zimmereinrichtung, einen Globus besaß.[22]

Um seine überlieferte »Gier nach Zeitschriften«[23] zu befriedigen, hatte er in Prag glänzende Möglichkeiten. Neben der Bibliothek der *Lese- und Redehalle der deutschen Studenten in Prag*, einer Studentenvereinigung, in der Kafka während seines Studiums aktiv mitgearbeitet hatte, und dem Lesezimmer des *Kunstgewerbemuseums,* das er beispielsweise Anfang 1911 frequentierte,[24] sind vor allem die Kaffeehäuser zu nennen, in denen außer zahlreichen Tageszeitungen Zeitschriften des In- und Auslandes in unglaublicher Fülle auslagen. Das diesbezügliche Angebot des *Café Continental*, das, Treffpunkt der Literaten, Kafka genauso zu seinen Besuchern zählte wie andere Kaffeehäuser der Innenstadt, umfaßte rund 250 verschiedene Periodika.[25]

In einem Fall läßt sich sogar wahrscheinlich machen, daß ein bestimmter Zeitschriftenbeitrag im *Verschollenen* verwertet wurde. Im Juni 1909 wurde in der *Neuen Rundschau*, die Kafka abonniert hatte und regelmäßig las,[26] unter dem Titel *Der kleine Ahasverus* eine Novelle des auch von Karl Friedrich Nowak erwähnten dänischen Schriftstellers Johann Vilhelm Jensen gedruckt. Es handelt sich um einen an Einzelheiten reichen Bericht über einen vierjährigen ostjüdischen Jungen in New York, der schon zum Broterwerb herangezogen wird: »und hier, wo man Leo an die Arbeit gesetzt hatte, stehen die schwindelnd hohen Häuser [. . .] sie glotzen mit tausend Fenstern [. . .] Und Leo verkaufte Zeitungen und sehnt sich, sehnt sich – nach einer Vergangenheit, die nie recht da war.«[27]

Übereinstimmungen mit Kafkas Roman drängen sich auf: New York sieht Karl Roßmann, der mehrfach traurig seiner Heimat gedenkt, »mit hunderttausend Fenstern seiner Wolkenkratzer an«, und für Negro – so wird Karl in seinen letzten Stellungen gerufen – stand ursprünglich überall im Manuskript ein von Kafka später gestrichenes Leo.[28] Wichtiger noch ist, daß er in Jensens Darstellung Anregungen für Thereses Erzählung und für die Gestaltung der Wahlkampfszene in dem Kapitel *Ein Asyl* fand.

Die eigentliche Novellenhandlung wird durch eine Demonstration in Gang gesetzt, deren ausführliche Beschreibung ihm Teile eines Strukturmusters lieferte, das er seiner Wahlkampfszene zugrunde legte. Bei Jensen erscheint zunächst ein in Sechserreihen marschierendes Blasorchester, das die Aufmerksamkeit der Anwohner hervorruft: »Oben längs der weitläufigen Fassaden sieht man einzelne Leute auf die breiten Gesimse unter die Fenster treten und auf die Straße hinabsehen.« Entsprechend zeigen sich bei Kafka »Trommler und Trompeter in breiten Reihen«, Fanfaren schmetternd, im Licht der abendlichen Veranstaltung, wodurch sich Balkone und Fenster der Hochhäuser mit Neugierigen füllen.[29] Jensen widmet den Veränderungen Aufmerksamkeit, die die Musik zwischen den geschlossenen, turmhohen Fassaden erleidet, ein Umstand, den Kafka seinen Erzählbedingungen entsprechend modifiziert, wenn er die Reden und Rufe der Beteiligten nicht in die Höhe des Balkons dringen läßt, von dem aus Karl das Geschehen beobachtet.[30]

Die Prozession, begleitet von zusammengedrängten Zuschauern auf den Gehsteigen, erreicht ihr Ziel nicht, sie klumpt sich zu einer dichten, ohne Plan hin und her flutenden Menschenmenge zusammen, die schließlich durch eine Panik gesprengt wird, in der Menschen totgetreten werden und Laternenpfähle wie Strohhalme umknicken. Dabei schwimmt ein Kameramann, der, auf einem Holzschuppen stehend, gefilmt hatte, eine Weile auf den wogenden Köpfen der Leute, bevor er auf den Grund sinkt, weil sein Standplatz verschoben und schließlich umgerissen wird.

Ähnlich ergeht es Kafkas Kandidaten für den Posten eines Bezirksrichters. Um Hilfe rufend, bewegt er sich auf den Schultern seines Trägers, der von der wogenden Masse willenlos hin und her geschoben wird, bis durch einen Anschlag der Gegenpartei die als Beleuchtung dienenden Autolaternen zerstört werden und eine sich nähernde Gegendemonstration die Menge zerstreut.[31]

Leos Vater, offensichtlich getötet, kommt von dieser Versammlung nicht zurück, die kranke Mutter, die »mit ihrem rauhen, keuchenden Husten kämpfte, bis Blut kam, und Tränen das arme, verzweifelte Gesicht furchten«, stirbt als Folge dieses Ereignisses. Überirdisch lächelnd, verabschiedet sie sich von ihren Kindern, befiehlt ihnen aber streng, wegzugehen, nach Hause, eine Weisung, die Leo und sein jüngeres Schwesterchen zu einem lebensgefährlichen Fußmarsch durch das kalte, aber sonnige New York veranlaßt, der, nachdem die beiden vollkommen die Orientierung verloren haben, in einem Kinderasyl endet. Die Wirkung der Darstellung wird noch dadurch wesentlich erhöht, daß die Vorgänge, zu denen auch Momentbilder der städtischen Verkehrsverhältnisse gehören, aus der kindlich-begrenzten Optik des Vierjährigen gegeben sind.[32]

Thereses Erzählung im fünften Kapitel des *Verschollenen* enthält Elemente dieses Familienmusters, das freilich durch ein Motiv anderer Herkunft ergänzt wurde. Holitscher und Soukup hatten in ihren Amerika-Büchern berichtet, daß die entwurzelten, entkräfteten, arbeitslosen, aus Europa eingewanderten Familienväter vielfach ohne Mitteilung Frau und Kinder verlassen und für diese immer unauffindbar bleiben.[33] Gemäß dieser Vorgabe »verabschiedet« sich Thereses Vater von seinen Angehörigen, die wie Leo und seine Familie in einem New Yorker Elendsquartier leben. Eines Abends wandert die völlig mittellose, lungenkranke Mutter, die an diesem Tag schon Blut gespuckt hat, mit ihrer etwa fünfjährigen Tochter durch New York, um eine Unterkunft zu suchen. Da Kafka Therese aus der Sicht ihres damaligen Erlebens erzählen läßt, für das sich im Lauf der Nacht Wege und Proportionen immer mehr verwirren, erscheinen dem Leser die großen Mietskasernen, die sie mit ihrer Mutter durchschreitet, als ein unübersichtliches Gewirr von Höfen, Gängen, Treppen und Terrassen. Nachdem die beiden, dauernd abgewiesen, sich die ganze Zeit weitergeschleppt haben, steigt die Mutter am Morgen, nicht ohne Therese noch einen freundlichen Blick zugeworfen zu haben, an einer Baustelle, auf der sie gehofft hatte, Arbeit zu finden, auf ein Gerüst und fällt, Unfall und Selbstmord zugleich, in die Tiefe.[34]

Daß sich leidvolle Erfahrungen der Einwanderer in den Vereinigten Staaten, die von Beobachtern der Verhältnisse als typische Verlaufsform gescheiterter Hoffnungen gedeutet wurden, im episch entfalteten Einzelschicksal eines Kindes konkretisieren, aus dessen Perspektive erzählt wird, hat Thereses Bericht mit Jensens Novelle genauso gemeinsam wie den Gang eines Kindes durch das unwirtliche, labyrinthische New York sowie Verhalten, Armut, Krankheit und Tod der auf sich selbst gestellten Mutter.

Die wichtigste Quelle für Kafkas Amerikabild sind die zahlreichen Beiträge über die Neue Welt, die in den beiden großen deutschsprachigen Prager Tageszeitungen erschienen sind. Sie entsprachen einem großen Interesse des deutschen und österreichischen Publikums, das, wie im *Prager Tagblatt* am 22. Dezember 1911 tadelnd bemerkt wurde, an den wirtschaftlichen Vorgängen in den Vereinigten Staaten einen allzu lebhaften Anteil nehme.[35]

Das *Prager Tagblatt* und die *Bohemia* waren nach Besitzverhältnissen, bezüglich der Redaktionen und im Blick auf die Leserschaft weithin jüdische Blätter. Der Wirtschaftsteil des *Prager Tagblatts* war, über Böhmen hinaus, führend und deswegen Pflichtlektüre für Industrie und Handel. Da man sich in den Jahren vor dem Ersten Weltkrieg in einer langanhaltenden Rezession befand, sahen sich viele böhmische Juden zur Auswanderung veranlaßt, wodurch sich die immer schon vorhandene internationale Verflechtung der jüdischen Geschäftswelt weiter vergrößerte. So standen zum Beispiel im Jahr 1903 die Bewohner der Donaumonarchie an der Spitze der Amerika-Auswanderer: Im Juli und August dieses Jahres suchten über 44 000 aus Österreich- Ungarn ihr Glück in den Vereinigten Staaten.[36]

Solche Verhältnisse lenkten den Blick der Zeitungen genauso auf Amerika wie die Tatsache, daß die deutschen nordböhmischen Industriegebiete und, wenigstens in bestimmten Wirtschaftszweigen, Prag zu den entwickelsten Regionen Europas zählten, deren Zukunft gleichsam an den vergleichbaren Gegebenheiten der noch höher industrialisierten Vereinigten Staaten ablesbar schien. Seinen greifbarsten Ausdruck findet dieser Zusammenhang in einer Beilage zum *Prager Tagblatt*, die jeweils freitags unter der Überschrift *Aus Technik und Industrie* veröffentlicht wurde und häufig den in Nordamerika erzielten Fortschritten in diesen Bereichen gewidmet war. Entsprechend versuchte sich die *Bohemia* durch ihren *Technisch-industriellen Anzeiger* zu profilieren. Das alles gilt freilich nur bis zum Sommer 1914, denn während der Kriegsjahre kam die Berichterstattung der Prager Zeitungen über Amerika naturgemäß fast vollständig zum Erliegen. Nur ganz vereinzelt finden sich Stimmungsberichte, in denen die schwerwiegenden Folgen des Krieges dargestellt oder die Verschwendungssucht der dortigen Bevölkerung angeprangert wurde.

In welchem Umfang Kafka die Prager Tageszeitungen studierte, ist nicht ganz sicher abzuschätzen, doch lassen gelegentliche Hinweise in den Lebenszeugnissen den Schluß zu, daß es sich um eine tägliche Lektüre gehandelt haben muß. Das *Prager Tagblatt* jedenfalls las er, wie er an Felice schrieb, regelmäßig, auch nehmen einzelne Stellen in den Tagebüchern und Briefen auf diese Zeitung Bezug. Er beschäftigte sich unter der Woche nachmittags nach dem Essen ein bis zwei Stunden mit den Prager Blättern, sonntags wahrscheinlich am Vormittag. Felice zuliebe hat er gelegentlich sogar einen Blick in das *Berliner Tageblatt* geworfen.[37]

Sogar in einer Zeit, in der er vorgab, wegen intensiver literarischer Arbeit am *Verschollenen* am späteren Nachmittag schlafen zu müssen, blieb diese Gewohnheit erhalten, vielleicht bei etwas veränderter Zeiteinteilung. Denn er pflegte damals Felice Ausschnitte aus Prager Zeitungen zu übersenden, die keineswegs allein dem Feuilleton entnommen waren. Es handelte sich dabei um »Kleinigkeiten«, die ihm »überraschend« waren, ihm »nahegingen« und »persönlich für nicht absehbare Zeit wichtig schienen«: »Fast jeden zweiten Tag finde ich in der Zeitung eine derartige, förmlich für mich allein bestimmte Nachricht«. Es waren für ihn Mitteilungen, die nur auf ganz bestimmte Leser zielten, »ohne daß der unbeteiligte Beurteiler den Grund des besonderen Interesses herausfinden könnte«.[38]

Die Bedeutung, die dieser ganze Bereich für ihn hatte, kommt in zwei grundsätzlich gehaltenen Aussagen besonders deutlich zum Ausdruck. Felice gegenüber meinte er einmal: »Immer wieder lese ich gerne alte Zeitungen und Zeitschriften.« Und in einer Tagebucheintragung vom 2. November 1911 hat er eine besondere, verführerische Gefühlswirkung, die diese Beschäftigung mit der Tagespresse auf ihn ausübte, auf eine Ebene mit geführten Gesprächen und schriftlichen Arbeiten gestellt, die er im Büro zu erledigen hatte.[39]

Es versteht sich nach dem Gesagten von selbst, daß der amerikanische Präsidentschaftswahlkampf in Prag immer stark beachtet wurde. So beginnt ein von Fritz Brüning verfaßter Artikel, der am 13. Oktober 1904 im *Prager Tagblatt* unter der Überschrift *Der Kampf ums Weiße Haus* gedruckt wurde, mit den Worten: »Die alte Welt hat nichts aufzuweisen, das einer Präsidentschaftskampagne in den Vereinigten Staaten auch nur annähernd gleichkommt.« Der Verfasser hebt vor allem die Prozessionen als charakteristische Erscheinung amerikanischer Wahlfeldzüge hervor, zu denen man mit klingendem Spiel und flatternden Fahnen ausziehe.[40] Schon Anfang August war in der gleichen Zeitung Roosevelts Rivale, der Oberrichter Alton Brooks Parker, ausführlich porträtiert worden.[41]

Abb. 2 Der republikanische Präsidentschaftskandidat William Taft bei
einer Wahlrede im Herbst 1908. Abbildung in dem von Kafka regelmäßig
gelesenen *Prager Tagblatt*.

Nicht weniger detailliert sind die Berichte vier Jahre später. Am
4. November 1908 brachte das *Prager Tagblatt* ein dem neugewähl-
ten Präsidenten William Taft gewidmetes Feuilleton, in dem vor
allem dessen Arbeitskraft und seine Eßsucht hervorgehoben wurden.[42] Am 6. September dieses Jahres war dort eine Strichzeichnung erschienen, die den demokratischen Präsidentschaftskandi-
daten bei einer Rede zeigt. Er steht vor einem Haus an einem
Redepult, um ihn herum ein zahlreiches, ausschließlich aus Männern bestehendes Publikum, von denen einige ihre Hüte schwenken. Dahinter ein riesiger, fahnengeschmückter Balkon, auf dem
sich Frauen und Kinder drängen, die, auch aus geöffneten Fenstern des gerade noch sichtbaren nächsthöheren Stockwerks, auf
die Wahlversammlung hinunterschauen.[43] (Vgl. Abbildung 2)
   In dieser Trennung der Geschlechter spiegelt sich die Tatsache,
daß damals den Frauen der Vereinigten Staaten die Ausübung des

Wahlrechts versagt war, was Kafka übrigens ausführlich aus einem im November 1911 gedruckten Zeitungsartikel erfahren konnte.[44] Jedenfalls ist er in diesem Sinne verfahren, als er im *Verschollenen* die Vorgänge zu beschreiben hatte, die sich während der Wahlkampagne eines Bezirksrichters zutragen: Während die Männer aus den Häusern auf die Straße laufen, um sich den gleichfalls nur aus männlichen Teilnehmern bestehenden Aufzug anzuschauen, bleiben Frauen und Kinder auf den Balkonen und an den Fenstern zurück.[45]

Noch ausführlicher wurden die Prager Leser von der nächsten Präsidentenwahl unterrichtet, die schon seit Ende 1911 in Vorbetrachtungen zur Sprache kam. Am 24. Juni 1912 brachte das *Prager Tagblatt* dann auf der Titelseite einen Korrespondentenbericht aus Chicago über die Nominierung Tafts, daneben Abbildungen führender Vertreter der Parteien.[46] Die eigentliche Wahl, über deren möglichen Ausgang große Artikel erschienen, fand am 5. November 1912 statt; am Abend davor hatte, wie am 6. des Monats gemeldet wurde, eine Parade der Demokraten stattgefunden, die durch die Straßen New Yorks führte.[47] Einen Tag später wurde der neue Präsident Wilson vorgestellt.[48] Am 9. November schließlich veröffentlichte die *Bohemia*, in der Max Brod, Egon Erwin Kisch, Otto Pick, Paul Wiegler und Kafka selbst publizierten, unter dem Titel *Wahlepilog* einen Erfahrungsbericht aus den Vereinigten Staaten, den Kafka möglicherweise gelesen hat.

Der Verfasser Hermann Horn schreibt dort: »Im Herbste habe ich einmal in New-York Wahlen mitgemacht. Ich weiß wirklich nicht mehr, waren es Richter, Abgeordnete oder ein Bürgermeister. Ich sah plötzlich riesige Köpfe, reihenweise an den Häusern angeklebt, an denen die Hochbahn vorbeirasselte, und da ich zu horchen begann, merkte ich, wie es an den Bars beim Biertrinken verhandelt wurde, welches der ›bessere Mann‹ sei [. . .] und eines Abends marschierten in schnellem Schritt, wie das amerikanische Militär dahingeht, ein paar harlekinartige Menschen mit Radauinstrumenten, die zogen andere hinter sich her [. . .] Ich kam auch später an eine Riesenhalle [. . .] mitunter begann eine Musik dort zu spielen [. . .] da begann jählings einer eine Rede zu halten, wo man mit den Fingern die Vorteile aufzählte und mit weit zurückgezogenem Halse Verachtung ausspie. Dann kam ich auch noch mit einem Trupp in den Versammlungssaal, wo auf einem Podium mit den Landesfarben auf behaglichen Stühlen eine Anzahl ›pro-

minenter‹ Herren saßen, von denen von Zeit zu Zeit einer auf-
stand, die Hände in den Hosentaschen vergrub und eine Rede hielt
[. . .] Am Wahltage selbst [. . .] gab es eine Schlacht [. . .] Am
Abend war ein Volksfest den Broadway entlang.«[49]

Die ungewöhnlichen »Spannungen und Entladungen«, wie
Horn schreibt, die den landesunkundigen Betrachter der Vorgänge zwingt, Informationen einzuholen, die wohl formierte
Blasmusikkapelle an der Spitze eines Aufzugs, die Tageszeit, die
Wahlreden im Freien, das Biertrinken und die Handgreiflichkei-
ten als Höhepunkt der Veranstaltung sind Merkmale, die sich
auch in Kafkas Text finden. Neben Jensens Novelle, Horns *Wahlepilog* und Berichten über die New Yorker Parade am Vorabend
der Präsidentenwahl erfuhr Kafka weitere Einzelheiten über amerikanische Wahlversammlungen aus einem Lichtbildervortrag des
tschechischen Anarchisten František Soukup, den er am 1. Juni
1912 besuchte. Diese Eindrücke können noch vertieft worden sein
durch die Lektüre der noch im gleichen Jahr als Buch in Prag
erschienenen Reiseeindrücke Soukups. Dort ist auch eine Abbildung reproduziert, die eine Parade am Tag der Arbeit auf dem
Broadway zeigt.[50] (Vgl. Abbildung 3)

Wenn Kafka, seit Wochen auf die Konzeption des *Verschollenen*
konzentriert, gegen Ende des Jahres 1912 alle diese Informationen
zusammennahm, mußte er zu einer Erkenntnis kommen, die Horn
in seinem Artikel so formuliert: »Wenn man in Amerika einmal die
Technik öffentlicher Vorgänge erfaßt hat, merkt man bald, daß es
nur Vergrößerungen der Veranstaltungen gibt, wie es größere
und kleinere Staaten gibt, aber alles mit dem Lineal zugeschnitten
und gleichmäßig arrangiert. Auch die Präsidentenwahlen dieses
lustigen, erfolgreichen Volkes sind nichts anderes«.[51]

In Kafkas Roman, in dem charakteristische Erscheinungen des
modernen Amerika die Kulisse bilden sollten, durfte also eine
Wahlkampfveranstaltung nicht fehlen. Falls dies Kafka Mitte November 1912 aus Anlaß des gerade beendeten amerikanischen
Präsidentschaftswahlkampfes bewußt wurde, konnte ein entsprechender Entschluß nicht sofort in die Tat umgesetzt werden, denn
zu diesem Zeitpunkt war er gerade dabei, Karls Entfernung aus
dem Hotel Occidental zu beschreiben. Erst Ende Dezember,
nachdem Karl als Diener Bruneldas und Delamarches eingeführt
und gezwungen worden war, sich auf dem Balkon eines Hochhau-
ses aufzuhalten, waren die notwendigen Rahmenbedingungen

Abb. 3   Parade am Tag der Arbeit auf dem New Yorker Broadway.
Abbildung aus František Soukups Reisebericht *Amerika. Eine Reihe von
Bildern aus dem amerikanischen Leben*, der Kafka möglicherweise bekannt
war, als er am *Verschollenen* arbeitete.

gegeben, die Kafka, wie er ausdrücklich an Felice Bauer schrieb, bezeichnenderweise unter der Voraussetzung nutzte, die Ereignisse am Vorabend der Wahl eines Bezirksrichters darstellen zu wollen.[52]

Im Sinne der These Horns war dies eine Verkleinerung der New Yorker Straßenparade vom 4. November ins Provinzielle. Dafür werden, gleichsam als Gegenbewegung, an zwei anderen Stellen des Romans Schreibtisch und Theaterloge des amerikanischen Präsidenten zum Sinnbild für die Großartigkeit der Verhältnisse in den Vereinigten Staaten.[53] Eine Bewertung der Wahlkampfveranstaltung im Sinne der Prager Zeitungskorrespondenten gibt Kafka unmittelbar danach in einer nächtlichen Szene, in der er den Studenten Mendel sagen läßt: »kein Mensch denkt daran, daß er gewählt werden könnte, er wird so prachtvoll durchfallen, als man durchfallen kann, er wird für die Wahlkampagne seine paar Dollars hinausgeworfen haben, das wird alles sein.«[54]

Schon Brüning hatte nämlich in seinem Artikel, unter Berufung auf eine Buchveröffentlichung, Zweifel daran geäußert, ob das durch solche Massendemonstrationen erreichbare Resultat in einem angemessenen Verhältnis zum Aufwand an Zeit und Geld stehe, die dafür investiert wurden, und ein Bericht des *Prager Tagblatts* vom 25. Oktober 1908 spricht von der Wahlkorruption in den Vereinigten Staaten, wo Wirtschaftsbosse die Parteien finanzieren. So, scheint Kafka vorauszusetzen, läuft es im Falle des Kandidaten Lobter; denn warum wird er nicht gewählt, wenn er doch aufgrund seiner Ansichten und seiner politischen Vergangenheit gerade der passende Richter für den Bezirk wäre?[55]

Das Kapitel *Das Naturtheater von Oklahoma* kann in diesem Zusammenhang gesehen werden. Man findet wieder schlechte Blasmusik, ein Podium mit Repräsentationsfiguren, Reden, Bewirtung und einen zunächst geordneten, dann sich auflösenden Menschenzug, nur daß diese Bausteine der Freiluftveranstaltung, entsprechend ihrer anderen Zweckbestimmung, umgruppiert worden sind. Es handelt sich um ein Beispiel für Kafkas auch sonst im Roman beobachtbare Neigung, einmal benützte Motive an anderer Stelle wieder aufzunehmen und dadurch Strukturentsprechungen herzustellen.

Bezeichnenderweise betreffen die Anregungen, die Kafka für die Gestaltung dieses Kapitels Holitschers Buch entnahm, andere Erzählumstände. In die gleiche Richtung weist, daß der von Karl beobachtete Streik der Metallarbeiter – später heißt es der Transport- oder Bauarbeiter – im zweiten Kapitel, eine Demonstration, der die gleiche Funktion im Gesamtaufbau des Romans zukommt wie Wahlveranstaltung und Aufnahmezeremonie, ein den Parallelszenen vergleichbares Schema des Ablaufs aufweist: auch hier eine singende Menschenmenge, die, von den Gehsteigen überquellend, allmählich die Fahrbahn in Besitz nimmt; auch hier Transparente um die Mittelpunktsfigur eines Arbeiterführers, der von Mitarbeitern und Anhängern umgeben ist; kleine Trupps entfernt stehender Neugieriger, die den Zuschauern auf den Balkonen im Kapitel *Ein Asyl* entsprechen; der Held schließlich beidesmal in den Armen von Gegenfiguren, die ihm sein weiteres Verhalten aufzwingen.[56] Ein Beweis dafür, daß schon Anfang Oktober 1912, als Kafka das zweite Romankapitel niederschrieb, in seiner produktiven Einbildungskraft eine feste Vorstellung von derartigen Massenveranstaltungen vorhanden gewesen sein muß.

Der dargestellte Vorgang selbst mag sich, wie Einzelheiten der amerikanischen Verkehrsverhältnisse,[57] ebenfalls aus Kenntnissen gespeist haben, die Kafka aus den Zeitungen zukamen: Im Mai 1912 streikten in New York die Kellner, Bergarbeiter, und die amerikanischen Frauenrechtlerinnen hielten eine Demonstration ab, die dem Muster der Wahlveranstaltungen folgte; im Juni dieses Jahres traten die Londoner Transportarbeiter in den Ausstand.[58]

Das monströse Ausmaß der im Kapitel *Das Naturtheater von Oklahoma* beschriebenen Werbeveranstaltung stimmt ebenfalls zum zeitgenössischen Amerikabild: »Der Heilige der Reklame ist noch immer Phineas Taylor Barnum, das Genie des Jahrmarkts.« So beginnt ein Artikel, der am 2. Februar 1911 in der *Bohemia* gedruckt wurde und Barnum als Klassiker des Managements und der Tourneen feiert. Eisenbahnzüge voll Menschen, merkwürdige Straßenfiguren, Stelzenläufer oder kostümierte Herren, die als steife Puppen in den Schaufenstern sitzen – diese Werbegags scheinen, nur leicht verwandelt, in den auf Postamenten sitzenden, blasenden Engeln und Teufeln auferstanden zu sein, die anlocken sollen für ein Theater, dessen Ausdehnung und Personalbedarf am ehesten an ein riesiges Zirkusunternehmen erinnern. Auch denkt man an die Freikonzerte Barnums, von denen das *Prager Tagblatt* schon 1906 zu berichten wußte: Welchen besseren Dank, so heißt es da, konnte die Monster-Versammlung, die, wie

Karl, mittels Untergrundbahnen zu den Türen der Warenhäuser gebracht wird, für solchen unentgeltlichen Kunstgenuß spenden als nach Schluß der Veranstaltung ihr Geld in vorteilhaften Käufen anzulegen?[59] Berichte über Conny Island, damals der größte Vergnügungspark der Welt, die 1911 im *Prager Tagblatt* und in der *Bohemia* gedruckt wurden, mochten Kafka in solcher Einschätzung bestärken.[60]

Aber nicht nur die Aufzüge und Versammlungen im *Verschollenen* spiegeln das gängige Amerikaverständnis der Zeit, das Kafka in Zeitschriften und Zeitungen entgegentrat, bevor er noch mit der Niederschrift seines Romans begonnen hatte, sondern er folgte auch in der Beschreibung von Einzelheiten dem Wissen, das er sich seit seiner Studentenzeit aus der Presse über das Land erworben hatte.

An mehreren Stellen im Roman ist von der Arbeitslosigkeit in den Vereinigten Staaten die Rede. Delamarche, der aus Frankreich stammende Frauenheld, und der Irländer Robinson, der kindisch-dümmliche Wichtigtuer, haben so wenig einen Posten wie Thereses Mutter, und der Student Mendel begnügt sich wegen der schlechten Wirtschaftslage mit einer ganz untergeordneten Position.[61] In Presseartikeln war von diesen schlechten Arbeitsbedingungen immer wieder die Rede. Schon am 24. Dezember 1903 meldete das *Prager Tagblatt* von einer großen Rückwanderungsbewegung aus den Vereinigten Staaten, die ihre Ursache in fehlenden Beschäftigungsmöglichkeiten im Land hatte. Ein Jahr später druckte die Zeitung unter dem Titel *Als Arbeiter in Amerika* ein Feuilleton, in dem der Erfahrungsbericht eines deutschen Beamten besprochen wurde, der sich einige Zeit als Arbeiter in Amerika versucht hatte: »In den 6 Wochen hat der Regierungsrat das Deprimierende der vergeblichen Arbeitsuche vollauf kennen gelernt«. Besonders die Deutschen hätten es zu keinen führenden Positionen gebracht, »während die gestikulierenden, politisierenden Irländer umworben und gehätschelt« würden.[62] Auch Holitscher spricht in seinem Reisebericht von den Iren als Bossen und Sklavenhaltern.[63]

Kafka verbindet diese Informationen miteinander, wenn er Karl vor Irländern Mißtrauen hegen läßt, dann diesen aber doch in die Fänge Robinsons geraten läßt, der freilich selbst keine ordentliche Arbeit bekommen kann, so als wolle Kafka durch diese Radikalisierung der amerikanischen Arbeitsverhältnisse die Möglichkeiten weiter herunterspielen, die sich für ihn bei einer Auswanderung ergeben könnten. Robinson nämlich veranlaßt als Diener Delamarches, daß Karl seinen Posten im Hotel verliert, zu seiner eigenen Entlastung von seinem Herrn eingefangen und wie ein Gefangener gehalten wird.[64]

Am 7. März 1906, zu der Zeit also, als Kafka seine juristischen Studien abschloß und sich vor die schwere Entscheidung der Berufswahl gestellt sah, konnte er im *Prager Tagblatt* lesen: »Immer noch ist Amerika das fabelhafte Goldland, in dem man rasch Schätze erwirbt und in dem man ebenso durch Arbeit wie durch Zufall einer glücklichen Spekulation zu einem Vermögen gelangt, dessen Ziffern selbst für vornehme Europäer etwas Ehrfurchtsgebietendes haben [...] immer noch gibt es auch einen Onkel, der aus seiner kleinen Gemeinde in Europa nach Amerika zieht, sich dort unkenntlich unter das Volk mischt, für seine Angehörigen verschwindet und verschollt, vielleicht auch, weil sie nichts von ihm wissen wollen. Das Stillschweigen ist gegenseitig.«[65] Das hört sich, könnte man sagen, wie ein prägnanter Kurzbericht über die Karriere des Senators an, der ja in Amerika ebenfalls seinen Namen wechselt, und über das Verhältnis zu seiner in Böhmen zurückbleibenden Familie.

Dazu könnte man, als Beispiel für die zu Anfang des Jahrhunderts in Prag herrschende Stimmungslage, einen Bericht des *Prager Tagblatts* anführen, der am 11. Oktober 1907 unter der Überschrift *Der Onkel aus Amerika* erschien. Dort wird beschrieben, wie der – wirklich existierende – Onkel in Amerika einen fünfzehnjährigen Prager Lehrling auf die schiefe Bahn des Verbrechens führte. Er veruntreute Geld, um nach den Vereinigten Staaten reisen zu können, kehrte aber, verängstigt und verunsichert, vorzeitig um.[66]

Daß Kafka sich tatsächlich seit der Gymnasialzeit mit dem Amerika-Komplex beschäftigt und deswegen sicherlich ihm über dieses Land zukommende Nachrichten mit erhöhter Aufmerksamkeit gelesen hat, beweisen literarische Arbeiten der Frühzeit. Schon um 1900 schrieb er an einem heute verlorenen Roman, »in dem zwei Brüder gegeneinander kämpften, von denen einer nach Amerika fuhr, während der andere in einem europäischen Gefängnis blieb«. Es ist möglich, daß ihm bei diesem, wie andere Tagebuchstellen verdeutlichen, offenkundig autobiographischen Versuch unter anderem sein Vetter Otto Kafka vor Augen stand, der schon 1897/98 über Paris, wo Kafka einen Onkel mütterlicherseits hatte, nach Südamerika ausgewandert war.[67]

Wahrscheinlich hätte der Amerika-Fahrer zurückkehren sollen, nachdem er sich in der Fremde bewährt hätte, um die im argen liegenden Familienverhältnisse wieder in Ordnung zu bringen; entsprechend Kafkas Wunschvorstellungen in der Zeit der Pubertät, die er seinem Tagebuch anvertraut hat, Phantasien, die allerdings Vorbilder in der Realität hatten. So findet sich etwa in der Prager zionistischen Wochenschrift *Selbstwehr* am 29. April 1910 eine Besprechung von Heinrich Pollatscheks Erinnerungen an seinen Amerika-Aufenthalt, in der es heißt: »Denn die Art und Weise, wie er Heim und Land allein verlassen hat, in Amerika in den verschiedensten Stellungen herumgeworfen wurde und schließlich von dem errungenen, aussichtslosen Posten wieder nach Böhmen sich sehnte und zurückkehrte, das mögen hundert andere ähnlich erlebt haben.«[68]

Auch in die Ende 1906 geschriebene *Abweisung* sind populäre Vorstellungen über das Land eingegangen. Dort ist vom breitschultrigen Amerikaner mit waagrecht ruhenden Augen und gut durchbluteter Haut die Rede, während dem jungen Giacomo im *Verschollenen* die Angleichung an solche Mannsgestalt gegen allgemeine Erwartung versagt ist. An einer anderen Stelle dieser kleinen Erzählung gebraucht Kafka die Wendung »mit indianischem Wuchs«; es ist dies der früheste Beleg für sein Interesse an den Indianern, das bis auf die Gymnasialzeit zurückgehen dürfte, für die ersten Berufsjahre noch mehrfach bezeugt ist und, wie etwa das Stück *Wunsch, Indianer zu werden*, verdeutlicht, seinem Unabhängigkeitsstreben entspringt, wodurch seine damalige Auseinandersetzung mit Nordamerika sich emotional noch nachdrücklicher gestaltete als dies ohnehin schon der Fall war.[69] In beiden Fällen arbeitet er, selbst wenn er sich davon absetzt, mit gängigen Klischees über die Vereinigten Staaten, die, vornehmlich durch Zeitungsartikel, zum Allgemeingut geworden waren.

3. Die erste Fassung des Romans

In einem an Felice Bauer gerichteten Brief vom März 1913 erwähnt Kafka, eine erste Fassung seines Romans, wesentlich kürzer als die erhaltene, sei »im vorigen Winter und Frühjahr« entstanden, nach seiner am kalendarischen Gebrauch orientierten Begrifflichkeit also frühestens seit Mitte Dezember 1911.[70] Eine Analyse der Tagebücher des fraglichen Zeitraums ergibt, daß er mit der eigentlichen Niederschrift erst Mitte März begann, die Arbeit bis etwa Mitte Mai einigermaßen regelmäßig fortsetzte und schließlich im Juli vorläufig aufgab.[71]

Zwar war er schon im Spätjahr 1911 produktiv tätig gewesen, aber Teile des *Verschollenen* sind damals mit großer Wahrscheinlichkeit noch nicht geschrieben worden: Im November und Dezember dieses Jahres sowie im darauffolgenden Januar 1912 äußerte er sich mehrfach recht kritisch über seine ungenügende Schreibfähigkeit, die weit hinter seinen Eingebungen zurückblieb und deswegen die Inangriffnahme eines Großprojekts, das die Ausnutzung aller vorhandenen Kräfte erfordert hätte, nicht erlaubte.[72] Vielmehr beschäftigte er sich damals vor allem mit Entwürfen zu *Richard und Samuel*, einem Reisebericht, den er, meist an Sonntagen, zusammen mit Max Brod zu fördern suchte, jedoch, wegen der ihn nicht befriedigenden Qualität des Geschaffenen, Anfang 1912 aufgab.[73]

Bei den Texten, die er, Tagebucheintragungen zufolge, zu Sylvester Brod vorlesen wollte, muß es sich um kleine Skizzen gehandelt haben, die im Tagebuch niedergelegt worden sind. Hätte er nämlich damals Partien aus dem *Verschollenen* zu Gehör bringen wollen, dann wäre er, sonstiger Gewohnheit entsprechend, chronologisch verfahren, das heißt, er hätte ohne weitere Sucharbeit mit dem ersten Kapitel begonnen oder an der Stelle fortgesetzt, an der er die davorliegende Lesung beendet hatte.

Demgegenüber durchblätterte er aber am Morgen des 31. Dezember drei Tagebuchhefte, um unter der Menge der Geschriebenen Stücke auszusuchen, die für den geplanten Zweck geeignet waren. Offenbar sind hier die drei ersten der erhaltenen Quarthefte gemeint, die ihm zwischen 1909 und dem 24. November 1911 als Tagebuch dienten; im vierten, das gerade in Gebrauch stand, finden sich bis zum Jahresende keine epischen Einheiten. Außerdem: Hätte er bei der vorgenommenen Auswahl schon Teile der Erstfassung des Romans vor Augen gehabt, so müßten diese erhalten sein, denn die Tagebücher der Jahre 1911 und 1912 sind vollständig überliefert.[74]

Solange die Lemberger Theatergruppe in Prag gastierte und er mit dem Schauspieler Jizchak Löwy fast jeden Abend zusammen war, konnte er an eine zeitraubende größere Arbeit, die nur in den ersten Nachtstunden hätte entstehen können, nicht denken, hätte er sich doch darauf durch einsame Spaziergänge vorbereiten müssen. Erschwerend fällt noch ins Gewicht, daß eine Asbestfabrik, die er im November 1911 zusammen mit seinem Schwager Karl Hermann gegründet hatte, seine Nachmittage in Anspruch nahm und ihn, besonders nervlich, noch Anfang 1912 belastete.[75]

Die Tagebücher belegen auch direkt, durch die mehrfach wiederholte Feststellung Kafkas, nichts geschrieben zu haben, daß bis in die dritte Februarwoche hinein, in deren Verlauf Jizchak Löwy Prag verließ, infolge der genannten und anderer Abhaltungen an kontinuierliches literarisches Arbeiten, das bei einem eben begonnenen Roman allein in Frage kam, nicht zu denken war.[76]

Ende Februar 1912 tritt jedoch eine auffällige Wende in der Beurteilung dieses Bereichs ein. Am 25. des Monats heißt es: »Das Tagebuch von heute an festhalten! Regelmäßig schreiben! Sich nicht aufgeben! Wenn auch keine Erlösung kommt, so will ich doch jeden Augenblick ihrer würdig sein.« Dies eine Erwartung, die er, einer viel späteren Aussage zufolge, ausdrücklich im Zusammenhang mit der Konzeption des *Verschollenen* hegte.[77] Und einen Tag später: »Besseres Selbstbewußtsein. Herzschlag näher den Wünschen« – eine Charakterisierung, die sonst gelingende Produktion anzuzeigen pflegt und seit dieser Zeit unabdingbare Voraussetzung einer derart positiven Selbsteinschätzung war.[78] Erst einige Wochen vorher hatte er nämlich das Schreiben als seine eigentliche Bestimmung erkannt, um deretwillen allein er die Vernachlässigung anderer Interessen und menschlicher Bindungen hinzunehmen bereit war, ein Zusammenhang, dessen Richtigkeit ihm bezeichnenderweise am 2. März nicht mehr ganz unerschütterlich feststand.[79]

Am 8. des Monats glaubte er »alte Kräfte« in sich zu fühlen, die ihm »unberührt von der langen Zwischenzeit« zu sein schienen. Diese Aussage bestätigt auf ihre Weise genauso die Unproduktivität der vorausliegenden Monate wie drei am 26. Februar, 10. und 12. März versuchte Erzählansätze, die als Vorboten eines größeren Produktionsschubes zu werten sind. Am 16. erfolgte dann eine »Aufmunterung«; sie führte direkt zur Konzeption des *Verschollenen*: »Morgen, heute fange ich eine größere Arbeit an, die ungezwungen nach meinen Fähigkeiten sich richten soll. Ich werde nicht von ihr ablassen, solange ich nur kann.«[80] Und wie zur

Bestätigung der beschlossenen kontinuierlichen Arbeit an diesem Projekt, die am 1. April zum erstenmal stockt und am 9. Mai ausdrücklich als Niederschrift eines Romans bezeichnet wird, notiert er am 26. März: »Nur nicht überschätzen, was ich geschrieben habe, dadurch mache ich mir das zu Schreibende unerreichbar.«[81]

Die beiden Hauptfaktoren, die den Schaffensprozeß in Gang brachten, waren die Abreise der ostjüdischen Theatertruppe und familiäre Auseinandersetzungen, die er zu führen hatte, und zwar in der Konsequenz der Erkenntnisse, die ihm durch den Besuch der jiddischen Stücke und den Umgang mit den Schauspielern zugewachsen waren. Durch die organisatorischen Aktivitäten, die er für die Schauspieler entfaltete, die Ratschläge, die er ihnen erteilte, und durch die zeitlich aufwendige Betreuung eines von Jizchak Löwy bestrittenen Rezitationsabends, den er überdies mit einem Vortrag eröffnete, hatte sich Kafka in ganz ungewöhnlichem Ausmaß sozial engagiert. Bei der Auswahl der von Löwy vorzutragenden Stücke stieß er auf das Gedicht *Die Grine* von Morris Rosenfeld, das sich mit der Thematik des *Verschollenen* berührt und deswegen genauso wie einzelne Partien der jiddischen Theaterstücke den Gegenstandsbereich des geplanten Romans mitbestimmen half. Rosenfeld beschreibt jüdische Einwanderer, Grünhörner, die, gerade in New York angekommen, wegen ihrer Fremdartigkeit und Armut vom gaffenden Publikum bestaunt und verlacht werden.[82]

Kafka versuchte auch, die künstlerische Entwicklung seines Freundes Jizchak Löwy, der sich in seinen Lebensproblemen von ihm verstanden fühlte wie von niemandem sonst, durch Gespräche zu fördern, in denen sich dieser über seine Voraussetzungen und Möglichkeiten klar werden sollte.[83] Schließlich verband ihn mit der Schauspielerin Mania Tschissik eine von ihr möglicherweise gar nicht bemerkte Liebe, die er nur durch Beischlaf oder literarische Betätigung befriedigen zu können glaubte.[84]

Umgekehrt hatten die Ostjuden ihm die Entwicklung sozialer Identität und damit seine Selbstfindung als Jude ermöglicht, hatten ihm überhaupt als Mensch neues Selbstvertrauen gegeben: Den Kräften, die sich in ihm geregt hatten, als er den Rezitationsabend seines Freundes organisierte und mit einer Conférence einleitete, glaubte er sich anvertrauen zu können.

Aber die Abreise der Ostjuden zerstörte die Bindungen, die sein

Selbstbewußtsein in diesen Monaten mitgetragen hatten. Schon am 1. November 1911, unmittelbar nachdem das gleichfalls zur Theatertruppe gehörige Ehepaar Klug vorzeitig Prag verlassen hatte, war er von einem ihn scharf durchdringenden Schmerz über seine Verlassenheit erfüllt, er sich tags darauf zu masochistischen Selbstmordphantasien verdichtete. In vergleichbarer Weise bewirkte die Trennung von Löwy, Frau Tschissik und den übrigen Schauspielern Gefühle der Trauer und Nichtigkeit, Zustände also, die durchaus mit der Isolation vergleichbar sind, der er nach seiner Entlobung von Felice Bauer im Sommer 1914 ausgesetzt war, denn auch in diesem Fall muß die daraufhin einsetzende Arbeit am *Prozeß* als eine Art Ersatzhandlung für verlorene Gemeinschaftsbeziehungen verstanden werden.[85]

In die gleiche Richtung wirkte eine Auseinandersetzung, die er am 6. März mit seinem Vater wegen seines ungenügenden Einsatzes für die neugegründete Asbestfabrik hatte. Die Vorwürfe, die Hermann Kafka bei dieser Gelegenheit seinem Sohn machte, führten, von diesem verinnerlicht, zu Schuldgefühlen, deren Resultat wieder Selbstmordabsichten waren. Die Bedeutsamkeit gerade dieses Vorgangs für das Schreiben erhellt aus der Tatsache, daß seine Wiederholung im Oktober 1912 die Handlungsführung der wenige Wochen jüngeren *Verwandlung* entscheidend beeinflußte.[86]

Der Streit am 6. März war der vorläufige Höhepunkt schon monatelang anhaltender Differenzen, die Kafka erstmalig in bewußten, grundsätzlichen Gegensatz zu seinen Eltern brachten, von deren Wertvorstellungen her er sich jetzt als parasitäres, ja schädliches, weil den Frieden der Familie störendes Glied des Ganzen zu definieren hatte. Die Berührung mit dem jiddischen Theater seit Oktober 1911, dem in Prag aufkommenden Zionismus, das Bekanntwerden mit Erkenntnissen der Psychoanalyse und die sich immer deutlicher abzeichnende Antinomie zwischen Büroarbeit und den damit unvereinbaren Bedingungen literarischen Schaffens hatten hauptsächlich zu dieser aus den Lebenszeugnissen ablesbaren Neuorientierung geführt, in deren Gefolge er am 11. März 1912 auch große Teile seines Frühwerks vernichtete, weil seine Strukturen und Ergebnisse den gewandelten lebensgeschichtlichen Konstellationen nicht mehr gemäß waren.[87]

Das Deprimierende der von ihm jetzt, im Februar 1912, »niemals aus den Augen gelassene[n] Aussicht in die Zukunft« bestand demnach darin, daß die Vorhaltungen der Familie, die ganz allgemein auf sein gemeinschaftsundienliches Junggesellendasein zielten, identisch mit der Kritik waren, die er als bewußter Jude selbst an seiner bisherigen Lebensführung vorzubringen hatte. Der Vater erscheint also seit dieser Zeit explizit als Vertreter der Gesellschaft, des sinnerfüllten Lebens, als Verkörperung des Über-Ichs in seinem Sohn, das gerade die Instanzen hinter sich hatte, denen dieser sein neues Problembewußtsein verdankte.[88]

Die Krise vom Vorfrühling 1912 bescheinigte ihm also, ein Versager zu sein. Waren aber jetzt Selbständigkeit außerhalb Prags, berufliche Erfolge etwa in Gestalt einer steilen Karriere als Versicherungsangestellter[89] oder als expandierender Unternehmer ebenso wenig möglich wie tiefere Familienbindungen als Ehemann und Vater, wie sie ihm beispielsweise in der Ehe seiner Schwester Elli entgegentraten, deren Sohn Felix Ende 1911 geboren und beschnitten wurde,[90] dann bot sich das Schreiben als Ausweg an, besonders in einer Lebensphase, in der er der Auffassung war, in schriftstellerischer Betätigung liege die ergiebigste Richtung seines Wesens.

Bezeichnend für diesen Zusammenhang eine Tagebuchstelle vom Januar 1912: Sofern er nichts geschrieben habe, werde ihn noch so genaue Beobachtung nicht von seiner Überzeugung abbringen, seinen Verwandten so fremd, verächtlich und nutzlos zu erscheinen wie sich selbst. War die in Aussicht genommene literarische Arbeit jedoch erfolgreich, konnte bis zu einem gewissen Grad die zum Überleben notwendige Selbstachtung wieder aufgebaut werden.[91]

Thematisch gesehen kommen die psychischen Spannungszustände, die der Konflikt vom 6. März hervorgerufen oder doch aktualisiert hatte, in dem zehn Tage später begonnenen Romanentwurf auf zweierlei Weise zum Tragen. Erstens sucht Kafka die Folgen darzustellen, die seine verbaliter schon ausgesprochene Vertreibung aus dem Familienverband für den Fall nach sich zöge, daß in jugendlichem Alter das Wagnis einer Auswanderung realisiert würde oder realisiert worden wäre, die, wie das Beispiel der schon erwähnten Vettern zu belegen schien, mit den Erwartungen der Angehörigen auszusöhnen vermochte: Karl sehnt sich in Übereinstimmung damit nach der Anerkennung durch die Eltern.[92]

Tatsächlich läßt sich erschließen, daß Kafka Anfang 1912 Prag verlassen wollte, daß er noch im Sommer 1914, als er nach dem Scheitern seines ersten Heiratsversuchs in vergleichbarer Lage war, erneut den Plan verfolgte, seinen Posten aufzukündigen und im Ausland ein neues Leben zu beginnen. Es war eine gegenüber der Eheschließung nachrangige Alternative, seiner Schwierigkeiten Herr zu werden, dem erfolgreichen Geschäftsmann und Familienvater Hermann Kafka etwas Gleichwertiges entgegenzusetzen.[93]

Damals schrieb er seinen Eltern, die Ausführung seiner Absichten werde die gegenseitigen Beziehungen verbessern. Ihre Unzufriedenheit mit seinem jetzigen Verhalten bestehe zu Recht. Den möglichen Einwand, daß er zu alt sei, um sein Elternhaus verlassen zu können, mochte er nicht gelten lassen, da die Unselbständigkeit, in der er seither zu leben gehabt habe, jung erhalte. In späteren Jahren war er freilich der Auffassung, ein derartiger Schritt könne nur in sehr jugendlichem Alter erfolgreich sein.[94]

Die Vorstellung, sich als von der Familie Verworfener in der Fremde bewähren zu sollen, verband sich im März 1912 – fast folgerichtig, nachdem die existentielle Gesamtsituation Gegenstand seiner Überlegungen geworden war – mit lange zurückliegenden Demütigungen und Ängsten, die, bisher unaufgearbeitet, als eine Ursache der bestehenden Lebensschwierigkeiten erkannt wurden. Denn die veränderte Beurteilung der gegenwärtigen Lage führte notgedrungen zu einer Neubeleuchtung der eigenen Vergangenheit, zu einer Analyse der unglücklich verlaufenen Persönlichkeitsentwicklung, die sich seit Ende 1911 in entsprechenden Tagebucheintragungen niederschlägt.

Als Vorgang, der wesentlich für seine Angst vor Frauen verantwortlich zu machen war, muß Kafka damals eine Gesprächsaussage seines Vaters namhaft gemacht haben, die eine Traumatisierung seines Geschlechtsleben zur Folge hatte. Hermann Kafka hatte seinem sechzehnjährigen Sohn, dessen eben erwachter Sexualtrieb erregt worden war, möglicherweise durch seine Gouvernante, so daß er, halb aufgeklärt nur, ungewollte Nachkommenschaft befürchtete, Bordellbesuche angeraten, ihn also, wie das Kafka später deutete, gleichsam aus Sorge um die Ehrbarkeit der Familie aus dem Haus gewiesen.[95]

Von der ihn bedrückenden Gegenwärtigkeit dieses Schlüsselerlebnisses, das noch bis in die Konzeption des *Schloß*-Romans hineinwirkt,[96] suchte sich Kafka, der bezeichnenderweise am 10.

März 1912 mit der Niederschrift einer Verführungsszene einen ersten Aufarbeitungsversuch des Problemzusammenhangs vornahm, sechs Tage danach durch Projektion auf seinen Romanhelden zu entlasten, dem realiter eine Vergangenheit zugeschrieben wird, deren Folgen Kafka an sich selbst als psychische Realität erfahren hatte: Wird doch der sechzehnjährige Karl Roßmann nach Amerika geschickt, weil ihn das Dienstmädchen seiner Eltern verführt und ein Kind von ihm bekommen hat. Von dieser Genese her erklärt sich auch der merkwürdige Sachverhalt, daß Kafka später das Eingangskapitel des *Verschollenen* seinen Eltern vorlas und dabei meinte, einen besseren Kritiker des Textes als seinen doch vollkommen ungebildeten Vater gäbe es nicht.[97]

Daß Kafka im März 1912 zur epischen Großform griff, läßt sich nicht allein damit begründen, daß der erfolgreiche Abschluß eines Romans für ihn die beste Voraussetzung gewesen wäre, den Brotberuf aufzugeben, sondern liegt auch in der Konsequenz seiner damaligen Konfliktlage. Ende 1911, als Ausdruck der im Gang befindlichen Neubesinnung, hatte er den Wunsch ausgesprochen, eine Autobiographie zu schreiben, die nach Differenzierungsgrad und Umfang allein in der Lage gewesen wäre, »die Masse der Geschehnisse« so übersichtlich zu organisieren, daß eine solche Gestaltung ein ihn »immer beeinflussendes Ergebnis hätte«, weil daraus verbindliche Schlüsse für weitere Lebensentscheidungen zu ziehen wären.[98]

Beeinflußt wurde Kafka sicherlich außerdem durch Goethes Autobiographie *Dichtung und Wahrheit*, mit der er sich von Dezember 1911 bis Februar 1912 ausführlich beschäftigte.[99]

Auf der Ebene der Fiktion, der er bezeichnenderweise die gleichen Möglichkeiten der Selbsterkenntnis zubilligte, konnte allein das weitgespannte, beziehungsreiche Netzwerk eines Romans, der geeignet ist, widersprüchlichste Aspekte eines Problemzusammenhangs von ihrem Ausgangspunkt her mit allen ihren verschiedenartigen Folgerungen zu entwickeln, eine vergleichbare Aufgabe übernehmen.

Eine unmittelbare Anregung war vorhanden: der eben erschienene erste Roman des Wiener Erzählers Otto Stoeßl, den Kafka in den Tagen las, die dem Beginn der Arbeit am *Verschollenen* unmittelbar vorausgingen. Das Werk, das er weit über Wilhelm Raabes *Hungerpastor* stellte, muß ihm ein Formvorbild gewesen sein, denn als Stoeßl im Oktober 1912 nach Prag kam, sprach er mit diesem

»so einsichtigen und literarisch vielgeprüften Mann« über Darstellungsprobleme beim Erzählen, wodurch er sich stark ermutigt fühlte, die eben begonnene zweite Fassung des *Verschollenen* fortzuführen.[100]

Aus der Perspektive der Zeit gesehen, konnte *Morgenrot* Kafka in ästhetischer Hinsicht tatsächlich ein nachahmenswertes Muster sein. Es war seit langer Zeit das erste epische Großwerk, in dem das Tun und Lassen der Figuren ganz in Handlung aufgelöst war, psychologische Erörterungen der psychischen Hintergründe des Geschehens unterblieben, Einheitlichkeit und Stetigkeit des epischen Flusses gewahrt und reflektierende Betrachtungen diesem eingegliedert waren – Verfahrensweisen, denen sich Kafka verpflichtet fühlte.[101]

Zeitungsberichte über Amerika haben die Konzeption des *Verschollenen* begleitet und in allen Schaffensphasen angeregt. Sie dienten im Winter 1911/12 als Katalysator, der die schon längst vollzogene Verbindung zwischen Kafkas Familiensituation und Amerikakomplex sinnenfällig werden ließ oder stofflich anzureichern vermochte. Die Artikel, die im folgenden zur Veranschaulichung dieses Sachverhalts herangezogen werden, sind also durchaus nicht in jedem Fall im üblichen engen Sinn als Quellen für den entstehenden Roman anzusprechen. Sie sind bisweilen nur Zufallsbeleg für das damals in Prag verbreitete Bild von den Vereinigten Staaten, das Kafka durch die Lektüre vieler ähnlicher Berichte zugeflossen sein mag, oder auch nur Beweis für die dauernde Präsenz der Neuen Welt in den Publikationsorganen, die als solche schon zu einer unablässigen Konfrontation mit dem Gegenstandsbereich des werdenden Romans führen mußte.

Der erste Teil der Amerika-Reportage Arthur Holitschers erschien im November 1911 in der *Neuen Rundschau*, Fortsetzungen folgten im März, April und Mai des folgenden Jahres. Noch 1912 kam eine Buchausgabe heraus, die weitere Kapitel enthielt und von Kafka 1913 erworben wurde.[102] Da die Hefte der *Neuen Rundschau* jeweils zum Monatsbeginn ausgeliefert wurden, fiel seine Lektüre der ersten Fortsetzung zeitlich mit dem Familienstreit Anfang März zusammen, der eine Keimzelle des Romans bildet.

Die Zeitungen trugen das Ihre bei: Am 17. November 1911 fand er in der Beilage *Aus Technik und Industrie* unter dem Titel *Neue Wolkenkratzer in Amerika* einen mit einer Abbildung versehenen

Bericht über das New Yorker Woolworthbuilding, das als damals höchstes Wohngebäude der Erde die doppelte Höhe des Wiener Stephansdoms aufwies. Die darin enthaltenen Informationen über das Bauwerk ermöglichten es Kafka, Karl Roßmann den Klaviertransport im Hause seines Onkels von einem weiteren, neben dem Lastaufzug liegenden Fahrstuhl aus beobachten zu lassen.[103]

Die *Bohemia* informierte am 24. des Monats über *Die Figur der New-Yorkerin* und einen Tag später, in ihrem *Technisch-industriellen Anzeiger*, über *Stromversorgung in Nordamerika*, ein Punkt, der ja im vierten Kapitel des Romans eine gewisse Rolle spielt.[104]

Das *Prager Tagblatt* brachte am 15. und 22. Dezember 1911 in seiner Beilage *Aus Technik und Industrie* bebilderte Artikel über New York. Zum ersten Termin beschäftigte man sich mit neuen Untergrundbahnen, deren raffiniert verbundenes Tunnelsystem mit Hilfe einer anschaulichen Zeichnung verdeutlicht wurde. Zum zweiten reproduzierte man eine Abbildung des White-Hall-Hauses (vgl. Abbildung 4) und berichtete über die Bekenntnisse

Das White hall=haus in New York,

eines der größten Gebäude der Welt, das ganz aus Eisen-Beton besteht und zu dessen Erbauung 20.000 Tonnen Beton gebraucht wurden.

Abb. 4   Abbildung eines New Yorker Wolkenkratzers im *Prager Tagblatt*. Beilage *Aus Technik und Industrie* vom 22. Dezember 1911.

des Dollarkönigs Daniel Drew, der sich durch betrügerische Machenschaften vom ungebildeten Viehhirten zum mächtigen Eisenbahnspekulanten emporgearbeitet hatte und damit den Typ eines Geschäftsmannes darstellt, der im *Verschollenen* durch Herrn Green repräsentiert ist.[105]

Dazu kamen, im gleichen Blatt, am 21. Dezember ein Beitrag über amerikanische Hochhäuser, die vom Rost zerfressen waren, und am 10. Januar ein Feuilleton über die Settlement-Bewegung, einer Systematisierung des Bestrebens, höhere Kultur und bessere Sozialverhältnisse in die ärmeren Bevölkerungsschichten zu tragen. Ein nur wenig älterer Artikel in der *Bohemia* liest sich wie ein Kommentar dazu: Helly Green, damals die reichste Frau Amerikas, führte über die in den Vereinigten Staaten grassierende Unehrlichkeit und den Verfall des Familienlebens Klage.[106]

Im zweiten Kapitel des *Verschollenen* wird einleitend gesagt, Karls Zimmer, und damit auch die Wohnung des Onkels, befänden sich im sechsten, offenbar obersten Stockwerk eines an der großen Straße, also am Broadway, befindlichen Hauses, dessen fünf darunterliegende Etagen vom Geschäftsbetrieb des Senators eingenommen werden.[107]

Die Lokalisierung erstaunt, sollte doch nach Kafkas Vorstellung selbst Bruneldas Vorstadtwohnung in der Provinz im achten Stock liegen. Die Größe des Betriebs, dem Edward Jakob vorsteht, hätte doch eher einen Vergleich mit der Hauptverwaltung der Standard Oil Company nahegelegt, denn ein Feuilleton des *Prager Tagblatts* vom 29. August 1906 erwähnt das elfte, dreizehnte und fünfzehnte Stockwerk als Schaltstellen des am Broadway residierenden Riesentrusts, dessen reibungsloses Funktionieren vor allem auf die »unerbittlichen und strengen Vorschriften« zurückgeführt wird, »nach denen sich jeder zu richten habe, der nicht ohne Gnade vor die Tür gesetzt werden wolle«. Der Onkel verdankt seinen beruflichen Aufstieg genau diesen Prinzipien, deren Nichtbeachtung durch Karl dessen Verstoßung zur Folge hat, auch später aus dem vergleichbaren Großunternehmen Hotel Occidental.[108]

Gewiß war Kafka aus strukturellen Überlegungen heraus darauf bedacht, durch Einzelheiten wie die vergleichbare Höhenlage einer Wohnung die grundsätzliche Ähnlichkeit der verschiedenen Domizile seines Neffen zum Ausdruck zu bringen, doch erlaubte ihm erst der eben schon erwähnte Artikel, der am 21. Dezember

1911 im *Prager Tagblatt* unter der Überschrift *Verrostete Wolken-kratzer* erschien, die vollkommene Angleichung der New Yorker Verhältnisse an das Strukturmuster des Romans – gegen den inneren Widerstand, den das gängige Vorverständnis gewiß leistete. Denn dort wird berichtet, daß die Verwitterungsschäden an älteren Bauten so erheblich seien, daß neue Geschäftshäuser jetzt nicht mehr höher als sechs Stockwerke gebaut würden.

Zwischen März und Juni 1912 berichtete besonders die *Bohemia* über Vorkommnisse in den Vereinigten Staaten: über einen Schußwechsel im Gerichtssaal, über eine New Yorker Telephon-zeitung, bewegliche Treppen, die Ermordung eines Millionärs, rivalisierende Gangsterbanden, Gesundbeter, das größte Geschäftshaus der Welt, Andrew Carnegies Botschaft an die Jugend und einen Chicagoer Fleischtrustskandal – lauter Informationen, die, selbst wenn sie gar nicht direkt gebraucht wurden, doch Kafkas Bild von den Vereinigten Staaten bereicherten, ihn anregten und so seine Sicherheit vergrößerten, wenn es galt, sich gestaltend in dieser nie gesehenen, fiktiven, aber doch auch real existierenden amerikanischen Szenerie zu bewegen.[109]

Auch das *Prager Tagblatt* hielt seine Leser auf dem laufenden. Es informierte über den neuen Endbahnhof der New Yorker Zentralbahn, unter anderem durch eine Abbildung, die einen guten Eindruck von den parallel und ohne Krümmung geführten Straßenzügen der Stadt gibt und in dem »von allen Seiten geradlinig strömenden Verkehr« wiederkehrt, der im *Verschollenen* für Ramses typisch ist; über den Prag-Besuch eines Chicagoer Rechtsanwalts, von dem noch die Rede sein wird, und schließlich über das technologische Institut in Massachusetts, das den Vorsprung der Forschung in den Vereinigten Staaten veranschaulichte und die Behauptung des Heizers beeinflußt haben könnte, die amerikanischen Universitäten seien »ja unvergleichlich besser als die europäischen«.[110]

Es ist anzunehmen, daß dem Versicherungsangestellten Kafka durch seinen Brotberuf Nachrichten über das amerikanische Wirtschaftsleben zuflossen, die seinen Roman befruchten konnten. So berichtet er im Juni 1914, er habe dieser Tage mit dem Chef einer großen Prager Wäschefabrik gesprochen. Man habe sich über Organisationsfragen unterhalten: Der Fabrikant lasse gerade durch einen Amerikaner seinen ganzen kommerziellen und technischen Betrieb neu organisieren.[111]

Das wird kein Einzelfall gewesen sein, wenngleich das amerikanische Vorbild nicht immer so direkt durchgeschlagen haben mag. Man könnte zum Beispiel an die *Prager Maschinenbau-A.-G. vorm. Ruston, Bromovsky und Ringhoffer* denken, die in den Jahren 1911 und 1912 nicht nur neue Fabrikhallen erstellte, sondern auch ein hypermodernes Verwaltungsgebäude, das als Modell im *Prager Tagblatt* vom 3. Mai 1912 vorgestellt wurde, und zwar in der Beilage *Aus Technik und Industrie*. Auf der gleichen Seite findet sich ein Aufsatz eines Firmenberaters, der wichtige Rationalisierungsmaßnahmen vorstellt.[112] Ein derartig modernisiertes Großunternehmen mußte für Kafka auf jeden Fall ein geeignetes Objekt sein, das es ihm ermöglichte, sich eine Vorstellung von der Technisierung amerikanischer Unternehmen zu verschaffen, der man in Prag nacheiferte. Daß er die Ringhoffersche Fabrik besucht hat, ist durch die Tagebücher belegt, aber auch aufgrund der Tatsache selbstverständlich, daß der Präsident der Gesellschaft, Otto Příbram, zugleich sein oberster Chef und der Vater seines Klassenkameraden und Studienfreundes Ewald Felix Příbram war.[113]

Inwieweit sich die Erstniederschrift des *Verschollenen* von der später entstandenen, allein überlieferten Version des Romans unterschied, kann nur vermutet werden. Die erhaltenen Doppelfassungen der *Beschreibung eines Kampfes* und der *Forschungen eines Hundes* legen jedoch den Schluß nahe, daß Kafka bei grundsätzlicher Wahrung der Thematik vor allem einzelne Erweiterungen und formale Verbesserungen vornahm. Dafür spricht auch, daß er im Juli 1912 die ungenügende Verklammerung der verschiedenen Teile seines Manuskripts und die mangelnde Geschlossenheit der Darstellung gerügt hat.[114]

Das kleine Stück *Wunsch, Indianer zu werden*, das zuerst in der *Betrachtung* von 1912 gedruckt wurde, also spätestens im Juni dieses Jahres entstanden sein kann, weil Kafka im Juli verreist war, könnte als ein solcher leicht isolierbarer Teil der handschriftlichen, später vernichteten Erstfassung des *Verschollenen* entnommen worden sein, die er sicherlich Anfang August durchging, als er druckreife Passagen verschiedener Herkunft für die geplante Sammlung kleiner Prosa zusammenstellte. (Ein Manuskript fehlt bezeichnenderweise.)[115] Es könnte sich um eine Wunschvorstellung Karl Roßmanns handeln, die seinen Lebensbedingungen in Amerika antinomisch entgegengesetzt wäre.

Ähnlich war Kafka ja fünf Jahre vorher verfahren, als er einen

Abschnitt aus der ersten Fassung der *Beschreibung eines Kampfes*, die er so wenig wie deren viel später vorgenommene Umarbeitung als Ganzes veröffentlichte, als episch selbständige Einheit unter dem Titel *Kleider* drucken ließ, obwohl es sich dabei um einen Dialogteil handelte, der sogar noch um seinen Einleitungssatz verkürzt wurde.[116]

Aber auch wenn der *Wunsch, Indianer zu werden*, ein nur siebenzeiliger Text, der nicht einmal ein vollständiges Satzgefüge bildet, ursprünglich nicht der Erstfassung des *Verschollenen* zuzuordnen wäre, sprechen doch seine stilistische Ähnlichkeit mit den im Februar 1912 entstandenen *Entschlüssen* sowie seine auf Amerika bezügliche Thematik, die Kafkas damalige Sehnsucht nach Befreiung von den Zwängen der Prager Verhältnisse spiegelt, mindestens für eine Konzeption im Umkreis des Romans.

Nachdem dieses Projekt, vielleicht erst im Juli 1912, vorläufig aufgegeben worden war, blieb es gleichwohl gegenwärtig.[117] Am 11. September dieses Jahres, möglicherweise unter dem Eindruck eines am Vortag erschienenen Zeitungsberichts, der von den Spielregeln handelt, die die New Yorker Polizei bei der Verhaftung eines Verbrechers zu beachten hatte, ist im Tagebuch ein Traum Kafkas überliefert, der ihn bei der Beobachtung des New Yorker Hafens zeigt, dessen fremdländischer Verkehr den Träumer an einen Pariser Boulevard erinnert, ein Indiz dafür, daß er seine 1910 und 1911 in der Weltstadt Paris gewonnenen Erfahrungen an den Stellen des Romans einbrachte, wo ihn, wie etwa bei der Beschreibung des Straßenverkehrs oder des Rennplatzes in Clayton, die Quellen doch nicht in allen Punkten anschaulich genug informierten.[118]

4. Die zweite Fassung des Romans

Am 25. September 1912, noch im Zustand der Euphorie wegen der erfolgreichen Konzeption des *Urteils* in der Nacht vom 22. auf 23. des Monats, begann Kafka mit einer Neufassung des *Verschollenen*, die ihn fast kontinuierlich bis zum Januar des folgenden Jahres beschäftigte; lediglich in der zweiten Novemberhälfte und ersten Dezemberwoche, als er die *Verwandlung* schrieb, gab es eine längere Unterbrechung. Man kann diesen Sachverhalt am besten damit erklären, daß sich die Problemstellung, die die Konzeption auslöste und trug, wieder aktualisiert hatte.

Die zweite Schwangerschaft seiner Schwester Elli und die erfolgte oder noch bevorstehenden Verlobungen der nächstjüngeren, Valli, und seines Freundes Max Brod, mit dessen Braut er beispielsweise am 19. September korrespondierte, mußten ihn um so mehr die Nichtigkeit seiner junggesellenhaften Existenz empfinden lassen, als es sich hierbei um einen Aspekt des Gemeinschaftslebens handelte, mit dem er sich seit der Begegnung mit Felice Bauer am 13. August in bestürzender Weise konfrontiert sah. Denn dieses erste Zusammentreffen mit dem Berliner Mädchen hatte ihn so fasziniert, daß er ihm zunächst durch einen Briefwechsel nahekommen wollte, um es dann endgültig zur Frau zu gewinnen.[119]

Aber erst am 20. September, am Vorabend des jüdischen Versöhnungstages, schrieb Kafka zum erstenmal nach Berlin, ein Versuch, Verfehlungen gegenüber der Sozietät zu tilgen, die der Gläubige am Kol Nidre einzubekennen hat. Gerade in der Zeit davor nämlich hatten ihm die Unfähigkeit, zu den Verwandten des neuen Schwagers ein inneres Verhältnis zu finden, und seine wiederholte Weigerung, die von den Eltern geforderten Inspektionen in der eigenen Asbestfabrik durchzuführen, erneut seine Unbrauchbarkeit und Beziehungslosigkeit als Familienmitglied gezeigt, die sich überdies in der Gestalt seines gerade in Prag weilenden, ihm innerlich nahestehenden Madrider Onkels, eines bindungsunfähigen und deshalb an der Sinnlosigkeit seines Daseins leidenden Junggesellen, objektivieren mußten.[120]

Die Überwindung der so entstandenen Verzweiflungszustände wurde noch dadurch erschwert, daß Max Brod und Felix Weltsch, damals seine engsten Vertrauten, in Urlaub gefahren waren, er sich aber schriftlich ihnen gegenüber nicht zu erklären wußte: Ein an die beiden Freunde gerichtetes Schreiben vom 20. September, dem Tag also, an dem er den Briefwechsel mit Felice eröffnete, berichtet in heiterem Ton nur von Äußerlichkeiten.[121]

Die Parallelität zur inneren Lage im März ist offenkundig. Kafka, allein auf sich gestellt, verurteilt von seinen Angehörigen als Vertreter einer Sozietät, deren Normen er als heiratswilliger Jude bejahte, als Schriftsteller, der auf Einsamkeit angewiesen war, jedoch ablehnen mußte, versuchte beidesmal, seine dadurch entstandenen Gefühle der Minderwertigkeit zu kompensieren; im Vorfrühling, indem er schreibend erkundete, inwiefern ein von der Familie unabhängiges Leben in der Fremde die Anerkennung

der Eltern finden könnte, jetzt im Frühherbst, indem er als Brief-
schreiber eine Ehe anzubahnen suchte, die ihn dem Vater gleich-
stellen würde.

Wegen seiner entwicklungsbedingten Ich-Schwäche ruft dieser
Lösungsversuch jedoch Beziehungsängste hervor, die in der
Nacht vom 22. auf 23. September die Niederschrift des *Urteils*
auslösen. Indem seine Erfindungskraft den befürchteten ungünstigen Verlauf der erstrebten Partnerschaft fiktiv antizipierte, näherte sich die Situation im September noch mehr derjenigen vom
März an: Da Georg Bendemanns (und damit Kafkas) Heiratsmöglichkeit im *Urteil* verneint wurde, gleichzeitig aber die Selbstachtung des Schreibers als Schriftsteller gewann, weil er die Entstehung dieser Erzählung als Durchbruch seiner künstlerischen Begabung empfand, die alle diesbezüglichen Erwartungen erfüllte,
festigte sich seine schon zu Anfang des Jahres gewonnene Einsicht, sich nur in diesem Bereich verwirklichen zu können.[122]

Diese Erkenntnis gab, entsprechend den im März vorliegenden
Verhältnissen, Ersatzhandlungen Raum und veranlaßte ihn schon
am 25. September, noch bevor Felice auf seinen ersten Brief
geantwortet hatte und deswegen als sicherere, nachrangige Alternative der Selbstbestätigung, auf zweifache Weise zu einer Profilierung als Schriftsteller: Einmal unterschrieb er an diesem Tag
den Verlagsvertrag über sein erstes Buch, die *Betrachtung*, die,
äußerlich gesehen, sein neues Selbstverständnis dokumentierte,
nahm aber zum andern gleichzeitig ein Großprojekt in Angriff,
dessen Gelingen ihm Vorbedingung einer gänzlichen Verschrei-
bung an die Literatur war.[123]

Da seine produktive Einbildungskraft nur durch situativ bedingte innere Spannungszustände über längere Zeit hin in Gang
zu halten war, lag die Bearbeitung eines Stoffs nahe, der eine
andere Lösungsvariante des dem *Urteil* zugrunde liegenden Familienmusters darzustellen suchte. Diese entsprach so sehr der
Konfliktlage vom Frühherbst 1912, daß ihm zuzeiten die Strukturierung des Kapitels *Der Onkel* und sein äußeres Handeln als
Familienmitglied fast identisch schienen. Wenn er den *Verschollenen* unterbrechen und sich vorübergehend der Asbestfabrik zuwenden müsse, schrieb er Anfang Oktober an Max Brod, lebe und
bewege er sich gegenüber seinen »zufriedengestellten Eltern«, die
ja schon im März ein derartiges Engagement ihres Sohnes erwartet hatten, »im Innersten« seines Romans.[124]

An einschlägigen Zeitungsberichten fehlte es übrigens auch in dieser Zeit nicht. Ab 5. September erschienen in den Prager Zeitungen Berichte über mysteriöse Mordfälle, Polizeiskandale und das Verbrecherunwesen. Sie begleiteten also in den ersten Wochen die Niederschrift eines Romans, dessen Hauptfigur durch die amerikanischen Lebensverhältnisse schließlich gezwungen wird, in die Dienste organisierter Banden zu treten.[125]

Wie solche ungesetzlichen Organisationen beschaffen waren, erfuhr Kafka beispielsweise in aller Deutlichkeit und vielen Insider-Details durch einen *Die Spielhöllen New Yorks* betitelten Beitrag, der am 4. August im *Prager Tagblatt* gedruckt wurde. Dort erschien auch am 6. September in der Beilage *Aus Technik und Industrie* eine Zeichnung, die einen Querschnitt durch eine amerikanische Landstraße darstellte. Sie zeigt, daß das von Autos, Fuhrwerken und elektrischen Straßenbahnwagen in regelmäßigen Abständen belebte Straßenniveau auf beiden Seiten von steilen Böschungen begrenzt war (vgl. Abbildung 5), ein Sachverhalt, der im vierten Kapitel des *Verschollenen* an folgender Stelle berücksichtigt scheint: »Karl saß aufrecht und sah auf die ein paar Meter tiefer führende Straße, auf der immer wieder Automobile, wie schon während des ganzen Tages, leicht aneinander vorübereilten, als würden sie in genauer Anzahl immer wieder von der Ferne abgeschickt und in der gleichen Anzahl in der anderen Ferne erwartet.« An dem Tag schließlich, an dem er das *Urteil* schrieb, konnte Kafka in dieser Zeitung einen Artikel über ein New Yorker Fischhospital lesen.[126]

Am 21. Oktober schließlich brachte die *Bohemia* einen Beitrag über die amerikanische Eßkultur, der auf die Darstellung des Restaurationsbetriebs im Hotel Occidental eingewirkt haben

Abb. 5   Abbildung einer amerikanischen Überlandstraße im *Prager Tagblatt*. Beilage *Aus Technik und Industrie* vom 6. September 1912.

könnte: der große Saal, das Büfett an der Längsseite, die kleinen Tische, auf denen Salz und Gewürze bereitstehen, und die Kellner mit den weißen Schürzen kehren am Schluß des vierten Kapitels wieder, das genau in diesen Tagen um den 20. Oktober herum entstanden sein muß.[127]

Die Zeitungsberichte mögen selbst Äußerlichkeiten wie die Namensgebung angeregt haben, bei der sich Kafka auch sonst gelegentlich von Lektüreerfahrungen leiten ließ. Therese Berchtold, Karls aus Deutschland stammende Leidensgenossin im Hotel Occidental, ist offenbar nach dem ungarischen Außenminister, dem Grafen Berchtold benannt, der nicht nur im Zusammenhang mit der Balkanfrage und dem italienisch-türkischen Krieg am 25. September 1912 eine Schlagzeile in der *Bohemia* hatte, sondern noch zu der Zeit im Mittelpunkt von Zeitungsmeldungen stand, in der Kafka Therese in den Roman einführte.[128]

Die weiteren Arbeitsphasen am *Verschollenen* können äußerlich ebenfalls durch Presseartikel vorbereitet, angeregt worden sein, ist doch ein Beispiel dafür überliefert, daß Kafka selbst durch Alltagserfahrungen, die überhaupt nichts mit seinem Roman zu schaffen hatten, an diesen erinnert wurde. Einem unbekannten Straßenpassanten, der sich, von ihm zufällig bemerkt, im Selbstgespräch die Frage gestellt hatte: »Was macht Karl?«, schrieb er im Februar 1913 die Aufgabe zu, ihn wegen des stagnierenden Romanprojekts auszulachen. Sollte es also wirklich bloß irgendeinem Zufall zu verdanken sein, wie er an Felice schrieb, daß er sich einige Tage später das Manuskript wieder vornahm, um darin zu lesen?[129]

Eine vergleichbare Situation könnte man sich für das Frühjahr 1914 vorstellen. Am 16. Mai dieses Jahres gab das *Prager Tagblatt* unter der Überschrift *Der Trust der Taschendiebe von New York* auf der Grundlage einer amerikanischen Quelle einen erstaunlichen Einblick in die New Yorker Verbrecherwelt. Man müsse angesichts der Organisationsform der Taschendiebe von einem regelrechten Trust sprechen, von einer »Interessengemeinschaft, die unausgesetzt miteinander die engste Fühlung erhält und mit einer durchgreifenden Energie arbeitet, die immer wieder Staunen erweckt«, besonders bei Verhaftungen und Gerichtsverhandlungen. Die Arbeitweise des Syndikats sei vor allem durch das Geständnis des unlängst festgenommenen Taschendiebs Thomas Mack erhellt worden.[130]

Mack – so heißt im *Verschollenen* ein New Yorker Millionärssohn, der, wie die schon erwähnte Helly Green am 11. Februar 1911 diese Schicht in einem Artikel kennzeichnete, »das Leben eines Nichtstuers und Verschwenders« führe.[131] Daß Kafkas Einbildungskraft durch den Bericht vom 16. Mai angeregt wurde, ist um so eher anzunehmen, als der Name Mack in einem im Juli 1913 entstandenen Tagebuchfragment erscheint, dessen Thema freilich in nichts an den *Verschollenen* erinnert.

Auch in diesem Frühjahr 1913 wurde Kafka durch die Presse an seinen Roman erinnert: Am 1. April brachte die *Bohemia*, von Ernst von Hesse-Wartegg verfaßt, einen Aufsatz über *Amerikanische Millionäre*, am 10. Juni referierte das Blatt Reiseeindrücke Pierre Lotis über New York – Beschreibungen, die seine Darstellung der Neuen Welt in wichtigen Details bestätigten. Allerdings gibt es eine entscheidende Abweichung im *Verschollenen* von allen Berichten, die sich mit dem Leben der New Yorker Oberschicht befassen. Gelegentlich ist zwar davon die Rede, daß die Millionäre, wie Pollunder, in alten Häusern wohnen, aber nie in Landsitzen außerhalb der Stadt. Es ist deswegen vielleicht auch kein Zufall, daß Kafka sich bei der Beschreibung von Macks Himmelbett nicht durch Zeitungsberichte über Amerika inspirieren ließ, sondern von Knut Hamsuns Roman *Benoni*, in dem übrigens ein Geschäftsmann namens Mack eine bedeutende Rolle spielt.[132]

Das ihm vorschwebende Erzählmuster wäre empfindlich gestört worden, wenn Pollunder in New York selbst gewohnt hätte. Karl hätte dann nach seiner Verstoßung zu Fuß durch die Stadt wandern müssen, eine nähere Darstellung ihrer Besonderheiten wäre unumgänglich gewesen, während die eingeführte Autofahrt, auch später zur Wohnung Bruneldas als Strukturparallele, dieser Notwendigkeit weitgehend enthebt.

Karl sollte als eine Art Gefangener gezeigt werden, der wenig Kontakt zu seiner Umgebung hat. In New York verläßt er das Haus des Onkels nur zu gelegentlichen Reitstunden, in Ramses allein zu Geschäftsgängen, auf denen er Therese begleitet. Die entsprechenden Passagen sind stark stilisiert, ganz allgemein und so kurz gehalten, daß kein anschauliches Bild dieser Städte entsteht. Eine ausführlichere Beschreibung hätte den Leser zudem von der Hauptfigur abgelenkt, funktionslose Details geschaffen, denen die Entsprechungen in vergleichbaren Handlungseinheiten gefehlt hätten, zu Klischees gezwungen (Lichtreklame, Elendsquartiere, Völkergemisch) und vermutlich Kafkas Einbildungskraft überfordert.

Dem Artikel des *Prager Tagblatts* vom 16. Mai 1914 folgte acht Tage später ein weiterer, in dem die Leser der Zeitung wieder über New York unterrichtet wurden, diesmal über ein neues Warenhaus, dessen Einrichtung ausführlich beschrieben wird.[133] Der Name Mack und das Thema Warenhaus könnten den äußeren Anstoß gegeben haben, daß sich Kafka nach einer Unterbrechung von rund sechzehn Monaten erneut mit seinem Roman beschäftigte. Denn schon am 6. Juni schrieb er ein Bruchstück, das in den weiteren Zusammenhang der bei Brunelda verbrachten Dienstzeit Karls gehört, obwohl es handlungsmäßig nicht direkt an das sogenannte *Fragment I* anschließt, mit dem er im Januar 1913 vorläufig seine Arbeit am Roman beendet hatte.

Der Text zeigt, wie der Student Kosel, der im Kapitel *Ein Asyl* Mendel heißt, in seinem ungastlichen Hofzimmer arbeitet und dabei Karl und ein Mädchen, offenbar die Tochter der Vermieterin, beobachtet, die sich in der seinem Fenster gegenüber liegenden Küche aufhalten. Aufgrund anderer Textstellen muß als sicher gelten, daß Mädchen und Student im weiteren Fortgang des Geschehens noch eine Rolle spielen sollten. Die Namensänderung von Mendel zu Kosel ist kein Hinderungsgrund für die gemachten Annahmen, weil sich derartige Schwankungen in der Benennung der Personen mehrfach im Manuskript finden.

Das Merkwürdige ist aber nun, daß die fragliche Szene aus der Sicht des Studenten geschrieben ist, was mit der von Kafka im *Verschollenen* befolgten Perspektivgestaltung und überhaupt mit seiner Ästhetik unvereinbar scheint. Wie ist das zu erklären? Offensichtlich handelt es sich um eine der »vereinzelte[n] Erleuchtungen künftiger Ereignisse«, die Kafka, wie es an der eben zitierten Briefstelle weiter heißt, sogar in Zeiten überfallen konnten, an denen er nicht zusammenhängend an seinem Roman arbeitete. Er fürchtete solche Einfälle mehr, als daß er sie verlangte, weil sie die Sukzessivität und Kontinuität der Romanproduktion aufhoben, die seiner Erfahrung nach die besten Ergebnisse zeitigten.

Um nun solche, ihn bedrängende Schlaglichter, die einer wenigstens vorläufigen Formulierung bedurften, später dem Textzusammenhang organisch einverleiben zu können, notierte er sie in einer abweichenden Erzählerhaltung, die den fraglichen Sachverhalt zu einer zusammenhängenden Materialzusammenstellung neutralisierte. Man könnte sagen, daß die beschriebene Verschiebung der Perspektive es ihm ermöglichte, in die fiktive Welt (wieder) einzutauchen, ohne sofort einen unwiderruflich endgültigen Text formulieren zu müssen.

Derartige Vorkehrungen waren auch dann zu treffen, wenn seine Schaffenskraft im Moment nicht zur adäquaten Formung des ihm Vorschwebenden ausreichte, denn durch die Fixierung eines Konzeptes oder einer vorläufigen Fassung verdarb er sich die Chance, einmal Begonnenes vollgültig fortzuführen.

Vielleicht noch am gleichen 6. Juni 1914 hatte er den ersten Einfall zum Schlußkapitel des *Verschollenen*, denn in einem kleinen Bruchstück, das wie das auf Kosel bezügliche bisher nur in der englischen Fassung der Tagebücher gedruckt wurde, ist Karls Aufnahme ins Theater von Oklahoma angedeutet. Zwar steht hier der Erzähler eng hinter seinem Helden, aber es handelt sich im wesentlichen um ein Dialogstück, das als solches indifferent gegenüber Perspektivveränderungen ist.[134]

Vergleichbare Befunde in anderen Texten stützen die gegebene Erklärung des Standortwechsels. Zum *Bericht für eine Akademie* und zum *Schloß* existieren gleichfalls Varianten, die das Geschehen in einer den Kontexten nicht entsprechenden Weise beleuchten. Es handelt sich beidesmal um Erzählstücke, die der endgültigen Niederschrift des jeweiligen Werks vorausliegen. Im Fall des *Berichts für eine Akademie* sollte dadurch die sich sperrende Inspiration in Fluß gebracht, das notwendige Sich-Eingraben des Schreibers in die innere Welt seiner Gesichte erleichtert werden. Im Falle des *Schloß*-Romans wurde eine Eingebung, die aufgetreten war, in einer Weise fixiert, daß ihre spätere Einbettung in die Erzählhandlung keine besonderen Probleme mehr schuf.[135]

Während für die Erzählung die vorausgesetzte Abfolge einfach durch das räumliche Verhältnis der einzelnen Textteile im Überlieferungsträger bewiesen werden kann – der *Bericht für eine Akademie* folgt im betreffenden Oktavheft zwei anders perspektivierten Varianten –, stellt sich die Sache beim Roman schwieriger dar, weil die Umerzählung der Bürgel-Episode außerhalb des eigentlichen handschriftlichen Korpus überliefert ist, das zeitliche Verhältnis zu diesem also nicht eo ipso gegeben ist.

Malcolm Pasley vertritt, weil er nicht erkennt, welche Absichten Kafka mit der Blickpunktsverlagerung verfolgte, die Auffassung,

die Darstellung der Bürgel-Episode aus der Sicht eines Dorfbewohners sei unmittelbar nach der Konzeption des endgültigen
Romantextes entstanden. Seine Argumentation gründet sich vor
allem auf Behauptungen ex negativo. Einmal, wenn er in der von
ihm geleugneten Abfolge einen Verstoß gegen die von Kafka
angeblich durchgehend befolgte Linearität der Gestaltung erblickt, die keine Sprünge zulasse. Die Schwäche dieses allein die
Wahrscheinlichkeit bemühenden Gesichtspunkts zeigt sich daran,
daß Kafka auch bei der Niederschrift des *Verschollenen* und des
Prozeß von seinem Stilideal abgewichen ist, und zwar wie beim
Schloß gegen Ende der jeweiligen Schaffensphase, wenn die Schaffenskraft nachließ. Kafka formulierte bekanntlich zum *Prozeß* ein
Schlußkapitel, ohne die diesem vorhergehenden Teile ausgeführt
zu haben.

Zweitens aber kann Pasley nicht erklären, was Kafka denn mit
der Umarbeitung der Bürgel-Szene nach ihrer definitiven Fertigstellung eigentlich bezweckt haben könnte. Sie gehört zu den
großartigsten Passagen des Romans, zusammen mit der ihr mittel-
bar folgenden Aktenverteilung im Gang des Herrenhofes – was
sollte da noch die sprachlich minderwertige Dublette aus künstlerisch falscher Blickrichtung im Nachhinein, die doch, nach Kafkas
eigener Aussage, angemessene Fortsetzungen fraglich gemacht
hätte?

Selbst wenn man auf diese Fragen eine Antwort fände – warum
hat Kafka nicht, einer sonst bei der Niederschrift des Romans
befolgten Regel entsprechend, unmittelbar nach Beendigung der
Szene innerhalb des Manuskriptzusammenhangs eine Neufassung
versucht oder doch, falls ihm diese Idee erst später gekommen sein
sollte, die für solche Ersetzungen bestimmten unbeschrifteten
Rückseiten der einzelnen Heftblätter verwendet? Die Antwort auf
diese zweite Frage gibt Pasley indirekt selbst durch Bemerkungen,
die er zu Kafkas Arbeitsweise macht: Kafka hat den freien Raum
nur ganz selten und kaum jemals für Passagen von mehr als drei
bis vier Zeilen Länge benutzt, weil es ihm nicht ohne weiteres
möglich war, einen einmal abgeschlossenen Textteil wieder aufzu-
brechen und grundlegend zu verändern.

Weiterhin sind die inhaltlichen Unterschiede zwischen den beiden Fassungen der Bürgel-Episode derart, daß nur eine Veränderung von der Umgestaltung des Fragments zum Textzustand in
Frage kommt, wie er im Manuskript der letzten Romanteile nie-

dergelegt ist, nicht umgekehrt. Während nämlich das Fragment noch unter der Voraussetzung geschrieben wurde, daß die nächtliche Szene mit Bürgel nach dem Zusammentreffen K.s mit Pepi in ihrem Zimmerchen stattfinden sollte, folgt dieses im endgültigen Text den nächtlichen Verhören, und dazuhin an einem anderen Ort. Der Besuch des Landvermessers bei Pepi war jetzt als eigene Einheit geplant, die einem späteren Zeitpunkt vorbehalten war, ein auch sonst im Manuskript des Romans beobachtbarer Prozeß der szenischen Ausdifferenzierung.

Die handschriftlichen Verhältnisse weisen in die gleiche Richtung. Kafka hat den Vorentwurf mit schwarzer Tinte geschrieben. Die Schriftzüge der Romanteile, die, wie die Bürgel-Episode, seit Ende Juni 1922 in Planá entstanden sind, weisen ausnahmslos eine etwas andere Färbung auf. Pasley muß deswegen annehmen, Kafka habe die fragliche Variante während der Pragreise geschrieben, die er von Planá aus zwischen dem 31. Juli und 3. August unternahm. In der elterlichen Wohnung in Prag stand ihm natürlich die schwarze Tinte zur Verfügung, die er vom Februar bis zu seiner Abreise nach Planá offenbar für die Niederschrift der vorderen Romanteile benutzt hatte.

Aber die Hilfskonstruktion macht diese These nicht plausibler. Denn der Text, der K.s Abenteuer aus der Sicht eines Dorfbewohners erzählt, ist auf den letzten Seiten eines Quarthefts überliefert, das, kopfstehend und vom anderen Ende her, das letzte *Schloß*-Kapitel enthält. Acht weitere, mit dem Roman in keiner Weise zusammenhängende Erzählfragmente, ebenfalls mit schwarzer Tinte geschrieben, schließen sich dem Bürgel-Fragment an.

Falls Kafka, als er nach Prag fuhr, dieses Heft noch nicht für die Fixierung des letzten Romanteils in Gebrauch genommen hatte, sondern erst seinem Prager Papiervorrat entnahm, impliziert Pasleys Auffassung die Behauptung, Kafka habe an den drei ihm in seiner Heimatstadt zur Verfügung stehenden Abenden neun verschiedene Erzählansätze zu Papier gebracht, gar nicht zu reden davon, daß vierzehn weitere, jetzt fehlende Blätter im Anschluß daran noch beschrieben worden sein müssen. Ein solches Arbeitspensum ist aber unvorstellbar, wenn man bedenkt, wie viel Kafka in der Stadt zu erledigen hatte, und seine sonstige Schreibpraxis zugrunde legt; bei den doch ganz unterschiedlichen Fragmenten muß es sich um die Ausbeute vieler Tage handeln, immer natürlich unter der Voraussetzung, daß in dieser Zeit die Förderung des

Romans das Hauptgeschäft war. In Rechnung zu stellen ist überdies die innere Unruhe, in die ihn eine solche Reise versetzte, und der Umstand, daß er sich mehr als sonst der Familie zu widmen hatte, weil sein Vater eine schwere Operation hinter sich hatte. Da war an den drei Abenden zum Schreiben wirklich keine Zeit.

Falls er aber das Heft schon in Gebrauch genommen und auf der Reise bei sich hatte, wäre er sicher nicht auf den Gedanken gekommen, es von rückwärts her mit Texten zu beschriften, die nichts mit dem Großprojekt zu tun hatten, für das es reserviert war, hat er doch die letzten Seiten selbst aus dem Heftzusammenhang gelöst, als er den Schriftträger für das *Schloß* reservierte.

Am glaubhaftesten ist deswegen die Vermutung, daß er dieses Heft, um es in seinem Wert als potentiellen Schriftträger für größere Projekte möglichst wenig zu schädigen, von hinten her als Papierlieferant benützte, vielleicht zuerst während der über mehrere Tage sich hinziehenden Niederschrift des *Hungerkünstlers* im Frühjahr 1922, als er den noch verfügbaren freien Raum in dem Heft, in dem diese Erzählung niedergelegt ist, für deren Abschluß freihalten wollte.[136]

Zurück zum *Verschollenen*. Die beiden Textstücke vom Juni 1914 entstanden in einer inneren Situation, die derjenigen vom September 1912 in verblüffendem Maße glich. Unmittelbar in den Tagen vor seiner Verlobung mit Felice, die am 31. Mai 1914 in Berlin gefeiert wurde und ihm als das »Herandämmern« seiner Ehe erschien, hatte er nach längerer Pause wieder zu schreiben begonnen. In einem Tagebucheintrag vom 6. Juni bezeichnete er im Rückblick diese Verlobung als Verurteilung und Gefangenschaft, weil ihm die physischen und psychischen Voraussetzungen einer derart engen Verbindung zu fehlen schienen; er hegte also Zweifel, ob er die Verantwortung für die geplante Ehe würde auf sich nehmen können.[137]

In entsprechender Weise hatte er sich im September 1912 durch die Aufnahme der Korrespondenzverbindung mit Felice für eine Ehe entschieden, deren Tragfähigkeit dann jedoch durch die Deutung, die er dieser Initiative im *Urteil* gab, wieder in Frage gestellt.

Am 14. Mai 1915 beschäftigte er sich erneut mit seinem Roman. Er las einzelne Kapitel im Manuskript, deren Qualität er aber jetzt ganz anders einschätzte als im Februar 1913. Er war erstaunt über die Schaffenskraft, die ihm 1912 zur Verfügung gestanden hatte.[138] Diese Lektüre geschah in einer Situation, in der einerseits seine Musterung bevorstand, vor der er Angst hatte, weil er glaubte, dienstunfähig zu sein. Die Sache beunruhigte ihn deswegen, weil er den Militärdienst als eine Alternative zur ihn befriedigenden literarischen Arbeit ansah, zum selbständigen, sinnerfüllten Leben außerhalb Prags. Andererseits stand eine Wiederbegegnung mit Felice bevor, deren Konsequenzen überhaupt nicht abzusehen waren.[139] Hatte er da nicht zu prüfen, wie es sich, falls sich die mit den genannten Ereignissen verbundenen Zukunftshoffnungen zerschlagen würden, mit seinem Schreiben eigentlich verhielt?

Am 6. Juni 1916 fühlte er sich intensiv an den *Verschollenen* erinnert. Er begann mit der Niederschrift einer Szene, die Karl Roßmann in Auseinandersetzung mit Burschen zeigen sollte, deren typisch amerikanische Physiognomie hervorgehoben wird. Aus Zeitungsberichten war ihm bekannt, daß Rowdies eine Plage in den Großstädten der Vereinigten Staaten waren.[140] Die Passage gehört sicher zu den geplanten Romanteilen, die Karls Leben nach Beendigung seiner Dienerrolle im Haushalt Bruneldas hätten zeigen sollen.

Kafka verbrachte zu diesem Zeitpunkt zusammen mit Felice, die er seit den Pfingsttagen des Jahres 1915 nicht mehr gesehen hatte, einen Urlaub in Marienbad, der, zum erstenmal in dieser nun schon vierjährigen Beziehung, zu menschlicher, ja körperlicher Vertrautheit geführt hatte. Trotzdem verdeutlichte er sich in einer an eben diesem 6. Juli formulierten Nachbetrachtung zu dieser erstaunlichen Annäherung an die ehemalige Verlobte die Unerträglichkeit jeglichen Zusammenlebens mit einer Frau.[141]

Die Übereinstimmung mit den inneren Gegebenheiten des zurückliegenden Frühjahrs ist offensichtlich: In Zeiten der Ambivalenz, wenn die Ehe lockt, aber gleichzeitig als fragwürdiges Instrument der erstrebten Selbstverwirklichung in einem sozialen Kontext erkannt wird, baut er ein Fangnetz auf, das, falls er bei seinem Balanceakt abstürzen würde, ein Überleben ermöglichen soll – durch die Niederschrift einer größeren Arbeit, die dann als Ausweis sozialer Verpflichtungen hätte dienen können.

Ähnlich verhielt er sich im Juli 1917, unmittelbar nach der zweiten Verlobung mit Felice. Nachdem eine gemeinsam mit der Braut unternommene Reise nach Budapest nicht zu der erhofften Verständigung geführt hatte, so daß ein neuerlicher Bruch im

Bereich des Möglichen lag, versuchte er, die seit drei Jahren daliegende Erzählung *In der Strafkolonie* druckfertig zu machen. Das Manuskript war zwar abgeschlossen, wies aber kurz vor dem Ende eine Formulierungsschwäche auf, die behoben werden sollte.[142]

Viermal also, 1912, 1914, 1915 und 1916, hat er sich in Phasen, in denen er sich Felice näherte, seinem ersten Roman wieder zugewandt, der übrigens, einer Briefstelle nach zu schließen, in vielen Einzelmomenten durch die Auseinandersetzungen mit dem Berliner Mädchen konstelliert wurde.[143] Daß er sich bei diesen literarischen Ersatzhandlungen, gegen seine sonstige Gewohnheit, über Jahre hinweg immer wieder auf das gleiche, eigentlich schon im Sommer 1912 gescheiterte Projekt versteifte – wen wird dies wundern, wenn sich doch seine Schwierigkeiten mit dem anderen Geschlecht bildhaft in einem traumatischen Jugenderlebnis veranschaulichten, das den Quellpunkt des *Verschollenen* bildete und deswegen bei jedem Versuch reaktiviert werden mußte, die vorhandenen Sexualängste zu überwinden?

Etwas anders liegen die Dinge allerdings in der ersten Oktoberhälfte des Jahres 1914, als das Kapitel *Das Naturtheater von Oklahoma* geschrieben wurde. Wenn Kafka Anfang Juni 1914 die Absicht hatte, den *Verschollenen* fortzusetzen, so konnte er darin durch zwei Artikel bestärkt werden, die im Lauf dieses Monats im *Prager Tagblatt* erschienen sind.

Neben der Beilage *Aus Technik und Industrie* vom 19. des Monats, die einen langen Bericht über die Problematik des Hochhausbaus in den Vereinigten Staaten enthielt und außerdem durch eine eindrucksvolle Abbildung des Woolworth-Wolkenkratzers auf sich aufmerksam machte,[144] handelt es sich um ein Feuilleton vom 12. Juni, in dem der schon erwähnte Karl Friedrich Nowak New Yorker Eindrücke beschrieb. Die Stadt als dampfender Höllenkessel mit Menschenströmen in unaufhaltsamer Bewegung und mit Automobilscharen, die Nowak an gepanzerte, goldblitzende Bienenschwärme erinnerten – eine solche Deutung mußte Kafkas Beschreibung des allermodernsten Amerika bestätigen. Der Aufsatz schließt mit einer Zukunftsvision: »Die Enkel der aus europäischem Elend Entlaufenen werden ein Land bewohnen, dem sie durch Geburt, Erziehung, Ethik schon verwurzelt sind[. . .] Die ›Neue Welt‹ wird aufgehört haben nur als Varieté zu wirken.«[145]

Als solches scheint Kafka, der dazuhin auf die schon angeführten

Informationen über Zirkus und Vergnügungspark zurückgreifen konnte, die Zeremonie verstanden zu haben, die Karls Aufnahme ins Theater von Oklahoma beschreibt und, als Travestie utopischer Zukunftshoffnungen, das vorletzte Romankapitel bilden sollte. Dem Entwurzelten gelingt es gerade noch als allerletztem, sich in dieser Institution festzuhalten, und auch der zarte Giacomo, ein alter Bekannter Karls, den er in Clayton wiedertrifft, hat sich, entgegen den Erwartungen der Oberköchin, nicht zu einem knochigen Amerikaner entwickelt.[146]

Das Naturtheater von Oklahoma wurde vermutlich in einer Zeit geschrieben, in der Kafka ohne jede Verbindung mit Felice war. Erst unmittelbar nach Vollendung dieses Romanteils trat eine Wende ein.[147] Wenngleich infolge spärlicher Tagebuchnotizen die genaue Problemlage in der ersten Monatshälfte nur unvollkommen rekonstruiert werden kann, so besteht, soweit feststellbar, doch eine bemerkenswerte Übereinstimmung mit der Krise vom März 1912.

Kafka hatte sich zwei Wochen Urlaub genommen, um den *Prozeß* weiter voranzutreiben, an dem er seit August arbeitete. Wider Erwarten mißlang diese Absicht zunächst, so daß er am 7. Oktober notiert: »Erlauben diese drei Tage schon Schlüsse darauf, daß ich nicht würdig bin, ohne Bureau zu leben?«[148] Er verstand also den Schreiburlaub als Experiment, in dem überprüft werden sollte, ob ein unabhängiges Leben als Journalist und Schriftsteller außerhalb Prags, das ja schon Anfang 1912 ein Ziel seiner Überlegungen gewesen war, überhaupt verwirklicht werden konnte.

Als wahrscheinlich erschließbar für diese Tage sind weiterhin Schuldgefühle wegen der Asbestfabrik, die zu Kriegsbeginn stillgelegt worden war und immer mehr herunterkam, denn Kafka selbst spricht diesen Zusammenhang in einer noch während des Urlaubs formulierten Tagebucheintragung an. Ohne Aussicht auf Ehe – an Felice dachte er nur noch wie an eine Tote – und unter kriegsbedingten äußeren Verhältnissen lebend, war an eine Dauerexistenz außerhalb Prags nicht zu denken, so daß nur die literarische Arbeit als Ersatz für eine höherwertigere Selbstverwirklichung blieb.[149] Es war dies ein Schreiben, dessen Stagnation in dem Augenblick überwunden wurde, als er den seit dreieinhalb Jahren mit diesen Rahmenbedingungen assoziierten Stoff zu einem Abschluß bringen sollte, der, gesteuert von der Aussichtslosigkeit der Situation, alle auf die Fremde bezüglichen Selbständigkeitsversuche verwarf und deswegen den Romanhelden in die Arme seiner Eltern zurückführen oder einem ungerechtfertigten Tod überantworten wollte.[150] Kafka hat sich also bei der Beurteilung möglicher Lebenschancen in der Fremde nicht für die erfolgreichen Emporkömmlinge entschieden, sondern für die Versinkenden, Verschollenen, die alle Hoffnungen ihrer erwartungsvollen Angehörigen zuschanden werden lassen.

5. Frauen und Karrieren

Wie hart in den Vereinigten Staaten gearbeitet werden mußte, aber auch, welche Erfolge dadurch möglich waren, zeigt beispielhaft die Lebensgeschichte des Chicagoer Rechtsanwalts und Millionärs Dr. Adolf Kraus, über die Richard Katz, ein bekannter Reiseschriftsteller, im *Prager Tagblatt* berichtete, als Kraus, ein Freund des Präsidenten Taft, auf einer Europareise Prag berührte. Der Artikel erschien am 10. Mai 1912, einen Tag, nachdem Kafka seinem Tagebuch anvertraut hatte, trotz aller Bedenklichkeiten mit der Arbeit an seinem Roman fortfahren zu wollen.[151]

Als Junge, der zwei Realschulklassen absolviert hatte, war Kraus mit seiner Familie nach dem vielgepriesenen Amerika ausgewandert, fand aber »ein hartes Land, kalt und eisern wie seine wahnsinnig schnell ratternden Maschinen«. Er hungert und friert, kommt schließlich als Kommis in einem Modegeschäft unter und beschließt, nebenher zu studieren. Der bittere Preis: »keine Ruhestunden, fast kein Schlaf, vom Essen abgekargtes Kollegiengeld«.[152]

Ein derartiges Lebensmuster bot Kafka Anschauungsmaterial für seine eigenen Konflikte. Gerade in dem Jahr, in dem er mit dem *Verschollenen* begann, und infolge dieser Arbeit, wurde er zwischen seiner Büroarbeit und dem nächtlichen Schreiben so aufgerieben, daß er schon im Sommer 1912 einen längeren Erholungsurlaub antreten mußte. Da er sich aber, obwohl einige Ersparnisse vorhanden waren, weder dazu entschließen konnte, sich ganz seiner unberechenbaren Inspiration anzuvertrauen, noch die gesundheitlichen Folgen dieser Doppelbelastung lange genug durchhielt, unterblieb die erstrebte Profilierung als Romanschriftsteller.

Diese Sicht der Dinge übertrug er gleich im ersten Kapitel des

Verschollenen auf Karl Roßmann, der fünf Gymnasialklassen besucht hat und Ingenieur werden wollte: »Ich habe zwar von irgend jemandem gelesen, der bei Tag in einem Geschäft gearbeitet und in der Nacht studiert hat, bis er Doktor und ich glaube Bürgermeister wurde, aber dazu gehört doch große Ausdauer, nicht? Ich fürchte, die fehlt mir. Außerdem war ich kein besonders guter Schüler«.[153]

Wie wichtig Kafka dieser Zusammenhang war, läßt sich daran ablesen, daß er mit dem Studenten Mendel eine Figur in den Roman einführte, die durchzusetzen versucht, was sich Karl nicht zutraut. Während Mendel tagsüber als Verkäufer arbeitet, studiert er nachts, mühsam sich mit Kaffee wachhaltend. Die gewählte Studienrichtung, Medizin, mag Kafka aus Holitschers Amerika-Reportage übernommen haben, wo aber bezeichnenderweise Hotelportier und Liftjunge, die immer Zeit zu einer gemütlichen Plauderei in der Eingangshalle finden, ihr Unterrichtsgeld für das nächste Semester verdienen, also gerade nicht der Doppelbelastung Mendels ausgesetzt sind.[154]

Eine Überprüfung der Frage, inwieweit Kafka, und deswegen auch sein Romanheld, der im literarischen Probehandeln diese Möglichkeit erkundet, unter den in den Vereinigten Staaten herrschenden Lebensbedingungen würde erfolgreich sein können, war ihm außerdem anhand eines Beitrags nahegelegt, der, auf Notizen John D. Rockefellers basierend, am 13. September 1907 im *Prager Tagblatt* erschien, genau zu der Zeit also, in der er sich für den Posten eines Versicherungsangestellten entschieden hatte, den er am 1. Oktober antrat.

Beschrieben wird der Weg zum Reichtum, den der ausdauernde junge Mann, der sich vollkommen selbst vertraut und gänzlich von dem Gefühl durchdrungen ist, sich in jeder Lage auf sich verlassen zu können, den eigenen Anstrengungen verdankt: »Es gibt keine Grenze für die Höhe, die ein Knabe, der den Erfolg verdient, erklimmen kann, so daß kein Knabe, wie bescheiden seine Herkunft auch sein mag, weder der barfüßige Dorfjunge, noch der arme Zeitungsjunge, noch das Kind des ärmsten Viertels der Großstadt, Grund hat, sich entmutigt zu fühlen. In jedem von ihnen sehe ich unbegrenzte Möglichkeiten.«[155]

Kafkas amerikanische Vettern teilten gewiß diese Auffassung, die aber, wenn er selbst versuchte, sie auf sich zu beziehen, schnell ihre Brauchbarkeit einbüßte, war er doch keineswegs ausdauernd, verdankte, unselbständig, alles der Arbeit seines Vaters, und sein größtes, teilweise damit zusammenhängendes Problem war ja gerade das fehlende Selbstvertrauen.[156] So ließ er Karl Roßmanns amerikanische Laufbahn scheitern. Dessen immer mehr sich begrenzenden Möglichkeiten beschränken sich auf einen unaufhaltsamen sozialen Abstieg, der im kriminellen Milieu endet.[156]

Ganz ohne literarisches Vorbild ist diese Entzauberung Amerikas allerdings nicht vorgenommen worden. Schon am 11. Dezember 1911 hatte Kafka Moses Richters Stück *Der Schneider als Gemeinderat* gesehen, dem er nicht nur den Namen der im vierten Kapitel des *Verschollenen* vorkommenden Stadt Ramses verdankt, sondern dem ihm auch ein Amerika präsentierte, das die Hoffnungen der Auswanderer vollkommen enttäuscht hatte.[157]

Daß Kafkas Ansatz eine bewußte Umdeutung der New Yorker Freiheitsstatue in eine rächende Strafgöttin im Gefolge hatte, die mit ihrem erhobenen Schwert Karl aus dem Paradies Amerika vertreibt, ist bekannt, denn er hat es vermieden, sie zu korrigieren, als eine Textrevision anläßlich einer Neuauflage anstand, obwohl er in ihm bekannten Besprechungen des *Heizers* auf den Fehler aufmerksam gemacht wurde.[158]

Interessanter ist für den vorliegenden Zusammenhang, daß das von Kafka angewandte Verfahren, die Freiheitsstatue in eine Kritik der amerikanischen Verhältnisse einzubeziehen, in Prager Intellektuellenkreisen schon vorgebildet war. Demgegenüber hatte beispielsweise Arthur Holitscher bei seinem Eintreffen in New York das Symbol überschwenglich begrüßt.[159]

Am 17. Februar 1907 erschien nämlich im *Prager Tagblatt* ein Feuilleton des damaligen Chefredakteurs Heinrich Teweles, das als Bekenntnis zur liberalen Politik gewertet werden darf, auf die das Prager deutschjüdische Bürgertum mehrheitlich eingeschworen war. Es handelt sich bei diesem Artikel um eine Art Kommentar zum eben stattfindenden Parteitag der deutschfortschrittlichen Freiheitspartei, der die New Yorker Statue zum Ausgangspunkt seiner Überlegungen macht. Da die Freiheit, heißt es da, wenn sie wirklich ihrem Namen entspricht, nicht kleiner sein kann als die ganze Welt, kann sie auch nicht in Lebensgröße, geschweige denn in Überlebensgröße wie in New York, dargestellt werden. Die Freiheit des angeblich freiesten Volkes der Erde sei durchaus kein allerliebstes Figürchen. Daß man in den Vereinigten Staaten Neger lynche und japanische Kinder nicht in die Schulen lasse, sei zwar sowenig wie die Aufgliederung in soziale Schichten oder wie die dort festzustellende materielle Verschwendung ein Mangel an Freisinn – unverzeihlich sei aber der heuchlerische Kampf gegen Wahrheit und Schönheit aus Gründen des Gewinnstrebens.[160]

Durch Zeitungsartikel erfuhr Kafka eine Fülle von Einzelheiten über das amerikanische Leben, eine unabdingbare Voraussetzung bei der Beschreibung eines vom Leser überprüfbaren Schauplatzes. Die dadurch gegebene Möglichkeit, den Handlungsgang auf verschiedene Weise in Übereinstimmung mit den wirklichen Gegebenheiten führen zu können, verhindert, daß aufgrund fehlender Kenntnisse intendierte Strukturmuster mit den stofflichen Vorgaben nur ungenügend, nämlich auf Kosten der Empirie, in Einklang gebracht werden können, ein Umstand, der bei Kafkas intuitiver Schaffensweise sicherlich zu Verunsicherungen geführt hätte.

Ein Beispiel: Karl Roßmann wird nach Amerika verbannt, »weil ihn ein Dienstmädchen verführt und ein Kind von ihm bekommen hatte«, rein logisch gesehen eine in sich unstimmige Begründung, die man dadurch aus der Welt zu schaffen versucht hat, daß man sie dem Erzähler absprach und als subjektiven Begründungszusammenhang ansah, der das Denken der Hauptfigur kennzeichne. Dahinter verbirgt sich jedoch die literarische Objektivierung einer Entwicklungsstörung Kafkas, deren Folgen, aus der Optik der verurteilenden Familie, durch eine Auswanderung behoben werden konnten. Das gewählte Handlungsmuster war möglich, weil damals mißratene Söhne gelegentlich den Weg Karl Roßmanns gingen, aber nicht nur diese, wie Kafka aus einem Artikel im *Prager Tagblatt* vom 22. Juni 1910 erfuhr. Dort wird nämlich erwähnt, daß sich europäische Eltern ihre törichten Töchter gelegentlich durch eine Amerikareise vom Hals zu schaffen suchten. Solche alleinreisenden Damen wurden in Ellis-Island in einem besonderen Raum zurückgehalten und abgeschoben, damit sie das Gemeinwesen nicht belasteten. Rückblickend erkennt Karl, daß ihn dieses Schicksal möglicherweise getroffen hätte, wenn er nicht schon auf dem Schiff mit seinem Onkel zusammengetroffen wäre.[161]

Der Leser des *Verschollenen* mag sich darüber wundern, daß der Senator ohne weitere Kontrollen mit seinem Neffen von Bord gehen kann, aber eben das entsprach den Gepflogenheiten. In dem angeführten Bericht heißt es: »Wird die Alleinstehende hier erwartet, kommt es darauf an, wer der Erwartete ist. Sind es Verwandte, so kann die Dame gewöhnlich schon gleich vom Schiff zu ihnen gehen.«[162]

Indem er derartigen Informationen folgte, vermied Kafka die Darstellung der Grenzformalitäten und damit die Störung der von ihm verfolgten strengen Funktionalität aller Erzählumstände. Denn die Beschreibung dieser Schwellensituation, des Eintretens in die Neue Welt, die, wie es an späterer Stelle heißt, einer Geburt gleichkommt,[163] hätte zu falschen Leserabstraktionen beigetragen, einer symbolischen Aufschwellung dieses Augenblicks Vorschub geleistet oder wäre mindestens als überständiges, nicht weiter ausdeutbares blindes Motiv ein Fremdkörper im Romanganzen gewesen.

Kafka lag daran, einerseits Karls amerikanisches Leben als eine Abfolge von miteinander vergleichbaren Stationen zu geben, deren Elemente sich deswegen entsprechen mußten; andererseits sollte der Handlungsgang einen Abstieg in Stufen verdeutlichen. Aus diesen Gründen war eine Paßkontrolle im ersten Kapitel fehl am Platze. Die Polizei durfte in ihrer Überwachungsfunktion erst gezeigt werden, wenn Karl den Rahmen der bürgerlichen Verhältnisse überschritt. In den fertiggestellten Teilen geschah dies an zwei Stellen: bei der Flucht aus dem Hotel und beim Transport Bruneldas in ein Bordell.[164]

In ähnlicher Weise erlaubte es Kafka sein Wissen über die amerikanische Frau, Karls Beziehungen zum anderen Geschlecht so zu veranschaulichen, daß die in den Vereinigten Staaten herrschenden Gegebenheiten darin zum Ausdruck kommen. Da der erotisch passive Karl innerhalb seiner Familie dem sexuellen Zugriff Johanna Brummers, der Köchin seiner Eltern, ausgesetzt gewesen war (gemäß Kafkas Trauma), mußte sich dieses Strukturmuster in seinen Interaktionen in abgestuften Variationen wiederholen.[165]

Wenn nun Klara Pollunder, die Karl bei seinem Besuch im Landhaus ihres Vaters in einer für eine wohlerzogene Tochter der europäischen Mittelschicht damals unerhörten Weise sofort an sich zieht und, von seinem angenehmen Äußeren angetan, mit Hilfe ihres schmiegsamen, austrainierten Körpers überwältigt, dann paßt diese Spielart weiblicher Aggression zu einem Bild der Amerikanerin, das Kafka beispielsweise am 1. Oktober 1912, als er gerade eine Woche an der Neufassung des *Verschollenen* gearbeitet hatte, im *Prager Tagblatt* beschrieben fand: In jeder Richtung im Sport versiert wie die Jünglinge seien die amerikanischen Mädchen, liest man da,[166] aber auch, so hatte ein Prager Mediziner aufgrund eigener Erfahrungen in der gleichen Zeitung schon Ende 1910 geschrieben, schön gekleidet und dem Flirt zugetan; demgegenüber sei ihr auf mäßigem Klavierspiel beruhendes Musikverständnis gering – Klara läßt dies erkennen, als Karl ihr vorspielt.[167]

Sogar die Beobachtung Karls, die Lippen des Herrn Pollunder hätten sich in der Tochter ins Schöne verwandelt, spiegelt eine gängige Auffassung wieder, die etwa in Ernst von Wolzogens *Die Yankeerasse* überschriebenem Beitrag zum Ausdruck kommt, den Kafka am 20. Mai 1911 lesen konnte. Vorteilhaft sticht für ihn die schöne, schlanke durch »Selbstzucht« ihren eingewanderten Eltern unähnlich gewordene Amerikanerin ab von den »in ihrem schwappenden Fett schwankend daher watschelnden, geschmacklos aufgedonnerten Madams, mit diesen käsebleichen, blaßäugig blöden, stumpfnäsigen«, dickbeinigen Jungfrauen, wie sie für Deutschland bezeichnend seien.[168] Vielleicht ist deswegen die aus Wien stammende Oberköchin dick und die aus Pommern eingewanderte Therese bleich, steif und unvorteilhaft frisiert.[169]

Die Zeitungen berichteten freilich auch über die immer größere Zahl von dicker werdenden Amerikanerinnen, besonders außerhalb von New York, ein Phänomen, das auf übermäßigen Genuß von Süßigkeiten zurückgeführt wurde.[170] Möglicherweise ist also die Opernsängerin Brunelda, die schon als geschiedene Frau und souveräne Herrscherin über ihre Liebhaber für Kafka eine typisch amerikanische Gegebenheit darstellen mußte, nicht nur ihres Berufes wegen so korpulent: Als Erklärung darf nämlich die klebrige, süße Masse herangezogen werden, die Robinson auf dem Balkon ihrer Wohnung verschlingt.[171]

Anmerkungen

1 *PT* 34, Nr. 188 (10. VII. 1910), *Unterhaltungs-Beilage* Nr. 28, unpaginiert.
2 Vgl. FK 92, F 134 und 157.
3 K. Wolff, Briefwechsel eines Verlegers. 1911-1963, hg. von B. Zeller

und E. Otten, Frankfurt/M. (1966), S. 32; der Stich ist als Frontispiz wiedergedruckt in: W. Jahn, Kafkas Roman »Der Verschollene« (»Amerika«), Stuttgart (1965).

4 Br 117.

5 Vgl. Anmerkung 158 dieses Kapitels.

6 Zu den Einzelheiten vgl. H. Binder, Kafka-Kommentar zu den Romanen, Rezensionen, Aphorismen und zum Brief an den Vater, 2. Auflage, München (1982), S. 69 ff.

7 Dazu A. D. Northey, The American Cousins and the ›Prager Asbestwerke‹, in: The Kafka Debate. New Perspectives For Our Time, hg. von A. Flores, New York 1977, S. 133 ff.

8 Zu diesem Problemkreis besonders C. Stölzl, Kafkas böses Böhmen. Zur Sozialgeschichte eines Prager Juden, (München 1975), S. 20 ff.

9 A. D. Northey, Franz Kafkas Verbindung zu Amerika, in: Franz Kafka. Eine Aufsatzsammlung nach einem Symposium in Philadelphia, hg. und eingeleitet von M. L. Caputo-Mayr, (Berlin, Darmstadt 1978), S. 5 ff.

10 Br 13 und 37.

11 Br 37, 42 und F 515.

12 Br 49, vgl. T 298 ff.

13 Wo sich in Werken Kafkas aufgrund sprachlicher Übereinstimmungen nachweisen läßt, daß ihm andere Texte als Vorlage dienten, erscheinen diese Quellen derart atomisiert und ihres ursprünglichen Sinnzusammenhangs entkleidet, daß man dieser Verwendungsart keinen planend-diskursiven Charakter zuerkennen kann. Vgl. H. Binder, Motiv und Gestaltung bei Franz Kafka, Bonn 1966, S. 136 ff. und unten S. 230-232 und 246-251.

14 T 536.

15 T 155.

16 Z. B. L. Bauer, Amerika, hast du es besser . . .?, in: PT 37, Nr. 199 (21. VII. 1912), S. 1: »Um das Vorbild zu erreichen, müssen wir versuchen, die Quellen seiner Macht zu analysieren. Wenn jene siegten, so geschah es, weil der Sport dort alles bedeutet, weil er nicht als Erholung und Auffrischung, sondern als Geschäft betrieben wird, mit jener atemlosen, hartnäckigen Erbitterung, mit der sie da drüben das Geschäft betreiben. Nicht ein Weg ist er ihnen, sondern ein Ziel, ein Kampf, sich zu überbieten, zu einer neuen Ziffer zu kommen, in der sich der Sieg symbolisiert.« (Aus Anlaß der Olympischen Spiele in Stockholm)

17 Anonym, Ein Interview mit Edison, in: DZB 84, Nr. 250 (10. IX. 1911), S. 5 und Anonym, Edison in Prag, in: DZB 84, Nr. 256 (16. IX. 1911), S. 7.

18 Vgl. T 620 f. mit A 127.

19 T 603.

20 T 307, vgl. *DZB* 86, Nr. 179 (2. VII. 1913), S. 7 und M. Brod, Kinematographentheater, in: *Die neue Rundschau* 23 (1909), S. 319, vgl. A 54 und 127.

21 So fand z. B. am 28. XI. 1911 im Vereinshaus der *Lese- und Redehalle der deutschen Studenten in Prag* unter dem Titel »Von Bremen nach San Francisco« ein Lichtbildervortrag von S. Lus statt (*DZB* 84, Nr. 327 [26. XI. 1911], S. 5), und am 6. II. 1913 sprach die aus Prag stammende Friedensnobelpreisträgerin Bertha von Suttner im Verein *Concordia* über »Meine amerikanischen Eindrücke«, wobei sie »Amerika als das Land der neuen Menschheit, als das Paradies nicht nur der Frauen, sondern aller Kultur und geistigen Höherentwicklung« vorstellte (a. st., Wie Baronin Suttner Amerika sah, in: *DZB* 86, Nr. 37 [7. II. 1913], S. 7).

22 Vgl. Br 35, T 605, 79 und NS 539 f.

23 F 335.

24 FK 343.

25 Vgl. T 266 und 272.

26 Vgl. F 121, Br 88, O 91 und K. Wagenbach, Franz Kafka. Eine Biographie seiner Jugend 1883-1912, Bern (1958), S. 105 f. und 213.

27 *Die neue Rundschau* 23 (1909), S. 865.

28 A 19 und W. Jahn, Kafkas Roman »Der Verschollene« (»Amerika«), S. 100 f.

29 S. 867 und A 277.

30 S. 867 und A 280 ff.

31 S. 868 und A 287 f.

32 S. 869, der Gang durch die Stadt S. 870-873.

33 A. Holitscher, Amerika heute und morgen. Reiseeindrücke, Berlin 1912, S. 311 und F. Soukup, Amerika. Řada obrazů amerického života [Amerika. Eine Reihe von Bildern aus dem amerikanischen Leben], Praha 1912, S. 42, vgl. H. Binder, Kafka-Kommentar zu den Romanen, S. 125.

34 A 170 ff.

35 *PT* 35, Nr. 353 (22. XII. 1911), Beilage *Aus Technik und Industrie*, unpaginiert.

36 *PT* 27, Nr. 311 (14. XI. 1903), S. 3.

37 F 121, T 192, 343, O 59 f., 144, F 618 und 691, vgl. 745.

38 F 121, vgl. 67 und 270.

39 F 253 f., vgl. T 137.

40 *PT* 28, Nr. 283 (13. X. 1904), S. 1.

41 *PT* 28, Nr. 212 (2. VIII. 1904), S. 1 f.

42 *PT* 32, Nr. 304 (4. XI. 1908), S. 1 f. (Auf Seite 12 dieser Nummer findet sich eine Strichzeichnung Tafts.)

43 *PT* 32, Nr. 246 (6. IX. 1908), S. 3.

44 H. Münsterberg, Das Frauenstimmrecht in Amerika, in: *DZB*

84, Nr. 313 (12. XI. 1912), Beilage *Prager Frauen-Zeitung*, unpaginiert.

45 A 277 und 281.

46 *PT* 37, Nr. 172 (24. VI. 1912), Mittag-Ausgabe, S. 1, vgl. F. W. Wile [recte: Wike], William Taft, in: *DZB* 84, Nr. 352 (21. XII. 1911), S. 1 und Anonym, Die Präsidenten-Wahl. Roosevelt-Taft, in: *DZB* 85, Nr. 166 (18. VI. 1912), S. 1 f.

47 *DZB* 85, Nr. 307 (6. XI. 1912), S. 6, vgl. F. W. Wike, Präsidentenwahl in Amerika, in: *DZB* 85, Nr. 306 (5. XI. 1912), S. 1 f.

48 Anonym, Der neue Präsident, in: *DZB* 85, Nr. 307 (7. XI. 1912), S. 4.

49 *DZB* 85, Nr. 310 (9. XI. 1912), S. 1.

50 T 279 und F. Soukup, Amerika, S. 247, vgl. H. Binder, Kafka-Kommentar zu den Romanen, S. 140.

51 *DZB* 85, Nr. 310 (9. XI. 1912), S. 1.

52 F 213.

53 A 50 und 327.

54 A 302.

55 *PT* 28, Nr. 283 (13. X. 1904), S. 2 und P. M. Menzel, Die Wahlkorruption in den Vereinigten Staaten, in: *PT* 32, Nr. 294 (25. X. 1908), S. 2; auch F. Soukup berichtet in dem Kapitel seines Buches, das der amerikanischen Demokratie gewidmet ist, über Gewalt und Bestechung als Hauptmittel der Wahlagitation. (Amerika, S. 85 ff. und H. Binder, Kafka-Kommentar zu den Romanen, S. 140)

56 A 65, 88 und 128, vgl. H. Binder, Kafka-Kommentar zu den Romanen, S. 155 ff.

57 P. M. Menzel, New Yorker Miszellen, in: *PT* 32, Nr. 343 (13. XII. 1908), *Unterhaltungs-Beilage* Nr. 50, unpaginiert: »An belebten Kreuzungen entgeht man einem herabstürzenden Hochbahnzug nur um vor ein ebenso geräusch- wie rücksichtslos dahersausendes Automobil zu geraten. Hat man weiter nichts als des Chauffeurs Flüche davongetragen, und erreicht das Trottoir unverletzt, so versuchen es eher mehr als weniger Leute, die wie Besessene rasen um einen Zug zu erreichen, welcher in der nächsten Minute durch einen anderen ersetzt wird«. (Vgl. A 65: »Aus den Straßen, wo das Publikum in großer, unverhüllter Furcht vor Verspätung in fliegendem Schritt und in Fahrzeugen, die zu möglichster Eile gebracht waren, zu den Theatern drängten«, und H. Binder, Kafka-Kommentar zu den Romanen, S. 105, wo die Parallelen bei Holitscher und Soukup verzeichnet sind. Außerdem A 122: »Wäre nicht das Geschrei der sorglosen Schlachttiere gewesen, man hätte vielleicht nichts gehört als das Klappern der Hufe und das Sausen der Antiderapants.«) Anonym, Die neuesten Stadtschnellbahnen New Yorks, in: *PT* 35, Nr. 246 (15. XII. 1911), Beilage *Aus Technik und Industrie*, unpaginiert; *DZB* 85, Nr. 108 (20. IV. 1912), Beilage *Technisch-industrieller Anzeiger*, S. 18

(über bewegliche Treppen an der New Yorker Hochbahn); Prof. Dr. Anton Elschnig [Direktor der Augenklinik an der medizinischen Fakultät der Prager deutschen Universität], Amerikanische Reiseeindrücke, in: *PT* 37, Nr. 271 (1. X. 1912), S. 3: »Die großen Städte haben außer den unzähligen Privatfuhrwerken, besonders Automobilen, alle Arten Schienenbahnen ober- und unterirdisch: Die großen Städte sind durch oft große Strecken parallel laufender Eisenbahnen verschiedener Gesellschaften verbunden, die naturgemäß durch größte Dichtigkeit des Verkehres, durch größtmögliche Beschleunigung der Züge und durch höchsten Komfort der Zugsgarnituren einander Konkurrenz machen«. (Vgl. A 169: »die Fahrt verging im Nu, als werde der Zug ohne jeden Widerstand nur hingerissen«.) Elschnigs Bericht mag außerdem durch folgende Formulierung auf die Motivik des *Verschollenen* eingewirkt haben: »Wenn die wissenschaftliche Ausbildung der Ärzte trotz der reichen Zahl von Spitälern und Ambulatorien nicht ganz auf europäischer Höhe steht, so ist der Grund davon keineswegs an der Qualität der Ärzte gelegen, sondern an der merkwürdigen Erscheinung, daß fast alle ärztliche Stellen unbesoldet sind.« (S. 3, vgl. Anonym, Gesundbeter am Sterbelager eines amerikanischen Senators, in: *DZB* 85, Nr. 157 [9. VI. 1912], S. 5 und A 300: »Schwindeldoktoren«; dieser Sachverhalt allerdings auch bei Soukup, Amerika, S. 175, vgl. H. Binder, Kafka-Kommentar zu den Romanen, S. 144 f.)

58 *PT* 37, Nr. 137 (19. V. 1912), S. 8, *DZB* 85, Nr. 159 (11. VI. 1912), Abend-Ausgabe, S. 2 und Nr. 124 (6. V. 1912), Abend-Ausgabe, S. 1 f. (Natürlich hätten diese Informationen erst in der seit September dieses Jahres entstehenden zweiten Fassung des Romans wirksam werden können.)

59 P. W. [Paul Wiegler, der auch mit Kafka flüchtig bekannt war], Reklame, in: *DZB* 84, Nr. 33 (2. II. 1911), S. 1 und Meta S., Amerikanische Reklame, in: *PT* 30, Nr. 8 (9. I. 1906), S. 1.

60 H. Horn, Coney Island, in: *DZB* 84, Nr. 150 (1. VI. 1911), S. 1 ff. und Anonym, Der Brand in Coney Island. Amerikanische Attraktionen, in: *PT* 35, Nr. 149 (31. V. 1911), S. 10.

61 A 127, 171 ff., 298 und 301.

62 K. Schirmacher, Als Arbeiter in Amerika, in: *PT* 28, Nr. 334 (3. XII. 1904), S. 1 und 2, vgl. *PT* 27, Nr. 351 (24. XII. 1903), S. 3.

63 Amerika heute und morgen, S. 351.

64 A 11, 116, 261, 271 f. und 288 ff.

65 Anonym, Eine Erbschaft von sechzig Millionen Kronen, in: *PT* 30, Nr. 65 (7. III. 1906), S. 2.

66 *PT* 35, Nr. 281 (11. X. 1911), S. 3.

67 T 39 f., vgl. A. D. Northey, The American Cousins and the ›Prager Asbestwerke‹, S. 137 ff.

68 *Selbstwehr* 4, Nr. 17 (29. IV. 1910), S. 6, vgl. T 196 und 225.

69 E 41, vgl. Br 50, F 264, T 627 und NS 127.

70 F 332, vgl. H. Binder, Kafka-Kommentar zu den Romanen, S. 166 f.

71 Vgl. T 275, 1. VI. (»Zum erstenmal seit einer Woche ein fast vollständiges Mißlingen im Schreiben«), 6. V. (»Zum erstenmal seit einiger
Zeit vollständiges Mißlingen beim Schreiben«), 9. V. (»Wie ich mich
gegen alle Unruhe an meinem Roman festhalte«), 25. V. (»Schwaches
Tempo, wenig Blut«), 1. VI. (»Nichts geschrieben«), 2. VI. (»Fast
nichts geschrieben«), 7. VI. (»Heute nichts geschrieben«) und 6. VII.
1912 (»Ein wenig angefangen«, wahrscheinlich zu schreiben; es war
der Tag seiner Ankunft im Naturheilsanatorium Just's Jungborn bei
Stapelburg im Harz, vgl. Anmerkung 117.).

72 Vgl. T 161 f., 167, 172 f., 180, 181 (»lange nicht geschrieben«), 185,
188, 190 (»kein ursprüngliches Verlangen nach Literatur«), 213 und
216 (»Dieses Gefühl des Falschen, das ich beim Schreiben habe«).

73 T 175, 181, 221, 228 und Br 101.

74 T 221 und 228 (»meine drei Hefte an mich gepreßt«), vgl. 724 f. Als
Texte zum Vorlesen boten sich im 4. Quartheft, das Kafka seit 25.
November 1911 benutzte, statisch-betrachtende Abschnitte von der
Art an, wie sie beispielsweise T 178 f. und 180 f. niedergelegt sind.

75 T 162, 190 f., 199, 217 und 242.

76 Vgl. z. B. T 241, 242, 244 und 250.

77 T 249, vgl. 277: »Wie ich mich gegen alle Unruhe an meinem Roman
festhalte, ganz wie eine Denkmalsfigur, die in die Ferne schaut und
sich am Block festhält.«

78 T 252, vgl. F 179, 230 und 322.

79 T 229, vgl. 263.

80 T 267 und 269.

81 T 274.

82 H 424 und H. Binder, Kafka-Kommentar zu den Romanen, S. 400 f.

83 FK 102 und H 448.

84 T 146.

85 T 250, 25. II. 1912: »Von Zeit zu Zeit suchte ich meines Unglücks mir
bewußt zu werden, es gelang mir kaum.« Und 252, noch unter dem
gleichen Datum: »da ich mich in der letzten Woche geradezu auflöse
vor Traurigkeit und Nutzlosigkeit.« Schon einen Tag später schrieb
er an Löwy einen Brief. (T 252) Parallele 1914: T 411, 418, 419 und
422.

86 T 266, vgl. unten S. 180-184.

87 T 268, vgl. H. Binder, Leben und Persönlichkeit Franz Kafkas, in:
Kafka-Handbuch, hg. von H. B., Band 1, Stuttgart (1979), S. 369 ff.

88 T 247, vgl. Br 194 f., 291 und 401.

89 Am 27. November 1911 und dann wieder, ungewöhnlich ausführlich,
am 11. Dezember 1912 legte Kafka seiner Dienststelle Gesuche vor,

in denen er um Gehaltserhöhungen bat. Als hauptsächliche Begründung führte er an, daß er sich selbst gegenüber Kollegen mit weniger qualifizierter Ausbildung finanziell benachteiligt fühlte. Vgl. J. Loužil, Dopisy Franze Kafky dělnické úrazové pojišťovně pro čechy v Praze, in: *Sborník. Národního Muzea v Praze* 8 (1963), Series C, S. 64 ff.

90 H 190 f., T 187 und 204 f.

91 T 242.

92 H. Hillmann, Alltagsphantasie und dichterische Phantasie. Versuch einer Produktionsästhetik, (Kronberg) 1977, S. 131 und 153 f., vgl. A 30 f., 47 und 117.

93 T 489 (»Wäre ich 1912 weggefahren, im Vollbesitz aller Kräfte«), 229, am 3. I. 1912 (»Ich habe also nur die Bureauarbeit aus dieser Gemeinschaft hinauszuwerfen«) und FK 131 ff., vgl. F 646.

94 H 191 und Br 356 f.

95 H 210 ff., vgl. T 35.

96 NS 427 ff.

97 T 305.

98 T 194 f.

99 T 214 f., 218 und 246.

100 F 278, vgl. 156, FK 113 und H. Binder, Kafka-Kommentar zu den Romanen, S. 37.

101 Dazu auch H. Meister, Otto Stoeßls Roman, in: *Saturn* 2, Heft 5 (Mai 1912), S. 93 f.

102 Zu den Einzelheiten vgl. W. Jahn, Kafkas Roman »Der Verschollene« (»Amerika«), S. 144 ff.

103 *PT* 35, Nr. 318 (17. XI. 1911), unpaginiert. In diesem Bericht heißt es: »34 Aufzüge vermitteln den Verkehr zwischen den Stockwerken«, vgl. A 52 f.: »Karl selbst hätte zwar in dem gleichen Aufzug mit dem Piano und den Transportarbeitern fahren können, aber da gleich daneben ein [!] Personenaufzug zur Benützung freistand, fuhr er in diesem [. . .]«.

104 *DZB* 84, Nr. 325 (24. XI. 1911), S. 7 und Nr. 326 (25. XI. 1911), S. 22.

105 Vgl. Anmerkung 57 und *PT* 35, Nr. 353 (22. XII. 1911), S. 22.

106 Anonym, Verrostete Wolkenkratzer, in: *PT* 35, Nr. 352 (21. XII. 1911), S. 7 f., *PT* 37, Nr. 9 (10. I. 1912), S. 1 f. und *DZB* 84, Nr. 353 (22. XII. 1911), S. 11.

107 A 48.

108 K. Witte, Broadway Nr. 26, in: *PT* 30, Nr. 238 (29. VIII. 1906), S. 1, vgl. A 107 f.

109 *DZB* 85, Nr. 78 (19. III. 1912), S. 5, Nr. 87 (29. III. 1912), S. 7, Nr. 108 (20. IV. 1912), S. 18, Nr. 147 (30. V. 1912), S. 6, Nr. 155 (7. VI. 1912), S. 6, Nr. 157 (9. VI. 1912), S. 5 f., Nr. 161 (13. VI. 1912), S. 5 und Nr. 175 (27. VI. 1912), S. 6.

110 A 169 und 13, vgl. *PT* 37, Nr. 102 (14. IV. 1912), Nr. 128 (10. V. 1912), S. 3 und Nr. 142 (24. V. 1912), Beilage *Aus Technik und Industrie*, unpaginiert.

111 F 603.

112 *PT* 37, Nr. 121 (3. V. 1912), Beilage *Aus Technik und Industrie*, unpaginiert.

113 Vgl. *PT* 37, Nr. 135 (17. V. 1912), S. 6, T 325, F 237 und 333.

114 Br 100, vgl. oben S. 32-35 und unten S. 358-366 und 370-372.

115 E 44 und FK 110.

116 Vgl. E 40 f. mit BE 130 ff.

117 Vgl. T 280, 6. VII. (»Ein wenig angefangen«), Br 95, 96 und 98: »überdies sind mir gestern und heute über das Minderwertige meines Schreibens einige Erkenntnisse aufgegangen, die, wie ich fürchte, nicht vergehen werden. Es macht aber nichts. Zu schreiben aufhören kann ich nicht [. . .]«.

118 T 288 f., vgl. *DZB* 85, Nr. 250 (10. IX. 1912), S. 7 und T 642 f.

119 F 82, T 290, 293, 285, F 148 f., 419, 78 und 127.

120 F 244, T 287 f., Br 107, vgl. F 68 und T 217.

121 Br 104 f.

122 T 293 f., vgl. F 65 ff. und 76.

123 Br 105 und T 704, vgl. FK 113.

124 Br 109.

125 *DZB* 85, Nr. 245 (5. IX. 1912), Abend-Ausgabe, S. 2, Nr. 246 (6. IX. 1912), S. 8 und Abend-Ausgabe, S. 3, Nr. 248 (8. IX. 1912), S. 9, Nr. 253 (13. IX. 1912), Abend-Ausgabe, S. 2, Nr. 255 (15. IX. 1912), S. 8, Nr. 259 (19. IX. 1912), S. 6, Nr. 279 (9. X. 1912), S. 8, Nr. 281 (11. X. 1912), S. 9, Nr. 289 (19. X. 1912), S. 13 und Nr. 297 (27. X. 1912), S. 8, vgl. A 349 ff.

126 A 131, vgl. *PT* 37, Nr. 213 (4. VIII. 1912), S. 6 f., Nr. 246 (6. IX. 1912), unpaginiert und Nr. 262 (22. IX. 1912), S. 9.

127 Anonym, Die Amerikaner als Feinschmecker, in: *DZB* 85, Nr. 291 (21. X. 1912), S. 7: »Vereine von Junggesellen veranstalten oft die sogenannten Beefsteak-Dinners. In Souterrainsälen eines großen Restaurants werden Bierfässer als Tische aufgestellt, die Sitze sind einfache Holzkisten. Auf diesen improvisierten Tischen steht Salz, Pfeffer und Stangensellerie in Gläsern. Schon einige Tage vor dem angesetzten Termin werden Sirloinsteaks (Rumpsteaks) auf Eis gelegt, damit das Fleisch recht zart wird. Alle Teilnehmer erhalten große weiße Fleischerschürzen umgebunden und ein Handtuch als Serviette.« Vgl. A 132 f. und H. Binder, Kafka-Kommentar zu den Romanen, S. 61 ff.

128 *DZB* 85, Nr. 265 (25. IX. 1912), S. 1, vgl. Nr. 307 (6. XI. 1912), S. 1 und M. Brod, Streitbares Leben 1884-1968, München, Berlin, Wien (1969), S. 190: Kafka nahm die Eigennamen »einfach aus der Lektüre,

die ihn gerade beschäftigte. So weisen Namen wie ›Barnabas‹ oder ›Galater‹ darauf hin, daß Kafka in den Tagen der Niederschrift eifrig das Neue Testament las, ›Bertuch‹ deutet auf Goethelektüre, ›Gerstäcker‹ auf die kleine Bibliothek seiner Eltern.«

129 F 319, vgl. 332.

130 *PT* 39, Nr. 133 (16. V. 1914), S. 8.

131 *DZB* 84, Nr. 42 (11. II. 1911), S. 6, vgl. A 55 ff.

132 T 313, *DZB* 86, Nr. 88 (1. IV. 1913), S. 1: »Heute sind diese ehemaligen Miners oder Schankwirte vornehme Gentlemen in New York, rauchen Dollarzigarren, fahren im Automobil, und ihre Töchter sind elegante Ladies, um deren Hand europäische Aristokraten werben.« (Der Bankier Pollunder fährt Auto, der Millionärssohn Mack ist mit seiner Tochter verlobt, und Greens Zigarre ist von jener Dicke, »von der der Vater zu Hause hie und da als von einer Tatsache zu erzählen pflegte, die er wahrscheinlich selbst mit eigenen Augen niemals gesehen hatte« – A 74.) Und Anonym, New-York, gesehen von einem Barbaren, in: *DZB* 86, Nr. 157 (10. VI. 1913), Abend-Ausgabe, S. 3 f., vgl. W. Jahn, Kafkas Roman »Der Verschollene« (»Amerika«), S. 143 f.

133 E. L., Amerikas erstes Warenhaus, in: PT 38, Nr. 141 (24. V. 1914), S. 11.

134 F 280; die Fragmente sind zitiert in: H. Binder, Kafka-Kommentar zu den Romanen, S. 66 und 157, vgl. 137 f., A 350 und T 456.

135 Vgl. B 323 ff., S 465 ff. (= SKA 420 ff.), SKA 73 f. Allerdings hat Kafka ausnahmsweise nach Abschluß der Arbeit am *Bericht für eine Akademie* die Thematik der Erzählung noch einmal aufgenommen. Es handelt sich dabei jedoch nicht um eine weitere Fassung der Affen-Geschichte aus anderer Perspektive, sondern um eine Erweiterung oder Fortsetzung des vorhandenen Textes – Kafka formulierte den Beginn eines Briefes, den der ehemalige, im *Bericht für eine Akademie* erwähnte Lehrer Rotpeters an diesen schreibt, nachdem er den Bericht seines Schülers gelesen hat. Vgl. M. Pasley/K. Wagenbach, Datierung sämtlicher Texte Franz Kafkas, in: J. Born/L. Dietz/M.P./P. Raabe/K. W., Kafka-Symposion, Berlin (1965), S. 77 und 79 mit B 327.

136 SKA 71 f., 51 ff. und Br 402 ff., vgl. unten S. 312-314.

137 T 382 und 384, vgl. F 594.

138 T 477.

139 F 638, 639, 640 und O 28.

140 T 504 f., vgl. z. B. *PT* 37, Nr. 9 (10. I. 1912), S. 2.

141 T 504: »Unmöglichkeit, mit F. zu leben.«

142 O 37 f., T 524 ff., Br 159 und 245.

143 Vgl. F 66.

144 Anonym, Der letzte Wolkenkratzer?, in: *PT* 39, Nr. 166 (19. VI.

144 1914), Beilage *Aus Technik und Industrie*, unpaginiert.
145 K. F. Nowak, Der Stil des Mechanischen. New Yorker Eindrücke, in: *PT* 39, Nr. 159 (12. VI. 1914), S. 2.
146 A 317 f., 324 und 328.
147 T 437, 438, 444 und 453. (Die Zeugnisse lassen sich freilich auch so deuten, daß die Niederschrift des Romankapitels unmittelbar nach dem Termin erfolgte, an dem er über Grete Bloch die Verbindung zu Felice wieder herstellte, doch würde selbst dieser zeitliche Ansatz nichts daran ändern, daß die Produktion des *Verschollenen* grundlegend von seiner ehemaligen Verlobten abhängig war, sondern im Gegenteil diesen Sachverhalt verstärken, die Vorgänge vom Oktober 1914 in die Reihe der anderen Versuche stellen, das im Sommer 1912 aufgegebene Projekt wieder aufzunehmen.)
148 T 438.
149 T 440, vgl. H. Binder, Motiv und Gestaltung bei Franz Kafka, S. 361 ff.
150 Vgl. A 356 f. und T 481.
151 T 277: »Wie ich mich gegen alle Unruhe an meinem Roman festhalte, ganz wie eine Denkmalsfigur, die in die Ferne schaut und sich am Block festhält.«
152 R. Katz, Bei Adolf Kraus, dem Chicagoer Philanthropen. Während seines Aufenthaltes in Prag, in: *PT* 37, Nr. 128 (10. V. 1912), S. 3.
153 A 13.
154 Vgl. A 298 ff. mit A. Holitscher, Amerika heute und morgen, S. 102.
155 J. D. Rockefeller, Der Weg zum Reichtum, in: *PT* 31, Nr. 253 (13. IX. 1917), S. 2. Als Beispiele solcher erfolgreichen Karrieren erschienen in den Prager Blättern meist gewissenlose Spekulanten, vgl. Anonym, Ein Wildwest-Millionär, in: *DZB* 84, Nr. 222 (13. VIII. 1911), S. 5 f. Der Artikel schließt mit der Meinung amerikanischer Zeitungen, solche Lebensgeschichten seien heute selbst in der Neuen Welt nicht mehr möglich.
156 FK 131 ff., O 49 f., H 167 und 196 f.
157 Vgl. E. T. Beck, Kafka and the Yiddish Theater. Its impact on his work, Madison, Milwaukee, and London (1971), S. 128.
158 Es handelt sich einmal um Camill Hoffmanns Rezension des *Heizers*, die am 12. Oktober 1913 in der Wiener *Neuen Freien Presse* erschien. Heute leicht zugänglich in: Franz Kafka. Kritik und Rezeption zu seinen Lebzeiten 1912–1924, hg. von J. Born unter Mitwirkung von H. Mühlfeit und F. Spicker, (Frankfurt/M. 1979), S. 47 f., vgl. Br 124 f. Zum andern erwähnt Max Brod in einer Sammelbesprechung, die im Juli 1913 in der *Neuen Rundschau* gedruckt wurde, den Sachverhalt ebenfalls: Kafka »schrieb das Amerika seines Kopfes und Herzens, in dem die Freiheitsstatue keine Fackel, sondern ein Schwert trägt, weil dies besser in den Satz paßt.« (Franz Kafka. Kritik und

Rezeption zu seinen Lebzeiten 1912-1924, S. 32) Sicherlich haben die
Freunde über diesen Sachverhalt gesprochen, als Kafka den Text am
6. Oktober 1912 vorlas (vgl. FK 113).

159 Amerika heute und morgen, S. 52: »In Amerika, an dessen Pforte die
Freiheit ihre Fackel hochhält [. . .]«.

160 Bob [Heinrich Teweles], Fastenpredigt, in: *PT* 31, Nr. 48 (17. II.
1907), S. 1 f.

161 A 9, vgl. 15 f. und 36.

162 Anonym, Im »Vorzimmer« Amerikas, in: *PT* 34, Nr. 170 (22. VI.
1910), S. 10.

163 A 49.

164 A 235 ff. und 352 (»Karl aber hatte schon Erfahrungen genug mit
Polizisten, ihm schien das Ganze nicht sehr gefährlich«).

165 A 38 ff., vgl. H. Binder, Kafka-Kommentar zu den Romanen, S. 96 f.

166 Anton Elschnig, Amerikanische Reiseeindrücke, in: *PT* 37, Nr. 271
(1. X. 1912), S. 3, vgl. A 78 ff. mit Anonym, Das Paradies der Frauen,
in: *PT* 27, Nr. 291 (25. X. 1903), S. 13: »Die unbegrenzte Herrschaft
der Frau in den Vereinigten Staaten von Nord-Amerika. Ich bezweif-
le, ob hierzulande die phantastische Laune einer jungen Dame imstande wäre, eine große Zahl von Herren und Damen der vornehm-
sten Gesellschaft zu einem Komödienspiel zu bestimmen, welches
denn doch vielen von ihnen nicht sonderlich zu Gesichte steht und
immerhin einen weitgehenden Verzicht auf sogenannte Haltung erfordert. Aber dort drüben ist der Wunsch einer jungen Dame Befehl
für die anderen [. . .]«.

167 Vgl. Anonym, Urteile über die Amerikanerin, in: *DZB* 83, Nr. 351
(21. XII. 1910), S. 5 mit A 103 f.

168 *PT* 35, Nr. 138 (20. V. 1911), S. 1, vgl. S. 2: »Das sechzehnjährige
Töchterchen aber kann seiner Mutter aus dem Gesicht geschnitten
sein und wird ihr doch so unähnlich wie ein geraubtes Grafenkind
einer zigeunerischen Ziehmutter«.

169 A 136 und 156.

170 *DZB* 85, Nr. 274 (4. X. 1912), S. 6.

171 A 257 und 263.

III

Entfaltung einer Metapher:
»Die Verwandlung«

In seinem Vorwort zu Marie Bonapartes Buch *Edgar Poe, eine psychoanalytische Studie* schreibt Sigmund Freud über den Erkenntniswert schaffenspsychologischer Analysen: »Solche Untersuchungen sollen nicht das Genie des Dichters erklären, aber sie zeigen, welche Motive es geweckt haben und welcher Stoff ihm vom Schicksal aufgetragen wurde.«[1] Die hierin zum Ausdruck kommende Einsicht, daß kausalgenetische Herleitungen nur die Rahmenbedingungen des Schöpferischen, nicht aber dessen Wirkmechanismen selbst erklären können, hat auch für den folgenden Versuch Gültigkeit, die Entstehungsgeschichte von Kafkas berühmtester Erzählung aufzuhellen: Aufgrund des zur Verfügung stehenden Materials ist es unmöglich darzulegen, warum in der Zeit vom 17. November bis 7. Dezember 1912 gerade ein Werk wie die *Verwandlung* geschrieben werden mußte.

Zulässig sind nur Rückschlüsse in umgekehrter Richtung: Wahrscheinlichkeitsantworten auf die Frage, in welcher Weise denn die nun einmal vorliegende Erzählstruktur ein Ausdruck von Gegebenheiten und Problemstellungen darstellt, denen sich der Autor in der fraglichen Zeitspanne ausgesetzt sah. Dabei ist gar nicht auszuschließen, daß andersartige Lösungversuche zu gleichermaßen überzeugenden Ergebnissen hätten führen können.

Die *Verwandlung* eignet sich in ganz besonderer Weise für eine derartige Rekonstruktion, denn ihre Konzeption fällt in eine Zeit, die durch Lebenszeugnisse besonders gut dokumentiert ist. Kafka hatte am 20. September 1912 ein Korrespondenzverhältnis zu der Berlinerin Felice Bauer aufgenommen, die er am 13. August dieses Jahres in der Prager Wohnung seines Freundes Max Brod kennengelernt hatte. Der Schriftverkehr wurde seit Anfang November so intensiv, daß Kafka in den folgenden Monaten fast jeden Tag schrieb, manchmal sogar zwei- und dreimal.

Diese oft sehr ausführlich gehaltenen Briefe erlauben einmal differenzierte Einblicke in seine damaligen Lebensverhältnisse und besonders eine Beschreibung der Situation, die die Niederschrift der Erzählung auslöste und deren Verlauf bestimmte; zum andern vermitteln sie konkrete Einblicke in den Ablauf des Schaffensprozesses selbst, in die Schwierigkeiten, die sich bei der Konzeption ergaben, denn Kafka kommt immer wieder ausdrücklich auf die *Verwandlung* zu sprechen.

1. Chronologie

Am 17. November 1912 schrieb Kafka um die Mittagszeit an Felice Bauer, er werde »noch heute« eine »kleine«, ihn »innerlichst« bedrängende »Geschichte« zu Papier bringen, die ihm am Morgen im Bett eingefallen war. Er kam jedoch an diesem Sonntag über allererste Anfänge nicht hinaus, denn in der Nacht zum Montag teilte er seiner Korrespondenzpartnerin mit, er sei damit »bei weitem noch nicht fertig«.[2] Erst in der Nacht vom 6. auf 7. Dezember konnte er die Erzählung abschließen, der fünfzehnten, die er diesem Zweck gewidmet hatte. Seit dem 25. Oktober, als er mit der Ausarbeitung des *Verschollenen* begonnen hatte, versuchte er, möglichst regelmäßig zu arbeiten – innerhalb der drei Wochen, in denen er sich unter gänzlicher Vernachlässigung des zu Anfang des siebenten Kapitels unterbrochenen Romans mit der *Verwandlung* beschäftigte, war er nur an fünf Tagen durch andere Dinge vom Schreiben abgehalten worden.

Aus den Bewertungen, die er in den an Felice gerichteten Briefen seiner Arbeit zuteil werden läßt, ist zu schließen, daß er zwar in dieser Zeit nicht immer gleich gut voran kam, seine Schaffenskraft aber doch nie wirklich versagte. Ein Blick auf das im Nachlaß erhaltene Originalmanuskript zeigt überdies, daß das Geschriebene durchwegs brauchbar war, nicht umgearbeitet oder durch Neuformulierungen ersetzt werden mußte. So ist die lange Entstehungszeit des Textes allein darin zu suchen, daß sich im Lauf des Produktionsprozesses, für Kafka unvorhersehbar, immer wieder Umfangserweiterungen ergeben hatten.

Ausgangspunkt war zunächst offensichtlich eine eingliedrige Erzählung. Die Notwendigkeit, diese um einen selbständigen zweiten Teil zu erweitern, ergab sich vermutlich am 21. November, als Ereignisse eintraten, die Kafkas Beziehung zu Felice und seiner Familie entscheidend betrafen und damit auch, wie sich noch zeigen wird, die Grundlage seiner Gestaltung. Zwar konnte er wegen der Erregung, in der er sich befand, an diesem Tag die *Verwandlung* so wenig fördern wie in der vorausliegenden Nacht, wo er wegen erneut ausgebliebener Briefe völlig verzweifelt war und einen endgültigen Abbruch des Briefverkehrs befürchtete, aber dafür wird er sich in dieser Zeit um so mehr über die mögliche Fortsetzung der eben angefangenen Erzählung Gedanken gemacht haben.

Als er in der Nacht vom 22. auf 23. November das jetzige erste Kapitel abschloß, war es der vierte Abend, den er darauf verwendet hatte. Zu diesem Zeitpunkt stand auch der Titel, den er möglicherweise noch sehr lange vor seinen Freunden verheimlichte, schon fest, jedenfalls in der Form ohne bestimmten Artikel. Er schrieb an Felice, *Verwandlung* habe begonnen, sich »in der Stille zu einer größeren Geschichte auszuwachsen«.³

Diese Aussage muß im Blick auf das zweite Kapitel formuliert worden sein, das in der Nacht vom 23. auf 24. November begonnen wurde, glaubte Kafka doch jetzt seine Erzählung »schon ein Stück über ihre Hälfte fortgeschritten«, so daß ihre Vollendung an zwei weiteren Abenden möglich schien. Nachdem er jedoch eine weitere Nacht darauf verwendet hatte, korrigierte er seine optimistische Einschätzung in die Aussage, noch drei bis vier Abende zu benötigen, um gleich anschließend seine Lebensverhältnisse zu beklagen, die größere Schreibeinheiten nicht zuließen: »Eine solche Geschichte müßte man höchstens mit einer Unterbrechung in zweimal 10 Stunden niederschreiben, dann hätte sie ihren natürlichen Zug und Sturm, den sie vorigen Sonntag in meinem Kopf hatte.«⁴

Diese Zeitrechnung ist auf die von Kafka in den letzten Novembertagen angenommene Zweigliedrigkeit der *Verwandlung* zu beziehen und unter dieser Voraussetzung überraschend zutreffend. Denn übertragen auf die Bedingungen, unter denen er gezwungen war zu schreiben, bedeutet sie neun bis zehn Tage zu je zweieinhalb bis drei Stunden: Bei derart gestückelter Arbeitsweise bedarf es zunächst einer gewissen Zeit, um sich nach der ein- oder gar mehrtägigen Unterbrechung wieder in den Text hineinzufinden – Kafka pflegte zu diesem Zweck das zuletzt Entstandene, »den Schmutz des vorigen Tages«, wie es einmal im Tagebuch heißt, noch einmal durchzulesen. Die Handschriften bezeugen an einigen Stellen, daß er tatsächlich so verfuhr. Wenigstens ein Beispiel, aus dem *Schloß*, sei angeführt.

Dort findet sich am Ende des sechzehnten Kapitels eine Passage, die ausnahmsweise mit Bleistift geschrieben worden ist. In dem ihr unmittelbar vorhergehenden Text sah sich Kafka nun an mehreren Stellen zu Streichungen veranlaßt, die, anders als die übrigen Korrekturen, mit dem gleichen Schreibwerkzeug vorgenommen wurden, offenbar doch beim späteren Überlesen, das der Niederschrift des mit Bleistift verfaßten Abschnitts unmittelbar vorherging. Andererseits wieder gibt es innerhalb dieses Textteils eine Streichung und Einfügung mit bläulich-schwarzer Tinte, die er ausschließlich für die in der Folgezeit entstandenen Romanteile verwendete, Änderungen, die ihrerseits erst in das Manuskript Eingang gefunden haben können, als der Schreiber tags darauf mit der Feder in der Hand sich den Kapitelschluß erneut vornahm. Es ist klar, daß bei einem derartigen Vorgehen die Produktion weniger flüssig von statten ging als im »Feuer zusammenhängender Stunden«, wenn das Darzustellende, lange vorüberlegt, vollständig und deutlich vor Augen stand.[5]

Gelegentliche Hinweise, besonders in den an Felice gerichteten Briefen Kafkas, lassen den Schluß zu, daß seine tägliche Schreibleistung in der Regel den errechneten Umfang hatte. Er begann gewöhnlich gegen einhalbelf Uhr in der Nacht, wenn er aufgehalten wurde erst gegen Mitternacht, nachdem die Familie schlafen gegangen und die Stille eingekehrt war, die er unbedingt zum Schreiben brauchte; er schloß zwischen ein und zwei Uhr, an Samstagen, vor Feiertagen (oder wenn ihn die Inspiration fortriß) noch später.

Zieht man die vier Nächte ab, die der Fertigstellung des ersten Kapitels dienten, so bleiben für das zweite noch fünf oder sechs, und tatsächlich hat er fünf dafür benötigt. Nachdem er am Nachmittag des 26. November von einer zweitägigen Dienstreise zurückgekehrt war, die ihm am Vortag eine Weiterführung des Textes verwehrt hatte, vollendete er diesen Teil in den verbleibenden Nächten des Monats – mit Ausnahme der auf den 28. folgenden Nacht, weil er ausnahmsweise den Nachmittag dem Büro zu opfern hatte, in dieser Zeit also nicht schlafen konnte und dann am Abend entsprechend übermüdet war.

Dabei entschied es sich offenbar erst in den Morgenstunden des 30. November – er war ausnahmsweise erst nach zwölf Uhr zum Schreibtisch gekommen –, daß die Erzählung fortgesetzt werden sollte, wobei, wenn man die Manuskriptverhältnisse richtig deu-

tet, nicht sofort feststand, daß noch ein ganzes Kapitel folgen
sollte und wie dieses gegen das Vorhergehende abzugrenzen sei:
»nach Beendigung des Kampfes mit meiner kleinen Geschichte –
ein dritter Teil, nun aber ganz bestimmt [. . .] der letzte, hat
begonnen sich anzusetzen«, berichtet er Felice am kommenden
Abend. Noch drei Tage vorher, als er am Mittelteil des zweiten
Kapitels saß, hatte er gemeint, die *Verwandlung* fast »zu Ende«
gebracht zu haben.[6]

Obwohl das dritte Kapitel nur eine Druckseite länger ist als das
erste, brauchte Kafka für die Niederschrift zwei Tage mehr: Er hat
in der ersten Dezemberwoche des Jahres 1912 mit Ausnahme
eines Tages, an dem er auf einer öffentlichen Veranstaltung das
Urteil vorlas, jeden Abend über der *Verwandlung* gesessen. Die
Fixierung des Mittelteils dauerte ebenfalls einen Tag länger als die
des nur minimal kürzeren Eingangskapitels, für das eine durch-
schnittliche Tagesleistung von knapp sechs Seiten zur Verfügung
stand. Das ist ein Beweis für die auch sonst bei Kafka zu beobach-
tende Tatsache, daß die Kraft seiner Inspiration während der
Arbeit an einem Projekt allmählich nachließ.[7]

Sich auswachsen, sich ansetzen – diese Bezeichnungen deuten eher
auf die organische Entfaltung einer unveränderlichen Grundidee
als auf eine thematische Neuorientierung, wie sie sich während der
einige Wochen zurückliegenden Niederschrift des *Urteils* ereig-
nete, wo sich Kafka »alles unter den Händen« drehte.[8]

Allerdings beweisen die Erweiterungen, die er während der
Konzeption der *Verwandlung* vornahm, daß er am 17. November
zwar eine Vorstellung vom Ganzen, aber keine Übersicht über
Erzählgefüge und Textgerüst gehabt haben kann. Eine im Zusammenhang, »in einem Zug«, entstandene Geschichte, wie sie an
diesem Tag beabsichtigt war, hätte selbst bei idealen Schreibbedingungen höchstens den Umfang des *Urteils* haben können –
unter der Voraussetzung allerdings, daß Kafka die ganze Nacht
für die Ausarbeitung verwendet hätte.[9] In dieser Zeit wäre jedoch
nur die Eingangsszene der *Verwandlung* zu schaffen gewesen, in
der Gregor, noch bei verschlossenen Türen, sich über seine neue
Lage klarzuwerden sucht.

Kafkas Einfall, der das Geplante sicherlich in einer gewissen
Verkürzung enthielt, die dem bloß Vorgestellten gegenüber dem
dann wirklich Ausgeführten eigen ist, wird sich auf das erste

Kapitel bezogen haben, mit dem ja das eigentliche Konfliktpotential artikuliert ist, sowie auf die Szene, die dem Epilog unmittelbar vorausgeht und das Erzählgeschehen zur abschließenden Einheit rundet: Der in ein ekelhaftes Ungeziefer verwandelte und in sein Zimmer zurückgetriebene Gregor wird bei einer neuerlichen Konfrontation mit seiner Familie, die sein Verschwinden fordert, als Sohn und Bruder verleugnet; weil er diese Bewertung übernimmt, ist ihm seine Daseinsberechtigung als Familienglied entzogen, und sein Leben erlischt.

Eine derartige Rekonstruktion hat zunächst die Wahrscheinlichkeit für sich. Die Erfahrung zeigt, nicht nur im fiktionalen Bereich, daß im Planungsstadium klare Vorstellungen oft nur über Anfang und Ende eines Sachzusammenhangs bestehen. Die vollständige Strukturierung erfolgt dann erst während der schriftlichen Ausführung. Jetzt werden Linien ausgezogen, Querverbindungen hergestellt, neue Erkenntnisse einbezogen, Nebengedanken verfolgt, Proportion und Bauform gebildet. Entsprechend umfangreicher gerät diese sprachliche Realisierung.

Ein weiteres Argument liefert teilweise die Erzählung selbst. Wenn man davon ausgeht, daß während der Niederschrift des ersten Kapitels am 17. und 18. November etwas mehr ausformuliert wurde als am 19. und 22. (gemäß der für den Gesamtverlauf der Entstehung herausgestellten Gesetzmäßigkeit), dann bietet sich die Vermutung an, daß Kafka am zweiten Tag bis zu der Stelle vorrückte, an der Grete und Anna die Wohnung verlassen, um Arzt und Schlosser zu holen. Kafka hätte dann in der Hälfte der ihm für die Konzeption des Eingangskapitels zur Verfügung stehenden Zeit vierzehn von dreiundzwanzig Druckseiten geschrieben.

Zwei Indizien stützen eine solche Annahme: Nach dieser Passage gibt es eine inhaltliche Zäsur im Text, die durch eine den Handlungsgang ins Allgemeine hebende Aussage noch betont wird.[10] Vor allem aber: Mit Beginn des folgenden Abschnitts ändert sich im Manuskript das Schriftbild. Kafka schreibt etwas enger und in einem anderen Neigungswinkel, was nur bedeuten kann, daß der Darstellungsprozeß zwischenzeitlich unterbrochen war.

Schlußfolgerung: Spätestens am zweiten Tag der Konzeption waren zwei Ausbruchsversuche Gregors vorgesehen. Wenn Kafka am 18. November Grete die Wohnung verlassen läßt, so entfernt er diese Figur bewußt aus dem Handlungsgeschehen, weil er sie bei der ersten Konfrontation des Verwandelten mit seinen Eltern nicht dabeihaben wollte. Wenn Gregors Schwester andererseits im weiteren Verlauf keine Rolle hätte spielen sollen, wäre sie ökonomischerweise gar nicht erst eingeführt worden. Dazu kommt noch, daß Kafka am 1. Dezember den eben begonnenen dritten Teil als endgültigen Abschluß des Textes bezeichnete. Mindestens dessen Zentralvorstellung muß also Teil der ursprünglichen Erzählidee gewesen sein.

Die vermuteten Gegebenheiten werden noch gestützt durch die unterschiedliche Haltung, die Kafka gegenüber den einzelnen Erzählteilen einnahm: In der ersten Phase hatte er ein unbegrenztes Verlangen, sich in die Geschichte »auszugießen«, während der Arbeit am dritten Kapitel geriet er »ins Feuer« – beidesmal also eine hohe Motivation, weil die Darstellung direkt die Problematik repräsentierte, die die Niederschrift ausgelöst hatte. Demgegenüber wurde der Mittelteil, der in Kafkas Augen qualitativ abfiel, in trüber Gleichgültigkeit formuliert. Hier wirkten sich nach seiner Auffassung die Schreibunterbrechungen am stärksten aus, konnten Richtung und Profil des Ansatzes am wenigsten durchgehalten werden – wenn man in diesem Sinn die Wendung vom »natürlichen Zug und Sturm« deuten darf, den er in der schon angeführten Briefstelle vom 24./25. November seinem primären Konzept zuschreibt. Im zweiten Kapitel, so muß man wohl ergänzen, war der Handlungsgang nicht mehr voll durch die Einfälle vom 17. November abgedeckt, kamen zusätzliche Assoziationen ins Spiel, das heißt, es bildeten teilweise Gegebenheiten die psychische Grundlage der Gestaltung, die mit dem ursprünglichen Erzählkern direkt nichts mehr zu tun hatten.[11]

In die gleiche Richtung weist der Umstand, daß der Einfluß von Dostojewskis *Doppelgänger*, der das Arrangement der Eingangsszene bestimmt hat und deswegen an der Ausformung der Erzählidee beteiligt gewesen sein muß, auch im dritten Kapitel zu spüren ist, nicht jedoch im Mittelteil der Erzählung.[12] Zu diesem Befund paßt die noch zu erläuternde Beobachtung, daß sich die Besonderheiten des zweiten Kapitels am besten als Folgeerscheinung der Ereignisse erklären lassen, mit denen sich Kafka am 21. November auseinanderzusetzen hatte.

Überdies: Die jetzige Szenenfolge kann unmöglich als zunächst eingliedriges Gebilde geplant gewesen sein. Um die Bauform der *Verwandlung* klarer hervortreten zu lassen, muß man zunächst den

Epilog ausscheiden. Er soll den Zustand der Familie nach dem Tod des Sohnes und Bruders verdeutlichen und stellt damit ein Gegenbild zur Vorgeschichte dar, wo Gregor, als Alleinerhalter der Familie, sich mit greisenhaften, arbeitsunfähigen Eltern und einer unreifen, narzißtischen Schwester konfrontiert sieht. Vorgeschichte und Epilog bilden gleichsam einen Rahmen um das eigentliche Geschehen, das sie zur Ganzheit, Abgeschlossenheit vervollständigen.

Die drei Kapitel selbst gipfeln jeweils in vergeblichen Versuchen des Verwandelten, aus der Isolation seines Zimmers auszubrechen. Sie enden damit, daß er in immer größere Abhängigkeit von den Angehörigen gerät, sich dabei aber gleichzeitig innerlich immer weiter von ihnen entfernt. Im ersten Fall wird er, leicht verwundet, eingeschlossen, im zweiten, schwer verletzt, von den überarbeiteten Angehörigen kaum mehr beachtet, im dritten schließlich, man könnte sagen entsprechend einer zunehmenden Isolation vom menschlichen Bereich, in seiner Existenz als Angehöriger bestritten.

Diese aufeinander bezogenen Einheiten haben aber nur als strukturbildende Klimax in einer dreiteiligen Abfolge Sinn, während die Schlußszenen der beiden ersten Kapitel in einem einphasigen Erzählgang ästhetisch untragbare Dubletten wären. Der Fußtritt des Vaters bringt gegenüber seinem Apfelwurf nichts grundsätzlich Neues, sondern nur eine mäßige quantitative Steigerung, die aus Analogie- und Symmetrieerwägungen heraus eingeführt wurde, nachdem sich aus ganz anderen Gründen die Notwendigkeit eines eigenständigen Mittelteils ergeben hatte. Demgegenüber wird in der Hauptszene des Schlußteils der entscheidende Schlag von der Schwester geführt, die zunächst Gregors Partei genommen hatte, im Lauf der Erzählung jedoch ins Lager der Eltern übergegangen war. Das ist ein klares Handlungsgefälle, das Anfang und Ende einer Erzähleinheit bilden konnte, solange die einzelnen Schritte der Darstellung nicht zu ausführlich gerieten, sich zu abgeschlossenen Teilen verselbständigten.

Die Analyse ergibt, daß die Feindschaft des Vaters dem Gesinnungswechsel der Schwester untergeordnet ist, der lebensgeschichtliche Hintergrund der Erzählung also nicht allein und direkt in Auseinandersetzungen zwischen Kafka und seinem Vater gesucht werden darf. Kafkas Feindschaft, ja Haß gegenüber seinem Vater war seit Herbst 1911 immerwährend und durch das

Urteil und den *Amerika*-Roman auch schon literarischer Bearbeitung zugeführt worden. Eine besondere Zuspitzung dieses Verhältnisses in den Wochen vor dem 17. November ist nicht zu erkennen.

Demgegenüber machte er am 7. Oktober 1912 die für ihn ganz neue Erfahrung, daß sich seine Lieblingsschwester Ottla, die sonst immer zu ihm gehalten hatte, auf die Seite der Eltern schlug. Anlaß war eine familiäre Auseinandersetzung um die Asbestfabrik, die er Ende 1911 zusammen mit seinem Schwager Karl Hermann gegründet hatte. Ottla war wie die Eltern der Auffassung, der Bruder müsse dort nachmittags Überwachungsfunktionen wahrnehmen, bewertete also das geforderte Engagement im Familienbetrieb höher als die Arbeit am *Verschollenen*, die, wäre die Verpflichtung erfüllt worden, nicht hätte fortgeführt werden können. Ottlas Verrat erschütterte ihn derart, daß er in der darauffolgenden Nacht Selbstmord begehen wollte. An Max Brod schrieb er am nächsten Morgen, Ottla habe ihn »mit richtigem«, von ihm »in der letzten Zeit auf sie übergegangenem Gefühl und gleichzeitig mit ungeheurem Unverstand vor der Mutter« verlassen.[13]

Daß dieser literarisch noch unbewältigte Vorgang hinter der Schlußszene der *Verwandlung* steht, ist offensichtlich. Er lag nur wenige Wochen zurück, mußte bei der Skrupelhaftigkeit, mit der er die Dinge zu betrachten pflegte, wegen der Bedeutung, die er ihm zumaß, noch unmittelbar als Stachel wirksam sein, der dauernd auf die Fragwürdigkeit seiner Lebensprinzipien verwies. Seine Struktur ist vollständig in die *Verwandlung* eingegangen. Denn nicht nur vollzieht Grete einen Ottlas Stellungnahme vergleichbaren Positionswechsel, sondern Gregor verliert auch wie sein reales Vorbild jede weitere Lebensmöglichkeit. Kafka hat, so könnte man sagen, die lebenverneinenden Folgerungen, die sich für ihn aus der Sache ergaben, an Gregor Samsa delegiert, dessen Schicksal ihn also nicht ohne Grund aufs äußerste bewegte. So schreibt er in der Nacht vom 5. auf 6. Dezember 1912 an Felice: »Weine, Liebste, weine, jetzt ist die Zeit des Weinens da! Der Held meiner kleinen Geschichte ist vor einer Weile gestorben. Wenn es Dich tröstet, so erfahre, daß er genug friedlich und mit allen ausgesöhnt gestorben ist.«[14]

Der ganze Komplex konnte sich um so leichter mit dem Verwandlungsmotiv verbinden, als dieses, wie sich gleich zeigen wird, seine Ausformung einem Vorkommnis verdankt, das dem

Ereignis vom 7. Oktober eng verwandt ist: Weil Briefe Felicens ausblieben, glaubte Kafka, von ihr verlassen worden zu sein und dadurch seine Existenzberechtigung verloren zu haben. Die Parallelität zwischen Familiensituation und Liebesbeziehung ist unbestreitbar: Nach seiner Überzeugung hatten sich die beiden Frauen, die für ihn damals die größte Bedeutung hatten, gegen ihn gestellt. Dieser Zusammenhang, und daß die *Verwandlung* auf die Schlußszene im dritten Kapitel zuläuft, läßt es als ausgeschlossen erscheinen, daß dieser Teil der Erzählung im Kernbestand gefehlt haben sollte.

2. Hintergrund

Die innere Situation Kafkas am 17. November 1912 läßt sich aus seinen Briefen genau erheben. Die Korrespondenz, die er am 20. September dieses Jahres mit Felice Bauer begonnen hatte, um das Mädchen für sich zu gewinnen,[15] hatte sich nach anfänglichen Schwierigkeiten günstig gestaltet, trat aber in den Tagen, die der Konzeption der *Verwandlung* vorausgingen, in eine erste schwere Krise.

Am 8. November, einem Freitag, hatte Kafka ein Schreiben Felicens erhalten, das ihn vollständig aus der Fassung brachte. Voller Entsetzen hatte er es wohl zwanzigmal gelesen, Hilflosigkeit, Sorge und Verzweiflung waren das Ergebnis: »Ich sah darin die unabsichtliche und nur desto entscheidendere Bestätigung eines Fluches, dem ich gerade in der letzten Zeit wenigstens zum größten Teil entwichen zu sein glaubte und dem ich nun wieder und mit dem letzten Schlag verfallen sollte [. . .] wahrhaft war nur meine Überzeugung, daß alles zu Ende sei.« Felice hatte in einem seiner Briefe einen fremden Ton bemerkt, Unsicherheit, Ungeduld und Unzufriedenheit des Schreibers getadelt, die sie darin zu finden glaubte.[16]

Es dauerte drei Tage, bis sich Kafka seiner Briefpartnerin gegenüber angemessen artikulieren konnte. Er versuchte es, noch am Freitag selbst, zunächst mit zwei Briefen, die er aber rückblickend als gekünstelt und selbstquälerisch klassifizierte, weil sie seine wirkliche Verfassung nur unzureichend spiegelten.[17] In seiner ersten Antwort erklärt er die Formulierungen, die Felice zum Ausgangspunkt ihres Vorwurfs gemacht hatte, als durch die Ver-

wirrung bedingt, die ein vorhergehendes Schreiben seiner Briefpartnerin ihn ihm, dem Nervösen, Empfindlichen, ausgelöst habe.
Das Ausmaß seiner Erschütterung wird nicht direkt sichtbar, ist
höchstens aus der gegen Schluß gemachten Bemerkung zu erschließen, er tauge nicht zur Vaterschaft. Die am gleichen Morgen
erfolgte Geburt seiner Nichte Gerti, Ellis Tochter, und die bevor-
stehende Heirat seiner Schwester Valli hatten seine diesbezüglichen Hoffnungen und Befürchtungen aktualisiert.[18]

In einem zweiten, schon in der Nacht zum Samstag verfaßten
Schreiben sollen die Aussagen vom Nachmittag zurückgenom-
men, »vergessen«, aber doch als »Mahnung behalten« werden;
gleichzeitig profiliert Kafka jedoch sein mangelndes Selbstwertgefühl Felice gegenüber, der er sich habe nähern wollen, obwohl
er »nichts« sei.[19] Am Samstag forderte er in einem Brief, den er
allerdings nicht abschickte, die Beendigung des Verhältnisses; am
Sonntag schwieg er, gegen alle Gewohnheit, gänzlich.[20]

Erst im Lauf des Montags ging die schreckliche Wahrheit vollständig in Briefe an Felice ein: Während er im ersten den Zustand
darzulegen sucht, in dem er den Freitag verbracht hatte, bittet er
im zweiten, nur jeweils am Sonntag eine ausführliche Nachricht
abgehen lassen zu dürfen: Er wolle nicht wieder, ob unschuldig
oder schuldig, eine Bemerkung wie in jenem von ihr beanstandeten Schreiben lesen, was nur vermieden werden könne, wenn er
nicht unter der Unruhe stehe, die für ihn mit den beruflichen
Anforderungen unter der Woche zwangsläufig verbunden waren.[21]

Der endgültige Durchbruch erfolgte dann im dritten Brief dieses
Montags: Er greift dort seine vor drei Tagen einbekannte Unfähigkeit zur Vaterschaft wieder auf und verschärft sie durch den
Hinweis auf seine Eheuntauglichkeit. Er sei nur knapp gesund für
sich selbst. Unvermittelt duzt er die Partnerin und gesteht ihr seine
Liebe, freilich um nur mit »schon etwas versagender Schreibkraft«
abschließend die Bitte vorzubringen, die er am Samstag nicht
gewagt hatte zu übermitteln: »lassen wir alles, wenn uns unser
Leben lieb ist.« Dieser Brief war, nach einer späteren Aussage,
»erbrochen«, unter dem Zwang zu überleben formuliert worden.[22]

Zwar erhielt er am 14. eine Antwort Felicens, die ihn vor allem
deswegen beruhigte, weil sie das ihr angebotene Du und den
damit gesetzten Sachverhalt günstig aufnahm; aber da der nächste

Brief erst am 17. des Monats um die Mittagszeit in Prag eintraf, wiederholten sich bis zu diesem Zeitpunkt seine Bedenken und Ängste. Wichtig für die Entstehung der *Verwandlung* ist, daß trotz dieser Briefe die Konstellation der Vorwoche auch in den nächsten drei Tagen bestehen blieb. Am 18. und 20. November nämlich erhielt Kafka wieder keine Post aus Berlin, die er mit Bestimmtheit erwartet hatte. So schrieb er in der Nacht vom 19. auf 20.: »bleib bei mir und verlaß mich nicht«,[23] am folgenden Tag aber: »Du hast mich satt, es gibt keine andere Erklärung«, und schließlich am 21. November: »nach Deinen zwei heutigen Briefen scheinst Du mich noch ein Weilchen dulden zu wollen«.[24]

Soweit die Tatsachen, die freilich einigermaßen rätselhaft sind. Denn, so muß man doch fragen, wie konnte sich Kafka aufgrund gelegentlich ausbleibender oder nur wegen postalischer Bedingnisse etwas verspätet eintreffender Briefe zu der Auffassung versteigen, Felice wolle das Verhältnis beenden? Und dies sogar, ohne sich durch Sachargumente vom Gegenteil überzeugen zu lassen: »ich habe, wenn Du nicht antwortest, das durch keine Vernunft zu beseitigende Gefühl, daß Du Dich von mir abwendest, mit anderen sprichst und an mich vergessen hast.«[25]

Das Rätsel löst sich, wenn man unterstellt, daß sich in Kafkas Beziehung zu Felice seine frühkindliche Sozialisation spiegelt, die Briefpartnerin nach dem Bild der Mutter gewählt wurde.[26] Kafka glaubte die Zuneigung Felicens so wenig zu verdienen wie das Kleinkind, das von seiner Mutter auf seine Schlechtigkeit hingewiesen und von ihr deswegen mit dem Entzug ihrer Liebe bedroht wird. Seine Unsicherheit ihr gegenüber ist nur der Exponent eines durchgängigen Mangels an Selbstsicherheit, der das Ergebnis unangepaßter Elternerwartungen und unzureichender Zuwendung während der Entwicklungsjahre war.[27]

In einem Tagebucheintrag vom 4. Mai 1915 hebt Kafka hervor, daß Felice überhaupt nichts von seinen Problemen verstehe, obwohl eine starke innere Beziehung zwischen ihnen vorhanden sei – genau in dieser Weise hat er sich auch über seine Mutter geäußert.[28] Für sein Schreiben hatte Felice keinerlei Sinn, verlangte von ihm dagegen Interesse für das Büro und die ihm verhaßte Asbestfabrik, an der er Mitbesitzer war, während sie ihm Zurückhaltung im Schreiben anempfahl und seine Bücher nicht las. Im Falle einer Ehe bestand sie darauf, das gemeinsame Leben an den Normen des jüdischen Mittelstandes auszurichten: Trauung in der Synagoge, schwere Eichenmöbel als Wohnungseinrichtung, Reisen erster Klasse und Bettruhe um elf Uhr – ganz in Übereinstimmung mit der Mutter, die die literarische Arbeit ihres Sohnes als Zeitvertreib klassifizierte, als Folge seiner Eheschließung einen gesteigerten Geschäftssinn erwartete und sich nicht zufällig mit Felice hinsichtlich der Frage der Ernährung und des Schlafes hinter seinem Rücken verbündete.[29]

In seiner fünfjährigen Briefflut, in der er in immer neuen Anläufen versuchte, alle denkbaren Beziehungsaspekte zu erörtern und seine besonderen Bedürfnisse zu artikulieren, erkennt man genauso die Projektionen eines verlassenen Kindes, das sich einer fernen, begriffsstutzigen Mutter verständlich machen will, wie in seinem Wunsch, regelmäßig Briefe von Felice zu erhalten.

Beide Gesichtspunkte werden auch in Wunschvorstellungen sichtbar. Einerseits in dem für den scheuen, zurückhaltenden Kafka doch eigenartigen Gedanken, in einem großen, von Menschen vollen Saal Flauberts gesamte *Education sentimentale* ohne Unterbrechung vorzulesen, so laut, daß die Wände davon widerhallen sollten.[30] Andererseits in einem richtigen Wunschtraum, in dem ihm ein Briefträger Zauberbriefe von Felice brachte: »Ich konnte soviel beschriebene Bogen aus den Umschlägen ziehn, sie wurden nicht leer.«[31]

Felice war Kafka mehr im Psychischen fern als im Räumlichen. Jeder familiäre oder gesellschaftliche Anlaß, die geringfügigste berufliche Verpflichtung, jede oberflächlichste Zerstreuung und jede Reise, die sie unternahm, waren ihr Anlaß genug, Kafka ihre Gegenwart oder einen Brief zu verweigern, obwohl sie aufgrund seiner Aussagen wissen mußte, wie sehr er darunter litt – Wiederholung frühkindlicher Verhältnisse, in denen Julie Kafka um des Geschäfts, des Vaters und der jüngeren Geschwister willen die Bedürfnisse ihres Erstgeborenen immer wieder verraten hatte: »Wahrhaftig wenn wir durch Erdteile getrennt wären und Du irgendwo in Asien lebtest, wir könnten nicht weiter auseinander sein.« – So am 17. November, unmittelbar nachdem er den seit über zwei Tagen erwarteten Brief Felicens erhalten hatte.[32]

Kafka fürchtete, für den menschlichen Verkehr verloren zu sein, keine dauerhaften Bindungen eingehen zu können.[33] Gegenüber dieser immer wieder bestätigten Erfahrung, diesem Lebensgesetz, das er im Bild einer ihm zuteil gewordenen Verfluchung faßte, bedeutete der Briefwechsel mit Felice, die sich ihm vertrauensvoll zugewandt hatte, die letzte, äußerste Hoffnung, sich doch noch im Gemeinschaftsleben verankern zu können. Wegen der damit verbundenen Wiederbelebung primärer Objektbeziehungen war Felice für ihn das Lebendige schlechthin, der einzige Kontakt zur Sozietät. So sah er das Verhältnis selbst, und entsprechend handelte er: Solange der Kontakt zu ihr eng war, zog er sich fast vollständig vom geselligen Leben mit seinen Freunden zurück.[34]

Die Abwendung der Briefpartnerin, die er in der zweiten Novemberwoche 1912 wahrzunehmen glaubte, mußte unter diesen Voraussetzungen zu einem inneren Zusammenbruch führen. Man hatte ihn also, trotz seiner vielen Briefe, wieder einmal nicht verstanden, sondern verlassen, weil man seine Minderwertigkeit erkannt hatte – die brieflichen Vorwürfe der Partnerin waren ja ihrem Schweigen unmittelbar vorhergegangen. Weitere Kontakte waren sinnlos, jede Heiratsmöglichkeit ausgeschlossen. Er war in die Isolation gestoßen, ins Nichts, das Kindheitsmuster war endgültig geworden, die Größe seiner Verzweiflung entsprach der Leidensintensität des gänzlich von der Mutter abgetrennten Kindes oder, wie er Felice später einmal schrieb, eines vom menschlichen Lebenskreis vollkommen ausgeschlossenen Tieres.[35]

Konfrontiert mit der mustergültigen Ehe seiner Eltern, deren Lebensmaximen zu diesem Zeitpunkt in seiner Werthierarchie noch den höchsten Stellenwert einnahmen, konnte er angesichts der Kinder Ellis und der näherrückenden Heirat Vallis seine eigene Lebensform nur verurteilen. Wie beispielsweise Ende 1911, als er, seiner junggesellenhaften Existenz gewahr geworden, bei der Lektüre der Briefe Heinrichs von Kleist die Stelle unterstrichen hatte, in der dieser berichtet, er sei von seinen Angehörigen »als ein ganz nichtsnutziges Glied der menschlichen Gesellschaft« betrachtet worden, war er doch selbst der Auffassung, er werde, unverheiratet und literarisch unproduktiv, den eigenen Eltern »nicht fremder, verächtlicher, unklarer vorkommen« als sich selbst.[36]

Im Erzählwerk Kafkas nimmt diese Selbstverurteilung in ganz verschiedener Weise Gestalt an. In einem Fragment vom Sommer 1910 werden beispielsweise zur Charakterisierung des Einsiedlers Metaphern wie Geschwür, Hunger, Trapezkünstler, Schmarotzer, Toter, Beter und Ungeziefer gebraucht – Vorstellungszusammenhänge, die offensichtlich in seinem späteren Werk episch entfaltet werden.[37] Man muß annehmen, daß in den Überlegungen, die er am Morgen des 17. November 1912 anstellte, das Bild des Ungeziefers die Oberhand gewann, vielleicht, weil sein Vater, wenige Monate vorher, seinen Freund Jizchak Löwy »in einer schrecklichen Weise« mit einem Ungeziefer verglichen und im Blick auf diesen nichts einbringenden Umgang seines Sohnes das Sprichwort zitiert hatte: »Wer sich mit Hunden ins Bett legt, steht mit Wanzen auf.«[38]

3. Intuition

Freilich, von der Metapher zum Verwandlungsmotiv ist es ein beträchtlicher Schritt. Ihn auch wirklich zu tun, haben ihm jedoch sein Einfühlungsvermögen und schon bestehende Vorbilder wesentlich erleichtert. Diese Imaginationsfähigkeit läßt sich am besten durch eine Stelle aus den Tagebüchern Amiels beschreiben, die, sicherlich kein Zufall, in Kafkas Besitz waren. Amiel erlebte sich als unpersönlichen Ort für Wahrnehmungen, als reine Bildsamkeit: »Wenn ich an die mannigfaltigen und gegensätzlichen intuitiven Erkenntnisse denke, die mir seit meinen Jünglingsjahren zuteil geworden sind, kommt es mir vor, als hätte ich Dutzende, ja, Hunderte von Leben gelebt. Jede ausgeprägte Persönlichkeit drückt sich geistig in mir ab oder vielmehr gestaltet mich vorübergehend nach ihrem Bilde, und ich brauche nur in einem solchen Augenblick in mein Inneres zu blicken, um diese neue Erscheinungsform der Menschennatur zu begreifen. So war ich Mutter, Kind, junges Mädchen, Mathematiker, Musiker, Gelehrter, Mönch. In solchen Zuständen allverwandelnder Einfühlung bin ich sogar Tier und Pflanze gewesen, ein bestimmtes Tier, ein dastehender Baum. Diese Fähigkeit der auf- und absteigenden Metamorphose, der ›Ausfaltung und Zurückfaltung‹ hat bisweilen meine Freunde, selbst die scharfsinnigsten, in Erstaunen gesetzt.«[39]

Illustrationen zu einer derartigen, für Kafka vorauszusetzenden Wandlungsfähigkeit liefern Texte, in denen beispielsweise Personifizierungen von Objekten vorkommen, die gewöhnlich nicht nur als unbeseelt, sondern auch als unbelebt gedacht werden: »In hartem Schlag strahlte das Licht herab, zerriß das nach allen Seiten sich flüchtende Gewebe, brannte unbarmherzig durch das übrigbleibende leere großmaschige Netz. Unten, wie ein ertapptes Tier, zuckte die Erde und stand still. Einer im Bann des anderen blickten sie einander an.«[40]

Licht und Erde als mit Bewußtsein begabte Antagonisten, das Gewebe als sich bewegende Figur und das ertappte Tier als comparatum für eine Ausdrucksbewegung des Erdreichs, die auf menschliche Eigenschaften verweist – solche Fiktionen leiten sich von Kafkas ungewöhnlicher Intuition her, die sogar die Besonderheiten seiner Situation in die Art des Objektes eingehen läßt: Leicht beschneiten Nadelbäumen, die ihn an sein ergrautes Haar erinnerten, unterstellte er, noch nicht so lange Kopfschmerzen zu haben wie er selbst.[41] Seine mangelnde Verwurzelung im Lebensgrund, im von biologischen Gesetzmäßigkeiten bestimmten Kollektiv, veranschaulichte er in folgendem Bild: »Kraftlos wie ein Blatt im Herbstwind sich von seinem Baume entfernt und überdies: ich war niemals an diesem Baum, im Herbstwind ein Blatt, aber von keinem Baum«.[42]

Manchmal läßt sich das Spiel der Einbildungskraft, der mit dem Vorgang intuitiver Einfühlung verbundene Perspektivwechsel, direkt am Text beobachten. So in einem späten Fragment, in dem Kafka ein Geduldspiel zunächst aus der Sicht des Benutzers beschreibt, dann aber, die zu bewegende Kugel als Persönlichkeit nehmend, aus deren Sicht weitererzählt. Oder in einem Text, in dem Theaterbesucher in der Samtpolsterung der Logenbrüstung plötzlich den Rücken eines darin eingebauten langen, dünnen Mannes erkennen, der sich zu bewegen beginnt. Schließlich in den ausgestopften Tieren einer Ahnengalerie, die in der Nacht lebendig werden und trinkfreudig zu einem Teich laufen.[43]

Wenn nun Tiermetaphern Gegenstand dieses, wie Kafka einmal im Tagebuch vermerkt, Phantasierens mit »ganzen Orchestern von Assoziationen« werden, dann kann sich die Grenze zwischen comparandum und comparatum auflösen, und zwar nach beiden Richtungen hin. Reale Gegebenheiten werden zu Bildvorstellungen wie im folgenden Beispiel, wo Kafka zunächst formuliert hatte: »An einer Leine zerrte er einen jungen Hund«, dann aber in einem zweiten Ansatz schrieb: »Wohin wird ihn die Arbeit führen? Er fühlt sich fortgezogen, wie ein ganz junger scheuer Hund, der durch eine Großstadtstraße gezerrt wird.«[44]

Umgekehrt drohen sich Metaphern zu verselbständigen, ein vielfach in Kafkas Werk zu beobachtender Sachverhalt.[45] Vor allem aber: Die von Amiel beschriebene allverwandelnde Einfühlung führt zur Identifikation mit der Bildebene der Vergleichsvorstellung – die Metapher wird wörtlich genommen, dadurch zu einem Erzählkern, der episch entfaltet werden kann, ein Vorgang, den Kafka in einem Fragment zur *Strafkolonie* beispielhaft verdeutlicht hat: »Die Hand auf dem Herzen sagte er: ›Ich will ein Hundsfott sein, wenn ich das zulasse.‹ Aber dann nahm er das wörtlich und begann, auf allen Vieren umherzulaufen. Nur manchmal sprang er auf, riß sich förmlich los, hängte sich einem der Herren an den Hals und rief in Tränen: ›Warum mir das alles!‹ und eilte wieder auf seinen Posten.«[46]

Ein solches Wörtlichnehmen eines Tierbildes muß am 17. November 1912 erfolgt sein, ein Vorgang, der innerhalb des Kafkaschen Schaffens jedoch keineswegs einmalig dasteht.[47] Aus dem Vergleich mit einem Insekt wurde die Vorstellung, selbst auf die Lebensfunktionen eines derart einfach organisierten Tiers beschränkt zu sein – eine verschärfende Ausarbeitung selbstquälerischer Neigungen, insofern das Parasitäre, Gemeinschaftsferne besonders hervortritt.[48]

Die Strukturierung dieses Denkbilds wurde ihm dadurch erleichtert, daß vergleichbare Vostellungen, wenigstens ansatzweise, längst von ihm literarisiert worden waren. Schon in der spätestens 1906 entstandenen ersten Fassung der *Beschreibung eines Kampfes* heißt es: »wir flattern, wenn wir auch häßlicher sind als Fledermäuse«.[49] Und im ersten Kapitel des *Verschollenen*, das in den letzten Oktobertagen des Jahres 1912 geschrieben wurde, findet sich die Formulierung: »mit zum Unterfangen bereiten Armen, als jage er ein Ungeziefer«. Vor allem aber kann das aus dem Jahr 1907 stammende Romanfragment *Hochzeitsvorbereitungen auf dem Lande* angeführt werden. Dort wird an einer Stelle berichtet, wie die Hauptfigur Raban, der sich widerwillig zu einer Reise zu seiner Braut entschlossen hat, seinen angekleideten Körper mit den entsprechenden Befehlen aufs Land schicken will, während er selbst in der Gestalt eines Hirsch- oder Maikäfers seine Beinchen an den gebauchten Leib preßt und im Bett liegend Winterschlaf hält.[50]

Allerdings: Das Wörtlichnehmen einer Tiermetapher führt in der Regel keineswegs zur Verwandlung, sondern eher zu Konstruktionen, wie sie Kafka in der *Brücke* oder in *Forschungen eines Hundes* verwirklicht hat, Texten also, in denen die Ding- oder Tierperspektive schon die Voraussetzung der Erzählfiktion bildet. Eine zusätzliche Anregung ist demnach wahrscheinlich.

Denn ein Autor, der zuweilen nicht willens oder in der Lage war, autobiographische Sachverhalte ohne Vermittlung und Verwendung fremder Vorformulierungen zu gestalten,[51] wird bei der Ausarbeitung eines derart ungewöhnlichen Sujets, wie es der *Verwandlung* zugrunde liegt, um so weniger ohne Vorlage ausgekommen sein.[52]

Mit dem Verwandlungsmotiv ist Kafka zuerst im Gymnasium in Berührung gekommen. Im achten und neunten Schuljahr behandelte man im Lateinunterricht auch Auszüge aus Ovids *Metamorphosen*, unter anderem die Verwandlung Niobes in einen tränenden Felsen, ein Zusammenhang, den Kafka in seiner *Prometheus*-Erzählung aufgenommen haben könnte, sowie die Szene, in der Ceres einen frechen Knaben in eine Eidechse verwandelt.

Noch näher dem Gegenstandsbereich der Erzählung Kafkas sind Passagen aus Ovids Werk, die er und sein damaliger Freund Hugo Bergmann als sogenannte Privatlektüre individuell vorzubereiten hatten. Bergmann wählte die Verwandlung Arachnes in eine Spinne, Kafka diejenige des Odysseus und seiner Gefährten in Schweine:[53] »Da – ich erzähl' es mit Scham! – da beginnen mir Borsten zu wachsen, / Sprechen, ich hab' es verlernt – nur heiser vermag ich zu grunzen!–, / Bin ganz mit dem Gesicht zur Erde gebeugt, und ich spüre, / Wie sich der Mund mir verhärtet zu einem sich krümmenden Rüssel, / Wie mir der Nacken von Muskeln erschwillt; mit den Gliedern des Leibes, / Die noch soeben den Becher erfaßt, betret' ich den Boden.«[54] Die Anschaulichkeit der Darstellung ist Kafka durchaus verwandt, der in der *Verwandlung* den Verlust der Sprechfähigkeit Gregors, die Empfindlichkeit seiner unteren Körperpartien und das Wohlgefühl hervorhebt, das den Verwandelten durchrieselt, wenn er waagrecht als Tier auf dem Boden liegt.

Angeregt worden sein könnte Kafka aber auch von Andrea Mantegnas Bild *La Sagesse victorieuse des Vices*, das er im September 1911 im Louvre sah. Es gibt darauf fliegende Putten mit Tierköpfen oder Schmetterlingsflügeln, eine aufrecht stehende, in einen Baum verwandelte menschliche Gestalt, deren erhobene Arme als schon leicht belaubte, schlanke Äste gegeben sind, einen im Wasser stehenden Kentaur mit seiner tierbeinigen Gefährtin und eine Frau, deren Verwandlung gerade eben begonnen zu haben scheint, denn die gesprenkelten Tierbeine ihrer Kinder sind bei ihr selbst erst ansatzweise vorhanden.[55]

Ist die Annahme unrealistisch, daß sich Kafka dieses Gemälde deswegen aus der Masse der betrachteten heraushob, weil er eine Parallelität zu seinem eigenen Leben fühlte, in dem die ihn verurteilende, überlegene Weisheit des Vaters ihn vor sich selbst zum niederen Tier werden ließ?

Schließlich lassen die Tagebücher erkennen, daß er sich am 25. September 1912 im Kino ein wissenschaftliches Programm angesehen hatte, das an diesem Tag unter der Bezeichnung »Volkstümliche Lichtspiele« angelaufen war. Einer der vier gezeigten Filme hieß *Seltsame Insekten*. Es ist eine naheliegende Vermutung, daß er auch Tiermetamorphosen enthielt, die seine Einbildungskraft ebenfalls in einer Weise angeregt haben könnten, die der Vorbereitung der *Verwandlung* günstig war.[56]

4. Anregung

Es besteht Grund zu der Vermutung, daß wichtige Impulse für die Genese der *Verwandlung* vom Werk des dänischen Schriftstellers Johannes V. Jensen (1873–1950) ausgingen, das Kafka vermutlich durch die *Neue Rundschau* kennengelernt hatte. Er war Abonnent dieser Literaturzeitschrift,[57] in der Jensen zwischen 1906 und 1911 mit wichtigen Beiträgen vertreten war.[58]

Im Jahr 1909 druckte die *Neue Rundschau* neben einem *Deutschland und Dänemark* betitelten Artikel Jensens und einer Rezension der Lebenserinnerungen Carl Hagenbecks, die Kafka möglicherweise zur Lektüre dieses Buches anregte, die Novelle *Der kleine Ahasverus*, die ihm auf alle Fälle bekannt gewesen sein muß. Denn dieser an Einzelheiten reiche Bericht über einen kleinen, mit seiner Familie nach New York emigrierten ostjüdischen Zeitungsjungen hat seine Spuren im *Verschollenen* hinterlassen, in der Beschreibung New Yorks, der Wahlversammlung im Kapitel *Ein Asyl* und, vor allem, in der Erzählung der verwaisten Therese.[59]

Ein Jahr später erschien *Dr. Pickles. Eine Zukunftsmythe* sowie ein Bericht über Björnson, »der persönlich die Idee der Evolution mehr als irgendein anderer innerhalb seiner Zeit repräsentiert hat«, obwohl die neue Lehre über Frankreich nach Norwegen kam, also in der Gestalt des Naturalismus, gegen den ein großer Teil der Arbeit Jensens gerichtet war.[60] Der Essay baut sich aus einem Vergleich Björnsons mit der ähnlich gelagerten

Persönlichkeit des amerikanischen Präsidenten Theodore Roosevelt auf.

Im gleichen Jahr besprach Felix Poppenberg unter dem Titel *Jensens Exotik* dessen *Exotische Novellen*, die im Vorjahr im Berliner S. Fischer-Verlag erschienen waren und auch den *Kleinen Ahasverus* enthielten. Jensen, so heißt es in diesem Artikel, habe die heftigste Begier, »jede Erscheinung mit all ihrem Ursprung-Wurzelhaften zu packen und in seinen Erkenntnisbereich hineinzureißen«. Ontogenese sei ihm Abbild der Phylogenese, der Mensch Anschauungsbeispiel geologischer Schichten, abgekürzte Wiederholung jahrtausendealter Entwicklung in einem Exemplar.[61] Jensens Urweltroman *Der Gletscher*, der 1911 in vier Heften der *Neuen Rundschau* veröffentlicht wurde, bot Gelegenheit zu überprüfen, wie sich dieser darwinistische Ansatz in einem literarischen Zusammenhang präsentierte.[62]

Daß Jensen, in der philosophischen Tradition des Nordens stehend, die Evolution nicht mechanistisch, und schon gar nicht sozialdarwinistisch verstand, sondern vitalistisch, zeigt deutlich sein Beitrag *Darwin und der Vogel*, der 1908 in der Münchner Zeitschrift *Jugend* gedruckt wurde. Die dort gegebene poetische Betrachtung des Frühlings endet mit den Worten: »So wie Darwin das Dasein empfing, gerührt und in tiefster Ehrfurcht, so hinterließ er es, nachdem er selbst mit der Erde verschmolzen worden war. Der Frühling kommt zu mir in seinem Namen, wie die Strahlenwärme der Sonne durch Frostluft zwischen Gräbern.«[63]

Die wiederum stark an Björnson orientierten naturphilosophischen Betrachtungen, die 1911 als *Weltauffassung* in der *Neuen Rundschau* erschienen, bestätigen diesen Ansatz. Nicht nur Ärzte und Wissenschaftler, heißt es da, sollen das Recht haben, die Topographie des menschlichen Körpers zu kennen, sich den Organismus, diese fleischliche Angelegenheit des Daseins, im lebendigen Zusammenspiel vorzustellen, als vielfarbiges, harmonisches und damit wunderbares Körperinterieur. Kafka allerdings konnte sich die stammesgeschichtliche Tiefendimension des Gegenwärtigen nur ungenügend veranschaulichen, denn er schauderte bei dem Gedanken, »daß der Bau des Menschen doch etwas grauenhaft Primitives ist und innerhalb des Organischen soviel Mechanisches hat«.[64]

Ein Schwerpunkt der schriftstellerischen Arbeit Jensens wurde die Darstellung von Tieren, über deren Voraussetzung er in seinem Buch *Verwandlung der Tiere. Zur Plastik der Entwicklung* Auskunft gibt, ein Versuch, die Evolution und ihre Gesetze – »der gleichzeitig handgreiflichste und rätselhafteste Lehrstoff, den es gibt« – als im täglichen Leben wirksame und anschaubare Ordnungskräfte darzustellen, möglichst in Bildern, weil auch in der Natur überall Werden, Wachstum, Verwandlung ist. Jahrelange Beobachtungen seiner dänischen Heimat bilden den Hintergrund seiner Schilderungen: »zu den Tieren gehen, heißt sich heimbegeben«.[65]

Interessant für den vorliegenden Zusammenhang ist das Kapitel *Der Käfer*, wo Jensen versucht, die ungedeutete, unaufgezeichnete Sprache der Insektenwelt, das Unklare ihrer Metamorphose, zu entschlüsseln. So etwa die Tatsache, daß die Käfer ihre Flugfähigkeit früher als die Vögel erlangten, was Jensen mit ihrer geringen Größe und relativen Leichtigkeit in Verbindung bringt, die es ihnen erlauben, aus jeder beliebigen Höhe ohne den geringsten Schaden zu fallen. Auch Verstandesformen, für die dem Menschen die Organe fehlen, billigt Jensen den Insekten zu: »Man kann das am Laufkäfer sehen, wenn er durch das Gras dahineilt, er hat eine Beschäftigung, er läuft Hals über Kopf, in bezug auf Initiative und Temperament ist er uns nicht fremd.«[66]

Wichtig ist das Folgekapitel, *Verwandelte Kriechtiere*, in dem Jensen von einer großen Eidechsenart auf Malakka berichtet, die, vordere Gliedmaßen in der Luft, ganz wie ein Mensch läuft und dabei »lebhaft an einen kleinen Mann im Schoßrock« erinnert. Aber das Umgekehrte ist gleichfalls Realität: Daß jede menschliche Gemütsbewegung einen Rückschlag auf eine frühere Entwicklungsstufe gibt: sich sträubende Haare, Gänsehaut, gefrierendes Blut bei panischem Schrecken – es ist der Park zottiger Vorfahren, das im Menschen wiederkehrende Kriechtier.[67]

Diese Erläuterungen waren notwendig, um die ganz eigenartigen Tiererzählungen zu verstehen, die Jensen geschrieben hat. Sie unterscheiden sich durch einfühlendes Entwicklungsdenken grundsätzlich von Versuchen im deutschen Sprachbereich, für die beispielhaft Robert Michels 1911 erschienene *Geschichten von Insekten* stehen können. Otto Pick, ein mit Kafka befreundeter Prager Schriftsteller, hat in einer Besprechung die Besonderheit dieser Texte herausgearbeitet. Die Insekten sind bei Michel weder von innen gesehen, noch übernehmen sie eine führende Rolle im Erzählgang, sondern sie greifen als Personifikation des Schicksals in den Zusammenhang menschlichen Erlebens ein oder ziehen so sehr die Aufmerksamkeit des Betrachters auf sich, daß sie zu Bildern innerer Wandlung werden können.[68]

Eine von Julia Koppel verdeutschte Auswahl aus Jensens Erzählwerk erschien 1910 im S. Fischer-Verlag unter dem Titel *Mythen und Jagden*. Kafka muß auf den Band durch die *Neue Rundschau* aufmerksam gemacht worden sein, wo er von Ernst Heilborn besprochen wurde. Ein Mann von seltener Sinnesschärfe und zugleich ein Phantast gebe hier Rechenschaft: »Überlegung und Räsonnement stehen völlig ratlos beiseite, Dame Vernunft zieht sich die Gummischuhe an.«[69]

Die in dem Band abgedruckte Erzählung *Das Ungeziefer* enthält Momente, die offenbar als realistisches Kolorit in die *Verwandlung* eingegangen sind. Der Ich-Erzähler berichtet, wie er, in einem Kellerloch in Sevilla wohnend, sich nachts mit Wanzen zu plagen hat, den »größten und stinkendsten«, die ihm je begegnet sind: »Die Wanzen krochen die Zimmerdecke hinauf bis übers Bett und ließen sich dann vergnüglich auf mich herabplumpsen« – ein Motiv, das Jensens Naturbeobachtung entstammt und sich auch bei Kafka findet, der es freilich direkt aus der Lebenserfahrung genommen haben könnte. Die Wanzen hinterlassen »einen fahlen Pfad auf den Fliesen« – der sich bewegende, an Wänden und Decke vergnügende Gregor Kriechspuren.[70]

Mauerasseln leben zwischen gärenden und verfaulenden Dingen, die bekanntlich Gregors Nahrung bilden. Sogar der Vergleich der tierischen Fühlhörner mit Straußenfedern oder eine einmal erwähnte Fingerverletzung mögen im Text der *Verwandlung* nachwirken, vor allem aber die Attribute, die die Tiere, vermenschlicht, als folgerichtig arbeitende Angreifer kennzeichnen.[71] Als Teil wuchernder »Fabelvorstellungen«, denen der Erzähler unterliegt, scheint sogar die Situation, in der sich Gregor zu Beginn der *Verwandlung* befindet, in dieser Erzählung Jensens vorgebildet: »ich erwachte durch einen ungeheuren, wühlenden Lärm, als drehe sich ein riesenhaftes Wesen in seinem Bett um – ich selbst – ein Riese so groß, als erfülle er die ganze Welt mit seiner Zottigkeit und mit dem Schnaufen seiner Nase.«[72]

Von noch größerer Bedeutung für die Entstehung der *Verwandlung* ist jedoch die Erzählung *Der Kondignog*, die Kafka möglicherweise schon als deutsche Erstveröffentlichung in der kulturellen Halbmonatsschrift *März* kennengelernt hat. Sie erschien in der

Nummer vom 16. November 1909, als vierter und letzter Teil eines Vorabdrucks aus *Jagden und Mythen*. Das gleiche Heft enthielt einen Beitrag aus Sven Hedins *Transhimalaja*, eines Autors also, dessen Reisebeschreibungen schon früh von Kafka beachtet wurden.[73] In der Nummer davor war Max Brods *Flugwoche in Brescia* gedruckt worden, der Artikel, der im September dieses Jahres in freundschaftlichem Wettbewerb mit Kafkas *Aeroplanen in Brescia* entstanden war.

Schwermut und Angst verwandeln den auf einer Bank sitzenden Ich-Erzähler unvermittelt in ein außerhalb der Zeit stehendes, in allen Belangen von seiner Umwelt isoliertes Geschöpf. Der Umwandlungsprozeß beginnt mit eigenartigen Kälteschauern, Gänsehaut, in Übereinstimmung mit Jensens wissenschaftlichen Erkenntnissen, die sich auch Kafka zunutze macht, wenn er den Käfer Gregor bei der Berührung seines Bauches Kälteschauer empfinden läßt.[74] Blindheit stellt sich ein, die Hände verschwinden, alles bei vollem Bewußtsein, eine grenzenlose Verlassenheit entsteht.

Kafka hat die Details übernommen, soweit sie seinem Vorstellungszusammenhang dienstbar zu machen waren: die abnehmende Sehkraft, die Beschreibung der Beine bis hin zu den Pigmentflecken, den sich reflexartig öffnenden Mund, den Hunger, die Veränderung der Stimme und den Umstand, daß die tierische Identität erst erreicht wird, nachdem der Verwandelte eine der neuen Anatomie entsprechende Körperhaltung eingenommen hat: »Da geschah es, daß ich mich auf allen Vieren niederlegte und zu gehen begann, um fortzukommen. Und indem ich mich fortbewegte, kehrten meine Sinne zurück. Noch klang es fern in meinem Kopf vom Ewigkeitssturm, aber im übrigen lebte ich wieder und fühlte mich als der, der ich war. Ich bewegte meine kurzen, dicken Beine und sah, daß sie so waren, wie sie sein sollten, schmutzig fleischfarben und mit schiefrigen Pigmentflecken hier und da, auch die Hornnägel an meinen roten Klumpfüßen kannte ich wohl. Ich fühlte meinen Schwanz, meine Flughaut und meine Mähne, ich öffnete und schloß meinen Mund mit den schuppigen Lippen, und konstatierte einen sehr echten Hunger [. . .] ich war ein Kondignog, eine recht seltsame Menscheneidechse, ein in allen Zeitperioden heimatloses Geschöpf [. . .] Noch erfaßte ich nicht mein Unglück [. . .]«.[75]

Der Kondignog amüsiert sich in den ersten Nächten mit seinen neuerworbenen Fähigkeiten. Er macht Luftsprünge, weil seine Beine jeden Stoß vertragen können, gleichgültig, ob er auf Felsen oder auf weichen Boden fällt. Gregors Spaß am Herumkriechen, selbst an der Zimmerdecke, von der er sich, nachdem er seinen Körper ganz in der Gewalt hat, gern fallen läßt, wäre eine Parallele dazu. Auch der Erzählzug, daß Gregor den Weg zur ersehnten, unbekannten Nahrung nicht findet und so, appetitlos, langsam austrocknet, scheint in Jensens Text vorgebildet: »Inzwischen hungre ich noch immer, denn in der Welt, in der ich lebe, gibt es keine Nahrung für mich, und die andere Wirklichkeit, die eigentlich zu mir gehört, kommt mir nie so nah, daß ich in sie eingehen kann. Glücklicherweise, denn nur in den Augenblicken großer panischer Angst rückt sie mir nahe; es ist, als müsse ich noch einmal sterben, um in sie einzugehen.«[76]

Das ist biologisch-entwicklungsmäßig gedacht: Die Welt des Erdmittelalters mit Farnwäldern, turmhohen Schachtelhalmen, Sumpflöchern und Raubungeheuern, die in Malakka vor Jensens geistigem Auge auferstanden sein mag, ist nicht mehr wirklich evozierbar. Immerhin vermochte sich Kafka in diese doch Angst verursachende Regression einzufühlen, denn Rabans Traum in den *Hochzeitsvorbereitungen auf dem Lande* ist nichts anderes als eine solche schützende Rückführung in ein primitiveres Lebensstadium, für das in diesem Romanfragment die Kindheit steht. Vor allem aber mag er in Jensens Entfremdungserlebnis ein Bild gesehen haben, das seine eigene Exterritorialität, wie er das später einmal nannte, zu veranschaulichen vermochte, sein Leben also im Grenzbereich zwischen Sozietät und Isolation, sein Ungenügen an den Wertvorstellungen der bürgerlichen Welt, sein Rückzug in die Eigengesetzlichkeit der Literatur, der Phantasie.[77]

In Jensens Erzählung erkennen die Mitmenschen den Verwandelten nicht als solchen – darin besteht sein Unglück –, nur ein armes Proletariermädchen, durch das Hungerfieber sehend geworden, bewirkt seine Rückverwandlung. Daß Jensen eine innerseelische Regression durch eine phylogenetische Analogie zu verdeutlichen suchte, erhöhte noch die Brauchbarkeit des Vorstellungszusammenhangs für Kafka, für den das Insekt Gregor ja primär eine erst noch durch die Umwelt zu verifizierende Selbstbeurteilung war. Deswegen vertrat er die Auffassung, der Verwandelte könne nicht gezeichnet werden, und machte die Wirkung, die das Insekt auf seine Familie ausübte, zum Prüfstein für sein weiteres Verhalten.[78]

Schließlich kann darauf verwiesen werden, daß Kafka Zusammenhänge, wie Jensen sie darbot, von seiner Ausbildung her vertraut waren. Unter dem Einfluß seines Darwin verpflichteten Naturkundelehrers Adolf Gottwald, dessen lebendiger Unterricht wesentlich dazu beigetragen hatte, daß seine Schüler Naturphänomene als faßbare organische Einheiten erlebten, war er als Gymnasiast Anhänger der Evolutionslehre geworden und brachte deswegen auch später diesem Vorstellungsbereich Aufmerksamkeit entgegen.[79]

5. Kristallisation

Natürlich läßt sich nicht mehr feststellen, in welcher Weise sich die verschiedenen Vorstellungsinhalte, die an der Genese der *Verwandlung* beteiligt waren, in Kafkas produktiver Einbildungskraft miteinander verbunden haben, welche Ketten von Assoziationen schließlich die eigentliche Erzählidee und Bauform hervorgebracht haben. Aber wichtige Bewußtseinsakte können doch benannt und in eine gleichsam ideale Abfolge gebracht werden, die etwas von der Zielgerichtetheit schöpferischer Prozesse erkennen läßt, das allmähliche Wachstum des ursprünglichen Bildkomplexes beschreibt.

a) Die epische Keimzelle

Die Krise, in die Kafkas Beziehung zu Felice in den Tagen vor dem 17. November 1912 geriet, bildete nur zum Teil den psychischen Hintergrund für die Konzeption der Erzählung. Sie war jedoch auf jeden Fall der entscheidende Auslöser der Gestaltung, insofern sie ihm das scheinbar unaufhebbare Gesetz seines Lebens in äußerster Zuspitzung vor Augen führte: Felice hatte ihn verlassen, so deutete er das Ausbleiben ihrer Briefe, weil sie seine persönlichen Mängel erkannt hatte und nicht länger zu ertragen gewillt war – dies die Aktualisierung eines Fluchs, unter dem jede mitmenschliche Bindung gestanden hatte, die er bisher eingegangen war; einer Verfluchung durch den Vater, wie man aus anderen Zeugnissen ergänzen darf, der ihn aus der Sozietät, dem ureigensten Bereich des erfolgreichen Geschäftsmanns und Familienvaters, vertrieben hatte.[80]

An diesem Morgen des 17. November also lag Kafka hilflos im Bett, unfähig, es zu verlassen; auf dem Rücken vielleicht, die Beine gegen die Bettpfosten gestemmt und der fernen Briefpartnerin lange Reden haltend – diese Annahme legt jedenfalls eine Briefstelle vom Januar 1913 nahe. Sicherlich eine innere Situation, die häufig das Schreiben einleitet, das als Weiterführung abgebrochener zwischenmenschlicher Kontakte, als Fixierung entsprechender Realerfahrungen verstanden werden kann, besonders im Falle Kafkas, der sich, gerade Felice gegenüber, schriftlich besser artikulieren konnte als im direkten Gespräch.[81]

Unter den verschiedenen bereitliegenden selbstquälerischen Möglichkeiten der Beurteilung seiner Verhältnisse setzte sich an diesem Tag das Bild des Ungeziefers durch; vielleicht weil sich der Vater im Zusammenhang mit der Freundschaft seines Sohnes zu Jizchak Löwy in dieser Richtung geäußert hatte, vielleicht in Erinnerung an Jensens *Ungeziefer*, der die Vorstellung eines Rieseninsekts menschlicher Herkunft auf eine äußere Situation bezog, in der sich Kafka gerade befand. Das Spiel der Intuition, aber auch der von Kafka häufig befolgte Grundsatz, sich selbst mit den Augen des Angreifers anzusehen, die Anschuldigungen des Gegners sofort zu verinnerlichen, taten das Ihre, um die Identifikation mit dem Insekt herbeizuführen, die Metapher beim Wort zu nehmen.[82]

Wie intensiv dieses Vergegenwärtigung gewesen sein muß, zeigt eine während der Niederschrift der *Verwandlung* formulierte Briefstelle. Er wäre, heißt es da, gezwungen, Felice die Hand zu halten, falls er ihr das Entstandene vorläse – die Geschichte sei »ein wenig fürchterlich«. In die gleiche Richtung weisen Erinnerungen Friedrich Thiebergers an Kafka. Thiebergers Vater hatte die *Verwandlung*, die erst drei Jahre nach ihrer Niederschrift gedruckt wurde, gelesen und machte dem Autor gegenüber ein paar darauf bezügliche Bemerkungen: »Dann wich Kafka einen Schritt zurück und sagte mit einem erschreckenden Ernst und einem Kopfschütteln, als ob es sich um eine wirkliche Begebenheit gehandelt hätte: ›Das war aber auch eine furchtbare Sache.‹«[83]

Die topische Formel gewinnt also selbständiges Leben, der psychische Druck, unter dem Kafka stand, trieb seine Einbildungskraft zur Entfaltung des Gegebenen an. Erst die Niederschrift der ihn bedrängenden Vorstellungen half, die Spannungszustände abzubauen: »schweigend leiden ist zu schwer«. Erzählmöglichkeiten werden erkundet, im Verlauf solcher literarischer Probehandlungen finden Assoziationen zu schon bekannten Darstellungen von Insekten statt, das Verwandlungsmotiv wird eingeführt, naheliegend auch deswegen, weil Kafka sein Leben gelegentlich unter den Begriff der Verwandlung stellte.[84]

Ovid und Mantegna ermutigen dazu, den in Aussicht genommenen Gegenstandsbereich für ein tragfähiges Sujet zu halten, Jensens *Kondignog* vermittelt die wichtige Einsicht, daß Verwandlungsvorgänge nicht nur von außen, sondern aus der Optik des Betroffenen dargestellt werden konnten, daß die Innenwelt eines zur Echse rückgebildeten Menschen trotz ihrer Ferne zum Ursprungsbereich artikulierbar war durch die Beschreibung artgemäßer Körperempfindungen, der Betonung von Elementartrieben wie Hunger, durch die veränderten Sinneswahrnehmungen, den Verlust der Sprechfähigkeit.

Jetzt mußte die endgültige Tragfähigkeit des Erzählkerns für das geplante Werk überprüft werden, indem er versuchsweise nach den lebensgeschichtlichen Strukturen organisiert wurde, deren Darstellung intendiert war. Dabei ergab sich, daß wesentliche Details und Konstellationen, die sich als Ausdruck und Veranschaulichung eines folgerichtig entfalteten Insektendaseins ergaben, als Besonderheiten der Lebensumstände Kafkas deutbar waren, um deretwillen die Konzeption erfolgen sollte. Jedenfalls legt die fertige Erzählung nahe, eine derartige Koinzidenz schon zum Zeitpunkt der Planung anzunehmen.

Wenn Kafka der Auffassung war, in seiner Familie so »locker« zu sitzen, daß er sich »von keiner Seite mit jemandem zu berühren« glaubte, daß er nicht »mitleben« konnte und schweigend als ein Fremder, meist in sein Zimmer vergraben, im Kreis seiner Angehörigen lebte, dann paßt dazu eine Verbildlichung als niederes Tier, dessen Stummheit und Menschenferne evident sind.[85]

Wenn in seinem Zimmer nicht mehr benötigte Möbel abgestellt wurden, dann konnte man von einer Art Rumpelkammer sprechen, die in solcher Funktion auch im Erzählgang auszubringen und als sozusagen natürlicher Lebensraum des Ungeziefers glaubhaft war.[86] Wenn sich die Unselbständigkeit von der Familie äußerlich darin zeigte, daß man in einem Durchgangszimmer zwischen elterlichem Wohn- und Schlafzimmer lebte und die

Heimatstadt als Gefängnis empfand, war ein entsprechendes Arrangement der Räume im Handlungsgang der Erzählung zu verwenden, indem gezeigt wurde, wie der Verwandelte gleich beim Erwachen links und rechts von den Stimmen der ihn ermahnenden Angehörigen eingekreist ist, wie er später als Strafe für seine Aufsässigkeit in diesen Raum eingesperrt wird – Bild äußerster Abhängigkeit von seiner Umgebung.[87]

Wenn Kafkas fünfjährige Tätigkeit als Versicherungsangestellter, die strapaziöse Eisenbahnreisen erforderlich machte, wie er meinte, einen konsequenteren Charakter als ihn selbst längst zum Selbstmord getrieben hätte, dann waren diese Belastungen geeignet, Arbeitsverweigerung und Tod Gregors zu begründen, der seit fünf Jahren in der von ihm herausgesuchten Wohnung lebt und ebenso lange als kleiner Kommis und gutverdienender Handlungsreisender beschäftigt ist. Der vermutete Zusammenhang wird noch durch den Umstand wahrscheinlicher, daß Kafka die Berechtigung seiner Klagen über das Büro gegenüber Felice in der gleichen Nacht verteidigte, in der er Gregors berufliche Verhältnisse dargestellt hatte.[88]

Weil sich Erzählwelt und lebensgeschichtlicher Hintergrund des Autors so eng verschlingen, wird es nicht überraschen, daß selbst kleinste Handlungsdetails durch Autobiographisches bestimmt sind, besonders wenn dieses in den Erlebnisbereich fällt, in dem die Entstehung der Geschichte zeitlich anzusetzen ist. Aber solche Realitätssplitter sind nie überständig im Blick auf die Geschlossenheit der Erzählwelt, sondern immer aus der Sachlogik der sich entfaltenden Grundmetapher entwickelbar, so daß man den Eindruck gewinnt, daß das Biographische zugleich Voraussetzung und Katalysator eines Erzählens darstellt, dessen Plastizität demnach durchweg zweckbestimmt geregelt ist.

Dafür zwei Beispiele. Um zu prüfen, was er essen würde, legt Grete dem Bruder auch Rosinen, Mandeln und ein Butterbrot vor – nur etwa vier Tage vor der Niederschrift dieser Passage hatte Kafka Felice auf deren Anfrage hin unter anderem über seine Eßgewohnheiten berichtet und dabei diese Nahrungsmittel als Bestandteile seines Nachtmahls erwähnt.[89]

Im Epilog der Erzählung beobachten die Samsas, wie ein Fleischergeselle mit der Trage auf dem Kopf in stolzer Haltung die Haustreppe hochsteigt, auf der eben die drei Zimmerherren die Wohnung verlassen haben – sechs Wochen vorher war Kafka vor

dem Haustor mit der Trage eines Fleischergesellen zusammenge-
prallt, die ihn über dem linken Auge verletzte.[90]

Der innere Zusammenhang dieser Gegebenheiten und ihr Stellenwert innerhalb des Textes der *Verwandlung* ist der folgende: Das
Schreiben Kafkas vom 11. November, in dem er Felice seine Liebe
gestanden, gleichzeitig aber um Beendigung des Verhältnisses
gebeten hatte, löste bei der Briefempfängerin eine doppelte Reaktion aus. Einmal wandte sie sich vertraulich an Max Brod, von
dem sie nähere Aufklärung über das seltsame Verhalten Kafkas
erwartete; zum andern schlug sie diesem in ihrem Antwortschrei-
ben vor, er möge seine Lebensschwierigkeiten mit seiner Mutter
beraten. Diese entdeckte zufällig den Brief, las ihn und war von
seinem Inhalt so angetan, daß sie heimlich an Felice schrieb und sie
bat, die Lebensweise ihres Sohnes im Sinne der Alltagskonventio-
nen zu ändern; Franz schlafe und esse nicht »wie andere junge
Leute in seinem Alter«. Felice erkundigte sich daraufhin unschuldig bei Kafka nach dessen Gewohnheiten und erhielt hinsichtlich
seiner Ernährung die Auskunft, zu Mittag esse er »aus Kindesliebe
so wie die andern, nur im ganzen etwas weniger als die andern und
im einzelnen noch weniger Fleisch als wenig«, ein Umstand, den
übrigens der Vater, Sohn eines Fleischhauers, in der ersten Zeit
nur dadurch ertragen konnte, daß er zwischen sich und Kafka die
aufgeschlagene Zeitung brachte.[91]

Die Antwort Max Brods vom 22. November fiel geschickter aus:
»Franz hat nach jahrelangem Probieren endlich die für ihn einzig
bekömmliche Kost gefunden, die vegetarische. Jahrelang hat er
an Magenkrankheiten gelitten, jetzt ist er so gesund und frisch wie
nie, seit ich ihn kenne. Aber natürlich, da kommen die Eltern mit
ihrer banalen Liebe und wollen ihn zum Fleisch und in seine
Krankheit zurückzwingen.« Auftragsgemäß hatte Brod zunächst
Kafka gegenüber seinen Kontakt mit Felice verschwiegen. Als er
diesem gegenüber während eines tags zuvor unternommenen
Spaziergangs andeutete, er möge seine Briefe doch sicherer aufbe-
wahren, wurde der Freund mißtrauisch, zumal sich Felice in
ähnlichem Sinne geäußert hatte und zwang Brod schließlich, den
ganzen Zusammenhang aufzudecken.[92]

Das gewählte Erzählmodell erlaubte es, die angedeutete Pro-
blemstellung organisch in den Textzusammenhang einzugliedern.
Einerseits ist der Käfer wegen seiner fehlenden Zähne nicht in der
Lage, Fleisch zu genießen und damit geeignet, den strittigen

Sachverhalt im Sinne Kafkas zu repräsentieren, der einmal selbst als Begründung für seine diesbezügliche Enthaltsamkeit angegeben hat, Fleisch nicht zerbeißen zu können.[93]

Um so auffälliger üben sich die drei Zimmerherren, die offensichtlich als Gegenbild Gregors in die Erzählung eingeführt worden sind, in dieser Tätigkeit; ihre kauenden Zähne werden hervorgehoben. Die Logiergäste, stellt Gregor sorgenvoll fest, nähren sich, während er, den Appetit auf andere Dinge hat, dabei ist umzukommen. Übertrieben unterwürfig von Mutter und Schwester bedient, die ihnen auch den Eßtisch überlassen, an dem in früheren Zeiten Gregor und die Eltern gesessen hatten, nehmen sie ein Fleischgericht zu sich, das sie vor dem Verzehr sorgfältig auf seine Qualität hin überprüfen. Demgegenüber schiebt die Schwester, ehe sie ins Geschäft geht, »mit dem Fuß irgendeine beliebige Speise in Gregors Zimmer hinein, um sie am Abend, gleichgültig dagegen, ob die Speise vielleicht nur verkostet oder – der häufigste Fall – gänzlich unberührt war, mit einem Schwenken des Besens hinauszukehren«.[94] Die von den Eltern beanstandete ungenügende Nahrungsaufnahme Kafkas wird hier gleichsam begründet, wobei zugleich auf die Lieblosigkeit hingewiesen wird, mit der man den Sohn verköstigte – dieser war kaum jemals mit der Zubereitung seiner Abendmahlzeit zufrieden.[95]

Andererseits verschmäht Gregor Rosinen, Mandeln und Butterbrot, fühlt sich vielmehr zu überreifem Käse hingezogen, den er vor seiner Verwandlung als ungenießbar erklärt hatte, und bevorzugt halbverfaultes Gemüse. Nach Kafkas Auffassung war Fleisch ein sich zersetzender Tierkadaver, die biologisch zutreffende Beschreibung der Eßgewohnheiten des Ungeziefers demnach das Eingeständnis, sich in dieser Sache unsinnigerweise gegen die Eltern aufgelehnt zu haben, denn das sich zersetzende Eiweiß des Käses und das verdorbene Gemüse ist sozusagen das Aas des vegetarischen Käfers: Verinnerlichte Kafka die ihm angebotene Bewertung seiner Person als Insekt, hatte er sich als Aasfresser zu sehen, obwohl er in seinen Auseinandersetzungen mit den Eltern versucht hatte, gerade das zu vermeiden – die Niederlage war vollkommen, der selbstquälerisch geführte Beweis eigener Nichtigkeit sogar in Nebenpunkten gelungen.

Wie man sieht, liegt der Vorstellungsbereich Essen, der sich im Erzähltext als durchgehende, noch an anderen Stellen wirksame Motivkette zeigt, auf hintergründige Weise der Konzeption zugrunde, ordnet die lebensgeschichtlichen Details einem neuen Verweisungszusammenhang ein, der in dem Nachschub liefernden Fleischergesellen am Ende der Erzählung gipfelt, denn er verkündet sozusagen den endgültigen Sieg des väterlichen Ernährungsprinzps.

Die Lebensform des Käfers als Integral autobiographischer Sachverhalte, die Kafka zur Zeit der Niederschrift der *Verwandlung* bedrängten – dafür noch ein Beispiel, das die Aufmerksamkeit deswegen auf sich zieht, weil hier, der einzige Fall in einem vom Autor selbst zum Druck gegebenen Text, eine sachliche Unstimmigkeit vorliegt. An diesem einen Punkt ist es Kafka offenbar nicht ganz gelungen, die ursprünglich einteilige Konzeption der Geschichte mit dem später sich ergebenden ausführlicheren Handlungsgang zu versöhnen.

Gleich zu Anfang des zweiten Kapitels heißt es, Gregor habe zweimal täglich von der Schwester sein Essen bekommen, zu geschickt gewählten Zeiten, an denen Eltern und das Dienstmädchen nicht Augenzeugen dieser Fütterung sein mußten. Aber gleich im übernächsten Abschnitt wird ein damit nicht zu vereinbarender Sachverhalt berichtet. Am ersten Tag nach Gregors Verwandlung habe das Dienstmädchen kniefällig um Entlassung gebeten und eine Viertelstunde später unter Dankesbezeugungen das Haus verlassen, so daß Mutter und Schwester jetzt auch hätten kochen müssen.[96]

Die hier behauptete Entlassung des Dienstmädchens gehörte offenbar zur primären Konzeption. Denn spätestens in der Textpassage, die Kafka in der zweiten Nacht schrieb, wird das Dienstmädchen als Erzählfigur eingeführt. Gregor stellt sich vor, daß es ihn zusammen mit dem Vater aus dem Bett schälen und auf den Fußboden stellen könnte. Und als man ihn krank vermutet, bittet der Vater das in der Küche befindliche Mädchen, das also als Köchin vorgestellt wird, einen Schlosser zu holen.[97] Die Funktion dieser dreigliedrigen Motivkette: Es wird gezeigt, wie Grete, die bisher keinerlei Verantwortlichkeit für die Familie gezeigt hatte, allmählich der Arbeitswelt zugeführt wird.

Wenig später heißt es überraschenderweise im Blick auf die Schwester, die nicht imstande ist, allein die Gregor in seinem Kriechen behindernden Möbel aus dem Zimmer zu schaffen: »das Dienstmädchen hätte ihr ganz gewiß nicht geholfen, denn dieses etwa sechzehnjährige Mädchen harrte zwar tapfer seit Entlassung der früheren Köchin aus, hatte aber um die Vergünstigung gebeten, die Küche unaufhörlich versperrt halten zu dürfen und nur auf besonderen Anruf öffnen zu müssen«.[98] Obwohl diese Formulierung, wohl in Erinnerung an die frühere Stelle, bewußt vage gehalten ist, läßt sie sich doch nur so verstehen, daß ursprünglich zwei Hausangestellte vorhanden waren und nach der Entlassung der Köchin das Dienstmädchen deren Aufgabe übernommen hat – im klaren Widerspruch zu der an der vorigen Stelle berichteten Küchenarbeit der Schwester. Zu Beginn des dritten Kapitels wird dieser Erzählfaden wieder aufgenommen: »Der Haushalt wurde immer mehr eingeschränkt; das Dienstmädchen wurde nun doch entlassen; eine riesige knochige Bedienerin mit weißem, den Kopf umflatterndem Haar kam des Morgens und des Abends, um die schwerste Arbeit zu leisten; alles andere besorgte die Mutter neben ihrer vielen Näharbeit.«[99]

Ein ästhetisches und ein inhaltliches Moment verbinden sich in dieser Korrektur des ursprünglichen Ansatzes. Einerseits gehörte es zu Kafkas Gestaltungsprinzipien, einmal eingeführte Erzählumstände nicht einfach liegenzulassen, zu vergessen, wenn sie ihre Aufgabe in einem bestimmten Zusammenhang erfüllt hatten, sondern sie als möglichst geschlossene Nebenhandlung mit einem natürlichen Ende zu geben: Wenn die Figur des Dienstmädchens schon dreimal erwähnt worden war, hatte sie auch in der umfangreichen Fortsetzung ihre Rolle zu spielen.[100]

Außerdem veranschaulicht die Art und Weise, wie Kafka das Motiv führt, die Veränderungen, die sich im Lebensstil der Familie Samsa seit der Verwandlung Gregors unablässig vollziehen: Man wohnt zunächst in einer geräumigen Wohnung und beschäftigt, wie im Prager gehobenen Bürgertum üblich, zwei Hausangestellte.[101] Erst wird die Köchin entlassen, dann das in der Wohnung des Arbeitgebers lebende Dienstmädchen. Es wird durch eine nicht im Hause wohnende Zugehfrau ersetzt, die natürlich nur vergleichsweise eingeschränkte Aufgaben übernehmen kann. Nach Gregors Tod wird ihr gleichfalls gekündigt. Man hat eine kleinere, besser gelegene Wohnung in Aussicht, in der man sich selbst versorgen kann. Eltern und Schwester befinden sich jetzt, im Gegensatz zum Erzählbeginn, in aussichtsreicher beruflicher Position. Der Nebenstrang ist also vollkommen in das allgemeine Erzählgefälle einbezogen, das veranschaulichen soll, wie die Familie gerade aufgrund des

Unglücks, das sie betroffen hat, sich Schritt um Schritt auf eigene Beine stellt.

Das Motiv ist aus autobiographischem Material entwickelt – die Familie Kafka hatte damals zwei Hausangestellte. Sie werden beide in Briefen an Felice erwähnt, die in die Inkubations- und Entstehungszeit der *Verwandlung* fallen: In der Nacht vom 24. auf 25. November berichtet Kafka vom etwa siebzehnjährigen Dienstmädchen, »still wie ein Schatten«, mit dem er sich allein in der Wohnung befinde, am 8. des Monats von der Haushälterin Marie Werner, die schreiend in die Wohnung stürmte und in der türenschlagenden Bedienerin der Erzählung aufgenommen ist.[102]

Auch in diesem Fall erweist sich, daß bereitliegendes lebensgeschichtliches Material als organischer Bestandteil der zu entfaltenden Tiermetapher sinnvoll war, und dies nicht ohne Grund. Im Blick auf den Verwandelten nämlich zeigt sich, daß die Bediensteten keine Wartungsfunktionen übernehmen können: Das Dienstmädchen schließt sich in die Küche ein, die Bedienerin denkt nicht daran, Gregors Zimmer zu reinigen. Das Personal mildert Gregors Isolation von seiner Umwelt keineswegs, sondern verstärkt sie noch. Dieser Aspekt ist auf der Ebene der Lebensgeschichte Kafkas schon angelegt, kommt er doch in den beiden angeführten Briefen in Zusammenhängen auf das Mädchen und die Haushälterin zu sprechen, die gerade seine Absonderung von seinen Angehörigen und den Hausangestellten bezeugen sollen.

Nachdem erprobt worden war, daß die Tiermetapher aspektreich genug war, den Konflikt Kafkas mit seiner Familie darzustellen, war noch zu überprüfen, in welcher Weise das Verwandlungsmotiv aufgenommen werden sollte. Kafkas Vorgänger lassen sich den darstellerisch so überaus dankbaren Vorgang der Verwandlung nicht entgehen, und genauso verhält sich die Mehrzahl der Autoren, die, ihrerseits von der *Verwandlung* angeregt, sich in ihrem schriftstellerischen Werk diesem Gegenstandsbereich verpflichtet zeigen.[103]

Kafka selbst hingegen setzt überraschenderweise mit der Handlung zu einem Zeitpunkt ein, an dem die spektakuläre Gestaltänderung Gregors bereits abgeschlossen ist. Nur die Veränderung der Stimme, der Sinneswahrnehmungen und der menschlichen Psyche wird, allerdings vergleichsweise sehr unaufdringlich, in den weiteren Gang des Geschehens einbezogen.

Für dieses Vorgehen gibt es mehrere Erklärungen. Einmal verträgt sich die zusammenhängende Präsentation des Verwandlungsgeschehens nicht mit dem in Kafkas Werk allenthalben zu beobachtenden Funktionalismus, der beispielsweise Personenbeschreibungen allein zuläßt, wenn sie durch die Situation motiviert, also für den unmittelbaren Fortgang des Geschehens notwendig sind. Das bedeutet in der Regel, daß der Leser nach und nach, stückchenweise, mit den Besonderheiten einer Figur vertraut gemacht wird, weil jeweils nur solche Einzelumstände oder besonderen Merkmale ins Blickfeld kommen, die Träger der Handlung sind: Gregors Unterleib wird erwähnt, wenn er sich damit anstößt; seine Fühler, wenn er sich in der Dunkelheit damit orientiert; die fehlenden Zähne, wenn er einen Schlüssel zu bewegen hat; den elastischen Panzer, wenn er damit auf den Fußboden aufschlägt. Seine Erscheinung komplettiert sich erst im Lauf des Geschehens zur plastischen Gesamtanschauung.

Zum andern ist Kafkas Vorgehen auch von der Genese des Ungeziefermotivs abhängig: Wenn seine Selbsteinschätzung als Insekt die Anerkennung einer Bewertung durch die Sozietät ist, muß Gregor sein endgültiges Käfersein durch ein Urteil seiner Familie erhalten, er selbst zunächst also noch schwankend über seinen neuen Zustand sein. Diese Voraussetzung ist jedoch nur dann plausibel, wenn Gregor von der eingetretenen Veränderung überrascht wird, wenn ihm also zu einer genaueren Untersuchung seines Körpers zunächst keine Zeit bleibt.

Schließlich könnte man annehmen, daß Kafka der Auffassung war, durch eine Beschreibung des Umwandlungsprozesses selbst in Begründungsschwierigkeiten zu geraten: Circe bei Ovid handelt aus der unbezweifelbaren Macht der Zauberin; Jensens Ich-Erzähler im *Kondignog* erlebt sich, den anderen unsichtbar, als Lebewesen, das graue Vorzeit psychisch in sich reaktiviert, auf Entwicklungsstufen regrediert, die von der Menschheit immerhin einmal durchlaufen wurden. Kafka wollte jedoch deutlich machen, daß Gregor unbewußt und gegen seine Überzeugung sich der weiteren Funktionalisierung seiner Arbeitskraft verweigert, weil er sowohl im Berufsleben als auch in der Familie nicht die notwendige Gefühlswärme erhält. Unter solchen Voraussetzungen ist natürlich die Beobachtung des Umwandlungsprozesses durch den Betroffenen gegen jede Erzähllogik; dieser muß ihn vielmehr als Entfremdungserlebnis überraschen.

Man wird bemerkt haben, daß die Deutung des Verwandlungs-geschehens, die Kafka seinen Lesern anbietet, sich grundlegend von der psychischen Ausgangslage unterscheidet, die die Einlaß-stelle des Motivs in seine produktive Einbildungskraft war. Wie ist es dazu gekommen?

Das Verhalten, das er Felice Bauer in der zweiten Novemberwo-che 1912 unterstellt hatte, mußte zwangsläufig die Situation vom 7. Oktober dieses Jahres reaktivieren, in der sich Vergleichbares ereignet hatte. An diesem Tag war Ottla, sein einziger Halt in der Familie, von ihm abgefallen, hatte ihn, Felice vergleichbar, verlas-sen, weil sie mit den Eltern der Meinung war, er müsse die freien Nachmittage der darniederliegenden Asbestfabrik widmen, die er Ende 1911 zusammen mit seinem Schwager Karl Hermann ge-gründet hatte.[104]

Weil er von wirtschaftlichen Zusammenhängen nichts verstand, mußte dieser Vorgang Existenzängste auslösen. Schon die Tatsa-che, daß die Fabrik, für die er als stiller Teilhaber mit seinem ganzen persönlichen Vermögen haftete, nicht recht vorankam, belastete ihn, zumal ihm der Vater, der ihm Geld dafür geliehen hatte, die Schuld an der verfehlten Investition gab und schlechte Geschäftsnachrichten mit nach Hause brachte.[105] Dazu kam noch, daß ein Zusammenbruch des väterlichen Kurzwarengeschäftes durchaus im Bereich des Möglichen lag. 1912 war ein Krisenjahr, in dem das gesamte Wirtschaftsleben stark rückläufig war.[106] Der erstaunliche Aufschwung, den das Unternehmen des Vaters seit seiner Gründung genommen hatte, war nicht nur längst zum Stillstand gekommen, sondern hatte sich sogar in einen »entsetz-lichen Rückschritt« verwandelt, und zwar vor allem durch die Heirat Ellis, die 30 000 Kronen Mitgift erhalten hatte, eine Summe, für die Kafka zu diesem Zeitpunkt rund zwölf Jahre zu arbeiten hatte.[107] Und eben jetzt stand mit der bevorstehenden, nach seiner Auffassung viel zu aufwendig geplanten Heirat Vallis ein ähnlicher finanzieller Aderlaß bevor, zumal der neue Schwie-gersohn arm und ein kleiner Angestellter war, von dem keine geschäftlichen Initiativen zu erwarten waren.[108]

Man brauchte jedoch gar nicht einen derart dramatischen Um-schwung der Verhältnisse für möglich halten, es genügte schon, wenn sich die Krankheit des Vaters, eine dauernd drohende Arte-rienverkalkung, verschlimmerte, das Ausscheiden aus dem Ge-schäftsleben notwendig machte, denn dann war der Sohn, als solcher und als einziger Familienangehöriger, der über ein eigenes Einkommen verfügte, zumindest verpflichtet, seinen sicheren Beamtenstatus in der Arbeiter-Unfall-Versicherungs-Anstalt beizubehalten, um die Angehörigen in ihrer schwierigen Lage zu unterstützen und ihnen nicht etwa noch gleichfalls dadurch zur Last zu fallen, daß er, weil er sich erfolglos als freier Schriftsteller oder Journalist versucht hatte, selbst in finanzielle Schwierigkeiten geriet. Solche Überlegungen waren dann tatsächlich ein wichtiger Grund dafür, daß Kafka während der Kriegsjahre gegen innere Überzeugung seinen Posten nicht aufgab. Wurden seine Befürchtungen Wirklichkeit, dann bedeutete das, daß er Prag und die Familie niemals würde verlassen können, für immer unselbständig bleiben mußte, in der ungeliebten Welt des Vaters festgehalten wurde, vor allem, wenn er gar an dessen Stelle zu treten hätte.[109] Solche Zukunftsaspekte mußten eine Hoffnungslosigkeit hervorrufen, die nur durch Verweigerung abgebaut werden konnte, die Haß und Aggression im Gefolge hatte. Der Text der *Verwandlung* artikuliert diese Zusammenhänge: Der Sohn des Hauses trägt nach dem Zusammenbruch des väterlichen Geschäfts den Aufwand der Familie allein und hegt Todeswünsche gegen seinen Chef, der als Gläubiger des Vaters diesen nur allzu durchsichtig als Projektionsfläche vertritt, zumal sich über ein anderes Motiv ebenfalls eine unbewußte Erbitterung Gregors gegen seinen Vater herleiten läßt.[110]

Das Insekt paßte als Bild zugleich dieses Rückzugs aus den Gemeinschaftsverpflichtungen und infantiler Widerspenstigkeit gegen die Familie, die sozusagen mit den Folgen konfrontiert wird, die sich aus ihrer Beurteilung des Bruders und Sohnes ergeben: Hielt man diesen für ein schmarotzendes Ungeziefer – auf diese vereinfachte Aussage läßt sich die Umfunktionierung der Tiermetapher bringen –, dann hatte man auch die Folgen zu tragen und ihn zu nehmen, wie man ihn sah und wie er sich demgemäß zu geben hatte. Kafkas Verurteilung durch die Angehörigen wird so zu einer Selbstrechtfertigung, in einem fiktiven Probehandeln, dessen Ergebnis Vorbild für wirklich zu treffende Lebensentscheidungen sein konnte: Würde er als engagierter Geschäftsmann nach dem Wunsch seiner Familie leben, müßte er sich dieser Belastung durch regressive Arbeitsverweigerung entziehen, an der er allerdings zugrunde gehen würde.[111]

Die für die Erzählung zu wählende Eingangsszene ergab sich

unter diesen Gesichtspunkten fast zwangsläufig. Abgesehen davon, daß Tages- und Jahreszeit, wichtige Requisiten, Lokalisierung der Hauptfigur und ihre innere Befindlichkeit in der Situation vorgebildet waren, in der sich der Autor befand, als er sich die *Verwandlung* ausdachte, legte auch die vorgesehene Begründung des Verwandlungsgeschehens nahe, die Erzählung erstens mit dem am Morgen im Bett liegenden Gregor zu beginnen, weil sich dann in der vorausliegenden Nacht dessen Umwandlung unbeobachtet vollziehen konnte; und zweitens in einer Wohnung, die es gleichermaßen erlaubte, Konfrontationen mit der Familie und Abhängigkeit von dieser anschaulich zu machen.

Für das einleitend darzustellende Erlebnis der Selbstentfremdung bot Dostojewskis *Doppelgänger*, der Kafka zu diesem Zeitpunkt schon bekannt gewesen sein muß, ein Strukturmodell, das sich um so leichter mit der sich herauskristallisierenden Erzählidee verschmelzen ließ, als das Ungeziefermotiv als Vergleichsdrittes beiden Texten gemeinsam ist: An einer Stelle des Romans nämlich kommt sich dessen Hauptfigur angesichts eines jungen, stattlichen Offiziers wie ein Käfer vor, ein Umstand, den Kafka übrigens auch als solchen aufgreift, wenn er den verwandelten Gregor mit einem älteren Photo konfrontiert, das ihn als sorglos lächelnden Leutnant zeigt, der Respekt für seine Haltung und Uniform verlangt.[112]

Kafka hat folgende Erzählzüge von Dostojewski übernommen: das staunende Erwachen eines sich in seinen Verhältnissen nicht mehr Zurechtfindenden; seine Gewißheit, daß die neuen Gegebenheiten kein Traum sind; seinen Versuch, sich durch Betrachtung der wohlvertrauten Umgebung zu orientieren; seinen Blick aus dem Fenster, auf das regnerische Draußen; seine als Schutzbehauptung anzusehende These, die eingetretene Veränderung des eigenen Befindens beruhe auf einer Erkältungskrankheit; seine Absicht, sich durch Weiterschlafen aller drohenden Schwierigkeiten zu entziehen; die feindliche Haltung gegenüber seinem Dienstvorgesetzten, die diesen fliehen läßt; und schließlich die funktional eingesetzten Zeitangaben.[113]

Der Amalgamierungsprozeß, der der Niederschrift der Eingangsszene vorherging, war also vielschichtig. Direkte autobiographische Zusammenhänge und Vorlagen unterschiedlichster Herkunft, die geeignet waren, als Motive oder Bildstrukturen diese lebensgeschichtlichen Sachverhalte angemessen zu repräsentieren, mußten einheitlicher Zweckbestimmung dienstbar gemacht, nämlich so in den geplanten Lebensrahmen des Ungeziefers eingepaßt werden, daß eine organische, vollkommen geschlossene Erzählform entstand, die nur aus ihren eigenen Prämissen entwickelt schien.

b) Die Bedeutung der Kindheit

Gerade als Kafka die Eingangsszene abgeschlossen, Gregor sich in Tiergestalt seinen Angehörigen und dem Prokuristen gezeigt hatte, erfuhr er von dem Briefkontakt zwischen seiner Mutter und Felice. Noch am gleichen Tag, dem 21. November, schrieb er darüber an die Geliebte: »Ich habe die Eltern immer als Verfolger gefühlt, bis vor einem Jahr vielleicht war ich gegen sie wie vielleicht gegen die ganze Welt gleichgültig wie irgendeine leblose Sache, aber es war nur unterdrückte Angst, Sorge und Traurigkeit wie ich jetzt sehe. Nichts wollen die Eltern als einen zu sich hinunterziehn, in die alten Zeiten, aus denen man aufatmend aufsteigen möchte, aus Liebe wollen sie es natürlich, aber das ist ja das Entsetzliche.«[114] Mit diesen Worten wolle er bewußt enden, weitere Ausführungen würden »zu wild« werden, also Aggressionen gegen die Eltern durchbrechen lassen. Dies geschah freilich noch am gleichen Abend, als er eine heftige Auseinandersetzung mit seiner Mutter hatte, in deren Verlauf er ihr ihre Verfehlung vorhielt, obwohl er eigentlich, um Felice zu schonen, gar nicht hatte sagen wollen, daß er von dem Schriftwechsel der Frauen wußte.

Es ist zu vermuten, daß diese Ereignisse ihm in bestürzender Weise zum Bewußtsein brachten, wie abhängig er eigentlich von seinen Eltern war, daß dadurch Emotionen freigesetzt wurden, die Kindheitserinnerungen zum Durchbruch verhalfen und ihm verdeutlichten, daß die Gesetzlichkeiten seines gegenwärtigen Lebens vielfach deckungsgleich mit längst überwunden geglaubten Kindheitsmustern war. Die mit dieser Lebensphase verbundene Abhängigkeit und Verlassenheit wäre dann in den Erzählpartien aufgefangen und verarbeitet worden, die in den folgenden Tagen geschrieben wurden.

Tatsächlich ergibt die Analyse des Schlußteils zum ersten Kapitel, der in der folgenden Nacht konzipiert wurde, des gesamten Mittelteils und der das dritte Kapitel einleitenden Teile, daß es sich so verhalten haben muß. Zwar gibt es schon in der Eingangsszene der *Verwandlung* zwei Stellen, an denen Gregor als kleines Kind erscheint, aber das heißt ja nur, daß der Aspekt der Unselbständigkeit von Anfang an mitschwang: Einmal stellt sich Gregor vor, Vater und Dienstmädchen sollten ihn aus dem Bett heben und auf den Fußboden setzen, wo er als Krabbelnder in seinem eigensten Lebenselement wäre; etwas später meint er, die Eltern hätten seine Bemühungen um das Türschloß mit ermunternden Zurufen begleiten sollen; denn nicht nur, daß der sich mühsam aufrichtende Gregor, der gerade so groß ist, daß er mit viel Anstrengung den Schlüssel drehen kann, an die Befreiungsversuche kleiner Kinder erinnert, die sich versehentlich eingeschlossen haben, sondern Kafka hat auch unter den Beschwernissen seiner Kindheit besonders festgehalten, daß ihm in seinen kleinen Unternehmungen keine genügende Aufmunterung durch den Vater zuteil geworden war.[115]

In der Schlußszene des ersten Kapitels aber wird diese lebensgeschichtliche Ebene zum erstenmal strukturbildend: Denn wenn Gregor vom Vater als Strafe für sein Verhalten brutal in sein Zimmer zurückgestoßen und darin eingeschlossen wird – dieser Umstand wird auffällig betont –, dann kann man in diesem Handlungsgefälle eine auf die besonderen Gegebenheiten der Erzählung ausgerichtete Darstellung des Ein- und Ausgeschlossenseins sehen, das beispielsweise die Konzeption des *Verschollenen* und des *Berichts für eine Akademie* bestimmt. Dies als Spiegelung und Aufarbeitung eines traumatischen Kindheitserlebnisses, der einzigen Situation aus den ersten Lebensjahren, derer sich Kafka im *Brief an den Vater* erinnerte: Der Vater hatte ihn eines Nachts, weil anders keine Ruhe zu erreichen war, aus dem gemeinsamen Schlafzimmer ausgesperrt, indem er ihn im Hemd ein Weilchen auf dem Balkon stehenließ, für Kafka eine Urszene, die ihm paradigmatisch die eigene Nichtigkeit und das Gefühl vermittelte, schutzlos elterlicher Willkür ausgeliefert zu sein.[116]

Nun das zweite Kapitel: Gregor erhält jetzt von der Schwester seine Nahrung. Er könnte sich so wenig selbst versorgen wie ein Kind – oder Kafka, der doch zeitlebens, selbst in den Jahren, in denen er eigene Wohnungen gemietet hatte, die Mahlzeiten am Tisch der Eltern einnahm. Gregor belauscht an der Zimmertür die Beratungen der Erwachsenen und erfährt finanzielle Dinge, die man bisher vor ihm verschwiegen hatte, ein häufiger Vorgang in Eltern-Kind-Beziehungen.

Er findet Spaß am Kriechen, so daß man sein Zimmer ausräumen will, um ihn nicht darin zu behindern, ein nicht nur zu Kafkas Zeiten geübter Brauch von Eltern, die Aktivitäten ihrer Kinder zu lenken, die gerade zu laufen begonnen haben. Gregor leistet diesem Versuch der Schwester und Mutter, die Einrichtungsgegenstände aus seinem Zimmer zu entfernen, erbitterten Widerstand, sind sie ihm doch Bild und Garant seines Menschseins.

Zwar überliefern die Lebenszeugnisse Kafkas keine Kindheitserinnerung, die als unmittelbares Vorbild dieser Szene in Frage kommt, doch bedeutet dies natürlich noch lange nicht, daß eine entsprechende Grundlage überhaupt fehlt. Der Schrecken, den Kafka empfand, wenn man, sogar als Freund, sein Zimmer betrat, und die Wut, mit der er darauf reagierte, wenn Familienangehörige ohne sein Wissen sich eines seiner Bücher ausliehen,[117] läßt vielmehr ganz im Gegenteil den Schluß zu, daß er als Kind zu wenig Freiraum, Sicherheit, auch hinsichtlich der unmittelbaren äußeren Umgebung, hatte, daß seine Eigenart nicht genügend geachtet wurde, daß er unverkraftbaren elterlichen Übergriffen ausgesetzt war, die mit Abwehr, Fluchtbewegungen nach innen kompensiert werden mußten.[118]

Gregors Auseinandersetzung mit den beiden Frauen wäre dann anschaulicher Ausdruck für die allgemeine Unsicherheit einer Kindheit, in der als äußerer Besitz nur das zu verteidigen war, was man in der Hand hielt, in den Mund stecken konnte.[119]

In den zwei Monaten zwischen seiner Verwandlung und dem Eindringen Gretes und der Mutter in sein Zimmer hat Gregor keinerlei direkten Kontakt mit seinen Familienangehörigen. Die Mutter sieht er überhaupt nicht – die Schwester hat allein die Bedienung übernommen, ohne aber, wie besonders betont wird, in dieser ganzen Zeit ein einziges Mal direkt das Wort an ihn zu richten. Dies ist wiederum ein Spiegelbild sowohl der gegenwärtigen als auch der Verhältnisse in der Kindheit Kafkas. Da seine Mutter täglich im Geschäft war, blieb er sich in den ersten Lebensjahren häufig selbst überlassen oder sah sich höchstens mit Hauspersonal konfrontiert, das nicht zureichend auf seine Bedürfnisse eingehen konnte.[120]

Verschärfung also der kindlichen Isolation: Einsamkeit, Vernachlässigung, obwohl außer den Eltern weitere Personen zur Verfügung gestanden hätten. Das läßt die Art und Weise in neuem Licht erscheinen, wie Dienstmädchen und Bedienerin der Samsas beschrieben werden: Jenes versteckt sich in der Küche, diese aber beschimpft und bedroht Gregor, anstatt sein Zimmer in Ordnung zu halten.

In der Gegenwart dasselbe Muster: Mit dem Vater tauschte Kafka kaum jemals mehr als Begrüßungsfloskeln aus, mit der Mutter sprach er »nicht zwanzig Worte täglich«, so daß es ein feierliches, über Monate herausragendes Ereignis war, wenn er mehrere zusammenhängende Sätze äußerte. Gleichzeitig sehnte er sich aber nach der Mutter, wünschte ihre Zuwendung, die er als krankes Kind erfahren hatte, wo sie abends nach Geschäftsschluß sein Zimmer betreten und durch wohltuende Anordnungen den Tag sozusagen hatte neu beginnen lassen. Mit Elli und Valli hatte er überhaupt nichts zu bereden, auch nicht mit deren Männern, ohne mit ihnen böse zu sein.[121]

Blieb also Ottla, zwanzigjährig, aber kindischer als die Zahl ihrer Jahre vermuten ließ und schon dadurch Grete ähnlich. Wie Gregors Schwester nach dessen Verwandlung voll berufstätig, vermittelte Ottla zwischen dem Bruder und der Restfamilie, übernahm für ihn Besorgungen, versuchte ihn zu verstehen, verbrachte mit ihm die Abende, hatte Mitleid, wenn er nicht essen konnte.[122] Diese ganzen Aspekte, die im Mittelteil der Erzählung ja Gretes Verhalten gegenüber dem Bruder bestimmen, waren im ersten Kapitel gar nicht zum Tragen gekommen, weil Kafka dort bewußt die Schwester aus dem Erzählgeschehen herausgehalten hatte. Sie waren aber in dem Moment unumgänglich, als sich die Erzählidee vom 17. November zur Gesamtdarstellung seiner Familiensituation erweiterte und der Text derart am Umfang gewann, daß eine organische Hinführung zum Verhalten Gretes in der Schlußszene erzählerisch geboten war.

Die Verwurzelung dieses ganzen zweiten Kapitels in seiner Kindheit zeigt sich mit besonderer Klarheit in der Schlußszene, denn die dort beschriebene Verfolgung Gregors durch den Vater erinnert nicht nur an das Einfangen eines flüchtigen Kindes durch einen Erwachsenen, sondern ist direkt und in doppelter Weise durch frühe Erfahrungen Kafkas bestimmt: »während der Vater einen Schritt machte, mußte er eine Unzahl von Bewegungen ausführen« – diese Formulierung und die riesigen Stiefelsohlen des straff vor Gregor aufgerichteten Vaters bringen schon in den Proportionen die zwischen Erwachsenen und Kindern bestehenden Kräfteverhältnisse zum Ausdruck, in einer Weise, wie sie

Kafka schmerzlich erlebte, wenn er mit seinem Vater zum Schwimmen ging: Er – klein, schwach, ein dünnes Gerippe, daneben der große, starke Vater, dessen Körper den Sohn beschämte.[123]

Die Jagd um den Zimmertisch herum endet damit, daß die Mutter vor der schreienden Schwester aus Gregors Zimmer hervoreilt, auf den Vater eindringt und um Schonung von Gregors Leben bittet, eine genaue Wiederholung der Verfolgungsjagden, die Hermann Kafka veranstaltet hatte, wobei sich das kleine Kind, wie der *Brief an den Vater* weiß, scheinbar ungerechtfertigt gerettet, in den Schoß der Mutter flüchten konnte.[124]

Auch im Eingangsteil zum dritten Kapitel sind Kafkas gegenwärtige Leiden und seine frühkindlichen Erfahrungen gleichermaßen repräsentiert. Gregor verunreinigt sein Zimmer wie ein Kleinkind, das seine Körperfunktionen noch nicht unter Kontrolle hat, und will die Speisekammer plündern, weil er nicht zum Essen erhält, was ihm seiner Meinung nach gebührt. An den Abenden wird jetzt die Tür zum Wohnzimmer geöffnet, so daß er mit allgemeiner Billigung dem Treiben seiner Angehörigen zusehen kann, ein Verfahren, das man Kindern gegenüber anwendet, um ihnen das Gefühl zu geben, zu denen dazuzugehören, die noch aufbleiben dürfen. Kafka selbst hat beobachtet, daß man auf diese Weise mit Felix Hermann verfuhr, dem Sohn seiner ältesten Schwester, und daraus Folgerungen für seine eigene Stellung zu den Eltern gezogen: die geschlossene Tür seines Zimmers verweise ihn schon außerhalb des Familienzusammenhangs.[125]

Die Samsas werden jetzt als vollkommen überarbeitete Familie dargestellt. Der Vater ist tagsüber außer Haus, ebenso die Schwester, die Mutter näht bis spät in die Nacht Wäsche für ein Modengeschäft, eine durchsichtige Verbrämung der Tätigkeit Julie Kafkas im Kurzwarengeschäft ihres Mannes. Natürlich liegt diese Konstellation in der erzählerischen Konsequenz des gewählten Ansatzes: Die darzustellende Umkehrung der Machtverhältnisse zwischen Gregor und der Familie bedingt nämlich, daß er nach seiner Verwandlung die Attribute der Angehörigen zuerteilt bekommt, während diese die seinigen übernehmen, in diesem Fall also die Anstrengungen eines alle Kraft aufbrauchenden Berufslebens, das dem Sohn gegenüber keine Gefühlswärme mehr aufkommen läßt.[126]

Aber hinter dieser formalen Symmetrie steht gleichzeitig noch die psychische Realität des Autors. In dem Maße, in dem Gregor, immer weiter auf die Stufe eines Kleinkindes zurückfallend, das ohne Pflege nicht lebensfähig wäre, als Bild der Sozialisation Kafkas erschien, war auch ein entsprechendes Elternpaar zu zeigen. Eine Familie also, die, wegen einer kurze Zeit zurückliegenden, mit zu geringen Geldmitteln unternommenen Geschäftsgründung, allergrößten Belastungen ausgesetzt und von daher weniger als je befähigt war, die wirklichen Bedürfnisse des in diese Situation hineingeborenen Sohnes zu erkennen oder gar zu befriedigen.[127] Man genügte den äußerlichsten Pflichten: Gregors Mutter entschließt sich endlich, sein Zimmer zu reinigen; dieser, erbittert über diese Art der Zuwendung, hatte genauso etwas anderes erwartet wie Kafka, der sich darüber erregte, daß man Fleischgenuß und regelmäßigen Schlaf als hinreichende Grundlage seines Glücks ansah.

Interessant schließlich, wie der alte Samsa den Streit zwischen Mutter und Tochter aufnimmt. Außer sich vor Erregung und darin, wie überhaupt in seiner Feindseligkeit Gregor gegenüber, ein Bild Hermann Kafkas, macht er seiner Frau Vorwürfe, weil sie Gregors Zimmer gereinigt und diese Arbeit nicht der Tochter überlassen hat, schreit gleichzeitig Grete an, niemals mehr das Zimmer ihres Bruders reinigen zu dürfen – der von Kafka im *Brief an den Vater* beschriebene Tyrann, der gleichzeitig einander ausschließende Positionen vertritt und seit jeher durch die Widersprüchlichkeit seines Verhaltens die Erkenntnisfähigkeit seines Sohnes verwirrte, seine Entscheidungskraft lähmte.[128]

Was die Schicht des gegenwärtigen Erlebens angeht: Gregor, das Insekt, im Dunkel des Zimmers – dieses biologisch passende Bild versinnlicht Kafkas Selbsteinschätzung, schrieb er doch im Februar 1913, gewiß im Blick auf die Vorstellungswelt der *Verwandlung*: »mein Zustand, der mich selbst hier zuhause innerhalb meiner Familie mehr in mein dunkles Zimmer als in das beleuchtete Wohnzimmer verweist, macht mir eine solche Reise an sich zu einem ungeheuren Unternehmen« – eine Bahnfahrt nach Berlin nämlich, die nach seiner Meinung Felice über das Profil eines Mannes aufgeklärt hätte, der sich hinter einer die wahren Verhältnisse verschleiernden Briefflut verbarg.[129]

Dem entspricht es, daß Gregor sich als das eigentliche Unglück seiner Familie versteht. Wegen seiner Verwandlung ist ihre Lage hoffnungslos, ist sie doch mit einem Unglück geschlagen wie niemand in ihrem Bekanntenkreis; auch dies in Übereinstimmung mit der Bewertung, die Kafka sich selbst, als einem im Familienverband lebenden Sohn, zuteil werden ließ: »Die Eintracht der Familie wird eigentlich nur durch mich gestört und mit den fortschreitenden Jahren immer ärger, ich weiß mir sehr oft keine Hilfe und fühle mich sehr tief in Schuld bei meinen Eltern.«[130]

c) Das Muster der Verwerfung

Natürlich bestand die Gefahr, daß sich Kafka in seiner Kindheit verlor, daß das hochgespülte Leid ausuferte, ihm die Angelegenheit aus der Form lief, den Rahmen der episch zu veranschaulichenden Ungeziefer-Metapher sprengen würde, und tatsächlich äußerte er während der Niederschrift des zweiten Kapitels auch einmal die Befürchtung, sich in der Darstellung »verrannt« zu haben.[131] In diesem Fall wäre die Diskrepanz zwischen den schon vorliegenden Teilen und den literarischen Vorstellungen, die sich aus einer veränderten Stimmungslage ergeben hätten, so groß geworden, daß die Arbeit an dem Projekt hätte aufgegeben werden müssen. Die Fortsetzungen, die aus ästhetischen Gründen aufgrund des vorhandenen Textbestandes allein möglich gewesen wären, hätten sich nur unzureichend mit den später gewonnenen Einsichten gedeckt.

Dazu ist es glücklicherweise nicht gekommen, weil sich der psychische Hintergrund, der am 17. November 1912 die Keimzelle der *Verwandlung* hervorbrachte, bis in den Dezember hinein hielt, oder, wie man das auch ausdrücken kann, die Erzählidee ein derart grundlegendes Strukturmuster aufwies, daß sich ihm die daraus abgeleiteten autobiographischen Assoziationen mühelos unterordneten.

Ob nun die Analyse des Briefverkehrs mit Felice Kafka in seiner negativen Bewertung der Beziehung befestigte oder ob er umgekehrt den Anfang des dritten Kapitels, bei dessen Gestaltung er in der Nacht vom 1. auf 2. Dezember in Feuer geraten war, auf seine lebenspraktische Bedeutung hin untersuchte und sozusagen in der Konsequenz des Textes Zukunftsmöglichkeiten mit Felice erkundete und verwarf, läßt sich nicht entscheiden; jedenfalls aber bezeichnete er es am 1. des Monats als sündhaft, sich an Felice, die Verkörperung des Lebens, gehängt zu haben, eine Bewertung, die am folgenden Tag näher ausgeführt wird: »ich bin Dir im Wege, ich hindere Dich, ich werde doch einmal zur Seite treten müssen, ob früher oder später, wird nur die Größe meines Eigennutzes bestimmen.«[132]

Damit war das Terrain vorbereitet für die Szene, in der Gregor, vom Geigenspiel der Schwester angelockt, zum drittenmal seit seiner Verwandlung ins Wohnzimmer der Eltern vorstößt und dabei von Grete als Untier bezeichnet wird, das nicht mit dem Bruder identisch sein könne. Ursprünglich hätte dieser Ausbruchsversuch direkt auf den ersten folgen sollen, wurde aber durch die Reaktivierung frühkindlicher Verlassenheitsgefühle zugunsten der jetzigen Abfolge weiter hinausgedrängt.

Im Text selbst findet man noch eine Spur dieses ersten Plans. Grete betritt zusammen mit der Mutter ganz am Ende des zweiten Kapitels die Erzählbühne, greift jedoch nicht in das Geschehen ein. Sie bleibt ohne Funktion, angesichts der strengen Erzählweise Kafkas, die keine blinden Motive, keine überständigen Details kennt, ein höchst ungewöhnlicher Befund. Obwohl sie eben noch drohend die Faust gegen Gregor erhoben und sein Verhalten dem Vater gegenüber als Ausbruchsversuch gedeutet hat, nimmt sie jetzt trotz der unterschiedlichen Haltungen von Vater und Mutter weder für noch gegen den Bruder Partei. Es hätte aber nur weniger Änderungen im Handlungsverlauf bedurft, um Gregor im Sinn der Schlußszene durch ein einstimmig von der Familie gefälltes Urteil psychisch zu vernichten.

Es wurde schon darauf hingewiesen, daß nur der erste und letzte Ausbruchsversuch ein eigenständiges Profil aufweist. Während der mittlere als Variante des ersten durch frühkindliche Erfahrungen Kafkas konstelliert ist, gibt es zu den beiden Eckszenen autobiographische Entsprechungen aus der gleichen Lebensphase, in der die *Verwandlung* entstanden ist. Während die eine die schon Ende 1911 bezeugte Vorstellung Kafkas verdeutlicht, mit einem Fußtritt aus der Welt gestoßen und damit auf Menschenferne verwiesen zu sein, radikalisiert und versinnlicht die andere eine vom Oktober 1912 stammende Selbstdeutung des Autors, in der er sich, sofern er unproduktiv sei, als auf dem Boden liegend begreift, wert hinausgekehrt zu werden: Die Bedienerin in der *Verwandlung* behandelt den toten Gregor tatsächlich als Kehricht. Sie stößt, um seine Reaktionen zu prüfen, mit dem Besen in seine Seite und wirft ihn dann in die Abfallkiste.[133]

Den psychischen Hintergrund der Schlußszene, in der Gregor

endgültig von seinen Angehörigen verworfen wird, bildet Ottlas Verrat am 7. Oktober 1912. Ihre Genese folgte den gleichen Gesetzmäßigkeiten, die bei der Entstehung der Eingangsszene zu beobachten gewesen waren. Zunächst kam es zu einer Verschmelzung des lebensgeschichtlichen Materials, dessen Struktur überhaupt nicht verändert zu werden brauchte, mit literarischen Vorbildern. Die Begründung des dargestellten Sachverhalts erfolgte dann wiederum mit Hilfe von Zukunftsängsten Kafkas.

Zur Ausgestaltung dieses Erzählteils hat Kafka Dostojewskis *Doppelgänger* herangezogen, vielleicht zusätzlich auch Grillparzers *Armen Spielmann*, den er im Sommer 1912 begeistert rezipiert hatte.[134] Die Erzählung, deren autobiographischer Hintergrund ihm bewußt war, weist ein Familienmuster auf, das in gewisser Weise den eigenen Verhältnissen entsprach.[135]

Gregor akzeptiert das harte Urteil der Schwester, das ihm jede Lebensmöglichkeit in der Familie abspricht, vielleicht weil er es als Strafe für die Absichten versteht, die er mit seinem Vordringen verfolgt hatte. Er hatte die Schwester zu einem gemeinsamen Leben in seinem Zimmer veranlassen wollen, das seine Schreckgestalt vor Störungen durch andere schützen sollte. Er, der sich Grete schon früher hatte zu Füßen werfen wollen, um sie um Essen zu bitten, möchte jetzt ihren Blicken begegnen, sie vor Angreifern schützen und endlich die durch seine Wohltaten Gerührte auf den Hals küssen.

Hier ist ein Verhalten beschrieben, dessen sich Kafka selbst später Ottla gegenüber bezichtigte. Er habe seine jüngste Schwester gefühlsmäßig so an sich gebunden, daß sie vom üblichen menschlichen Leben abgesondert und damit von dem ihr vorgegebenen Weg abgehalten worden sei. Als sie im Frühjahr 1917 Prag verließ, fühlte er sich so vereinsamt, daß er schrieb: »Sie wird mich also doch verkommen lassen.«[136] In diesem Sinn deutete er auch das Verhalten der Schwester Gregors. Felicens Freundin Grete Bloch schrieb er, die Grete der Erzählung mache ihr zunächst keine Unehre: »Später allerdings, als die Plage zu groß wird, läßt sie ab und fängt ein selbständiges Leben an, verläßt den, der sie braucht.«[137] Gretes Entwicklung bis hin zum Aufblühen ihrer Weiblichkeit, die im Schlußabschnitt beschrieben wird und auf baldige Heirat hindeutet, wird als eine vom Bruder unabhängige Lebensweise verstanden.

Die *Verwandlung* antizipiert auch Kafkas Absicht, die Kosten zu übernehmen, die Ottlas Ausbildung an der Landwirtschaftlichen Winterschule in Friedland verursachten, denn Gregor will Grete einen Konservatoriumsaufenthalt ermöglichen.[138]

Eine Erklärung für den inneren Zusammenhang zwischen Kafkas Familiensituation und seiner Stellung zu Felice Bauer bietet sich an, und damit für die Tatsache, daß eine Krise im Verhältnis zu der künftigen Braut einen Vorstellungszusammenhang artikulieren konnte, dessen Gegenstandsbereich ganz auf den familiären Bereich beschränkt scheint. Es zeigt sich nämlich, daß Kafkas Verhalten Ottla gegenüber einem Muster folgt, das gleichermaßen für die Beziehung zu Felice gilt. Das Verhältnis zu den beiden Frauen, die ihm Wirklichkeit repräsentierten, war möglicherweise weniger unterschiedlich, als es bei einer oberflächlichen Betrachtung den Anschein hat.

Kafka sah in der Beziehung zwischen Bruder und Schwester eine Wiederholung der Gegebenheiten zwischen Mann und Frau – der Sachverhalt war ihm wenige Wochen vor der Niederschrift der *Verwandlung* anläßlich Vallis Verlobung klargeworden.[139] Es sei in diesem Zusammenhang an Goethe erinnert, der in der Theorie und seiner dichterischen Praxis in Geschwisterbeziehungen durchaus erotische Momente mitschwingen sah. Andererseits scheint sich Felice für Kafka in der langen Reihe möglicher Partnerinnen gerade dadurch ausgezeichnet zu haben, daß sie auf ihn, gegen sonstige Regel, sexuell nicht anziehend wirkte.[140] War die Beziehung zu Felice also schwesterlicher, die zu Ottla aber bräutlicher als gewöhnlich angenommen, ergab sich im Gefühlsmäßigen eine Annäherung, die in den Umwandlungsprozessen der produktiven Einbildungskraft Kafkas leicht zu einer Angleichung werden konnte.

Die Aspekte seiner Bindung an Felice beschreibt Kafka sowieso mit Bildvorstellungen, die auch zur Darstellung der Geschwisterbeziehung in der *Verwandlung* verwendet werden: Wenn er sich am 18. November 1912 wünscht, fortwährend über Felicens Briefen zu sitzen, und jedem Störer die Zähne entgegenfletschen will, wenn er sich bereit erklärt, sich demütig vor die Geliebte hinzuwerfen und bedauert, ihren Blick nicht lenken zu können, und wenn er schließlich im Frühjahr 1913 fürchtet, sie niemals besitzen zu können, weil er darauf beschränkt bleiben werde, die ihm überlassene Hand zu küssen, »ein Zeichen der Verzweiflung, des zur Stummheit und ewigen Entfernung verurteilten Tieres« –

dann sind das gewiß bewußte Bezugnahmen auf die Vorstellungswelt der Erzählung.[141]

Was die Folgen des von ihm immer wieder gewünschten Zusammenlebens mit Felice angeht, so hat er später in Briefen mehrfach
darauf hingewiesen, daß dieses eine Trennung von ihrem Lebenskreis bedeuten würde, daß sie an der Seite eines klösterlich lebenden Mannes unglücklich werden müsse: »Du wirst dann schrecklich einsam sein«.[142]

Felice wird das zugemutet, was Gregor von Grete erwartete,
aber nicht durchführen konnte. Noch während der Ausarbeitung
der *Verwandlung*, in der schon angeführten Briefstelle vom 1.
Dezember, versteht er sich als einer, der seiner Partnerin im Wege
ist, sie abhält, sich zu verwirklichen, sieht sich also in einer Rolle,
die er Ottla gegenüber einzunehmen glaubte.

Waren aber die Irritationen, die er auslöste, die Belastungen,
denen er die beiden Frauen aussetzte, von gleicher Art, dann war
nicht daran zu zweifeln, daß auch deren Abwendung von dem
nichtsnutzigen Schmarotzer nach dem gleichen Muster der Verwerfung zu erfolgen hatte. Das Schweigen der Geliebten in den
Tagen um den 17. November herum hatte demnach den Stellenwert von Ottlas Verhalten am 17. Oktober; es war ein Abschied.

Wenn aber, so darf man ergänzen, der Handlungsgang der *Verwandlung* erkennen läßt, daß Gregor, das Selbstbild, in der doch
weniger prekären Lage als Bruder und Ernährer der Familie
scheiterte, dann war von daher an ein glückliches Ende der vergleichbaren Kriterien unterliegenden Beziehung zu Felice nicht zu
denken. Die durchgeführte Analyse der Familiensituation, die den
weitverzweigten Wust der Ängste und Voraussetzungen in das
überschaubare, abgeschlossene Ganze einer Erzählung projizierte
und objektivierte, lenkte zur Ausgangsproblematik vom 17. November zurück. Der Kreis schloß sich auf der lebensgeschichtlichen Ebene.

Waren es in der Woche vor diesem Datum die Reaktionen
Felicens auf einen seiner Briefe, die ihn an der Partnerin verzweifeln ließen, so jetzt die Bemerkungen, die sie über ein Photo
machte, das er ihr überlassen hatte. Am 5. Dezember, zwei Tage
vor Beendigung der *Verwandlung* – in der Nacht davor hatte er
vermutlich Gregors endgültige Verwerfung durch die Schwester
formuliert –, schrieb er: »Liebste, leugne es nicht, ich scheine Dir
auf meinem Bild recht fremd. Du willst es Dir selbst nicht einge-

stehen, aber Dein Brief zeugt gegen Dich. Wenigstens wenn man ihn mit Verdacht liest, wie ich es diesmal getan habe, ich gestehe es. Was soll ich tun? So sehe ich nun einmal aus. Das Bild ist schlecht, aber ähnlich ist es, ich sehe in Wirklichkeit sogar ärger aus [. . .] Und bedenke, das Bild ist schließlich noch erträglich, aber bis dann der Mensch selbst vortritt. – Am Ende laufst Du dann vor ihm davon.«[143]

Kafka unterstellt also Felice eine Reaktion, wie sie Eltern und Prokurist zeigen, wenn sie zum erstenmal des verwandelten Gregor ansichtig werden. Daß er trotzdem die Sache weniger schwer nahm als drei Wochen zuvor, liegt darin begründet, daß er eine große Erzählung fertiggestellt hatte. Das gab Selbstbewußtsein, Lebensberechtigung, die im bürgerlichen Leben nicht zu erreichen war. Freilich, als im September und Oktober 1913 die Verbindung mit Felice ganz unterbrochen war, Kafka sich außerstande fühlte, dem Zwang zum Alleinsein zu widerstehen und unter diesem Zustand unsäglich litt, da fand er beim Wiederlesen die *Verwandlung* schlecht. Da seine literarischen Fähigkeiten, die in gewisser Weise eine Alternative zur Heirat darstellten, zu diesem Zeitpunkt nicht vorhanden waren, sah er als Zukunftsmöglichkeit allein die in der Erzählung vorgegebene Lösung. Er mußte glauben, wie Gregor Samsa verloren zu sein. Einer, der gestern gemordet hat – und aus diesem gestern kann nie ein vorgestern werden –, kann heute keine Mordgeschichten ertragen – so Jahre später in einem Brief an Milena.[144]

Besonders unerträglich war ihm der Schluß der *Verwandlung*, den er schon am Tage der Fertigstellung beanstandete, zeigte er doch im Rückblick der Familie Gregor als Störenfried, dessen Verschwinden allein zum tätigen Leben erlöste: »Ob Du an mir nicht allzuviel auszusetzen hast?« fragt Kafka am gleichen Tag Felice, immer noch in der Hoffnung auf ein gemeinsames Leben – trotz der Geschichte. Anfang 1914 dann, als er den Text erneut durchging, um ihn für eine in Aussicht genommene Veröffentlichung vorzubereiten, fand er das Ende unerträglich, selbstverständlich, denn gerade hatte er um die Hand Felicens gebeten und damit auf eine Zukunft gebaut, die den Helden seiner Geschichte widerlegen sollte.[145]

Anmerkungen

1　S. Freud, Gesammelte Werke, XVI. Werke aus den Jahren 1932 bis 1939, (London, Frankfurt/M. 1950), S. 276.

2　F 102.

3　F 116, vgl. J. Unseld, Franz Kafka. Ein Schriftstellerleben. Die Geschichte seiner Veröffentlichungen, (München 1982), S. 87.

4　F 117 und 125, vgl. 122 und 125.

5　T 481 und F 153, vgl. SKA 367 ff. und unten S. 306 f., zum Folgenden auch F 67, 80, 95, 107, 109, 117, 145 und 164.

6　F 145, 135 und 139, vgl. oben S. 20 f.

7　F 144, 153 und 160.

8　F 394.

9　T 293.

10　»Man hörte gar nicht die Türe zuschlagen; sie hatten sie wohl offen gelassen, wie es in Wohnungen zu sein pflegt, in denen ein großes Unglück geschehen ist.« (E 84)

11　F 105 und 147, vgl. 132, 135 und 142.

12　Vgl. M. Spilka, Kafka's Sources for ›The Metamorphosis‹, in: *Comparative Literature* 11 (1959), S. 289 ff. und H. Binder, Kafka-Kommentar zu sämtlichen Erzählungen, 3. Auflage, München (1982), S. 156, 161 ff. und 168 ff.

13　Br 108.

14　F 160.

15　Vgl. T 285, F 148, 303, 323, 382 und 557.

16　F 85, vgl. 80 f., 84, 86, 129 und 138.

17　F 84 und 85: »die zwei Briefe vom Samstag waren gekünstelt« (es muß Freitag heißen – eine der vielen Gedächtnistäuschungen Kafkas).

18　F 82, 146 und 148.

19　F 83.

20　Vgl. F 83 f.

21　In diesem Schreiben erscheint die Arbeit am *Verschollenen* als Alternative zum fragwürdigen Briefverkehr, die eine sachgerechtere Darstellung lebensgeschichtlicher Problemstellungen zulasse, ein Gesichtspunkt, der sicherlich die Niederschrift der *Verwandlung* mitbestimmte: »so will ich unter Ihrem Segen die kleine Zeit, die ich nur zu ungenauen, schrecklich lückenhaften, unvorsichtigen, gefährlichen Briefen an Sie verwenden könnte, zu jener Arbeit hinüberleiten, wo sich alles, wenigstens bis jetzt, von wo es auch gekommen ist, beruhigt und den richtigen Weg genommen hat.« (F 86 f.) Nur unter dieser Voraussetzung läßt es sich verstehen, daß Kafka später Felice bat, sie möge ihrem Vater das *Urteil* zum Lesen geben; er glaubte, Carl Bauer könne durch diese Lektüre genauer und lückenloser über seinen zukünftigen Schwiegersohn informiert werden als durch dessen Briefe. (Vgl. F 419)

22 F 89 und 91.

23 F 107. (Das undatierte Schreiben ist von den Herausgebern der *Briefe an Felice* auf die Nacht vom 20. zum 21. November datiert worden. Mit dieser Festlegung ist aber die aus dem Brief selbst abzuleitende Tatsache unvereinbar, daß Kafka die vorausliegenden Stunden für die *Verwandlung* verwendet hatte, denn in der Nacht vom 22. auf 23. teilte er Felice mit, die Arbeit an der Erzählung habe an den beiden vorausliegenden Abenden geruht. Vom Inhalt des Schreibens her legt sich eine Vordatierung um einen Tag nahe.)

24 F 106 und 107.

25 F 98.

26 Vgl. A. Miller, Du sollst nicht merken. Variationen über das Paradies-Thema, (Frankfurt/M. 1981), S. 335 ff.

27 Vgl. dazu H. Binder, Leben und Persönlichkeit Franz Kafkas, in: Kafka-Handbuch in zwei Bänden, Band 1: Der Mensch und seine Zeit, Stuttgart (1979), S. 129 ff.

28 T 475 f., T 198 (»wie unwahr und kindlich die Vorstellung ist, die sich meine Mutter von mir macht«) und 515 (»Das andere Mal aber weiß ich wieder, daß es doch meine Eltern sind, notwendige, immer wieder Kraft gebende Bestandteile meines eigenen Wesens«), vgl. F 617.

29 F 76, 99 f., 218, 404, 508, 538, 620, 650, T 198 f. und 459.

30 F 155.

31 F 101.

32 F 101, vgl. 76 f., 106, 193, 474 f. und 508.

33 F 401, vgl. 276, 349, 351, 412 und Br 415.

34 H 132, F 443, 139, 156 und 618.

35 F 351 f., vgl. 309 f., 351 f. und 424.

36 T 242, vgl. 43, F 168, 309, FK 37 und H. v. Kleist, Sämtliche Werke und Briefe, hg. v. H. Sembdner, Band 2, Darmstadt 1962, S. 884.

37 T 18 ff., vgl. H. Hillmann, Alltagsphantasie und dichterische Phantasie. Versuch einer Produktionsästhetik, (Kronberg) 1977, S. 129 f.

38 H 171 und T 139.

39 H. F. Amiel, Tagebücher. Deutsch von Dr. Rosa Schapire, München und Leipzig o. J. (1905), S. 176, vgl. K. Wagenbach, Franz Kafka. Eine Biographie seiner Jugend 1883-1912, Bern (1958), S. 251.

40 H 282.

41 FK 70.

42 H 241, vgl. 296 und 41: »Wie ein Weg im Herbst: Kaum ist er rein gekehrt, bedeckt er sich wieder mit den trockenen Blättern.« Auch T 566.

43 H 405 f., 311 f. und 330.

44 T 530 f. und H 257.

45 Frühe Beispiele: Br 27 und T 12.

46 T 525, vgl. P 233.

47 Vgl. dazu A. P. Foulkes, The Reluctant Pessimist. A study of Franz Kafka, The Hague, Paris 1967, S. 77 ff.

48 Vgl. F 466 und H 222: »den Kampf des Ungeziefers, welches nicht nur sticht, sondern gleich auch zu seiner Lebenserhaltung das Blut saugt«.

49 BE 120.

50 A 21, vgl. H 11 f.

51 Vgl. z. B. NS 457 ff.

52 Über die sprachlichen Besonderheiten und ästhetischen Ausformungen, unter denen Kafkas Tierbild in der *Verwandlung* in Erscheinung tritt, ist damit natürlich noch nichts gesagt. Vgl. zu diesem Punkt S. Corngold, Kafka's *Die Verwandlung*: Metamorphosis of the Metaphor, in: *Mosaic* 3, Heft 4 (1970), S. 98: »Our analysis shows that the metamorphosis in the Samsa household of a man into an vermin is unsettling not only because a vermin is unsettling, and not only because the vivid representation of a ›human louse‹ is unsettling, but because the indeterminate, fluid crossing of a human tenor and a material vehicle is in itself unsettling. Gregor is at one moment pure rapture, at another, very nearly pure dung beetle, at times grossly human, at times airily buglike. In shifting incessantly the relation of Gregor's mind and body, Kafka shatters the suppositious unity of ideal tenor and bodily vehicle within the metaphor.«

53 Sechsundzwanzigster Jahresbericht über das Staats-Gymnasium mit deutscher Unterrichtssprache in Prag-Altstadt für das Schuljahr 1897-98, Prag 1898, S. 55 f.

54 Publius Ovidius Naso, Metamorphosen, Epos in 15 Büchern, hg. und übersetzt von H. Breitenbach, 2. Auflage, Zürich 1964, S. 979 f.

55 T 617, Abbildung in: Kindlers Malerei Lexikon, Band IV, Zürich (1967), S. 286.

56 T 295, vgl. *DZB* 85, Nr. 262 (22. IX. 1912), Morgen-Ausgabe, S. 10.

57 Vgl. F 121 und H. Binder, Kafka und »Die neue Rundschau«, in: *Jahrbuch der Deutschen Schillergesellschaft* 12 (1968), S. 94 ff.

58 *Dolores* und *Entschwundene Wälder* in Jahrgang 17 (1906), S. 660 ff. und 499 ff.; *Wälder* in Jahrgang 18 (1907), S. 215 ff.

59 *Deutschland und Dänemark*, Jahrgang 20 (1909), S. 1642 ff., vgl. oben S. 80-82.

60 *Björnson*, in: *Die neue Rundschau* 21 (1910), S. 839, der andere Beitrag S. 664 ff.

61 S. 140.

62 *Die neue Rundschau* 22 (1911), S. 7 ff., 164 ff., 296 ff. und 462 ff.

63 *Jugend* 13, Nr. 21, S. 495 f.

64 F 298, vgl. J. V. Jensen, Weltauffassung, in: *Die neue Rundschau* 22 (1911), S. 1081.

65 Berlin (1928), S. 12 und 14.

66 S. 87, vgl. 73, 75 und 80.

67 S. 92.

68 O. Pick, Geschichten von Insekten, in: *Der Brenner* 2 (15. II. 1912), S. 648 ff.; eine weitere Besprechung Picks in: *Die Aktion* 2, Nr. 3 (15. I. 1912), Sp. 87.

69 Ernst Heilborn, Mythen und Jagden, in: *Die neue Rundschau* 21 (1910), S. 1164.

70 J. V. Jensen, Mythen und Jagden, Berlin (1910), S. 42, 43 und 44, vgl. E 108.

71 Mythen und Jagden, S. 41 und 46, vgl. E 98 und 140.

72 Mythen und Jagden, S. 47 und 45 f.

73 S. 294 ff., vgl. Br 428.

74 Mythen und Jagden, S. 29 ff., vgl. E 72.

75 Mythen und Jagden, S. 32.

76 Mythen und Jagden, S. 37, vgl. E 130.

77 Br 322, T 564 ff. und F 620: »Ich habe einen solchen Hunger nach meiner Arbeit, daß er mich schlaff macht; meine Verhältnisse hier sind aber meiner Arbeit entgegengesetzt«.

78 Br 135.

79 H. Hecht, Zwölf Jahre in der Schule mit Franz Kafka, in: *Prager Nachrichten* 17, Nr. 8 (1966), S. 6 f. und Br 428 vom Januar 1923, wo Kafka eine erst im Vorjahr erschienene deutsche Teilausgabe von Darwins *Voyage of a naturalist round the world* als Lektüre für den halbwüchsigen Sohn seines Freundes Oskar Baum empfiehlt.

80 H 196, 202, Br 291, T 550 und 562.

81 F 243 und 448, vgl. 204, 361, 401 und 624.

82 F 357, 400, 504, B 295 und H 44: »Im Kampf zwischen dir und der Welt sekundiere der Welt.«

83 F 116 und F. Thieberger, Erinnerungen an Franz Kafka, in: *Eckart* 23 (1953), S. 50.

84 F 147, vgl. F 138, 324, 626 und Br 101 (22. VII. 1912): »ich bin gewiß ein wenig verwandelt«.

85 F 467, vgl. 351, 351 f., 457 und 424 f.

86 Vgl. K. Wagenbach, Franz Kafka. Eine Biographie seiner Jugend 1883-1912, Bern (1958), S. 69 mit E 126.

87 F 111, 195, Br 14 und T 367.

88 F 170, 346, Br 108 f. und 102 f. mit E 74 und 96.

89 Vgl. F 109 mit E 97.

90 Vgl. F 51 mit E 140.

91 F 100 und 109, vgl. 79.

92 F 115, vgl. 111 f.

93 Vgl. T 19 und F 616.

94 E 123, vgl. 127 f.

95 F 280.

96 E 99 f.

97 E 78 und 84.

98 F 108, vgl. 114.

99 F 121.

100 Vgl. H. Binder, Kafkas literarische Urteile. Ein Beitrag zu seiner Typologie und Ästhetik, in: *Zeitschrift für deutsche Philologie* 86 (1967), S. 235 ff.

101 C. Stölzl, Prag, in: Kafka-Handbuch in zwei Bänden, Band 1: Der Mensch und seine Zeit, hg. von H. Binder, Stuttgart (1979), S. 64, vgl. E 95.

102 F 125 und 82, vgl. E 137.

103 Vgl. H. Binder, Metamorphosen. Kafkas »Verwandlung« im Werk anderer Schriftsteller, in: Probleme der Moderne. Studien zur deutschen Literatur von Nietzsche bis Brecht. Festschrift für Walter Sokel, hg. von B. Bennett, A. Kaes, W.J. Lillyman, Tübingen 1983, S. 247 ff.

104 Vgl. dazu Kafka – Ein Leben in Prag. Text und Bilddokumente: H. Binder, Photos: J. Parik, München (1982), S. 115 ff.

105 F 431, 452 f., 68, 633, Br 107 f., 452, T 449, 61 und F 71.

106 Anonym, Das Krisenjahr 1912, in: *DZB* 86, Nr. 1 (1. I. 1913), *Volkswirtschaftliche Beilage*, S. 33 ff.

107 F 454, vgl. 115 und J. Loužil, Dopisy Franze Kafky dělnické úrazové pojistovně pro čechy v Praze, in: *Sborník. Národního Muzea v Praze* 8 (1963), Series C, S. 67.

108 F 232 (»6-700 Einladungen«), 249 (»trotz der unsinnigen Summe, die mit Schmerzen dafür hinausgeworfen wird«), 454 und H. Binder, Kafka-Kommentar zu den Romanen, Rezensionen, Aphorismen und zum Brief an den Vater, 2. Auflage, München (1982), S. 433.

109 T 489: »kündigen kann ich jetzt nicht, meiner Eltern und der Fabrik wegen«. Zum Phänomen der Antizipation bei Kafka vgl. auch J. Born, Vorahnungen bei Kafka?, in: *Literatur und Kritik* 15, Nr. 141 (1980), S. 22 ff.

110 Wenn Gregor gegen andere, »wie Haremsfrauen« lebende Reisende polemisiert, die angeblich noch beim Frühstück sitzen, wenn er schon die »erlangten Aufträge« überschreibt (E 72), dann trifft er damit auch seinen Vater, der das Frühstück, »die wichtigste Mahlzeit des Tages«, »bei der Lektüre verschiedener Zeitungen stundenlang« hinzuziehen pflegt (E 87).

111 Vgl. H. Hillmann, Alltagsphantasie und dichterische Phantasie, S. 130 und 153 f.

112 F. M. Dostojewski, Arme Leute. Der Doppelgänger. Zwei Romane. Übertragen von E.K. Rahsin, München und Leipzig 1910, S. 299: »Von allen am nächsten stand ihm ein junger, schlanker Offizier, vor dem Herr Goljädkin sich wie ein richtiger Käfer vorkam.«

113 Vgl. H. Binder, Kafka-Kommentar zu sämtlichen Erzählungen, S. 160 ff.

114 F 112.

115 H 170 und 168: »Damals und damals überall hätte ich die Aufmunterung gebraucht.«

116 Vgl. H 167 und H. Binder, Leben und Persönlichkeit Franz Kafkas, S. 148 ff.

117 F 412 und T 355.

118 H 227 ff.

119 H 191, vgl. M 46 f., B 253 (*Forschungen eines Hundes*) und unten S. 334.

120 F 193.

121 F 457, vgl. 417 und T 115.

122 F 87, 91, 287 und 414.

123 E 117 und H 168.

124 H 177.

125 T 240.

126 Vgl. H. Binder, Motiv und Gestaltung bei Franz Kafka, Bonn 1966, S. 350 ff.

127 Vgl. H. Binder, Leben und Persönlichkeit Franz Kafkas, S. 144 ff.

128 H 169, 175 und 184 f.

129 F 297.

130 F 219.

131 F 135.

132 F 147, vgl. 145.

133 T 170 und F 65, vgl. E 126, 137 und 140 f.

134 Vgl. H. Politzer, Die Verwandlung des armen Spielmanns. Ein Grillparzer-Motiv bei Franz Kafka, in: *Jahrbuch der Grillparzer-Gesellschaft* 3. Folge, 4 (1965), S. 55 ff. und T 282.

135 M 80 f. und 101.

136 T 404, 454 f., F 599 und O 35, vgl. H. Binder, Kafka und seine Schwester Ottla. Zur Biographie der Familiensituation des Dichters mit besonderer Berücksichtigung der Erzählungen »Die Verwandlung« und »Der Bau«, in: *Jahrbuch der Deutschen Schillergesellschaft* 12 (1968), S. 418 f.

137 F 562.

138 O 56.

139 T 290.

140 Vgl. H. Binder, Kafka und seine Schwester Ottla, S. 419 f., Br 317 und T 315.

141 F 352, vgl. 102, 113 und 86.

142 F 407, vgl. 450, 457 und 319.

143 F 159.

144 T 323, vgl. M 265.

145 F 165, vgl. 163, T 351 und F 488.

IV

Poetische Topographie:
»Der Jäger Gracchus«

1. Datierung

Das von Max Brod mit dem Titel *Der Jäger Gracchus* versehene Bruchstück einer Erzählung[1] ist im sogenannten ersten blauen Oktavheft überliefert; zwei kurze, stofflich nicht mit ihm zusammenhängende Eintragungen sind in den Text eingestreut, dem sich im Manuskript der *Kübelreiter* und ein Briefkonzept anschließen, in dem sich Kafka bei Paul Wiegler für zwei von diesem betreute Briefeditionen, die ihm zugegangen waren, bedanken will.[2] Da der äußere Anstoß zur Konzeption des *Kübelreiters* eine Kohlenknappheit in Prag war, die seit 2. Dezember 1916 das regelmäßige Arbeiten in dem kleinen, von Ottla gemieteten Häuschen in der Alchimistengasse in Frage zu stellen drohte,[3] und die Übersendung der beiden Bücher spätestens zum Jahreswechsel erfolgt sein dürfte,[4] so daß das Dankschreiben Kafkas, das innerhalb einer angemessenen Frist abgegangen sein muß, auf die ersten Tage des neuen Jahres datiert werden kann, weil er die ihn doch interessierenden Lebenszeugnisse Schopenhauers und Beethovens[5] zum Zeitpunkt seiner Antwort noch nicht studiert hatte und sich nicht wegen verspäteten Schreibens entschuldigt, muß der *Jäger Gracchus* Ende Dezember 1916 entstanden sein.

Die ersten Erzählansätze der mit dem 26. November einsetzenden produktiven Phase – seit diesem Tag war die stille Wohnung benutzbar – sind offenbar im siebten blauen Oktavheft niedergelegt worden, denn dieses enthält mit dem Textstück *Auf dem Dachboden* eine Vorfassung der *Gracchus*-Fragmente, die zeitlich auf Mitte Dezember fixierbar ist, weil ihr der umfangreiche *Gruftwächter* vorausgeht, an dem Kafka, nach dem Zustand der erhaltenen Manuskripte zu urteilen, intensiv gearbeitet hat,[6] womit der Terminus a quo für den *Jäger Gracchus* selbst feststeht.[7]

Weiterhin ist eine Variante des Beginns der Erzählung als Tagebuchniederschrift vom 6. April erhalten, der das von Max Brod als *Fragment zum »Jäger Gracchus«* bezeichnete Dialogstück nahesteht, das im zweiten Oktavheft überliefert ist;[8] beide bilden zusammen die Zweitfassung der Erzählung. Die erhaltenen Zeugnisse machen wahrscheinlich, daß die günstige Schaffensperiode Ende April zuende ging: Am 22. April 1917 schickte Kafka zwölf Prosastücke an Martin Buber, dem damaligen Herausgeber des *Juden*, der einige für die Veröffentlichung geeignete Texte auswählen sollte. Darunter waren auch zwei Manuskripte, die er schon vorher Theodor Tagger, der die Zeitschrift *Marsyas* redigierte, zu Publikationszwecken übergeben hatte – eine Entscheidung darüber war jedoch noch nicht gefallen[9] –, so daß angenommen werden kann, daß Kafka, der Bubers Einladung zur Mitarbeit als sehr ehrenvoll empfinden mußte,[10] alles, was er gedruckt sehen wollte, für den *Juden* bereitstellte.[11]

Aus diesem Sachverhalt läßt sich erschließen, daß Mitte April, von einer einzigen Ausnahme abgesehen, schon alle Texte vorlagen, die dann im *Landarzt* gedruckt wurden: Kafka hat nämlich am 7. Juli 1917 dem Kurt-Wolff-Verlag dreizehn Prosastücke übergeben, die der Verleger so günstig beurteilte, daß er schon am 27. Juli seine Absicht bekannt geben kann, auch die viel früher entstandenen Erzählungen *Vor dem Gesetz* und *Ein Traum* in das geplante Buch aufnehmen zu wollen. Das »Inhaltsverzeichnis«, das er am 20. August 1917 an den Verlag schickte, stimmt, vom *Kübelreiter* abgesehen, den er später zurückzog und separat publizierte, im Umfang und in der Reihenfolge mit dem der *Landarzt*-Sammlung überein.[12] *Vor dem Gesetz* und *Ein Traum*, die beide schon zweimal gedruckt worden waren,[13] kamen jetzt für eine Erstpublikation, die Kafka und Buber offenbar erstrebten,[14] nicht mehr in Frage; was *Ein Traum* betrifft, so verbot sich die Vorlage des Stücks an Buber zudem aus Taktgründen, weil 1916 Verhandlungen über eine Aufnahme in den *Juden* gescheitert waren.[15] Überdies liegt, abgesehen von der *Sorge des Hausvaters*, die Entstehungszeit aller übrigen im *Landarzt* vereinigten Prosastücke vor dem 22. April 1917,[16] so daß die zwölf Buber übersandten Erzählungen mit Ausnahme der offensichtlich später konzipierten Odradek-Geschichte mit jenen dreizehn Textstücken identisch sein müssen, die am 7. Juli an den Kurt-Wolff-Verlag abgingen.

Dazu passen Kafkas Erklärung, diese Stücke seien im »Winter« entstanden, und die Aussage, Mitte April seien durch die Abreise der Lieblingsschwester nach Zürau – Ottla hatte ihn in seinem Häuschen versorgt – Störungen der gewohnten Arbeitsatmosphäre aufgetreten, und in den ersten Maitagen habe er das Schreiben dort ganz aufgegeben.[17] *Die Sorge des Hausvaters* – Manuskripte haben sich davon leider nicht erhalten – dürfte demnach in der letzten Aprilwoche entstanden sein. Da nun in der Handschrift das Dialogfragment zum *Jäger Gracchus* einem Fragment zum *Bericht für eine Akademie* unmittelbar vorausgeht, dem seinerseits der endgültige Text der Erzählung folgt, muß es in unmittelbarem Zusammenhang mit der Tagebucheintragung verfaßt worden sein, also noch am 6. April oder an einem der folgenden Tage.[18] Denn die Manuskriptsendung hatte sich, wie Kafka schreibt, »um einige Tage verzögert, da die Sachen erst abgeschrieben werden mußten«,[19] so daß man davon auszugehen hat, daß Bubers Schreiben spätestens zur Monatsmitte vorlag.

Zwischen dem 6. April und diesem Zeitpunkt ist also nicht nur die Zweitfassung des *Jägers Gracchus* entstanden, sondern auch die Affen-Geschichte, die, wie das Vorhandensein des ihr vorausgehenden Entwurfs zeigt, nicht ohne zeitraubende Umwege vor sich ging. Ihre Niederschrift nahm gewiß mehrere Tage in Anspruch, vermutlich also die zweite Aprilwoche, wenngleich nicht auszuschließen ist, daß Kafka erst in den darauffolgenden Tagen damit fertig wurde.[20] Der handschriftliche Zusammenhang, die Chronologie und die Tatsache, daß er sowohl für die Konzeption der Geschichte vom Schwarzwaldjäger als auch für die Darstellung von Rotpeters Schicksal Erzählungen E.T.A. Hoffmanns als literarische Quelle benützt hat,[21] lassen auf eine innere Verwandtschaft der beiden Erzählkomplexe schließen, die die vorhandenen strukturellen Ähnlichkeiten erklärt.

Die vorgetragenen Datierungsvorschläge stellen die von Malcolm Pasley ausschließlich aufgrund von Interpretationsergebnissen gewonnene These, die Beschreibung Odradeks, des Sorgenkinds, beziehe sich »ausschließlich und bis in jede Einzelheit hinein« auf den *Jäger Gracchus*,[22] auf eine solide Grundlage, denn sie setzt voraus, daß das Stück *Die Sorge des Hausvaters* nach der Zweitfassung des *Jägers Gracchus* entstanden ist.

Die Erstfassung der Erzählung enthält Elemente, die sie vom übrigen Schaffen Kafkas abheben: Im Gegensatz zu allen andern Texten wird hier ein geographisch genau lokalisierbarer Schauplatz angegeben, nämlich Riva am Gardasee, und, bis hin zu Lage, Form und Farbe des Gebäudes, in dem das Gespräch zwischen Jäger und Bürgermeister stattfindet, exakt beschrieben, obwohl das Geschehen selbst, die Ankunft des Jahrhunderte alten, totlebendigen Gracchus, von vornherein die Empirie weit transzendiert, so daß die freilich sonst ebenfalls häufig auftretende Konfrontation zwischen äußerer Realität und – so Kafkas eigene Worte – traumhaftem innerem Leben[23] in diesem Falle mit besonderer Härte statthat.[24]

Weiterhin scheint in der Fabel selbst ein Bruch zu liegen, da das Motiv des bei der Jagd verunglückten Schwarzwaldjägers nicht organisch mit dem Bild der auf verschiedenen südlichen Gewässern sich vollziehenden unendlichen Seefahrt verbunden ist; denn wie gelangt Gracchus nach Riva? Überhaupt muß man fragen, wieso Kafka ausgerechnet den Gardasee, nach gemeinem Verständnis Inbegriff südlicher Schönheit und Pracht, zur Kulisse einer Schuld und Tod thematisierenden Unterweltsgeschichte gemacht hat. Uneinsichtig ist überdies die komplizierte Art, in der die Gesprächspartner zusammengeführt werden; bezeichnenderweise wird gerade dieser Vorgang in der Zweitfassung grundlegend vereinfacht. Überdies scheint unglaubhaft, daß niemand die Ankunft des Jägers bemerkt, obwohl sechs Personen auf der Piazza anwesend sind.

Dazu kommt noch ein irritierendes erzähltechnisches Detail: Nach der Ankunft zeigt der Bootsführer auf das Gebäude, das Gracchus aufnehmen soll, und dieser wird dann »durch das niedrige, aber von schlanken Säulen gebildete Tor« getragen, das sich hinter ihm wieder schließt.[25] Der Erzähler, den man sich als stillen Beobachter auf dem Hafenplatz denken muß, wendet sich daraufhin dem Bürgermeister zu, der sich gerade dem Gebäude nähert, und verfolgt, ihn sozusagen begleitend, dessen verwickelten Weg im Innern des Hauses bis zu dem Zimmer, in dem der Jäger inzwischen aufgebahrt wurde.

Die hier vorliegende Perspektivgestaltung verstößt erstens gegen die innere Wahrscheinlichkeit des Erzählvorgangs, die Kafka, bei aller Seltsamkeit seiner Gegenstände, sehr streng zu handhaben pflegte,[26] denn es wird ausdrücklich hervorgehoben, daß niemand Zeuge des Gespräches war, das zwischen Jäger und Bürgermeister stattfindet; die Darstellungsart ist aber auch für Kafka deswegen äußerst unüblich, weil er sich, wenn er gegenüber einer Hauptfigur einen Außensichtstandort einnehmen will, entweder eines persönlichen Ich-Erzählers bedient, so in der Zweitfassung der Erzählung, oder das Geschehen in der Optik eines profilierten Kollektivs spiegelt;[27] drittens endlich ist die gewählte Erzählweise befremdlich, weil nur der Weg des Bürgermeisters im Gebäude beschrieben wird, nicht jedoch der des immerhin zuerst erscheinenden Protagonisten.

Die genannten Seltsamkeiten, die scheinbare Überflüssigkeit der zu Beginn des Textes gegebenen Beschreibungen, die großen Unterschiede zwischen den beiden Fassungen und deren stark fragmentarischer Charakter dürften die Ursache dafür sein, daß die Forschung so unterschiedlich zu der Erzählung Stellung genommen hat. Heinz Politzer und Walter H. Sokel übergehen sie in ihren Gesamtdarstellungen,[28] und Helmut Richter behauptet, das Stück vermittle nichts als den Eindruck der hilflosen Fremdheit einer verfehlten Existenz, der interpretierend allein durch vage Hypothesen differenziert werden könne: »Auffallend ist die Neigung Kafkas zu theatralischer Kulissenmalerei, die ohne scheinbare Funktion mehrere Seiten des Textes füllt. Diese ästhetisierende Spielerei verstärkt den Eindruck, daß Kafka in diesem Fragment infolge seiner subjektivistischen Konstruktionen und der geheimniskrämerischen Mystik wohl am weitesten an den Möglichkeiten echter Dichtung vorbeigegangen ist.«[29] Andererseits gehört die zweite Fassung in Wilhelm Emrichs Kafka-Monographie zu den beiden Zentraltexten, auf denen seine Darstellung ruht. Nach dieser Auffassung soll im *Jäger Gracchus* Kafkas Hauptthema, das Universelle, das sich nicht mehr unter einen zureichenden Allgemeinbegriff bringen lasse, beispielhaft dargestellt sein.[30] Unvereinbar mit diesen beiden Extrempositionen ist die einem starken Trend der Kafka-Forschung folgende Deutung von Karlheinz Fingerhut, der hier das Verhältnis des Autors zu seiner Kunst dargestellt sieht.[31]

Die Bedeutsamkeit der *Gracchus*-Problematik für Kafka dokumentiert sich, unter vielem anderen, darin, daß er, in produktiver Schaffenszeit, im Abstand von drei Monaten zwei Gestaltungsversuche unternahm und daß dazuhin eine Vorfassung und eine einige Jahre später liegende Wiederaufnahme des Vorstellungszusammenhangs nachweisbar sind.[32] Dies, die genannten, der Aufklärung bedürftigen Seltsamkeiten der Erzählung und die uneinheitliche Forschungslage lassen es als wünschenswert erscheinen, durch die Bereitstellung aller an der Entstehung der Erzählung beteiligten biographischen, literarischen und topographischen Gegebenheiten mögliche Interpretationen auf eine objektivere Basis zu stellen.

2. Riva del Garda

Kafka hat Riva zweimal besucht; über die beiden Aufenthalte unterrichten einigermaßen Max Brods Biographie, einige Briefe und nachträgliche Tagebuchnotizen. Auf der ersten, vom 4. bis 14. September dauernden Reise begleiteten ihn Max und Otto Brod.[33] Die drei Freunde verlebten »die beschaulichsten Stunden in der kleinen Badeanstalt unter der Ponalestraße [. . .] Unvergeßliches bescheidenes Etablissement unter der ragenden Felswand [. . .] hier waren wir bei der Ruhe, bei der klassischen Einfachheit des Südens selbst zu Gast gewesen. Nie hat er sich uns je wieder so lieblich und so erhaben gezeigt.«[34] Carl Dallago, der »Dichter und Naturapostel«, mit dem die Freunde in der genannten Badeanstalt Diskussionen führten,[35] wahrscheinlich über Goethe, Nietzsche, Napoleon und die Stellung des Dichters in der modernen Gesellschaft, schrieb fünf Jahre vorher über diesen von ihm bevorzugten Aufenthaltsort: »Einsamkeit und das ferne Sausen einer großen Stille. Ich sitze auf einer Lattenbank am See [. . .] Durch die warm leuchtende Landschaft schreitet breit sich wiegend ein Gefühl wohliger Sattheit. Ein weites Schwärmen wird die Welt.«[36]

Zum vollen Verständnis der angeführten Aussagen und für eine sachgemäße Würdigung des *Jägers Gracchus* ist eine genaue Kenntnis der geographischen Gegebenheiten unumgänglich. Der 52 km lange, im Norden nur wenige Kilometer breite und 346 m tiefe See hat kein einheitliches Gepräge, sondern zeigt das Bild eines fast frostigen Alpensees und eines flachen, warmen Südmeers. Am Südende, östlich von Desenzano, ragt in nördlicher Richtung die Landzunge von Sirmione in den See, der Catull ein Gedicht gewidmet hat:

> »O du, der Inseln und Halbinseln Augenstern,
> [. . .]
> Wie gerne kehre ich, wie fröhlich heim zu dir.
> Will kaum mir glauben, daß ich schon Bithynien
> Und Thynien verlassen, dich im Sichern schau.
> O was ist süßer als das Ende aller Pein,
> Wenn ihre Last die Seele abwirft, endlich heim
> Von ausländischer Arbeit abgemattet kommt
> Und schön sich ausstreckt auf dem langersehnten Bett.
> Das ist für so viel Mühe doch der einzge Lohn.«[37]

Wahrscheinlich ist die Catull-Übersetzung Max Brods, aus der zitiert wurde, durch Reiseeindrücke aus dem Jahr 1909 veranlaßt worden, denn während der Dampferfahrten auf dem See, wenn die auf der Isola di Garda gelegene Villa Borghese, »mit Säulen und Bogenfenstern sonnig vor dunkel grünem Grund« alle Gemüter gefangenhielt und das Südufer des Sees in Nebeln auftauchte, entwarf Brod für sich (und die Freunde, wie man ergänzen darf) ein Porträt Catulls.[38] Auch Schriftsteller der Neuzeit haben dem Lago di Garda literarisch ein Denkmal gesetzt – etwa Paul Heyse mit seinen *Novellen vom Gardasee* (1902) oder Adalbert Stifter mit seiner Erzählung *Zwei Schwestern* (1845), die Kafka besonders schätzte[39] – oder an seinen Ufern gewohnt, wie etwa Carl Dallago und Gabriele d'Annunzio, den Kafka übrigens 1909 in Brescia auf einer Flugveranstaltung gesehen hat.[40]

Der nördliche Teil des Sees, an dessen äußerstem Zipfel Riva liegt, ist von allen Seiten von hohen, zum Teil steil ins Wasser abfallenden Bergen umgeben. Im Osten sind es die nördlichen Ausläufer des Monte Altissimo, die bei Torbole so nahe ans Ufer heranreichen, daß bis weit in unser Jahrhundert hinein keine rechte Straßenverbindung nach dem südlicher gelegenen Malcesine bestand: die heutige Gardesana orientale wurde erst 1929 dem Verkehr übergeben.[41] Als Goethe, unterwegs nach Verona, in Torbole Station machte und nach Malcesine weiterreisen wollte, um die Schönheiten des Sees nicht zu versäumen, mußte er den um Mitternacht aus den Alpentälern einfallenden und schon in den frühen Morgenstunden wieder verebbenden Sover (Vento) abwarten, um mit dem Boot weiter südlich gelangen zu können;[42] denn von elf Uhr morgens bis vier Uhr nachmittags weht dann die Ora, ein besonders im Winter und Frühjahr recht kalter Südwind.[43]

Am Nordende des Sees, zwischen Sarcamündung und der Stadt Riva, erhebt sich der Monte Brione (377 m) und am Westufer eine 1517 m hohe Steilwand, ein Ausläufer der Adamellogruppe: »Scheinbar senkrecht und ungangbar für menschliche Schritte baut sich bei Riva – unmittelbar hinter den Häusern der Stadt aufsteigend – die gewaltige Ostwand der Rocchetta auf. Aus hellem, gelben und rötlichen Kalkstein bestehend und stark mit grünem Gesträuch durchwachsen, bietet die langgezogene, gigantische Felswand mit ihren zackigen Graten und Gipfeln – besonders bei Morgenbeleuchtung – einen äußerst malerischen, alpinen

Abb. 6   In der Ponale-Schlucht bei Riva am Gardasee. Zeichnung vom Ende des letzten Jahrhunderts.

Anblick.«[44] Nachmittags liegt die Altstadt in ihrem Bergschatten.[45]

Von Riva ausgehend, führte die schmale, staubige, in die fast senkrecht und kulissenartig zum See abstürzenden Felswände des Westufers gehauene Ponalestraße allmählich aufwärts und durchzog, bevor sie den Ort Pregásina erreichte, in vielen Windungen das schluchtenreiche, wildzerrissene Gelände. Nach fünfzigminütiger Wanderung überquerte der Saumpfad mit Hilfe eines steinernen Stegs das Ledrotal, in dem der vom 655 m hoch gelegenen Ledrosee kommende Ponalebach die Steinmassen durchbricht und als Wasserfall schäumend und brüllend zum Ufer des Gardasees hinunterstürzte: »Das Wasser fällt an dieser Stelle aus einer Höhe von über 25 Metern in einen runden Tobel, dessen Felswände sich überall gleichmäßig bis zur Höhe des Absturzes erheben.«[46] Abbildung 6, eine Zeichnung vom Ende des 19. Jahrhunderts,[47] gibt einen anschaulichen Eindruck von dem damals berühmten Naturschauspiel.

Erst seit 1931, als die moderne Gardesana Occidentale fertiggestellt wurde,[48] ist es möglich, auf dem Landwege am Ufer entlang Salò und Brescia zu erreichen. Kafka mußte, als er zum Flugmeeting wollte, mit dem Seedampfer nach Desenzano reisen, sich dort mit Omnibus oder Zweigbahn zum Hauptbahnhof bringen lassen und mit dem Zug nach Brescia weiterfahren; das bedeutete, daß sich dieser Ausflug über drei Tage hin erstreckte.[49] Die verkehrsmäßige Isolation dieses Teils des Gardasees wurde nicht nur durch die Naturgegebenheiten bestimmt, sondern auch durch die politischen Verhältnisse, denn Riva und der Nordzipfel des Sees gehörten seit 1517 zu Österreich,[50] dem der Seeweg als Verbindung zum italienischen Ausland genügte.

Die Badeanstalt, die Kafka und die Brods benützten, befand sich völlig außerhalb des Ortes unterhalb der Ponalestraße, und zwar ziemlich vorn an einem Felsvorsprung der Rocchetta, der, zusammen mit der östlich von Riva diesem gegenüber liegenden Landzunge, eine Art Bucht bildet, an deren nördlichem Ende sich der Hafen Rivas erstreckt. Das kleine, direkt ans Wasser gebaute Hotel Belle Vue lag einige hundert Meter nördlich davon, ein einsames Gebäude, noch außerhalb des Ortes.[51] Das alles mußte den Eindruck erwecken, in einer streng in sich abgeschlossenen Welt zu weilen, die dann als Element der *Gracchus*-Konzeption später brauchbar wurde.

Einige Kilometer südlich der Rocchetta, etwa in der Mitte zwischen Riva und Salò, erhebt sich der weithin sichtbare Monte Castello, dessen Ostwand etwa 500 m fast senkrecht zum See abfällt. Auf seinem Südgipfel erhebt sich das Santuário della Madonna di Tignàle, zu dem am 8. September gewallfahrtet wird. Kafka, der sich für solche Volkszusammenkünfte interessierte, hat gewiß von seinem Wirt, mindestens aber durch Berichte der Lokalpresse am folgenden Tag davon erfahren, an dem er durch italienische Zeitungen auf die Flugwoche in Brescia aufmerksam wurde.[52]

Vom Monte Castello aus beherrschten in alter Zeit die Visconti die Gegend, machten sich aber so verhaßt, daß die umliegenden Gebirgsbauern ihr Schloß zerstörten und die Trümmer in den See warfen. Als sich bald nach 1600 dort eine Räuberbande festsetzte, die in der Umgebung brandschatzte, wurde das Felsennest vom Bergvolk erobert, die Verbrecher getötet und ihre Leichen über die Wände in den See hinabgeworfen.[53] An diese Vorgänge hat sich eine ätiologische Sage mit stark märchenhaften Zügen angehängt. Die Tochter des Schloßhauptmanns wird von ihrem Geliebten, dem jungen Grafen, verlassen und, als ihr Vater das erfährt, mit ihrem Neugeborenen aus dem Haus getrieben. Sie stürzt mit dem Kind vom Bergplateau, wird von der Strömung eines sich in den See ergießenden Wildbachs mitgerissen und kommt vor die in der Tiefe des Sees gedachten Tore der Unterwelt; dort befreit sie den Grafen, der inzwischen mit seiner neuen Braut ebenfalls abgestürzt war: Ein magischer Edelstein, den die Braut die Felswand hinuntergeworfen hatte, hatte den ganzen Berg in Bewegung versetzt, so daß das Brautpaar spurlos in dessen Abgründen verschwand. Ringsum an den Uferrändern bildete sich ein goldener Streifen, der zuweilen heute noch sichtbar ist, die letzte Spur des vom Bergsturz zermalmten Edelsteins.[54]

Die Sage, mag sie nun Kafka anläßlich der Wallfahrt bekanntgeworden sein oder nicht, zeigt deutlich, daß die Steilwände des Westufers in den Anwohnern des Sees Vorstellungen von Absturz und Tod weckten, ein Bewußtsein, das durch dauernd wirklich sich ereignende Bergunfälle in diesem Gebiet noch verstärkt wurde. Der See und die in ihn mündenden Gebirgsbäche werden nicht als idyllisches Landschaftsbild gedeutet, sondern, fast folgerichtig, als Schattenreich. Die hohen Berge, die morgens und abends die Sonne vom See fernhalten, bewirken Schatten und niedere Temperaturen, die das Gebiet meteorologisch vom Mittelmeerklima unterscheiden,[55] und die von der Ora gepeitschten Wellen rufen den Eindruck gefahrdrohender Abgründigkeit hervor.

Vergil schreibt über diesen Teil des Sees: »Fluctibus et fremitu assurgens Benace marino«, eine Aussage, die von Goethe in seinen Tagebüchern und der *Italienischen Reise* zustimmend zitiert wird.[56] Dante, durch seinen Aufenthalt im benachbarten Verona ortskundig, vergleicht den Zugang zum siebten Höllenkreis mit den südlich von Mori liegenden Schuttmassen des alten Etschgletschers, den Slavini di Marco, und beschreibt, bezeichnenderweise im *Inferno*, kurz den Gardasee.[57] Ein moderner Beobachter vermerkt: »Bei regnerischer oder stürmischer Witterung hat man den Eindruck, es wälzen sich die Wasser des Sees als ein riesiger Strom mit gewaltigen, jagenden Wellenkämmen nach Süden einem weiten Meer entgegen. In ähnlicher finsterer Größe mögen sich die Alten den Styx vorgestellt haben [. . .]«.[58]

Am 22. September 1913 traf Kafka erneut in Riva ein, diesmal allein, und blieb dort bis zum 13. Oktober im Sanatorium Dr. von Hartungen.[59] Die Gebäude nebst großem Park und eigenem Seestrand mit Booten befanden sich auf der schon erwähnten vorgeschobenen Landzunge östlich von Riva zwischen dem Ufer und der nach Torbole führenden Straße; Kafka hatte diesmal die Rocchetta dauernd vor sich.[60] Riva war damals keineswegs mehr ein stilles, vom Fremdenverkehr kaum berührtes Städtchen;[61] der rund achttausend Einwohner zählende Ort war Zollhafen, Sitz einer Bezirkshauptmannschaft und eines Bezirksgerichts, hatte vierzehn Hotels und das genannte Sanatorium, das damals ein beliebter Aufenthaltsort deutscher und österreichischer Prominenz war.[62]

Kafka kam zu Schiff. Er fuhr über Wien nach Triest, dann mit dem Dampfer weiter nach Venedig und von dort mit der nach Mailand führenden Bahn über Verona, das er besichtigte, nach Desenzano; mit dem Gardaseedampfer gelangte er schließlich zum Ziel der Reise. Es ist anzunehmen, daß er 1909 die Brennerbahn benutzte, also über Bozen und Trient nach Mori reiste und dort die 1891 in Betrieb genommene Schmalspurbahn bestieg, die ihn über Nago und Arco in fünfviertel Stunden nach Riva brachte.[63]

Während des ersten Weltkriegs war die Stadt von Touristen verlassen. Arthur Holitscher besuchte den Ort anläßlich einer Reise, die er 1914/15 im Auftrag des *Berliner Tageblatts* unternahm: »aus dem Hotel« – gemeint ist das Hotel Imperial Sole d'Oro, das repräsentative Etablissement direkt östlich der Hafeneinfahrt –

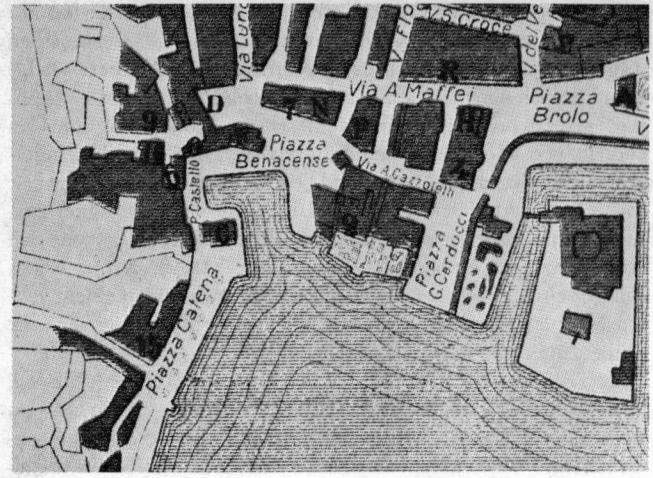

Abb. 7   Hafenbereich von Riva del Garda, Lageplan.

»schaut kein Gesicht auf den See und die Berge hinaus«, auch findet sich »kein Segel unten auf dem See, kein Mensch auf der Straße hier oben«.[64] Holitscher hebt hervor, wie er einen Kaiserjäger in der alten, zur Kaserne umgebauten Wasserburg Rocca (in Abbildung 7 ganz rechts der von Wassergräben umgebene Uferbereich) eine melancholische Weise spielen hört: »Es ist ein oberungarischer Hirt, der hinter dem Fenster sitzt und sein Herzweh über die lange Trennung von der Heimat ergreifend in das Rohr bläst. Die Heimat ist eine öde, armselige, slowakische Bergkuppe am anderen Ende der Welt [...]«.[65]

Riva und seine Umgebung sind durch das Gesagte hinreichend gekennzeichnet; dabei wurden Elemente sichtbar, die die Konzeption des *Jägers Gracchus* beeinflußt haben und zum Teil die Unstimmigkeit zwischen Fabel und Handlungsort beseitigen: Die Deutung der Szenerie als Unterweltlandschaft, mit dem Wind, »der in den untersten Regionen des Todes bläst«, und der dunkel drohenden Felswand vor dem Zimmerfenster, sind sozusagen vorgegeben. Wenn weiterhin das isoliert bestehende Motiv des lebendigtoten Schwarzwaldjägers mit Seefahrt und Landung verbunden werden sollte, so war der nördliche Seeteil mit seiner Bergkulisse ein idealer Ort für die Verschmelzung der an sich heterogenen Vorstellungen.

Das Vorhandensein steiler, zerklüfteter Bergschluchten, in denen es wenige Jahrzehnte vor Kafkas Ankunft noch Wölfe gab,[66] das Wissen um vorkommende Abstürze und die Kenntnis des Ponalefalls vermochten die Vorstellung des abgestürzten, auf Felsen liegenden und verblutenden Wolfsjägers zu imaginieren, der sich »fröhlich« »auf der Pritsche ausstreckte«, durch eine falsche Steuerdrehung des auf dem tosenden Wildbach dahinschießenden Todeskahns den Eingang zur Unterwelt verfehlte und, wie die Fluten des Ponale, bei Riva in ein südliches Binnenmeer gelangte.[67] Der See steht, wie schon Dante wußte und gewiß dem über gute Geographiekenntnisse verfügenden Kafka gleichfalls bekannt war, durch den bei Peschiera abfließenden und bei Govérnolo in den Po mündenden Minicio mit dem Adriatischen Meer in Verbindung, so daß die Meerfahrten des Schwarzwaldjägers so gesehen sogar mit den natürlichen Gegebenheiten vereinbar sind.

Holitscher und Catull erleichterten Kafka den vom Topographischen ausgehenden Amalgamierungsprozeß. Catull ist wie Gracchus »fröhlich« über das Ende aller Pein, wenn die Seele ihre Last abwirft – »in das Totenhemd schlüpfte ich wie ein Mädchen ins Hochzeitskleid«, erzählt der Jäger – und »schön sich ausstreckt auf dem langersehnten Bett«. Und in dem Gedicht *Auf sein Schifflein, nach vollbrachter Reise* ist davon die Rede, wie er »vom fernen Meere neulich nun / Den letzten Weg zu diesem klaren Landsee nahm«.[68] Hier sind Formulierungen vorgebildet, die ihrer Metaphorik wegen leicht als Antizipation des Sterbens verstanden werden können und von Kafka um so eher rezipierbar waren, als Catull ebenfalls von einer sich in anderen südlichen Gewässern vollziehenden Seefahrt spricht, die jetzt – dies auch die geheime Sehnsucht der Titelgestalt der Erzählung – am Gardasee ihr Ende finden soll.

Zudem erweist sich die anstößige Vorstellung, daß Gracchus in seiner Bootsfahrt nicht auf diesen See beschränkt ist, als ein von Catull entlehntes Element poetischer Lizenz; und bei Holitscher ist der wichtige Gedanke vorgeprägt, daß ein Gebirgsjäger, in nördlichen Regionen beheimatet, in einem in Riva am Seeufer gelegenen Gebäude sein Schicksal beklagt. Beide Vorlagen gehen davon aus, daß der See einen düsteren, todesähnlichen Aufenthaltsort für Menschen darstellt, die ihr bisheriges Leben in anderen Gebieten verbracht haben.

Natürlich spiegelt die alle zwei bis drei Jahre erfolgende Landung des Jägers auch Kafkas Anreise, die 1909, als er von Brescia zurückkehrte, und 1913 mit dem Dampfer erfolgte, wobei noch zu erwähnen wäre, daß er 1913 Bootsfahrten auf dem See unternahm und 1911, während einer Reise von Lugano nach Porlezza, vom dauernden Anlegen des von ihm benützten Linienschiffes besonders beeindruckt war: »Jede Schiffslandung ein Angriff.«[69] Dazu stimmt, daß der Jäger bis zu seinem fünfundzwanzigsten Lebensjahr im Schwarzwald lebte und Kafka, als er zum erstenmal nach Italien reiste, sechsundzwanzig Jahre alt war.

3. Die Piazza Benacense

Es erhebt sich die Frage, ob der zu Anfang der Erzählung beschriebene Hafenplatz den realen Gegebenheiten entspricht oder nicht. Karlheinz Fingerhut meint, der Beginn des *Jägers Gracchus* könne, in Weiterführung naturalistischen Stils, als traditionelles Stimmungsbild des Hafens verstanden werden; erst der im Erzählton nicht angekündigte Umschwung ins Traumhafte mache deutlich, daß alles von vornherein Bestandteil einer fremden Welt sei, die mit den Kategorien des Alltagsbewußtseins nicht mehr ausreichend erfaßt werden könne.[70] Die Frage, ob Kafka, geschult an Flaubert und der Tradition des Naturalismus, topographische Details realistisch gestaltet hat oder nicht, kann jedoch keineswegs durch subjektive Leseeindrücke, sondern nur durch eine genaue Konfrontation des Dargestellten mit der Empirie entschieden werden, die in diesem Falle besonders lohnend erscheint, weil der Schauplatz exakt lokalisierbar ist, aber durch die Tatsache erschwert wird, daß er sich seit Kafkas Besuchen beträchtlich verändert hat.

Der Text beginnt mit folgenden Worten: »Zwei Knaben saßen auf der Quaimauer und spielten Würfel. Ein Mann las eine Zeitung auf den Stufen eines Denkmals im Schatten des säbelschwingenden Helden. Ein Mädchen am Brunnen füllte Wasser in ihre Bütte. Ein Obstverkäufer lag neben seiner Ware und blickte auf den See hinaus. In der Tiefe einer Kneipe sah man durch die leeren Tür- und Fensterlöcher zwei Männer beim Wein. Der Wirt saß vorn an einem Tisch und schlummerte. Eine Barke schwebte leise, als werde sie über dem Wasser getragen, in den kleinen Hafen. Ein

Mann in blauem Kittel stieg an Land und zog die Seile durch die Ringe.«[71]

Zunächst fällt auf, daß Kafka den Hafenplatz, die Piazza Benacense, wo er sein Bier trank – heute Piazza Tre Novembre –, zum Schauplatz der Handlung gemacht hat und nicht das Ufer an der Rocchetta oder das Gelände des Sanatoriums, Orte also, zu denen viel engere persönliche Beziehungen bestanden. Die Ursache dürfte einmal, aber zum kleineren Teil, darin liegen, daß die Piazza, der natürliche Verkehrsmittelpunkt der Stadt, von ausnehmender Schönheit war. Heinrich Noë, damals ein großer Kenner südlicher Gebiete, urteilt: »Dieser Platz ist in der That ein einziges Bild und ich wüßte an den See'n Oberitaliens nicht einen Hafen an welchem der Fernblick auf Wasser und Felsen, die tiefblaue Flut und die Wolken umzogenen Gipfel, die großen Barken, die rothbemützten Schiffer, die Verkäufer von Früchten, die Ausrufer, die Spaziergänger unter den Hallen so bunt zusammenwirken, wie an diesem Strande. Hier ruhen auch die Dampfschiffe [. . .]«.[72]

Außerdem, und das ist das Entscheidende, wird hier das psychologische Gesetz wirksam, daß jeder Reisende in fremden Orten ein Zentrum sucht, bewußt oder unbewußt, das dem natürlichen Mittelpunkt seiner Heimatstadt entspricht, in Kafkas Fall also dem Prager Altstädter Ring. Es ist ganz auffällig, wie er auf seinen Reisen immer wieder den Ringplatz eines besuchten Ortes hervorhebt oder sich durch bestimmte Besonderheiten an ihm bekannte Plätze erinnert fühlt.[73] Straßen erscheinen demgemäß in negativer Beleuchtung: »Das Bild der Unzufriedenheit, das eine Straße darstellt, da jeder von dem Platz, auf dem er sich befindet, die Füße hebt, um wegzukommen.« Wenn jedoch Menschen einen Platz überqueren, entsteht für die Augen ein angenehmer Eindruck.[74]

So erstaunt es nicht, daß der Ringplatz in Erzählansätzen erscheint und zum Beispiel als »Burgplatz« in der Späterzählung *Der Bau* eine wichtige Rolle spielt. Die zehn Hauptgänge, die strahlenartig von ihm wegführen, entsprechen genau den zehn Straßen, die vom Altstädter Ring ausgehen, wenn man alle Richtungen berücksichtigt.[75] Somit erweist sich der Bildausschnitt in der Eingangsszene des *Jägers Gracchus* als geprägt durch eine Kafka vorgegebene Betrachtungskategorie. Wie aber steht es mit den einzelnen Bildelementen?

Abbildung 8[76] zeigt zunächst, neben der Kleinheit des Hafens,

Abb. 8   Der Hafen von Riva del Garda am Anfang dieses Jahrhunderts.

daß in Riva ein gemauerter Quai vorhanden war, auch die Pfosten (mit den daran angebrachten Ringen) sind sichtbar, ebenso, etwas rechts von der Bildmitte, wo ein Erwachsener und ein Kind auf der Mauer stehen und ins Wasser schauen, eine Quaitreppe, die die Formulierung »stieg ans Land« nahelegt; die im Text erwähnten Glücksspiele, bei denen Bodenplatten und Erdreich als Spielfelder benützt werden, sind seit der Antike landesüblich. Auf der Abbildung 9 – die Photographie stammt aus dem Jahr 1911[77] – ist außerdem in der Mitte des menschenleeren Platzes ein Denkmal zu erkennen. Am frühen Nachmittag fällt der Schatten der über dem See stehenden Sonne von der Rückseite der Figur auf die hinteren Treppenstufen. Wer dort sitzt und die Zeitung liest, schaut zwangsläufig nach rechts, also auf die Nordfront des Platzes, kann demnach die in den Hafen einfahrenden Boote nicht bemerken.

Vor dem hellen, rechts hinter dem Standbild liegenden Gebäude, ist links vom Arkadenbogen in der Abwinkelung der Ostfassade ein kleiner Brunnen zu bemerken, der sich übrigens noch heute an dieser Stelle befindet. Demjenigen, der dort steht, ist der Blick auf das Wasser durch die vorspringende, in der Abbildung im Schatten liegende Südostecke des Bauwerks verwehrt. Der Obstverkäufer, durch die Schilderung Noës belegt, ist wohl rechts vom Beschauer – das Bild ist von der Nordostecke des Platzes aus aufgenommen worden – unter den Arkaden der Nordfront der Piazza zu denken, deren Anfang in der Abbildung ganz rechts noch zu sehen ist.

Abb. 9   Die Piazza Benacense in Riva del Garda (1911).

Die Lage vor einem der in Abbildung 7 mit Nr. 7 bezeichneten Häuser gestattet den Blick auf die Weite des Sees, jedoch nicht in die Nordwestecke des Hafens und auf die Piazza Castello. Die renommierten Kaffeehäuser befanden sich damals am Ostende dieser Platzseite[78] – in Abbildung 7 mit N bezeichnet –, so daß bei intensiver Sonnenbestrahlung am frühen Nachmittag die Arkaden mit den vor die Lokale gestellten Tischen und Stühlen, die in Abbildung 9 hinter dem Denkmal deutlich zu erkennen sind, und die dahinterliegenden Restaurationsräume wie dunkle Löcher wirken; an einem der vorderen Tische, noch im Schatten des Wandelgangs, sitzt der Wirt und hält seinen Mittagsschlaf. Alle genannten Personen, auch die beiden ins Spiel vertieften, also auf den Boden blickenden Knaben, werden in solchen Positionen gezeigt, in denen sie die Landung des Jägers nicht bemerken können. Was zunächst als Traumkonstellation erscheint – es sind sechs Menschen auf der Piazza, und »niemand« sieht die Barke –, erweist sich als Ergebnis wirklich bestehender topographischer Gegebenheiten.

Die zunächst verblüffende Detailtreue ist aber nur scheinbar. Die aufgezählten Bildkonstituenten sind nämlich, nimmt man den Uhrturm und den hinter dem Denkmal liegenden Palazzo (Abbildung 11) hinzu – beide werden in der Erzählung noch erwähnt –, typische Requisiten norditalienischer Plätze. So schreibt Heine in seinen *Reisebildern* über die Piazza delle Erbe in Verona, die Kafka natürlich ebenfalls kannte: »Da stehen hohe Paläste im venezianisch-lombardischen Stil, mit unzähligen Balkonen und lachenden Freskobildern; in der Mitte erhebt sich eine einzelne Denksäule, ein Springbrunnen und eine steinerne Heilige [. . .] dort wieder erblickt man einen altviereckigen Kirchturm [. . .]«.[79] Vergleichbar ist die Kafka 1909 bekanntgewordene Piazza della Loggia in Brescia, damals einer der malerischsten Plätze Italiens. Steht man an der Südseite, so wird die Westfront vom Palazzo del Commune, der sogenannten Loggia, gebildet, die westliche Hälfte der Südseite wird vom Monte di Pietà, dem Leihhaus, eingenommen, der freilich nicht sehr hohe Torre dell'Orologio steht an der Ostfassade; an der Nordseite, die künstlerisch bedeutungslos ist, münden mehrere Gassen ein.[80] Ein Blick auf Abbildung 7 ergibt, daß die architektonische Gestaltung der Piazza della Loggia weitgehend der Anlage des Hafenplatzes in Riva entspricht.

Einzelne der im *Jäger Gracchus* verwendeten Erzählelemente tauchen als Erlebniseindrücke des schon erwähnten Ausflugs auf, den Kafka am 1. September 1911 von Lugano aus unternommen hat: Er bemerkt Kinder auf der Landungsbrücke in Menaggio am Comersee, das Wilhelm-Tell-Denkmal am Hafenplatz von Porlezza, einen Springbrunnen an der Landungsstelle in S. Margarita und einen Glockenturm in S. Mamette.[81] Der Schluß liegt nahe, er habe nicht das einmalige Gepräge des Platzes, sondern das Typische jeder südlichen Piazza darstellen wollen.

Eine solche Deutung des Materials wäre aber nur auf einer vordergründigen Ebene der Betrachtung zutreffend, weil sich beweisen läßt, daß die genannten Einzelheiten auch wichtige Bausteine seiner heimatlichen, das heißt Prager poetischen Topographie waren. Der Moldauquai, das Standbild Karls IV., der Altstädter Brückenturm an der Karlsbrücke und nahegelegene Weinschenken kommen schon in der *Beschreibung eines Kampfes* als Realitätssplitter vor. Der Quai war, noch in späteren Jahren, ein fester Bestandteil der täglichen Spaziergänge. Vom Fenster seines Zimmers in der elterlichen Wohnung in der Niklasstraße 36 (Juni 1907 bis November 1913) blickte er auf den sogenannten Universitätsbauplatz, ein langgestrecktes, mit seinen Längsseiten parallel zum Moldauufer verlaufendes, freies Areal, das westwärts bis zum Gebäude des Akademischen Gymnasiums am Rudolfinum reichte, ostwärts bis zum Kloster und Hospital der Barmherzigen Brüder und nordwärts von der Moldau begrenzt wurde.[82] Am 20. August 1912 findet er notierenswert, daß zwei kleine, blaugekleidete Jungen Heu über den Platz schleppten, und ungefähr ein Jahr später, also kurz vor seinem zweiten Aufenthalt in Riva, entwirft er einen Erzählanfang, in dem an einem Quaigeländer einige Burschen mit verschränkten Beinen stehen.

Besonders ergriffen ihn die Treppen, die vom Straßenniveau zu dem unten am Fluß verlaufenden Quaiplateau führten. Ein wahrscheinlich im Spätherbst 1920 entstandenes Fragment literarisiert solche Eindrücke: »Wer ist es? Wer geht unter den Bäumen am Quai? Wer ist ganz verloren? Wer kann nicht mehr gerettet werden? Über wessen Grab wächst der Rasen? Träume sind angekommen, auf einer Leiter steigen sie die Quaimauer hinauf. Man bleibt stehn, unterhält sich mit ihnen, sie wissen mancherlei, nur woher sie kommen, wissen sie nicht. Es ist recht lau an diesem Herbstabend.«[83]

Man hat fast den Eindruck, daß Kafka hier Erscheinungen wie den Schwarzwaldjäger beschreibt: Er, der über eine Quaimauer heraufgetragen wird, ist, nach eigener Aussage, rettungslos verloren und tot, jedoch gleichwohl zu Gesprächen fähig, und obgleich er alles weiß, braucht er Auskünfte über sein eigenes Schicksal. Auf jeden Fall zeigt der Text die Poetisierung topographischer Gegebenheiten, das heißt deren Aufladung und Koppelung mit inneren Vorstellungszusammenhängen.

Jedoch verdankt der Quai seine Akzentuierung als wichtiger Baustein der dichterischen Welt nicht nur schöpferischer Imagination und biographischer Determinierung, sondern wahrscheinlich auch der Erinnerung an eine Prager Lokaltradition. Wie Heine in Trient »wie in einem Traume, wo man sich auf irgend etwas besinnen will, was man ebenfalls einmal geträumt hat«, auf dem Domplatz stand, sich von Männern »wie aus der Tiefe eines Jahrtausends« betrachtet fühlte und die Mädchen als längst Verstorbene sah, weil er in seinen Wahrnehmungen von vorgeprägten Mustern eigener Provenienz bestimmt war,[84] so war Kafka bei der Ausformung seiner an Quais spielenden Geschichten wahrscheinlich mitgeprägt durch die jüdische Sage *Die goldene Gasse*, die am Moldauquai lokalisiert ist und ihm mindestens seit 1912 genauestens bekanntgewesen sein muß: Die einzige Tochter eines am Flußufer lebenden Rabbi verliebt sich in einen Jüngling, der »in ein grünes Jagdwams gekleidet« mit dem Kahn flußaufwärts von seinem Schloß auf dem Grunde der Moldau gekommen war, um durch die wahre Liebe eines irdischen Mädchens – sie muß ihm in die Wasserwelt folgen – von einem Fluch erlöst zu werden, der durch ein Vergehen seines Vaters verursacht ist und ihn zu dauernder Wanderung unter den Menschen zwingt: »Tausend Jahre wandelte ich auf der Erde unter den falschen unbeständigen Menschenkindern in verschiedenen Gestalten umher«.[85] Das Motiv des bootfahrenden, als Jäger verkleideten Wasserkönigs, der ohne eigene Schuld seit Jahrhunderten immer wieder an Land geht, um von seinem Schicksal erlöst zu werden, hat so viel Ähnlichkeit mit dem *Gracchus*, daß dessen Gestaltung ohne Verwendung der *Sippurim*-Erzählung kaum vorstellbar ist.

Das Element des Denkmals läßt sich ebenfalls in größere Zusammenhänge einordnen. Das Standbild, das bis 1916 auf dem Hafenplatz in Riva stand und heute vor der Rocca direkt am Seeufer aufgestellt ist, stellt den heiligen Johannes von Nepomuk dar. Prager Präfigurationen sind in diesem Falle nicht schwer zu finden: das »silberne Standbild eines Heiligen«, das im *Prozeß* erwähnt wird, meint das riesige Silbergrabdenkmal Johann von Nepomuks, des erdichteten Beichtvaters der Gemahlin Wenzels IV. Er wurde von der Gegenreformation den Tschechen als der richtige Johannes anstatt des Ketzers Hus vindiziert, zum Märtyrer des Beichtgeheimnisses und Schutzherrn von Böhmen erhoben und, da er der Legende zufolge von den Schergen des Königs in die Moldau gestürzt wurde, zum Schutzheiligen der Brücken und Seeleute befördert. Bis in unser Jahrhundert hinein wurde sein Namenstag am 16. Mai unter gewaltigem Zulauf vor allem der Landbevölkerung mit Wallfahrten zum Grabmal im Prager Dom, abendlichem Festen auf den Moldauinseln und einem Feuerwerk begangen.[86] Als 1890 die Karlsbrücke einstürzte, blieb der Pfeiler, der das Standbild Nepomuks trug, stehen; es ist bekannt, daß Kafka die Heiligenstatuen auf dieser Brücke besonders schätzte.[87]

Das Denkmal auf der Piazza Benacense, das Abbildung 10 zeigt, brauchte also heimischen Vorstellungen gar nicht assimiliert zu werden; es entsprach als Hafenstandbild und angesichts der Tatsache, daß Gracchus zum Seefahrer geworden ist, der Thematik der Erzählung und ist sogar versteckt in sie eingegangen, weil in der zweiten Fassung die Schutzfunktion Nepomuks auf den Jäger

übertragen wurde: »ältester Seefahrer, Jäger Gracchus, Schutz-
geist der Matrosen, Jäger Gracchus, angebetet mit gerungenen
Händen vom Schiffsjungen, der sich im Mastkorb ängstigt in der
Sturmnacht.«[88]

Abb. 10   Standbild des heiligen Johannes von Nepomuk, bis 1916 auf der
Piazza Benacense in Riva del Garda.

Die Idee zur Änderung der realen Gegebenheiten mag vom Optischen ausgegangen sein. Betrachtet man das Monument aus dem Blickwinkel, den die Abbildung zeigt, so kann der Eindruck entstehen, daß ein angespannter und erregter Kämpfer dargestellt ist – der Mund ist geöffnet –, dessen erhobene, schwertbewehrte Rechte in Erwartung des Gegners verharrt, während in Wirklichkeit ein durch den Anblick des Kruzifixes in seiner Hand ekstatisch Erregter gezeigt wird. Außerdem ist anzunehmen, daß sich Kafkas Vorstellungen von dieser Denkmalsfigur Erinnerungen an das von ihm geschätzte Reiterstandbild Viktor Emanuels II. auf dem Mailänder Domplatz überlagerten – wie bei dem ähnlichen und ihm ebenfalls bekannten Monument auf der Piazza Vittorio Emanuele in Verona hält der König in seiner Rechten einen blanken Säbel –, dessen dichterische Gestaltung als menschenleerer Ringplatz eine innere Verwandtschaft zum *Jäger Gracchus* aufweist.[89]

Welche Bedeutung kommt nun der Verwandlung Nepomuks in einen säbelschwingenden Helden zu? Man muß bei der Erklärung von der Tatsache ausgehen, daß Kafka von Figuren fasziniert war, die Säbel oder Schwert zücken: Es ist bekannt, daß er, absichtlich und bewußt, die Fackel der Freiheitsstatue in New York durch ein Schwert ersetzte.[90] Als er während der Reise von 1911 auch den Louvre besuchte, schrieb er bewundernd über den von Agasias geschaffenen *Borghesischen Fechter*: »Von hinten aber [. . .] wird der überraschte Blick das fest gezogene Bein entlang gelockt und fließt geschützt über den unaufhaltsamen Rücken zu dem nach vorn gehobenen Arm und Schwert.«

Eine Stelle aus den *Elf Söhnen* scheint unter dem Eindruck derartiger Vorstellungen formuliert worden zu sein. Dort heißt es vom zweiten Sohn, er sei »schön, schlank, wohlgebaut; es entzückt, ihn in Fechterstellung zu sehen«. Gerade diese Stelle war Kafka besonders wichtig. Der Rezitator Ludwig Hardt berichtet in seinen Erinnerungen an Kafka, daß dieser nach der Lesung des Stücks zu ihm gesagt habe, bei dem Wort »entzückt« sehe man förmlich das gezückte Schwert vor sich. Die Bedeutung der Vorstellung für Kafka geht unter anderem daraus hervor, daß er in einer Zeichnung einen ausfallenden Fechter dargestellt hat, der wie eine karikierende Übersteigerung der antiken Statue wirkt.[91] Auch sonst, in Traum, Skizze oder Beobachtung, taucht immer wieder der säbeltragende Mann auf.[92] Man darf deshalb vermuten, daß für ihn der so bewaffnete Kriegsheld ein Bild männlicher Kraft, ungebrochener Vitalität und instinktsicherer Entscheidungsfähigkeit war.

Die spezielle Funktion des Bildes muß allerdings aus dem Erzählganzen erschlossen werden: Der Säbelheld läßt sich deuten als ein Zeichen für die ruhmreiche Vergangenheit des Jägers, von dem gesagt wird, daß er sein »Jagdgewehr« – in der Vorfassung ist es ein Säbel – stolz trug und unreflektiert, erfolgreich seinem Beruf, der Wolfsjagd, nachging. Das Gracchus anstößige Kajütenbild, »ein Buschmann [. . .] der mit einem Speer nach mir zielt und hinter einem großartig bemalten Schild sich möglichst deckt«, variiert diesen Vorstellungszusammenhang, bewirkt – verstärkt durch die Motivähnlichkeit zu dem »großen blumengemusterten [. . .] Seidentuch«, das den Waldgänger bedeckt – eine dauernde Konfrontation mit seiner früheren Existenzform und veranschaulicht gleichzeitig, weil von ihm fortwährend eine, freilich bloß fiktive, Bedrohung ausgeht, seine nie endende Todesverfallenheit, deren natürliche Konsequenz jedoch ausbleibt.[93]

Schon in der *Verwandlung* – und diese Parallele bestätigt die gegebene Deutung – hatte Kafka eine Abbildung in analoger Weise eingesetzt. Im Wohnzimmer der Familie Samsa hängt eine Photographie Gregors »aus seiner Militärzeit, die ihn als Leutnant darstellt, wie er, die Hand am Degen, sorglos lächelnd, Respekt für seine Haltung und Uniform verlangte«. Durch die Verwandlung wird er aber zum Gegenbild dieses Zustandes. Als hilfloses, schmutziges, von Lebensproblemen geplagtes und auf allen vieren kriechendes Tier wird er von der Familie wie ein kleines Kind behandelt und beherrscht; seine frühere Rolle hat der Vater übernommen, der sich jetzt, straff aufgerichtet, in einer Dieneruniform zeigt.[94] In beiden Fällen kam es dem Augenmenschen Kafka offenbar darauf an, die gegenbildliche Daseinsform der Vorgeschichte des Helden möglichst anschaulich im Handlungsgang selbst zu repräsentieren.

Die anderen Details des Eingangsabschnittes sind ebenfalls Bedeutungsträger und, wenigstens formal und als Motive, in die Gesamthandlung integriert, was sich, besonders bei dem fragmentarischen Charakter des Textes, nicht von selber versteht: Die beiden Knaben des Eingangssatzes bilden mit dem Jungen, der bei der Ankunft des Jägers ein Fenster des Gebäudes öffnet, in das Gracchus getragen wird, und dem Knabenspalier im Flurgang dieses Hauses, das sich später in eine neugierig dem »Trupp« nachdrängende Schar verwandelt, die von den Trägern vertrieben werden muß, einen recht geschlossenen Nebenstrang des Erzählens.[95] Schon in der Vorfassung der Geschichte wird der Jahrhunderte alte Schwarzwaldjäger als Geheimnis der Kinder betrachtet und einem Bereich zugeordnet, wo »kein Erwachsener mehr sich hintasten konnte«.[96] Offenbar soll diese Konstellation eine der Figur innewohnende Antinomie zum Ausdruck bringen.

Kafka hat seine eigene Lebensproblematik bisweilen durch den Begriff einer Jugendlichkeit zu deuten gesucht, die, der Entwicklung nicht fähig, ihm eine Vorstellungsform für Stagnation, Traditionslosigkeit und Überforderung war, andererseits jedoch zur Darstellung des gleichen Sachverhalts das Bild der Überalterung benützt, das der Sage vom »ewigen Juden« und jüdischem Geschichtsverständnis entlehnt wurde. In dem genannten Handlungselement des *Jägers Gracchus* scheint diese Problematik, eigenem Dichtungsverständnis gemäß,[97] vollständig in einen anschaulichen Handlungszusammenhang umgesetzt. Aber hier gilt wieder, daß Kinder und Spalierbildung – das letztere Motiv dürfte Kafka durch die Lektüre der Memoiren der Gräfin Thürheim bekanntgeworden sein[98] – nicht nur im *Gracchus* verwendet werden, sondern auch in der Titorelli-Episode im *Prozeß* und in der Erzählung *Verlockung im Dorf*.[99]

Die restlichen Einzelheiten sind keine bloße Kulissenmalerei. Das Mädchen am Brunnen, das Wasser in ihre Bütte füllt, kann auf folgende Aussage des Jägers bezogen werden: »Julia, die Frau des Bootsführers, klopft und bringt mir zu meiner Bahre das Morgengetränk des Landes, dessen Küste wir gerade befahren«; der Obstverkäufer – sein Schlafen neben der Ware paßt dazu, daß Gracchus nichts ißt – wird motivlich in den Obstschalen wieder aufgenommen, die die Stufen des Denkmals verunreinigen, die Männer beim Wein kehren in der Zweitfassung als bechernde Gesprächspartner wieder; und der Zeitungsleser kann Gracchus nicht helfen, weil er in der Presse nichts von dessen Schicksal findet.[100]

Bei all den genannten Elementen interessiert natürlich die Frage, ob sie, gleichsam überdeterminiert, zusätzlich Funktionsträger dichterischer Anschauungsformen überhaupt sind. Das ist zunächst für die Statue zu bejahen. Kafka hat sich, gerade im Zusammenhang mit Plätzen, das Vorhandensein von Standbildern häufig notiert;[101] daß sie seine Einbildungskraft beschäftigten, zeigen ein Traum, in dem er die entsprechenden Monumente des Altstädter Rings, unter anderem die Mariensäule und den Brunnen vor der Niklaskirche, »in großer Ordnung« auf dem Vorhof eines imaginären Schlosses aufstellt, ihre Verwendung in Erzählansätzen und ihr metaphorischer Gebrauch. Der letztere macht deutlich, daß das Denkmal für ihn ein Bild der Ruhe und Gehaltenheit darstellt, das auf festem Grunde sicher steht.[102] In solcher Beleuchtung läßt sich die Statue auf dem Hafenplatz in Riva als Gegenbild zu der schwankenden Lebensform und ruhelosen Bewegtheit des Jägers ausdeuten.

Die Untersuchung der übrigen Kompositionsbestandteile fördert eine neue Erkenntnis zutage. Als Ausgangspunkt eignet sich eine Stelle aus dem zweiten Kapitel des *Prozeß*-Romans, an der K.s Gang zur ersten Untersuchung beschrieben wird. Er erreicht das Haus und bleibt, gegen seine Gewohnheit sich mit solchen »Äußerlichkeiten« befassend, am Eingang des Hofes stehen: »In seiner Nähe auf einer Kiste saß ein bloßfüßiger Mann und las eine Zeitung. Auf einem Handkarren schaukelten zwei Jungen. Vor einer Pumpe stand ein schwaches, junges Mädchen in einer Nachtjoppe und blickte, während das Wasser in ihre Kanne strömte, auf K. hin. In einer Ecke des Hofes wurde zwischen zwei Fenstern ein Strick gespannt, auf dem die zum Trocknen bestimmte Wäsche schon hing. Ein Mann stand unten und leitete die Arbeit durch ein paar Zurufe.«[103] Da die beiden spielenden Jungen, der sitzende, zeitunglesende Mann, das wasserholende Mädchen und geöffnete Fenster zugleich Konstituenten des *Gracchus*-Eingangs sind, ist der Schluß zu ziehen, daß Kafka nicht nur punktuell als Wahrnehmung wieder aufnimmt, was schon als sinntragender Baustein durch künstlerische Beobachtung ausgewiesen ist, sondern offenbar auch ganze Kompositionsraster, die dann nur noch wenig situativ akzentuiert zu werden brauchen, wie etwa im vorliegenden Falle durch die Nachtjoppe – es ist Sonntagmorgen neun Uhr – oder die Bloßfüßigkeit des Lesers – man befindet sich in ärmlichem Vorstadtmilieu.

Noch erstaunlicher ist freilich die Ähnlichkeit der Erzähl- und Stilhaltung. Zwar ist natürlicherweise die Perspektivierung der *Prozeß*-Passage stärker ausgeprägt, denn die Szene wird als erlebter Eindruck der anwesenden Hauptfigur ausgegeben, während der Eingang des *Jägers Gracchus* frei von Relationsbestimmungen ist, die den allein gegenwärtigen Erzähler unnötig hervortreten lassen würden, doch bleibt das gleichartige Grundmuster trotzdem sichtbar: Im einen Fall beginnt der Wahrnehmungsvorgang in der Nähe K.s, dessen Augen sich dann dem entfernteren Handkarren zuwenden, einen Augenblick das Mädchen beobachten – die Pumpe ist irgendwo in der Mitte des Hofes zu lokalisieren – und schließlich an das entgegengesetzte Ende des Areals gelangen, wo ein Vorgang seine Aufmerksamkeit auf sich zieht.

Im andern Text gleiten die Augen des Betrachters, der an der Nordostecke des Platzes zu denken ist, zunächst vom Ufer aus nach rechts zum Denkmal in der Mitte der Piazza, daraufhin weiter rechts zum dahinterliegenden Brunnen und von da aus zur Nordfront – dort zuerst das Entfernteste bemerkend – und kehren schließlich wieder zum Ausgangspunkt zurück, wo inzwischen die einfahrende Barke Bewegung ins Bild gebracht hat. Die Reihenfolge der genannten Elemente ist in beiden Fällen durch den Wahrnehmungsvorgang fiktiver Personen bestimmt, deren gleitendes Auge den Schauplatz sukzessiv aufbaut. Gemeinsam ist außerdem die Betonung der Raumtiefe und die auffällige, asyndetische Hauptsatzreihung, die im *Jäger Gracchus* noch dadurch deutlicher hervortritt, daß die Sätze, von einer Ausnahme abgesehen, alle mit dem Subjekt beginnen. Diese Stilform bildet, zusammen mit den Motiven der Stille und Leere, die offensichtlich die Szene am Hafenplatz auszeichnen (»leise«, »niemand«), ein »pattern«, eine vorgängige poetische Struktur, die zwar gewiß prinzipiell realistischer Beobachtung entstammt – wahrscheinlich dem Eindruck der stillen und menschenleeren Plätze im abendlichen Prag –, aber keineswegs ein getreues Spiegelbild südlicher Reiseerlebnisse sein kann.

Als Beweis diene zunächst folgendes, wahrscheinlich im Spätherbst 1920 entstandenes Fragment: »Das Charakteristische der Stadt ist ihre Leere. Der große Ringplatz zum Beispiel ist immer leer. Die Elektrischen, die sich dort kreuzen, sind immer leer [. . .] Der große Basar [. . .] ist immer leer. An den vielen im Freien stehenden Tischchen [. . .] sitzt kein Gast. Das große Tor der alten Kirche in der Mitte des Platzes ist weit offen, aber niemand geht ein oder aus. Die Marmorstufen, die zum Tor emporführen, strahlen mit einer geradezu unbändigen Kraft das Sonnenlicht zurück, das auf sie fällt. Es ist meine alte Heimatstadt [. . .]«. Max Brod hat richtig gesehen, daß hier der Mailänder Domplatz gemeint ist, wenngleich wahrscheinlich Reminiszenzen an Cadenabbia und Verona mitverarbeitet sind.[104]

Aus den Reisetagebüchern ist bekannt, daß Kafka die Galeria Vittorio Emanuele, den Basar, außerordentlich beeindruckend fand, vom Dach des Domes aus − scheinbar unempfänglich für den weiten Ausblick, den man von dort genießt − allein die perspektivisch verzerrte Bewegung der Straßenbahnen notierte und deren Geleise beachtete. Diese bildeten um Dom und Reiterstandbild sich auf dem Platz berührende Kreise, die durch zwei den begrenzenden Häuserfronten parallel laufende Tangenten zusätzlich miteinander verbunden waren: »Schienen, die sich zum Kreis schließen und nirgends hinführen, ist und bleibt der stärkste Eindruck von Mailand.«[105]

Die ihn fesselnden Realitätsbestandteile hat er zwar in dem zitierten Fragment verwendet, aber dabei in ein Gefüge gebracht, das dem Erlebniseindruck nicht entspricht, denn das Tagebuch erwähnt ausdrücklich starken Verkehr in den Gassen in der Umgebung des Mailänder Doms; dagegen wird bei der Beschreibung eines in Prag zu lokalisierenden Platzes in den 1907/08 entstandenen *Hochzeitsvorbereitungen auf dem Lande* ebenfalls die Menschenleere hervorgehoben: »man sah keine Geschäftsläden, hier fuhr kein Wagen.« So handelt es sich offenbar um einen Topos, der in der Fortsetzung des zitierten *Gracchus*-Beginns so lautet: »Auf dem Quai kümmerte sich niemand um die Ankömmlinge, selbst als sie die Bahre niederstellten [. . .] trat niemand heran, niemand richtete eine Frage an sie, niemand sah sie genauer an.«[106]

So erstaunt es nicht, daß die südliche Szenerie als Heimatstadt bezeichnet wird, denn an jener werden die Attribute dieser wahrgenommen, die dann in einem weiteren Ansatz des Vorstellungskomplexes, unter Beibehaltung der zugrundeliegenden Leerform, eindeutig die Oberhand gewinnen: »Es ist meine alte Heimatstadt und ich bin wieder in sie zurückgekehrt. Ich [. . .] habe ein Haus in der Altstadt mit der Aussicht auf den Fluß. Es ist ein altes zweistöckiges Haus [. . .] in den Wohnzimmern, die an der Vorderseite des Hauses liegen [. . .] ist tiefe Stille und der kleine Platz vor dem Hause, der rings geschlossen ist und nur nach dem Fluß hin sich öffnet, ist immer leer.«[107] Abgesehen von der Zweistöckigkeit des Hauses, die, wie sich gleich zeigen wird, in der Topographie Rivas beheimatet ist, erinnert die Darstellung stark an die schon erwähnten Gegebenheiten der Wohnung Kafkas in der Niklasstraße 36.

Zusammenfassend kann gesagt werden, daß die Beschreibung, die Kafka vom Hafenplatz in Riva gibt, von einer einzigen Ausnahme abgesehen, verblüffend realen Verhältnissen entspricht, was angesichts seiner Unfähigkeit in topographischen Dingen besonders ins Gewicht fällt; daß jedoch gleichzeitig im Detail und Arrangement vorgeprägte Elemente und Kategorien der dichterischen Welterfassung vorliegen, die, als schon geformter Vorstellungszusammenhang, die sprachliche Erfassung neu auftauchender räumlicher Einheiten überhaupt erst zulassen.

4. Der Palazzo del Comune

Die Beweisführung wäre unvollständig, wenn sie nicht die noch verbleibenden deskriptiven Partien des *Jägers Gracchus* einschlösse. Nach der Landung weist der Bootsführer »auf ein gelbliches, zweistöckiges Haus, das sich links nahe am Wasser geradlinig erhob, die Träger nahmen die Last auf und trugen sie durch das niedrige, aber von schlanken Säulen gebildete Tor. Ein kleiner Junge öffnete ein Fenster, bemerkte noch gerade, wie der Trupp im Haus verschwand, und schloß wieder eilig das Fenster. Auch das Tor wurde nun geschlossen, es war aus schwarzem Eichenholz sorgfältig gefügt. Ein Taubenschwarm, der bisher den Glockenturm umflogen hatte, ließ sich jetzt vor dem Hause nieder. Als werde im Hause ihre Nahrung aufbewahrt, sammelten sich die Tauben vor dem Tor. Eine flog bis zum ersten Stock auf und pickte an die Fensterscheibe. Es waren hellfarbige wohlgepflegte, lebhafte Tiere. In großem Schwung warf ihnen die Frau aus der Barke Körner hin, die sammelten sie auf und flogen dann zu der Frau hinüber.«[108]

Zunächst fällt auf, daß die Lage des Landeplatzes genau mit den realen Gegebenheiten übereinstimmt. An der Westseite der Hafeneinfahrt vor dem heute nicht mehr bestehenden Zollgebäude, das in Abbildung 7 mit C bezeichnet ist, legten die Dampfer an.[109] Das ist aus Abbildung 8 – der Blick geht vom Südende der Piazza Castello aus nach Nordosten – ebenfalls zu ersehen und in die Zweitfassung der Erzählung eingegangen: »Im kleinen Hafen, wo außer Fischerbooten nur die zwei Passagierdampfer, die den Seeverkehr besorgen, zu halten pflegen, lag heute eine fremde Barke.« Aus Heinrich Noës schon angeführter Beschreibung der Piazza und zeitgenössischen Photographien ist zu entnehmen, daß die Ostseite des Hafens als Ankerplatz der nicht mehr ausfahrenden Dampfer diente. Da die Fischerkähne die Landestelle an der Piazza Castello belegten, bleibt für Gracchus nur die Nordseite. Seine Barke ist hinter dem großen Boot zu denken, das in Abbildung 8 ganz links im Bild angelegt hat, also an der Stelle, wo die Treppenstufen ins Wasser führen.

Sieht man von dort auf die Piazza, erhebt sich tatsächlich links »nahe beim Wasser geradlinig« ein nach dem üblichen Sprachgebrauch der Donaumonarchie zweistöckiges Bauwerk,[110] dessen helle, durch ein Punktraster hervorgehobene Südseite auf Abbildung 8 zu erkennen ist. Der Palazzo Pretorio wurde 1370 von den Scaligern errichtet und 1520 durch den Fürstbischof Bernardo Clesio von Trient restauriert, woran ein Gedenkstein erinnert, der

Abb. 11   Der Palazzo Pretorio an der Piazza Benacense in Riva del Garda.

im Arkadengang an der Nordseite des Gebäudes, die Abbildung 11 zeigt, angebracht ist. Dort finden sich auch römische Inschriften – der Ort ist antiken Ursprungs –, was gut zur lateinischen Namensform des Jägers und seiner Geburt im vierten Jahrhundert paßt, sowie ein Hinweis auf den Rabbiner Jakob von Marcaria, der 1559 in Riva eine hebräische Druckerei errichtete; nicht ganz uninteressant für den schreibenden Juden Kafka.

Der Eingang liegt ebenfalls auf dieser Seite. Unterhalb des Balkons befindet sich im Arkadengang eine verhältnismäßig kleine Doppeltür, die, säulenlos, in einem kleinen Rundbogen endet. In den zwanziger Jahren wurden die Außenpfeiler des Gebäudes in die heutige Form verändert, 1950 ein Ölbild aus dem 16. Jahrhundert, das unter den Arkaden hinter einem schützenden Drahtnetz hing, ins Museo Civico gebracht. Der Palazzo war bis 1918 Sitz eines k.k. Bezirksgerichts, woran der Adler an der Nordfront erinnert.[111]

Im rechten Winkel dazu und die Westseite des Platzes begrenzend, erhebt sich der 1475-1482 von den Venezianern errichtete Palazzo del Provveditore – es handelt sich um den in Abbildung 12 in der rechten Bildhälfte dem Beschauer frontal gegenüberliegenden Gebäudeteil –, der von der Piazza Benacense aus durch eine auf diesem Photo nicht mehr sichtbare Treppe betreten wird, die ohne Türe im rechten Torbogen des ganz rechts im Bild gerade noch wahrnehmbaren, zurückgesetzten Anbaus beginnt und unmittelbar ins Obergeschoß führt. Über dem Dach die Rocchetta.

Seine heutige Verbindung mit dem Palazzo Pretorio erhielt das Bauwerk erst in der Mitte des vorigen Jahrhunderts. Auf dem in Abbildung 12 gezeigten Gebäude ist die Nordfassade dieses Verbindungsstücks abgebildet (linker Flügel) – ganz links ragt noch ein Teil des umgebauten Palazzo Pretorio herein –, und auf der Abbildung 8 ist ganz links die gegenüber dem Bezirksgericht dunklere, nicht gepunktete Südfront mit dem Eingangsportal zu sehen. Sein Arkadengang führt am Westende zu einem in Abbildung 12 gerade noch erkennbaren Durchgang zur Piazza San Rocco, der von den Resten des alten Stadttors, der Porta bruciata, gebildet wird. Der so erweiterte Palazzo del Provveditore wurde Palazzo Municipio genannt und beherbergte zu Kafkas Zeit unter anderem das Bürgermeisteramt von Riva. Seit 1918, als Riva italienisch wurde, dient der Palazzo Pretorio ebenfalls der Ge-

Abb. 12   Der Palazzo del Provveditore an der Piazza Benacense in Riva del Garda.

meindeverwaltung; der gesamte Gebäudekomplex heißt heute Palazzo del Comune.

Erwähnt werden muß noch der Uhrturm, der Torre Aponale, der, ursprünglich zur Befestigungsanlage der Stadt gehörig, schon im 13. Jahrhundert vorhanden war. Er wurde im 16. Jahrhundert auf seine heutige Höhe von 35 Metern gebracht und zum Glockenturm umgebaut.[112] Er liegt dem Palazzo Pretorio gegenüber an der Ostseite des Platzes an der Einmündung der Via A. Cazzoletti (Abbildung 8 und 7).

Diese umständliche, aber für das Verständnis der entstehungsgeschichtlichen Zusammenhänge des *Jägers Gracchus* unerläßliche Beschreibung der Palazzi ermöglicht in einmaliger Weise eine sehr differenzierte Kontrolle der Aussagen Kafkas. Zunächst einmal ist der Ausdruck »geradlinig« besonders aus der Perspektive der Abbildung 9, die ungefähr mit der des Erzählers identisch ist, angesichts der die klaren Mauerlinien der Ostfront des Palazzo Pretorio scharf profilierenden Schattenpartien recht zutreffend.

Wie aber verhält es sich mit der gelben Farbe, besondes auch im Hinblick auf die Tatsache, daß Kafka sonst äußerst selten Farbadjektive setzt?[113] Auf der Photochromkarte, nach der die Abbildung 8 hergestellt wurde, ist der Palazzo Pretorio sowohl durch eine kräftige, teilweise noch heute am Bau sichtbare gelbe Farbe ausgezeichnet, die auf der Photographie sonst nicht mehr erscheint, als auch durch die schon erwähnte besondere Rasterung, und das nicht ohne Grund: Viele amtliche Gebäude und größere Privathäuser in der Donaumonarchie waren in gleicher, leuchtend gelber Farbe gestrichen; man bezeichnet diesen Farbton als Schönbrunner Gelb, obwohl Schloß Schönbrunn bis 1810 weiße oder hellgraue Fassaden hatte – das intensive Gelb war dem Barock völlig fremd – und erst im Biedermeier gelb wurde; an diesem bedeutenden Bauwerk hat man sich dann in der Folgezeit hinsichtlich der Farbgebung orientiert.[114] Deswegen war die Kaiserjägerkaserne, die Rocca, ebenfalls gelb.[115] Man könnte also vermuten, daß Kafka, jedem gebildeten österreichischen Leser verständlich, den offiziellen Charakter des Monuments hervorheben wollte.

Der Jäger wird durch das heute geschlossene Südtor des Palazzo Municipio getragen, dessen Beschreibung der Form nach genau seinem Aussehen in Abbildung 8 entspricht: Durch den über dem Eingang vorspringenden Balkon wirkt dieser tatsächlich niedrig, aber nicht plump, weil der deutlich erkennbare säulenartige Mauerabschluß, der das Portal flankiert, einen solchen Eindruck nicht aufkommen läßt. Doch bestand das Tor, das heute, wie eine zeitgenössische Abbildung zeigt, die sich im Museo civico in Riva erhalten hat, nicht mehr ganz dem damaligen Zustand entspricht, aus dunkel gebeiztem Lärchenholz. In den breiten Sturz und in die obere Hälfte der aus vier senkrecht verlaufenden Segmenten bestehenden Füllung waren Glasfenster eingelassen, die durch kunstvoll gearbeitetes, farbiges schmiedeeisernes Gitterwerk geschützt und verziert waren. Kafka hat also Material und Bearbeitung entsprechend der nördlichen, ländlichen Herkunft und besonderen Seinsweise des Jägers verändert, wobei ihm die Nordtür des Palazzo vorschwebte, die genau seiner Beschreibung entspricht. Er modifizierte also in diesem Fall die realen Gegebenheiten dadurch, daß er deren Elemente anders anordnete.

Von der Bahre angelockt, lassen sich die Tauben – Kafka sah sie 1913 vor allem in Venedig – vor dem Hause nieder, und das ist, wenn die angegebene Lokalisierung der Barke richtig ist, noch in Rufweite der Frau. Der stille Beobachter der Eingangsszene brauchte sich von seiner Ausgangsposition nur einige Schritte zum Ufer hin zu bewegen, sozusagen von den Geschehnissen an der Barke angezogen, um das Gelände vor den beiden Palazzi überblicken zu können.

Eine vergleichende Betrachtung der Motive zeigt wieder, daß hervorgehoben wird, was schon anderweitig wichtig geworden war oder die folgende Erzählung des Jägers veranschaulichen konnte. Anläßlich seiner Übersiedlung von der Niklasstraße 36 auf den Altstädter Ring 6 charakterisiert Kafka in einem Brief an Grete Bloch die neue Aussicht, die sich von seinem Zimmerfenster ergab: »Links sehe ich das Rathaus mit dem Turm in seiner ganzen Masse scharf ansteigen und sich zurücklegen in einer Perspektive, die vielleicht noch kein Mensch richtig gesehen hat.«[116] Art und Lage des Objekts im Fensterausschnitt sowie die Betonung der Mauerkanten sind mit der Beschreibung des Palazzo durchaus vergleichbar.

Dann, wichtiger, muß man sich vor Augen halten, daß Kafka statisches Darstellen nicht schätzte, sondern Bewegung in die starren Monumente zu bringen suchte.[117] So auch hier. Der Knabe, der das Fenster öffnet, und die Tauben, die den Turm umkreisen, können in diesem Sinne verstanden werden. Sich öffnende Fenster gehörten zudem zu den realen italienischen Reiseeindrücken – auch Heine fand dergleichen notierenswert –, wurden unmittelbar nach der Rückkehr aus Riva im Oktober 1913 in Verbindung mit dem Motiv der Ankunft vor dem Hause poetisch akzentuiert und tauchen Ende 1920 in der Beschreibung einer Stadt wieder auf, deren Straßen, wie könnte es anders sein, »leer, rein und still« sind, so daß festgestellt werden kann, daß eine begrenzte Zahl topographischer Elemente oder Motivgruppen, deren Vereinbarkeit offenbar im vorhinein feststeht, in immer neuen Zusammensetzungen erprobt wird, ohne daß sie dabei zu Formeln erstarren. Der Vogelschwarm, der den Uhrturm umfliegt, ist gleichfalls keine Augenblickserfindung, sondern findet sich etwa im *Schloß* als den Schloßturm umkreisender Krähenschwarm wieder. Und wieder läßt sich ein Prager Vorbild ausmachen. Max Brod schreibt über eine Variante des Beginns der *Hochzeitsvorbereitungen auf dem Lande*, in der unter anderem berichtet wird, wie eine Menge kleiner Vögel von einem der Hauptfigur nahen und hohen Turm »als eine zwar schwankende, aber immer eben bleibende Fläche« herabfliegt: »Ich erwähne, daß damals im alten Prag jeden Mittag ein Fahnenzeichen von der Galerie der Dientzenhoferschen Sternwarte (eines schönen Barockturms im

Universitätshof) gegeben wurde, worauf von der ›Marienschanze‹ der Mittagsschuß fiel. Von ihm aufgeschreckt flatterten in der Stadt zahlreiche Taubenschwärme auf.«[118]

Wenn die Tauben sich vor dem Tor sammeln, als »werde im Hause ihre Nahrung aufbewahrt«, so meint dieser Vergleich, daß sie nachhaltig Einlaß begehrten,[119] was im folgenden Satz durch einen Vorgang – ein Tier pickt an die Fensterscheibe des Bürgermeisteramtes – noch einmal bekräftigt wird. Insgesamt zeigt der kleine Nebenstrang einen Verlauf von kreisender, also richtungloser Bewegung um einen Fixpunkt, für Kafka immer ein Bild verzweifelter Nichtigkeit, die außerhalb des wahren Lebens steht, zur gesättigten Ruhe bei der Frau auf der Barke.

Besonders interessant ist eine Stelle in Kafkas Briefen an Felice, wo er seine schwebende Existenzform, die Häuslichkeit dauernd erstrebt, aber nicht erreichen kann, im Bild eines Vogels faßt, »der durch irgendeinen Fluch von seinem Neste abgehalten, dieses gänzlich leere Nest immerfort umfliegt und niemals aus den Augen läßt«. Die leere Kajüte des Jägers mit dem Vogelnamen scheint in dieser Metapher ebenso vorgebildet wie dessen nirgends wurzelnde und niemals zur Ruhe kommende Lebensweise, die als unverschuldetes Schicksal empfunden wird.[120]

Der in seinem Realismus in sich stimmige, dreiphasige Ablauf der Tauben-Handlung muß auf einer zweiten Verständnisebene als eine Art Pantomime des Gracchus-Schicksals angesehen werden: Der orientierungslos durch südliche Gewässer treibende Jäger wird von hellfarbenen Tauben begleitet, die übrigens in der deutschen Volkssage vereinzelt schweifende oder tote Seelen darstellen,[121] läßt sich beim Bürgermeister durch einen solchen Vogel melden, der sich an dessen Schlafzimmerfenster zeigt, und liegt jetzt, gesättigt durch das Morgengetränk Julias, unbeweglich auf seiner Bahre im Palazzo. Gleichzeitig entsteht durch diese Ausformung des Motivs eine Verklammerung mit dem durch die Knaben gebildeten Nebenstrang: Denn die sich vor dem Eingang drängenden Tauben verweisen auf die Schar Einlaß begehrender Jungen als analogen Vorgang.

Etwas schwieriger sind die folgenden Passagen der Erzählung zu analysieren: »Ein Mann im Zylinderhut mit Trauerband kam eines der schmalen, stark abfallenden Gäßchen, die zum Hafen führten, herab. Er blickte aufmerksam umher, alles bekümmerte ihn, der Anblick von Unrat in einem Winkel ließ ihn das Gesicht verzerren. Auf den Stufen des Denkmals lagen Obstschalen, er schob sie im Vorbeigehen mit seinem Stock hinunter. An der Stubentür klopfte er an, gleichzeitig nahm er den Zylinderhut in seine schwarzbehandschuhte Rechte. Gleich wurde geöffnet, wohl fünfzig kleine Knaben bildeten ein Spalier im langen Flurgang und verbeugten sich. Der Bootsführer kam die Treppe herab, begrüßte den Herrn, führte ihn hinauf, im ersten Stockwerk umging er mit ihm den von leicht gebauten, zierlichen Loggien umgebenen Hof und beide traten, während die Knaben in respektvoller Entfernung nachdrängten, in einen kühlen, großen Raum an der Hinterseite des Hauses, dem gegenüber kein Haus mehr, sondern nur eine kahle, grauschwarze Felsenwand zu sehen war.«[122]

Der Weg des Bürgermeisters ist rekonstruierbar. Bei dem schmalen Gäßchen muß es sich um die erste, westlich der Via Florida liegende und parallel zu dieser verlaufenden Gasse handeln (Vicolo Fra Buonvicino), die an der Nordostecke der Piazza Benacense einmündet. Nur diese führt direkt zum Hafen, nur sie kann vom Erzähler, der in der Nähe des Uhrturms steht, eingesehen werden, und nur wer von ihr aus die Piazza betritt, muß das Nepomuk-Denkmal kreuzen, wenn die Palazzi an der Süd- und Westseite des Platzes erreicht werden sollen; vor allem aber: nur diese recht schmale Gasse fällt beträchtlich – Riva liegt ziemlich eben da[123] – zum Hafenplatz ab.

Gewiß hat zusätzlich eine Impression aus Zürich – die Stadt war die erste Station der Reise von 1911 – auf die Konzeption eingewirkt: »Enge steile Gasse, die ein Mann in blauer Bluse schwer hinunterläuft.« Dabei wird die Farbe der Kleidung auf den Bootsführer übertragen, der ja »in blauem Kittel« gezeigt wird. Erleichtert wurde die Kontamination der Erinnerungen durch die Ähnlichkeit der Schauplätze: Die steilen Gassen von Niederdorf, der Züricher Altstadt, führen zum Limmatquai und den Bootsanlegeplätzen, die vom Ufer des Züricher Sees, wo die Dampfer anlegen, bloß wenige Schritte entfernt sind.[124]

Der Mann, der 1913 der Gemeinde vorstand, hieß Gedeone Bernardinelli (1909 Guido Poli); wenn er in der Erzählung Salvadore genannt wird, so ist das ein bewußt gesetzter Hinweis auf die mögliche Retter-Funktion, die ihm gegenüber Gracchus zukommen könnte. Das Stadtoberhaupt betritt dann durch den in Abbildung 9 sichtbaren Torbogen den Arkadengang und klopft an das auf dieser Gebäudeseite befindliche kleine Tor des Palazzo Pretorio. Da der Eingang im Erdgeschoß liegt – der Bootsführer kommt vom ersten Obergeschoß herunter, um das Stadtoberhaupt zu begrüßen – und von einer Türe gebildet wird, kommt der freitreppenartige Aufgang des Palazzo del Provveditore als Zugang nicht in Betracht, sondern eben nur das verhältnismäßig unbedeutende Portal zum Bezirksgericht, das ironisch-metaphorisch durchaus als »Stubentür« bezeichnet werden kann.

Im ersten Stock angekommen, wendet sich der Bürgermeister nach links und geht genau in Richtung Westen bis zum Ende des Gebäudekomplexes, wo er einen nun schon im Palazzo del Provveditore liegenden Raum betritt, der, der Piazza San Rocco zugewandt, tatsächlich einen direkten Blick auf die »kahle, grauschwarze Felsenwand« der Rocchetta zuläßt. Die Farbbezeichnung trifft, wenn die Steilwand nachmittags im Schatten liegt, den wirklichen Eindruck einigermaßen, wurde aber vor allem gewählt, weil sie die Kulisse des um den Tod kreisenden Geschehens in passender Weise einfärbt. Aus dem gleichen Grund wurde gegen die Realität das Moment der Kahlheit eingeführt: Es entspricht sowohl dem Zustand des Jägers, der außerhalb des natürlichen Kreislaufs von Werden und Vergehen steht, als auch seiner vom Mobiliar entblößten Kajüte.

Geht man wie Kafka davon aus, daß es sich bei dem fraglichen Gebäudekomplex um ein einziges Bauwerk handelt – im Innern ist es das ja auch tatsächlich –, dann befinden sich, von der Piazza Benacense aus gesehen, Jäger und Bürgermeister wirklich »an der Hinterseite des Hauses«. Von dort aus wird dem Betrachter freilich der Blick auf den Fuß der Rocchetta teilweise durch zwei Gebäude verstellt – damals Hotels –, die die Piazza San Rocco nach Westen hin abschließen und zu jener Zeit die Ortsgrenze darstellten (Abb. 7, Nr. 9 und 16). Kafka mußte das verschweigen, weil er den Aufenthaltsort des Jägers möglichst weit vom menschlichen Leben absetzen wollte.

Allerdings liegt der in der Erzählung erwähnte lange Flur nicht im Erdgeschoß – direkt hinter dem Eingang beginnen gleich die Treppen –, sondern, wie Abbildung 13 zeigt, im ersten Stock. Der in solcher Umgruppierung der realen Bestandteile der Korridore zutage tretenden Intention – der Empfang sollte, wie natürlich, im Erdgeschoß stattfinden – konnte Kafka um so eher folgen, als die Beschreibung des oberen Stockwerks ganz andere Aufgaben er-

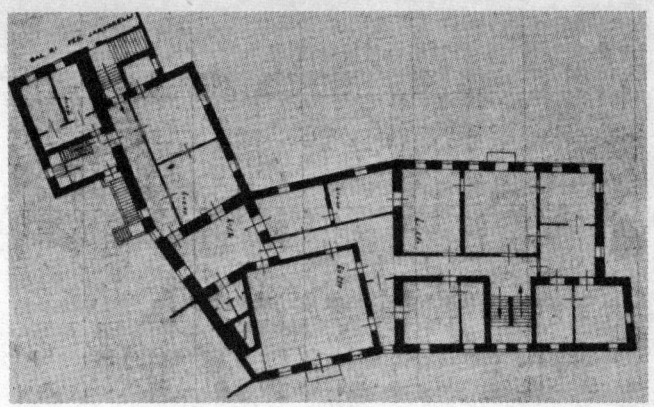

Abb. 13   Der Palazzo del Comune an der Piazza Benacense in Riva del Garda, Grundriß des ersten Obergeschosses.

füllen mußte: Beim Vergleich zwischen Grundriß und Erzählung erkennt man nämlich zwei weitere bezeichnende Veränderungen, die er mit den tatsächlichen Gegebenheiten dieser Etage vorgenommen hat. Zum einen haben die Palazzi der Piazza Benacense keinen »von leicht gebauten, zierlichen Loggien umgebenen« Innenhof.

Die Verwendung des Wortes »Loggien« in Kafkas Lebenszeugnissen stellt sicher, daß er sich unter diesem Begriff einen überdachten, von Säulen gebildeten Bogengang vorgestellt hat.[125] Ganz offensichtlich sind die Eindrücke, die er bei der Betrachtung der Kunstdenkmäler in Brescia, Venedig und Verona empfangen hat, für die Abweichung vom Grundriß der Palazzi verantwortlich. Gesehen hat Kafka sicher die Loggia del Consiglio auf der Piazza dei Signori in Verona, eines der schönsten Werke der Frührenaissance, mit Statuen als Bekrönung der Fassade und der Sala del Consiglio Provinciale im ersten Stock; vor dem Palast steht ein Dante-Denkmal.[126]

Die schon erwähnte »Loggia« in Brescia enthält über einer Bogenhalle im Erdgeschoß ebenfalls einen großen Ratssaal. Und schließlich konnte Kafka nicht entgangen sein, daß der am Wasser gelegene Palazzo Ducale in Venedig – er fand die Stadt schön und erinnerte sich noch auf dem Totenbett an sie – einen großen

Innenhof besitzt, der im ersten Stock, dem Piano delle Logge, von Loggien mit Spitzbögen und einem friesartig durchlaufenden venezianisch-gotischen Vierpaßschmuck darüber umsäumt wird. Thomas Mann spricht im *Gesang vom Kindchen* treffend vom Dogenpalast »mit seiner gedrungenen Bogen-/Halle, worüber die leichtere schwebet in zierlichen Lauben«.[127]

Die Intention Kafkas, die ihn bei der Änderung leitete, war demnach, das Gebäude in Riva etwas signifikanter als in Wirklichkeit mit jenen Attributen auszustatten, die sich ihm während seiner beiden Reisen als typisch für den Renaissancepalast gezeigt hatten, wobei wieder zu beachten ist, daß ihm Loggien und Innenhöfe wie Laubengänge – Pawlatschen (angeblich aus parvola loggia entstanden) sagte man in Prag – aus seiner Heimatstadt und der elterlichen Wohnung bestens vertraut waren.

Zu diesen Merkmalen – und damit erklärt sich wenigstens teilweise die andere Modifikation, die Kafka mit dem Grundriß des Gebäudekomplexes vornahm – gehörte nun aber auch der große Ratssaal, der in den als Rathaus dienenden Gebäuden in Verona und Brescia im ersten Stock lag. Betrachtet man nur die Funktion des Raumes – der Jäger soll »im Namen der Stadt« empfangen werden –, so läßt Kafka Gracchus und den Bürgermeister in das große, wegen seiner besonderen Höhe saalartig wirkende Balkonzimmer auf der Südseite des Palazzo Municipio gelangen, der Sala del Consiglio, die das natürliche Zentrum des ganzen Komplexes darstellt; wer, wie der neugierige Junge, eines ihrer beiden Fenster öffnet – in der Mitte befindet sich die Balkontür –, sieht den Quai und die Barke.

Faßt man allein die Lage ins Auge, so befinden sich die beiden Gesprächspartner in dem kleinen, verhältnismäßig niedrigen, korridorartigen und neben der Sala del Consiglio liegenden Durchgangszimmer an der Westseite des Palazzo del Provveditore. Seine Kühle und Dunkelheit – das einzige Fenster führt auf die im Schatten liegenden Teile der Stadt, so daß hier nachmittags tatsächlich Dämmerlicht herrscht –, der Blick auf die Rocchetta, die natürlich als Zeichen für die Herkunft des Jägers aus der Bergwelt verstanden werden kann, und schließlich die Tatsache, daß der Raum, in dem über die Möglichkeit eines längeren Aufenthalts des Ankömmlings in Riva gesprochen wird, genau über dem alten Stadttor liegt – immer wieder versucht ja Gracchus das »Tor« des Jenseits zu erreichen –, alle diese lagebedingten Besonderheiten machen die Lokalität als Erzählelement ebenfalls höchst brauchbar. So erforderte es die Realität komprimierende Ökonomie der Darstellung, daß die beiden Zimmer zu einem vereinigt wurden, das die Kennzeichen beider hat.

Die genannten Zusammenhänge klären den merkwürdigen Handlungsgang erst vollständig auf. Der um Asyl nachsuchende Gracchus und die Instanz, die es gewähren könnte, treffen sich völlig korrekt im Municipio des Ortes, im Beratungssaal über dem alten Stadteingang, um über das weitere Schicksal des eben Eingetroffenen zu beraten.

Ebenso wird begreifbar, warum der Zug der Bahre durch das Innere des Gebäudes nicht dargestellt wird: Vom Südportal des Palazzo aus gibt es keine Verbindung ins Obergeschoß. Gracchus hätte das Gebäude in Süd-Nord-Richtung durchqueren müssen, was an der Stelle, wo die dem Wasser zugewandte Front einen leichten Knick macht, möglich war, nicht jedoch unterhalb des Ratssaales, weil dort eine Metzgerei untergebracht war. Die Abweichung vom realiter einzuschlagenden Wege wurde nicht nur vorgenommen, weil sich so eine dem feierlich-offiziösen Charakter der Fabel angemessenere Handlungsführung ergab, sondern auch, weil das Motiv des Tores in der Erzählung des Jägers selbst eine Rolle spielt, seine Verwendung als Beschreibungselement also der Integration des deskriptiven Teils förderlich war und umgekehrt ein Moment des Gracchus-Schicksals anschaulich zu spiegeln vermochte.

Im Arkadengang angekommen, hätte der Jäger zunächst in östlicher Richtung zu dem Eingang getragen werden müssen, den der Bürgermeister benützte, dann aber im ersten Stock genau in entgegengesetzter Richtung, was darzustellen nicht nur verwirrend und ohne Zeichenwert, sondern, als Dublette zum Weg des Stadtoberhauptes, auch unnötig war. Weiterhin aber hätte dann, weil auf den Bürgermeister, der die Piazza durchquert, nicht verzichtet werden konnte – hier wird das wichtige Schmutz-Motiv eingeführt –, ein mehrmaliger abrupter und unmotivierter Schauplatzwechsel stattgefunden (Piazza – Zimmer – Piazza – Zimmer). Überdies hätten die Flure noch ein weiteres Mal angeführt werden müssen, sofern die Kontinuität der Handlungsstränge, an denen Kafka viel lag, aufrechterhalten werden sollte.

Warum aber mußte, wenn der Erzähler schon den Bürgermeister zu begleiten hatte, die Beschreibung so ausführlich ausfallen? Tor,

Treppe, die Kinder und die Länge des Bauwerks – in der Vorfassung ist es der äußerste Winkel des Dachbodens –, die vielleicht die Geschiedenheit des Jägers vom gewöhnlichen Leben sinnenfällig macht, sind Anschauungsmomente, die, weil sie auf Gracchus verweisen, erwünschte Bestandteile der Komposition waren. Da Kafka außerdem eine isolierte Charakterisierung von Monumenten nicht schätzt, sondern sie funktionalisiert, das heißt immer nur möglichst diejenigen Umweltgegebenheiten nennt, mit denen Erzählfiguren unmittelbar in Berührung kommen[128] – so werden bezeichnenderweise die Palazzi erst eingeführt, als der Bootsführer auf sie zeigt –, war der Gang des Bürgermeisters durch das Gebäude für ihn die einzige Möglichkeit, die Weiträumigkeit des Komplexes, die ihm wohl als Gegensatz zum engen Kajütenkäfig des Jägers wichtig war, hervorzuheben.

Für die weitere Ausgestaltung der Szene benützte Kafka als Vorlage eine Erzählung Ernst Hardts, dessen Werk ihn erklärtermaßen eine Zeitlang faszinierte.[129] In Hardts *Priester des Todes* trifft der Ich-Erzähler – die Zweitfassung des *Jägers Gracchus* kennt ebenfalls einen solchen – in einem kleinen andalusischen Nest auf der Promenade (ein weiterer Vergleichspunkt) ein Ehepaar, über das er schreibt: »Ich fragte überall herum, niemand kannte die beiden, niemand hatte je mit ihnen gesprochen«, eine Formulierung, die neben Holitschers Reisebericht und der vorgängigen Grundvoraussetzung, Plätze müßten menschenleer sein, sicher auf den Beginn der Jägergeschichte eingewirkt hat, in der es heißt, daß niemand sich um Gracchus gekümmert, mit ihm gesprochen und ihn näher betrachtet habe (dieses Motiv kehrt übrigens später als Selbstaussage der Hauptfigur wieder).

Eines Nachts wird der Erzähler durch einen Traum auf das Ehepaar hingewiesen (wie der Bürgermeister auf Gracchus) und besucht es am nächsten Tag. Die Begegnung wird so beschrieben: »In der Mitte des Zimmers stand eine mit weißen Laken behängte Bahre, am Kopfende brannten auf hohen schwarzen Ständern zwei dicke Wachskerzen und warfen ihren gelblichen Schein [. . .] Auf der Bahre lag mit aufgelösten Haaren [. . .] die Frau; wie ein weißer Blumenkelch ruhte das Köpfchen mit geschlossenen Augen auf ihnen, – marmorkalt und marmorweiß. Tot und unbeweglich ruhten die ausgestreckten Arme auf dem den Körper deckenden Laken.«[130] Kafka hat das ganze Bildgerippe übernommen, nämlich die Bahre, die langen Kerzen, die Unbeweglichkeit der

Liegenden, ihre ungeordneten Haare, die geschlossenen Augen, das Laken, das bezeichnenderweise zu einem »Frauentuch« wird, das Niederknien des Besuchers an der Bahre, den Wechsel zwischen Todesschlaf und Erwachen zum Leben und das Motiv des Schwebezustands zwischen den beiden Sphären während des Liegens auf der Bahre, das allerdings zusätzlich durch eine Erzählung Max Brods konstelliert wurde.[131]

Daß er nicht einfach plagiiert, sondern die Gestaltung Hardts eigenen Intentionen dienstbar gemacht hat, beweist die Tatsache, daß keine für den Erzählzusammenhang unbrauchbaren Elemente übernommen wurden. Bei Hardt spielt die Schönheit und Helle des Phänomens eine wichtige Rolle: Das Zimmer, das Laken und das Gesicht der Frau, noch verstärkt durch den Vergleich mit dem weißen Blumenkelch, sind weiß; die Kerzen leuchten gelb und malen auf das Gesicht Blumen.[132] Kafka dagegen versetzt die Blumen auf das Fransentuch – insoweit war das Detail rezipierbar, weil es zum »großartig bemalten« Schild des Buschmanns und zur Schmetterlings-Metapher paßte –, läßt durch den Kerzenschein kein rechtes Licht entstehen, sondern aufgescheuchte Schatten über die Wände flattern, was nicht nur an sich zum Zustand des Jägers besser stimmt, sondern auch, wie noch gezeigt wird, ein signifikantes Bild für die Lebensproblematik Kafkas darstellt. Dadurch ist die weiße Farbe unpassend geworden; sie wird durch grau und schwarz ersetzt – die Haare des Jägers und, ihnen entsprechend, die Felswand sind so getönt – oder, das Motiv des Unrats auf der Piazza weiterführend, verwandelt sich in den Schmutz des Totenhemds.

Es ist übrigens nicht ausgeschlossen, daß die Frauengestalt der Quelle das Ophelia-Motiv assoziiert hat. Im *Hamlet* sagt Ophelia über ihren Vater Polonius: »Sie trugen ihn auf der Bahre bloß / [. . .] Fahr' wohl, meine Taube!« Kafka hat das Stück 1910 und 1915 gesehen, und das Tagebuch zeigt, daß er gerade solche außerhalb der Bühne sich vollziehenden Handlungen sich bildhaft vorstellte und zur Szene ergänzte. Über die erste Aufführung wußte er noch Jahre später zu berichten, daß ihn Wesen und Stimme der Ophelia-Darstellerin Gertrude Eysoldt geradezu beherrschten. Natürlich hat er außerdem Rimbauds *Ophelia*-Gedicht gekannt, in dem die Blumen-Metaphorik eine bedeutende Rolle spielt; es heißt dort über die Titelgestalt: »Schon mehr als tausend Jahre sind es, / daß sie, ein bleich Phantom, die schwarze Flut hinzieht, / und mehr als tausend Jahre flüstert schon sein Lied / ihr sanfter Wahnsinn [. . .]«.[133] Immerhin sind in dieser Tradition Bahre, Taube, Blumen, Tod und jahrhundertelange Wasserfahrt vereint.

5. Einzelmotive

a) Bootsmetaphern

Die topographische und motivvergleichende Zergliederung des Beginns der Erzählung enthüllte Zusammenhänge, die, unter anderem wegen des stark fragmentarischen Charakters des Stücks, aus dem Text allein nicht ablesbar waren. Es besteht daher gegründete Hoffnung, daß bei einer entsprechenden Analyse der Erzählung des Jägers Momente sichtbar werden, die über Thematik und Intention des *Gracchus* mehr Aufschluß geben als die unfertigen Erzählbruchstücke. Da Gracchus, italienisch gracchio, was Dohle bedeutet, als verschlüsselte Selbstbezeichnung Kafkas deutbar ist – das tschechische Wort kavka bedeutet ebenfalls Dohle –,[134] liegt die Vermutung nahe, er habe in dieser Gestalt sein eigenes Schicksal gestalten wollen.

Die Untersuchung beginnt am besten beim Bootsmotiv, das mit dem Hinweis auf Charon und den Unterweltfluß – Kafka war diese Überlieferung bekannt[135] – ganz unzulänglich erklärt ist, weil die Bedeutung der Barke als Vehikel jahrhundertelanger Seefahrt und fruchtloser Lande- und Sterbeversuche des Jägers durch den genannten Traditionszusammenhang bei weitem nicht gedeckt wird. Auch die übrigen Bestandteile der Erzählung des Ankömmlings, die Tauben, Schmetterling und Treppe, das Schreiben, der Schmutz und natürlich das Jägermotiv selbst, weisen auf einen viel differenzierteren Hintergrund der Fabel.

Das Bild der Schiffahrt, »dessen unzerstörbare Beliebtheit durch die Jahrhunderte nicht zuletzt auf seiner Vielgestaltigkeit beruht, so daß es die verschiedensten Haltungen zu illustrieren vermag«,[136] hat eine lange, in Antike und Mittelalter zurückreichende[137] Geschichte. Dabei war, für die ganze spätere Entwicklung, besonders folgenreich, daß mit dem Absterben eines allgemein verbindlichen Wertsystems im Verlauf des 18. Jahrhunderts die literarische Technik, den Bildern feste Sinnentsprechungen zuzuordnen, nicht mehr brauchbar war und durch ein Verfahren ersetzt wurde, das schöpferische Phantasie und persönliches Erleben, die die Stelle der vorher verbindlichen Vorstellungszusammenhänge eingenommen hatten, zu verschmelzen suchte. So wurde die Schiffsmetaphorik bei den Romantikern, etwa bei Kleist, ein Ausdruck ihrer Ausgesetztheit, Orientierungslosigkeit und Todesverfallenheit;[138] diese Interpretation des Motivs bildet den allgemeinen Traditionshintergrund für seine Verwendung durch Kafka, der das so Vorgegebene freilich aufgrund ganz individueller Erfahrungen entfaltet.

Da er ein glänzender Ruderer war und sich ein eigenes Boot an der Moldau hielt, findet sich dieses in den Lebenszeugnissen verständlicherweise als Bild für die kraftvolle Zielstrebigkeit in der Lebensgestaltung; an anderen Stellen wieder veranschaulicht es Beweglichkeit oder eine gefährliche Lebensweise eines Mannes, der ganz auf sich selbst gestellt ist.[139] Das ist aber nur die eine, weniger wichtige Seite des Komplexes, die durch die Vorstellungen einer gebrechlichen, nichtigen, verzweifelten und richtungslosen Lebensfahrt ergänzt wird.[140]

In den Briefen an Milena wird das Boot zur Leitmetapher. Wenn die Geliebte nicht schrieb, waren die Tage »entsetzlich schwer, das Boot war schwer, es hatte entsetzlichen Tiefgang, aber es schwamm doch auf Deiner Flut«, ein Vorgang, der an einer späteren Stelle als Schwere eines Schiffes erklärt wird, »das das Steuer verloren hat und das zu den Wellen sagt: ›Für mich bin ich zu schwer, für Euch zu leicht.‹« Schwere ist also nicht Gewichtigkeit, sondern zunächst Orientierungslosigkeit und dann, wenn er schreibt, sein Schiff müsse »irgendwie sein Steuer verloren haben in den letzten Tagen«, Unbeweglichkeit, das heißt Unfähigkeit, die bestehenden Verhältnisse zu ändern; die Dialektik des Bildes, durch das »zu leicht« eingeführt, kommt durch einen zweiten Bezugspunkt zustande: Milena, das unendliche Lebensmeer, das Nichtigkeits- und Schuldgefühle hervortreibt.[141]

Angeregt durch eine Photographie, die Felice Bauer in einem Boot stehend zeigte, diente ihm der Vorstellungszusammenhang zur Beschreibung seines Verhältnisses zur Verlobten, dessen auf schwieriger Persönlichkeitsstruktur beruhende Problematik das Bild vom steckenbleibenden, schwankenden und brüchigen Kahn zum Ausdruck bringen will.[142] Erwähnt sei noch, daß im *Prozeß* der Vergleich von K.s Unwohlsein und Ohrensausen bei seinem ersten Besuch der Kanzleien mit einer Seekrankheit, die auf einem Schiff in schwerem Seegang entsteht, ebenfalls durch eigene Anschauungen Kafkas, gewonnen auf der Überfahrt von Triest nach Venedig im September 1913, veranlaßt ist.[143]

Die Zusammenstellung zeigt klar, daß das Bild des schuldlos vom vorgeschriebenen Wege abgekommenen und richtungslos durch die Meere treibenden Jägers Kafkas innere Situation unmittelbar veranschaulicht, weil die wesentlichen Strukturmerkmale der in den Lebenszeugnissen als Selbstdeutung belegten Vorstellung in der Erzählung wiederkehren: Die schwebende Barke – »als werde sie über das Wasser getragen«, heißt es im Text – entspricht ganz dem Getragenwerden von Milenas Flut, beziehungsweise dem Zu-leicht-Sein, während die zugehörige Antinomie in der Zweitfassung gestaltet ist, wo die Schwere des Kahns betont wird.

Dort findet sich in der Wendung »Flickarbeit, keinem Windstoß gewachsen« das Moment der Brüchigkeit. Gracchus selbst spricht von seinem »in irgendeinem irdischen Gewässer öde steckenden Kahn«, und die falsche Steuerdrehung, durch die die Fahrtrichtung verfehlt wird, kehrt als Metapher im *Brief an den Vater* wieder, die die Schuldlosigkeit des Briefschreibers an seinem in Unordnung geratenen Verhältnis zur Familie klarlegen soll.[144] Vor allem aber wird sichtbar, wie das Bild des Bootfahrenden in den Lebenszeugnissen und im Erzähltext gleichermaßen das menschliche Leben und seine Schwierigkeiten zum Ausdruck bringt. Man kann, stark vereinfacht, den *Jäger Gracchus* als erzählerisch ausgeführte Bootsmetapher ansehen – übrigens eine ganz übliche Verfahrensweise Kafkas[145] –, der sich weitere Bildkomplexe anlagerten, die, in Struktur oder Thematik vergleichbar, andere Gegenstandsbereiche als comparatum verwenden.

Welche inneren Gründe sind aber dafür verantwortlich zu machen, daß das Motiv mit Riva und seinen Lokalitäten verbunden wurde? Und warum wurde der *Jäger Gracchus* erst über drei Jahre nach Kafkas zweitem Besuch in der Stadt gestaltet? Dieser, innerlich ans Schreiben gefesselt, war damals unfähig, sich für oder gegen Felice zu entscheiden und wollte sich durch die Reise des Jahres 1913 von ihr »wegreißen«, um nicht von ihr verstoßen zu werden. Sie sollte ihm während seiner Abwesenheit aus Prag höchstens »in einem äußersten Fall« schreiben, und er selber wollte nur regelmäßig Tagebuchaufzeichnungen schicken, um so ohne persönliche Verantwortung mit ihr in Verbindung zu bleiben. Er war dann aber zu dieser Art des Verkehrs unfähig, abgesehen von zwei am 21. September in Desenzano geschriebenen Tagebuchblättern – er fand sie »zusammengestoppelt, noch die Bindewörter« hatte er »erfinden müssen«, und konnte sie nicht absenden – und einer Postkarte – »eine Ohnmacht, keine Karte« – vom Vortage aus Verona.[146]

So kam es, daß in der Zeit vom 16. September bis zum 29. Oktober 1913 die bisher kontinuierliche Briefbeziehung, und damit der für ihn maßgebliche Zusammenhang mit dem Leben, »vollständig beendet« war. Er glaubte während dieser Zeit, nicht mehr auf der Welt zu sein, meinte, daß er sich irgendwo in der »Vorhölle herumtreibe«, nach Dante der Strafort der Lauen, Unentschiedenen, sprach mit fast niemandem und wollte sich am liebsten in die Stille »hineinsenken und nicht mehr herauskommen«.[147] In Desenzano schrieb er auf einen der erwähnten Zettel: »Mein einziges Glücksgefühl besteht darin, daß niemand weiß, wo ich bin. Wüßte ich eine Möglichkeit, das für immer fortzusetzen! Es wäre noch viel gerechter als Sterben. Ich bin in allen Winkeln meines Wesens leer und sinnlos, selbst im Gefühl meines Unglücks [. . .] ich bleibe gänzlich unbewegt, bin wie ein großer Stein, in dessen Allerinnerstem das Lichtlein einer kleinen Seele flackert.«[148]

Stellt man sich vor, daß er in einem solchen Bewußtseinszustand am Tag darauf mit dem Dampfer nach Riva fuhr, landete und sofort den Palazzo Municipio betrat, um die mit seiner Ankunft zusammenhängenden Formalitäten zu erledigen, so ergibt sich, daß die wesentlichen Elemente der *Gracchus*-Geschichte biographisch vorgebildet sind, nämlich die Art der Ankunft, die Unbeweglichkeit, Isolation und das Sterbebedürfnis des Jägers, der Schwebezustand zwischen Leben und Tod, die Tatsache, daß niemand seinen Aufenthaltsort kennt und von ihm Notiz nimmt, das Bild des schwach flackernden Lebenslichts, der seine Lebensform auf der Treppe kennzeichnende Begriff des Sich-Herumtreibens und schließlich die Frage, ob er in Riva bleiben sollte.

Zwar darf nicht übersehen werden, daß Kafka damals die Schweizerin G. W. kennenlernte, die einzige Frau, mit der er, von einem einige Jahre zurückliegenden Erlebnis in Zuckmantel abgesehen, bis zu diesem Zeitpunkt jemals wirklich vertraut gewesen war, doch war ihm diese Angelegenheit, die sich ohne jede weitere Kontaktnahme auf zehn Tage seines Sanatoriumsaufenthaltes beschränkte, gerade ein Beleg für seinen leeren, trostlosen

Zustand – er fühlte sich ihr nicht zugehörig –, im übrigen hat er sein auf das Mädchen bezügliches Glücksgefühl definiert als »Verlangen zu sterben und [. . .] Sich-noch-Halten«, also mit einer Kategorie, die genau der Lebensform des Jägers entspricht. Möglicherweise ist sogar dessen unvermittelte Aussage, niemand werde lesen, was er schreibe, auf das Schweigegebot hinsichtlich dieser Beziehung zurückzuführen, das Kafka von G. W. auferlegt wurde,[149] wenngleich sich auch andere, noch zu würdigende Erklärungsmöglichkeiten für die Genese des Motivs anbieten.

Nach seiner Rückkehr nach Prag versuchte Kafka, das Boots-Motiv erzählerisch zu gestalten, ein Vorgang, der, einer Tagebucheintragung zufolge, gemeinsam mit G. W. unternommene Bootfahrten reaktivieren sollte. Dies mißlang jedoch, vielleicht, weil ihn die Verpflichtung zu schweigen, die die Schweizerin ihm auferlegt hatte, am Niederschreiben hinderte. Warum die entscheidende Verdichtung und Ausweitung des in den folgenden Jahren allein in der Metaphorik der Lebenszeugnisse sich manifestierenden Vorstellungszusammenhangs dann im Winter 1916/17 erfolgte, kann nur vermutet werden, weil sich aus dieser Zeit keine Tagebücher erhalten haben und, von wenigen, recht unpersönlich gehaltenen Pflichtbriefen an Felix Weltsch, Gottfried Kölwel und Kurt Wolff abgesehen, sonstige Lebenszeugnisse nicht bekannt sind.

Daß die in den Felice-Briefen ebenfalls vorhandene Lücke ausschließlich oder vorwiegend auf Überlieferungsverluste zurückgeht, ist unwahrscheinlich. Erstens hat Kafka nachweislich im Sommer 1917 nur noch selten an seine Verlobte geschrieben; zweitens werden die vom Ende des Jahres 1916 erhaltenen Briefe an Felice immer kürzer und enthalten, im Gegensatz zu früheren Zeiten, keine Mitteilungen über den inneren Zustand des Schreibers mehr, so daß sich von daher auf eine Entfremdung von Felice in den folgenden Monaten schließen läßt, die zum vorläufigen Abbruch des Briefverkehrs führte; drittens schreibt er in einem auf den 23. August datierten Brief an Ottla: »Ich habe in der letzten Zeit wieder fürchterlich an dem alten Wahn gelitten, übrigens war ja nur der letzte Winter die bisher größte Unterbrechung dieses 5jährigen Leidens.«[150] Der Beginn der qualvollen Beziehung zu Felice lag zu diesem Zeitpunkt knapp fünf Jahre zurück, so daß hier gemeint sein muß, daß im Winter 1916/17 eine Briefverbindung mit Berlin nicht bestand.

Das weitgehende Fehlen der Lebenszeugnisse für diesen Zeitraum ist nun aber gerade selber der Befund, der das in Frage stehende Problem klären hilft. Denn es beweist doch, daß eine mit dem Riva-Aufenthalt von 1913 vergleichbare Situation der Isolation von Felice und dem äußeren, bürgerlichen Leben vorlag. In den Monaten zuvor war das Verhältnis ganz im Gegensatz dazu in eine entscheidende Phase getreten, in der Kafka die mögliche Heirat mit Felice und seine Bedenklichkeiten dagegen erstmalig offen diskutierte.

b) Jagdbilder

Ein weiterer, vollständiger Stillstand in der Beziehung trat ein, als die Verlobung, die er Pfingsten 1914 eingegangen war, im Juli wieder aufgelöst wurde; er dauerte vom 13. des Monats bis zum 15. Oktober. Ende Juli mußte Kafka sein Zimmer in der elterlichen Wohnung aufgeben, weil seine älteste Schwester, deren Mann eingezogen war, für die Kriegsjahre mit ihren beiden Kindern dorthin übersiedelte.[151] Er bewohnte zunächst die leerstehende Wohnung dieser Schwester in der Bilekgasse. Die wenigen Tagebucheintragungen aus dieser Zeit heben seine »vollendete Einsamkeit«, seine Kälte und Leere und sein »irrsinniges junggesellenmäßiges Leben« hervor, dem er durch Schreiben einen Sinn zu verleihen suchte.[152]

Neben dem *Prozeß*-Roman, der sein Verhältnis zu Felice und zur Gemeinschaft reflektiert, ist es vor allem die *Erinnerung an die Kaldabahn*, die sein augenblickliches Leben dichterisch akzentuiert, indem das Bild des von Landsleuten getrennt in Rußland als Junggeselle lebenden Freundes im *Urteil*, das dort eine latente, verdrängte Seinsmöglichkeit der um seine Verlobung mit dem Vater kämpfenden Hauptfigur Samsa-Kafka darstellt,[153] jetzt nach dem Scheitern der Beziehung folgerichtig zur Hauptvorstellung des Erzählzusammenhangs wird. Der bei einer kleinen Bahn im Innern Rußlands als Stationsposten angestellte Ich-Erzähler – Kafka entnahm diese Elemente der Biographie seines Madrider Onkels Alfred Löwy, mit dem er sich innerlich verwandt fühlte[154] –, der vorgibt, ein viele Jahre zurückliegendes Geschehen zu erzählen, suchte aus »verschiedenen Gründen, die nicht hierhergehören«, einen besonders einsamen Ort. Die »Einöde«, fünf Tagereisen vom nächsten größeren Ort entfernt, hatte ihn wegen ihres angeblichen Wildreichtums verlockt, was sich dann als Irrtum herausstellte, denn es gab dort nur Bären und Wölfe. Er befindet sich in vollständiger Verlassenheit, die »schon nach kurzer Zeit die vergangenen Sorgen zu zerstreuen« beginnt. Die Hütte, sein ganzer Besitz, ist ein Holzverschlag, der aus einem einzigen Raum besteht; er enthält eine »Pritsche« und ein Pult für Schreibarbeiten. Manchmal liegt er, mit Fellen bedeckt, tagelang gedankenlos auf der Liege. Da das Petroleum sehr knapp ist, bleibt er an den langen Abenden im Dunkeln; wenn nachts die Ratten lästig werden, zündet er kurz ein Wachslichtchen an. Mit der Beschreibung einer schweren Krankheit endet das Fragment.[155]

Wesentliche Merkmale des *Jägers Gracchus* sind hier vorgebildet, nämlich das einsame Jagen, die Wölfe, der Aufenthaltsort in einem kahlen Verschlag, in dem eine Pritsche steht, das angedeutete Moment des Schreibens, die zeitweilige Bewegungslosigkeit und das flackernde kleine Licht. Die Besitzlosigkeit und ein dem Leben entrücktes Dasein waren für Kafka, der sich in seiner Einsamkeit ebenfalls als »Leichnam« fühlte, der auf eine »Bahre« gelegt werden müsse,[156] die Hauptmerkmale eines Junggesellen: »Je weiter er von den Lebenden wegrückt [. . .] ein desto kleinerer Raum wird für ihn als genügend befunden. Während die andern, und seien sie ihr Leben lang auf dem Krankenbett gelegen, dennoch vom Tode niedergeschlagen werden müssen [. . .] er, dieser Junggeselle bescheidet sich aus scheinbar eigenem Willen schon mitten im Leben auf einen immer kleineren Raum, und stirbt er, ist ihm der Sarg gerade recht.«[157]

Der Schwarzwaldjäger braucht nur Büchse und Jagdtasche wegzuwerfen, um sich auf der »Pritsche« ausstrecken zu können, der Erzähler des *Kaldabahn*-Fragments, krank auf seinem Lager kniend, wartet »gespannt, bis das Springen irgendeines wichtigen Blutgefäßes allem ein Ende machen würde«.[158]

Da Kafka im Sommer und Herbst 1916 sehr intensiv auf Wohnungssuche war, um so die äußere Voraussetzung für ein gemeinsames Leben mit Felice zu schaffen, also mit einem Nachdruck Vorbereitungen zur Heirat unternahm, die dem im Sommer 1913 und Frühjahr 1914 vorhandenen Heiratswillen nicht nachstanden, ergeben sich für den Riva-Aufenthalt von 1913, die Zeit, in der die *Kaldabahn* entstand, und für den Winter 1916/17, also im Abstand von zwei bis drei Jahren, vergleichbare Situationen, die er, wie die

Wendung »die bisher größte Unterbrechung« in dem zitierten Brief an Ottla zeigt, als solche wahrgenommen hat. Einer Intensivphase der Beziehung folgte in allen drei Fällen eine völlige innere Stagnation, in der die Verbindung abriß; Ortsveränderung und Wohnungswechsel, die zu entsprechend anderen Lebensformen führen, kommen hinzu. Die beiden späteren Zeitabschnitte haben außerdem gemeinsam, daß in unmittelbarem Zusammenhang mit diesen Umschwüngen eine literarisch produktive Phase einsetzt.

Aufgrund der genannten Sachverhalte ist es möglich, die Genese der Erzählung insofern zu rekonstruieren, als gewisse Wachstumsprozesse des Textes, das heißt die allmähliche Anreicherung des Boots-Motivs durch die verschiedenartigsten Elemente aufgrund biographischer Situationen, und die Art und Weise, in der die heterogenen Motive in seiner produktiven Einbildungskraft verknüpft wurden, plausibel gemacht werden können, während natürlich – direkte Vorstufen und Lebenszeugnisse fehlen – über die chronologische Reihenfolge der zu beschreibenden Assoziationen nichts mehr auszumachen ist.

Als Kafka im November 1916, nun schon nach monatelanger aufreibender Suche, eine für sich und Felice geeignete Wohnung im Schönborn-Palais angeboten bekam, war er verzweifelt, weil er nicht sicher war, ob die Wohnung zu haben sein würde und weil er sich nicht endgültig dafür entscheiden konnte.[159] Deswegen, und weil er sich, offensichtlich unter dem Eindruck seiner Münchener Vorlesung und des damit verbundenen Zusammentreffens mit Felice, schon innerlich von ihr zu distanzieren begann, hatte er den Wunsch nach einem stillen »Loch« »[. . .] in einem der alten Palais irgendwo in einem Bodenwinkel [. . .] um sich dort endlich in Frieden auszustrecken«.[160] Dieses Verlangen wurde gegen Ende des Monats erfüllt, als das kleine, schmutzige, unbewohnbare Häuschen in der Alchimistengasse einigermaßen hergerichtet war. Kurz darauf entsteht die Vorfassung zu den *Gracchus*-Fragmenten, die seine veränderte Lebensform in einer dem *Kaldabahn*-Text vergleichbaren Weise spiegelt, denn sie zeigt die Hauptfigur in einem »Winkel« auf dem Dachboden sitzend, der sonst in den Lebenszeugnissen als Bild für Lebensferne, Degeneration, Vergreisung und Qual erscheint.[161]

Die Jagd-Metapher, die zu Kafkas wichtigen Bildvorstellungen gehört, entspricht diesen Vorstellungszusammenhängen vollkommen. Dies weniger, weil sie gelegentlich für das Schreiben steht – wenn es zum Beispiel als wünschenswert erscheint, eine Geschichte durch die Nächte zu »jagen«, oder wenn das Ergebnis derartiger Produktion als »Beute« bezeichnet wird[162] –, sondern vielmehr, weil sie die problematische Gespanntheit innerer Zustände adäquat verdeutlicht. Sie beschreibt das Verhältnis zu Milena, zum Vater, zur Krankheit und zum eigenen Innenleben und wird gebraucht zur Kennzeichnung sinnlos verbrachter Tage, einer Liebesbeziehung des Freundes Max Brod und eigener Zustände der Desorientiertheit. Die Gründe, warum Kafka diesen Gegenstandsbereich als Bildebene einer Kernprobleme des Lebens verdeutlichenden Leitmetapher gewählt hat, liegen zum einen wohl darin, daß das Leben eines Einzeljägers unmittelbar eine Daseinsform veranschaulicht, deren wichtigste Grundlage, die Nahrung, auf eine Art erworben werden muß, die ausschließlich von der dauernden Kraftanstrengung des Jagenden abhängt. Er selber deutet seine eigene Existenz – unter anderem im Bild des Junggesellen – als Existenzweise, in der in jedem Augenblick die Voraussetzungen für ihre Erhaltung erst geschaffen werden müssen, so daß man sagen kann, daß über das Tertium der Strukturähnlichkeit zwischen dem aus dem Lebenszusammenhang herausfallenden und auf einen Dachbodenwinkel eingeschränkten Junggesellen und der Jagd-Metapher das Bild des Jägers assoziiert und in den Erzählzusammenhang eingebaut werden konnte; dies gelang um so leichter, als im Text der *Kaldabahn* eine allerdings recht lockere Verbindung schon gegeben war.[163]

Zum anderen veranschaulicht der Komplex Kafkas Gefühl der Getriebenheit, sein Gehetzt- und Verfolgtsein, von dem es kein Entrinnen gab, und, sofern die Identifikation mit dem Tier erfolgt, die ihm eigenen masochistischen Tendenzen.

In diesem Zusammenhang ist ein in zwei Ansätzen erhaltenes Erzählfragment vom August 1916 wichtig, das offenbar die ursprüngliche Fassung des Jäger-Motivs darstellt und genetisch das *Kaldabahn*-Fragment mit der *Gracchus*-Vorfassung verbindet. Denn einerseits erscheint hier wie in dem zuerst genannten Text das Jägerleben als Erzählgegenwart, dazu entspricht die ebenfalls erwähnte Hütte des Jägers dem Holzverschlag des Bahnangestellten, und seine Beziehungen zu Holzarbeitern, von dem der erste Gestaltungsversuch berichtet, ist den Kontakten des Ich-Erzählers mit Dorfbewohnern im *Kaldabahn*-Fragment vergleichbar.

Sogar die klimatischen Verhältnisse sind ähnlich: »Wie lang ist aber der Winter in diesem Land!« Mit diesen Worten könnte ebenso das Innere Rußlands gekennzeichnet werden, wo die Nächte, wie es in der Erzählung heißt, bis in die Mitte des Sommers hinein sehr kühl waren. Andererseits liegt der Aufenthaltsort des noch namenlosen Jägers wie in den späteren *Gracchus*-Fragmenten »verlassen im Bergwald«. Außerdem sind die beiden zeitlich unterschiedenen Lebenszustände des Schwarzwaldjägers schon vorgebildet, allerdings noch als innere Dialektik einer einzigen Daseinsform. Denn auf der einen Seite ist der Jäger »wohlgemut, es fehlt ihm an nichts Wesentlichem, über Entbehrungen klagt er nicht«, auf der anderen Seite jedoch dauert das Warten auf die Jagd wegen des Winters fast »ein Leben lang«, und in einem kleinen inneren Monolog meint der Ich-Erzähler: »Es gibt keine Jäger.«

So entsteht hinsichtlich der Existenzverwirklichung dieser Figur ein Schwebezustand, der genau die Problematik des *Jägers Gracchus* und der biographischen Situation Kafkas zum Zeitpunkt der Entstehung dieser Urfassung spiegelt: Denn Ende August 1916 war eine Lage eingetreten, die den im September 1913, August 1914 und Winter 1916/17 herrschenden Verhältnissen grundsätzlich gleichartig war. Kafka wollte nämlich damals die Beziehung zu Felice plötzlich abbrechen und – dies war auch im August 1914 sein geheimer Wunsch – Soldat werden. Veranlaßt wurde dieser plötzliche Gesinnungsumschwung durch einen gemeinsamen Aufenthalt mit Felice in Marienbad, der die baldige Möglichkeit eines dauernden Zusammenlebens nicht ausgeschlossen erscheinen ließ und gerade dadurch die Angst vor einer derartigen Lebensgemeinschaft steigerte; dann durch Felices Aufforderung, ihr die zur Heirat notwendigen Dokumente zu schicken; und schließlich durch die Lektüre der Briefe Fontanes, die ihm vor Augen führten, wie außerordentlich unangenehm und schwierig die Lösung eines Beamtenverhältnisses für einen Familienvater war.

Kafka fürchtete also, seinen Posten, den er zuzeiten selbst um den Preis der Ehe nicht mehr ertragen zu können glaubte, nach der Heirat überhaupt nie mehr aufgeben zu können. Jedenfalls hat er sich am 20. August 1916 in einer längeren Tagebucheintragung grundsätzlich über seine diesbezüglichen Lebensschwierigkeiten Klarheit zu verschaffen gesucht und eine Woche vorher in einem andern Heft eine Übersicht angefertigt, in der er die Gründe, die für und gegen eine Ehe sprachen, zusammenstellte.

Unmittelbar im Anschluß an dieses Schema vom 20. des Monats finden sich die beiden Erzählansätze der Urfassung. Nimmt man hinzu, daß Kafka, der vertrauten Umgang mit Menschen nicht ertragen konnte, »in einem Wald [. . .] bei den nötigen körperlichen Voraussetzungen unvergleichlich glücklicher leben wollte« als in seinem Zimmer, daß er nach der Abreise Felicens in Marienbad »immerfort allein in den Wäldern sein« mußte, so ist es unabweislich, daß das Erzählfragment, gleichsam antizipatorisch, eine Existenzform vorstellt, die sich bei der Aufgabe Felicens und des Büros ergäbe.

Die Verschmelzung von Jagd und Wald und damit die Einschleusung eines neuen Bildzusammenhangs in den Gedankenkreis der Gemeinschaftsproblematik wurde also dadurch ermöglicht, daß bei der Wiederkehr derjenigen biographischen Konstellation im August 1916, die Impulse zur Gestaltung des *Gracchus*-Komplexes auszulösen imstande war, Kafkas äußerer Lebensraum eine erlebnismäßig und metaphorisch schon entsprechend vorbelastete Vorstellung behaglicher Lebensferne bereitzustellen vermochte, die poetisch akzentuiert wurde und, wegen ihrer stofflichen Nähe zum Jäger-Motiv, das bei der Art des vorliegenden Schaffensimpulses fast zwangsläufig reaktiviert werden mußte, sich assoziativ mit diesem verbinden und die vorher bestehende Bildlichkeit modifizieren konnte.

Als nächstes wurde der Erzählzusammenhang durch den Aspekt des »wilden Jägers« bereichert, eine Vorstellung, mit der Kafka durch eine in seinem Besitz befindliche Natursagensammlung bekannt wurde. Die ewige Wanderung des Jägers ist dort die Strafe für eine frevelhafte Verfolgung eines Wildes. Das Motiv taucht in der Erstfassung wieder auf, wo es, ethisch neutralisiert, dazu dient, den Todessturz der Titelfigur zu begründen, während die Ursache ihrer Zwitterstellung bezeichnenderweise in miteinander konkurrierenden Vorstellungen beschrieben wird, die, auch sonst in den Lebenszeugnissen nachweisbar, hervorheben sollen, daß Gracchus schuldlos einem Geschick unterworfen ist. Dieses, nicht weiter begründbar, bringt allein zum Ausdruck, daß jede Lappalie unwiderruflich die Katastrophe herbeiführen kann, und dokumentiert so Kafkas Grunderfahrung, daß derjenige, der dauernd mit der Beschaffung der notwendigsten Lebensbedingungen beschäftigt ist und sich keinen Augenblick lang von den ihn umgebenden Verhältnissen tragen lassen kann, bei einem Nachlassen der Kräfte sofort endgültig aus dem Lebenszusammenhang verwiesen wird.[164]

Eine der Kafka vorliegenden Sagen berichtet Näheres vom Schicksal des Jägers nach dem Tode. Er jagt seither »im Winde fort bis ans Ende der Welt und hat seinen ganz bestimmten Weg. Alle sieben Jahre kommt er einmal herum«.[165] Aus dem Bereich des Schwarzwalds ist jedoch, soweit feststellbar, keine Sage bekannt, in der Tod oder ewiges Getriebensein des Jägers auf die Verfolgung eines Wildes zurückgeht, so daß angenommen werden kann, daß die vorliegende Lokalisierung der Figur nachträglich von Kafka vorgenommen wurde.

Die Annahme Fingerhuts, der bei der Verfolgung einer Gemse abstürzende Jäger verweise als solcher auf die Uneigentlichkeit der Fabel, weil es im Schwarzwald diese Tierart nicht gebe, geht jedoch zu weit.[166] Bekanntlich sind in den dreißiger Jahren mehrmals Gemsen im Schwarzwald eingesetzt worden, die sich inzwischen durch natürliche Einwanderung über dessen ganzen Südteil verbreitet haben. Aber schon vorher, zu Kafkas Lebzeiten, sind verschiedentlich vereinzelt Tiere aus den Alpengebieten dort eingedrungen,[167] was er erfahren oder, als guter Kenner der Geographie,[168] doch prinzipiell für möglich gehalten haben kann. Das würde erklären, warum ein Wolfsjäger eine Gemse verfolgt; er könnte, so darf man dann vielleicht ergänzen, durch die Seltenheit des Phänomens zu seinen waghalsigen Kletterreien veranlaßt worden sein.

Warum Gracchus in den Schwarzwald versetzt wurde, den Kafka aus eigener Anschauung gar nicht kannte, läßt sich nur vermuten. Wahrscheinlich waren es die in diesem Eigennamen sichtbar werdenden dunklen Nadelwälder, die ihm, dem Städter, das befreiende und beglückende Erlebnis der einsamen Natur potenzierten und dem todesschwarzen Gracchus-Geschehen besonders entsprachen.[169]

Kafka konnte den »ewigen Jäger« als Vertiefung des geplanten Bildes seiner inneren Verfassung empfinden, weil er sich als überalterte, durch die Last jahrhundertelanger Entwicklungen in Europa geprägte Erscheinung verstand und sich zudem, wie an vielen Stellen der Lebenszeugnisse zum Ausdruck gebracht ist,[170] während des Schreibens – und zu den Zeiten der Isolierung in den

Jahren 1914 und 1916 gehört das Schreiben wesensmäßig dazu – in todesähnlicher Verfassung fühlte, so daß, sollten die anderen Determinanten des vom Autobiographischen bestimmten Ansatzes nicht aufgegeben werden, der Schwarzwaldjäger zwangsläufig auf den Dachboden versetzt werden mußte.

Es scheint, daß biographische Aussagen direkt jener imaginativen Keimzelle entsprungen sind, die die Erzählung hervorgebracht hat: »Derjenige, der mit dem Leben nicht lebendig fertig wird«, heißt es am 19. Oktober 1921 im Tagebuch, »braucht die eine Hand, um die Verzweiflung über sein Schicksal ein wenig abzuwehren [. . .] mit der anderen Hand aber kann er eintragen, was er unter den Trümmern sieht, denn er sieht anderes und mehr als die anderen, er ist doch tot zu Lebzeiten und der eigentlich Überlebende.« Auch der totlebendige Gracchus schreibt, wenngleich es unsicher scheint, ob die entsprechende Passage wirklich direkt dem Erzählzusammenhang zugeordnet werden darf. Er ist, als ein die Zeiten Überlebender, mit seinem Wissen in der Zweitfassung – er könnte »Dolmetscher sein zwischen den Vorfahren und den Heutigen« – den andern Menschen überlegen.[171]

Noch deutlicher ist der wichtige Brief an Max Brod vom 5. Juli 1922, in dem sich Kafka grundsätzlich mit dem Schreiben auseinandersetzt. Es heißt da: »Ich könnte leben und lebe nicht [. . .] Mein Leben lang bin ich gestorben und nun werde ich wirklich sterben [. . .] Ich [. . .] kann nicht weiterleben, da ich gar nicht gelebt habe, ich bin Lehm geblieben, den Funken habe ich nicht zum Feuer gemacht, sondern nur zur Illuminierung meines Leichnams benützt.«[172] Die zunächst unorganisch anmutende Zusammenstellung von Lehm, Funke und Feuer ist wohl dadurch veranlaßt, daß sie Ausdruck eines Gedankenzusammenhangs ist, in dem sich der biblische Schöpfungsbericht, Michelangelos darauf bezügliche Darstellung an der Decke der Sixtina, die Technik der Feuererzeugung und die Prometheus-Tradition überlagern.[173]

Die Passage zeigt, daß er sein Schaffen als Neuschöpfung ansah, und daß er es, freilich in versteckter Weise, mit einer Zeugung verglich. Denn nicht nur läßt sich die als Bindeglied zwischen Schöpfungsbericht und Prometheusgestalt dienende Vorstellung des Feuerbereitens tiefenpsychologisch als Sexualsymbol verstehen, das intime erotische Erfahrungen abbildet,[174] sondern auch die dichterische Selbstdeutung verweist auf diesen Bereich, so wenn Kafka schreibt, er habe ein unbegrenztes Verlangen, sich in eine Geschichte »auszugießen«, und an anderer Stelle direkt das alle Gedanken ergreifende und verwandelnde Feuer als Sich-Ergießen interpretiert. Vor allem aber dürfte eine Briefstelle Flauberts seine Vorstellungen beeinflußt haben, in der der Franzose sich als von der Kunst abgestumpften Mann bezeichnet, »der sein Leben damit verbringt, den Feuerstrahl darauf zu schlagen, um Funken herauszulocken«. Denn die hier sichtbar werdende Unzufriedenheit mit dem als unvollkommen empfundenen eigenen Werk entspricht bis in die Verwendungsart des Bildes hinein seinem Selbstverständnis als Künstler.[175]

Beide Bildbereiche charakterisieren auch den Idealfall des Schaffens, wie ihn Kafka bei der Niederschrift des *Urteils* beobachtete. Diese erfolgte mit einer »vollständigen Öffnung des Leibes und der Seele«, die, so gegenüber Max Brod, den Eindruck einer »starken Ejakulation« machte. Diese Bildvorstellung sucht den gleichen Sachverhalt zu umschreiben wie eine Formulierung, in der von einem großen Feuer die Rede ist, in dem »die fremdesten Einfälle [. . .] vergehn und auferstehn«.[176] Wer als Schriftsteller dieses Feuer nicht erwecken und sich nicht in der genannten Weise öffnen kann, gewinnt nicht im Werk die für das unbewegte, kalte Dasein notwendige Lebenswärme, oder, der andere Aspekt, wer alle emotionalen Kräfte für das Schattendasein des Schreibens braucht, kann Geist und Körper nicht mit Leben erfüllen – die Ehe erscheint dann als Form der Askese, der Koitus als Bestrafung für das Glück des Beisammenseins[177] –, so daß der Schriftsteller zum Leichnam wird, der von den schwachen Lichtreflexen der sich im Kunstwerk spiegelnden Wahrheit notdürftig erhellt und am Leben gehalten wird.[178]

Die Szene im Ratssaal in Riva mutet wie die erzählerische Ausgestaltung dieser Briefstelle an. Denn die schwach flackernde Kerze – das kleine Lebenslicht im großen, unbeseelten Stein, um mit dem Verzweifelten in Desenzano zu reden – illuminiert, und zwar immer, wenn der Kahn in irdischen Gewässern steckenbleibt, den daliegenden und vielleicht zugleich erzählend-schreibend vorgestellten Gracchus, so daß dieser Teil des Textes direkt als Illustration des Schriftstellerdaseins genommen werden darf.

c) Ruhe und Bewegung

Aus dem bisher Gesagten ergibt sich, daß Kafka bei der Vorfassung nicht stehen bleiben konnte. Obwohl hier wie in den späteren Fragmenten schon die Antithese zwischen Bewegung und Ruhe vorhanden ist – Jagd unter lebenden Bäumen und Sitzen auf staubigem Holz –, fehlt doch vom Ansatz her die Möglichkeit zu handlungsmäßiger und szenischer Bewegtheit, die in gewisser Weise für seine Vorstellungen vom Erzählen konstitutiv ist. Weder die eben erläuterte Nuance noch der dynamische Verlauf des biographischen Hintergrundes – der mehrmalige Wechsel von gesteigerter Beziehungsintensität und einer mit Ortsveränderung verbundenen Phase der Isolation – konnten hier anschaulich gestaltet werden.

So war Kafka vor ein neues erzähltechnisches Problem gestellt. In der Schaffensperiode von 1912 bis 1914 – er hatte seit 1911 begonnen, sich seiner Lebensprobleme bewußt zu werden – genügte es, den einmaligen Handlungszusammenhang mit einer andersartigen Vorgeschichte, die als innerer Monolog und erlebte Rede der Hauptfigur gegeben werden konnte, oder vergangenen Zeitumständen zu konfrontieren. Ende 1916 lag Kafka jedoch schon die Erfahrung vor, daß sein Lebensschicksal als mehrmaliges Durchlaufen einer gleichartigen und in sich gegensätzlichen Doppelphase interpretierbar war. Wie konnten nun aber solche Wiederholungen erzählerisch ohne Handlungsdubletten dargestellt werden?

Hier mochte sich Kafka an E.T.A. Hoffmanns Dialog-Erzählung *Nachricht von den neuesten Schicksalen des Hundes Berganza* erinnern, in der berichtet wird, wie der aus einer Novelle des Cervantes bekannte Hund durch einen an ihm irrtümlich vollzogenen Verwandlungszauber »schon seit mehreren hundert Jahren« keine Ruhe findet und jedes Jahr an dem Tage, der ihn »in den verfluchten Hexenkreis trieb«, die Zauberwirkung, zu der auch die Fähigkeit zu sprechen gehört, auf eine besondere, qualvolle Weise spürt: »Zuletzt bin ich ein Mensch [. . .] Indem ich mich aber so zur höchsten Stufe hinaufschwinge, fühle ich, daß sich eine Stumpfheit und Dummheit meiner bemächtigt, die immer steigend und steigend mich zuletzt in eine Ohnmacht wirft [. . .] Dieser Kampf scheint mir [. . .] ein Leben bis in die Ewigkeit zu sichern; denn verjüngt und gestärkt erwache ich jedesmal aus der Ohnmacht [. . .] und nun laufe ich, prügel-, schuß- und stich-fest in der Welt umher, wie der ewige Jude; und meine Ruhestätte ist nirgends zu finden. – Es ist eigentlich ein bejammernswürdiges Schicksal [. . .]«.[179]

Die assoziative Verknüpfung dieser Erzählung mit Gracchus, die sich wegen des Motivs des ruhelos durch die Zeiten Irrenden nahelegte, könnte durch die Tatsache gefördert worden sein, daß der Ich-Erzähler Berganza in der Nähe des Wassers im Wald an einer Statue des heiligen Nepomuk trifft und daß der verwandelte Hund den ewigen Juden zu Demonstrationszwecken heranzieht, mit dem sich Kafka selbst hinsichtlich des Alters und der sinnlosen Art seiner Wanderung durch die schmutzige Welt vergleicht.

Es ist nicht schwer, in den Absichten des Schwarzwaldjägers diejenigen Kafkas wiederzufinden. Sein Herzenswunsch, dessen Unerfüllbarkeit ihm jedoch feststand, war seit 1913 jahrelang der dauernde Aufenthalt an einem südlichen Gestade, zum Beispiel am Gardasee, mit oder ohne Felice, und er hat mit andern über Riva als Ort der Lebenserfüllung gesprochen, der Selbständigkeit durch Verankerung im Leben verleiht: »Es scheint ein Traum zu sein, den mancher träumt.« Eine Sonderform der erwähnten Tra-dition vom ewigen Juden, die ihm in einem am 20. Oktober 1916 in der zionistischen Wochenschrift *Selbstwehr* veröffentlichten Ge-dicht von Simon Samuel Frug, *Der ewige Jude* betitelt, entgegen-trat, könnte dabei insofern als verbindendes Element gedient haben, als in dieser Version nicht Tod und Grab, sondern Leben erstrebt wird: »Denn nicht zum Dunkel – zum lichten Land«, das in der Ferne geahnt wird, flieht der Jude: Diese »Sehnsucht nach dem Land« als irreale Wunschvorstellung Kafkas wird als Augen-blicksintention des Jägers greifbar, in Riva bleiben zu wollen.[180]

Hoffmann verfährt nun so, daß er als Handlungsebene nur einen Jahrestag der Verzauberung präsentiert, wobei der Ich-Erzähler den Verwandlungsvorgang Berganzas in beiden Richtungen mit-erlebt und durch ein Gespräch mit diesem von seinen sonstigen Schicksalen, seiner Vorgeschichte und seinem Leben während der übrigen Zeit des Jahres unterrichtet wird. Diese Erzählstruktur übernahm Kafka, wobei er, selbstverständlich, den zur Zeit der Konzeption des *Jägers Gracchus* gerade gegenwärtigen Zeitab-schnitt deprimierter Isoliertheit dem Handlungsstrang der Ge-schichte zugrunde legte und Todesfahrt und Umherirren auf dem Wasser als Erzählung des Jägers arrangierte: Bezeichnenderweise lehnt sich der schon zitierte Wunsch Kafkas, sich in einem stillen Loch ruhig ausstrecken zu dürfen, in der Formulierung an Catull und die eben entstandene Erstfassung an. Er hat sogar zur Kennzeichnung des in der Vorgeschichte liegenden Gegenzustandes Hoffmanns Treppen-Metapher aufgenommen: »Ich bin [. . .] immer auf der großen Treppe, die hinaufführt. Auf dieser unendlich weiten Freitreppe treibe ich mich herum, bald oben, bald unten, bald rechts, bald links, immer in Bewegung. Aus dem Jäger ist ein Schmetterling geworden [. . .] Nehme ich aber den größten Aufschwung und leuchtet mir schon oben das Tor, erwache ich auf meinem alten, in irgendeinem irdischen Gewässer öde steckenden Kahn.«[181]

Daß sich hinter dem »Aufschwung« – Hoffmann gebraucht das entsprechende Verb – biographisch die drei Zeiten intensiver Kontaktnahme mit Felice verbergen, belegt die Tatsache, daß Kafka zwei Tage, bevor das Häuschen in der Alchimistengasse bezugsfertig wurde, davon spricht, er werde, wenn er die genannte Wohnung im Schönborn-Palais bekomme, wenn nicht Ruhe, so doch die Möglichkeit der literarischen Arbeit haben: »die Paradiestore würden nicht wieder auffliegen, aber ich bekäme vielleicht in der Mauer zwei Ritzen für meine Augen.« Nimmt man hinzu, daß er in den folgenden Wochen, also auch zu der Zeit, als die Erzählung entstand, abends die Alte Schloßstiege hinaufging, um in seine Behausung in der Alchimistengasse zu gelangen, und spät in der Nacht, nach Beendigung des Schreibens, auf dem gleichen Weg in sein Zimmer in der Langen Gasse zurückkehrte, so zeigt sich, daß er während der Wohnungssuche wie Gracchus in Unruhe war, daß er die Produktion nicht als paradiesischen Zustand betrachtete und daß das Ergebnis des Treppensteigens in Wirklichkeit der mit dem Schaffen gekoppelte Zustand lebensferner Isolation war.

Das Bild der Treppe selbst, deren Stufen nicht erklommen werden können, steht an wichtigen Briefstellen für die Vergeblichkeit seiner Heiratsversuche oder für die Art der Beziehung zum Beruf. In der folgenden Aussage ist sogar die totlebendige Daseinsform, das oben leuchtende Licht und der plötzliche Absturz während des Aufstiegs mit der Erzählung gemeinsam: Wer eine ununterbrochene Beziehung zu einer fernen, unendlichen Höhe oder Tiefe habe, schrieb er in der Nacht vom 7./8. Februar 1913 an Felice, der müsse nicht »das Verlangen haben, in das Grab zu schlüpfen, als sei es ein warmer Schlafsack [Gracchus »schlüpfte« in das Totenhemd »wie ein Mädchen ins Hochzeitskleid«] und das Leben eine kalte Winternacht, der muß nicht, wenn er die Treppen in sein Bureau hinaufgeht, zu sehen glauben, daß er gleichzeitig von oben, flimmernd im unsichern Licht, sich drehend in der Eile der Bewegung, kopfschüttelnd vor Ungeduld, durch das ganze Treppenhaus hinunterfällt«.[182]

Kafka hat das vorgegebene Muster noch durch den Schmetterling erweitert, der, obwohl er zum früheren Lebenskreis des Jägers und seinem Blumentuch paßt, sich zunächst etwas fremd auf der riesigen Treppe ausnimmt. Kafka hat diesem Tier Interesse entgegengebracht,[183] und er kannte natürlich seine sinnbildliche Verwendung für Seele, Unsterblichkeit und Metamorphose.[184] Dazu kommt das dem Schmetterling herkömmlicherweise zuerkannte Attribut des Flatterns, das ihm Bild für die eigene Seinsverfassung war; so war es naheliegend, den Falter als Verkörperung richtungslosen Umherirrens einzufügen, eine Bedeutung, die er als Metapher längst hatte, wie folgende, vom 27. Juli 1914 stammende Tagebuchnotiz zeigt; sie wurde bezeichnenderweise noch unter dem unmittelbaren Eindruck der ersten Entlobung formuliert und bezieht sich auf ein dem Schreiber vollkommen unbekanntes Kind: »Georg, der, sinnlos wie etwa ein Schmetterling, sich bei ganz fremden Leuten niederläßt.« Jugendlichkeit, planloses Umherirren in der Fremde und die innere Einsamkeit des Beobachtenden sind schon in dieser kleinsten gestalteten Einheit eine Verbindung eingegangen, die als Vorstellungskern der späteren Erzählung dienlich war.[185]

Wo aber sollte nun die Neufassung der Jäger-Erzählung lokalisiert werden? Das Motiv des zu ewiger Wanderung Verdammten mußte Kafka, auch weil in beiden Fällen von siebenjähriger Wiederkehr die Rede ist, auf den fliegenden Holländer führen. Zwar erreicht in fast der gesamten Sagentradition der Holländer nie das feste Land, nur in der Version, die Heine (und ihm folgend Richard Wagner) bietet, darf er, der bis zum Jüngsten Tag auf dem Meer umherirren muß, alle sieben Jahre einmal an Land steigen, um seine Erlösung durch Frauenliebe zu betreiben; und genau diese Fassung der Sage muß Kafka gekannt haben.[186] Eine schon mit dem Motiv des wilden Jägers kontaminierte Abart dieser Überlieferung war ihm als *Sippurim*-Erzählung geläufig, die zudem eine ätiologische Erklärung des Namens der Prager Goldenen Gasse gab.

Die auf diese Weise in den Vorstellungskomplex einfließenden Momente konnten noch, weil biographisch verifizierbar und erzähltechnisch günstig, in die geplante Erzählung Eingang finden. War er nicht in Riva mit dem Schiff gelandet, um Ruhe zu finden, wie der Holländer und der Wasserkönig, hatte er nicht im Sanatorium sich in ein Mädchen verliebt, das ihm aber nicht folgte, ihn also so wenig aus der verhaßten lebensfernen Isolation erlösen konnte wie Felice, die Angst vor einem Zusammenleben mit ihm hatte? Und hatte sich nicht die damalige Problematik in den Parallelsituationen von 1914 und jetzt im Winter 1916 – wahrscheinlich bedeutete sogar schon die Reise von 1909 eine solche – mit gleicher Zwangsläufigkeit wie bei den angeführten Vorbildern wiederholt?[187]

Dazu kam, daß die Bergszenerie Rivas die Amalgamierung der gegensätzlichen Elemente – Bergwelt und See – leicht ermöglichte, die Abgeschlossenheit der Stadt den eigenen Isolationszuständen entsprach und, genau so wichtig, daß durch das Boots-Motiv die dem ganzen Komplex innewohnende Antithetik von Ruhe und Bewegung erzählerisch überhaupt erst realisiert werden konnte. Denn was sich nun, durch Vorlagen und eigenes Erleben gleichermaßen determiniert, als Handlungsebene anbot, die Landung des Jägers, war ja der Beginn einer Isolationsphase, die, gemäß dem Baugesetz von Hoffmanns *Berganza*-Geschichte, szenisch dargestellt werden sollte.

d) Requisiten

Die Rekonstruktion wäre unvollständig, wenn nicht die noch verbleibenden Elemente, die Tauben, das Schreiben und der Schmutz, in die Analyse einbezogen würden. Sie können als Requisiten verstanden werden, die die Erzählintentionen verstärken sollen.

Gracchus berichtet: »[. . .] die Tauben fliegen vor mir her.« Denkbar ist, daß Kafka durch die erwähnte Volksüberlieferung oder durch Reminiszenzen an gelehrte Schulstunden zu der Vorstellung angeregt wurde. Viel wahrscheinlicher ist aber, daß er durch die Noah-Geschichte dazu kam. Er hat, spätestens im Sommer 1916, die *Genesis* studiert und, vor allem, den ersten, 1913 erschienenen Band der *Sagen der Juden*, in dem in Abweichung vom biblischen Bericht erwähnt wird, daß der ausfliegenden Taube

»die Tore des Gartens Eden« »aufgetan« worden seien.[188] Wenn also der Jäger das Tor des Paradieses nicht erreicht und die Taube, die beim Bürgermeister für Gracchus Einlaß in die Stadt fordert, wieder und wieder ans Fenster pochen muß, weil dieser vom Wind der Todesregion weitergetrieben wird, so zeigt sich darin eine bewußte, bei Kafka übliche Umkehrung der Tradition ins Negative, die ausdrücklich als solche artikuliert ist, wenn er an Milena über seine Willigkeit schreibt, den Tod wagen zu wollen: »Man ist eben als biblische Taube ausgeschickt worden, hat nichts Grünes gefunden und schlüpft nun wieder in die dunkle Arche.«[189]

Gegen Ende der Erzählung sagt der Jäger unvermittelt: »Niemand wird lesen, was ich hier schreibe, niemand wird kommen, mir zu helfen; wäre als Aufgabe gesetzt mir zu helfen, so blieben alle Türen aller Häuser geschlossen, alle liegen in den Betten, die Decken über den Kopf geschlagen, eine nächtliche Herberge die ganze Erde [. . .] Das weiß ich und schreibe[190] also nicht, um Hilfe herbeizuholen, selbst wenn ich in Augenblicken – unbeherrscht wie ich bin, zum Beispiel gerade jetzt – sehr stark daran denke.«[191] Mögen das Verhältnis zur Schweizerin und die *Berganza*-Geschichte[192] an der Genese der Vorstellung mitbeteiligt sein, so hat doch wohl eine konkrete Situation während der Niederschrift des Textes den stärksten Anteil an deren Ausformung.

Kafka hat die Literatur zuweilen als ein Mittel angesehen, die menschliche Gemeinschaft auf den einsamen Schreiber aufmerksam zu machen, und doch gewußt, daß sie ihm keine Hilfe in seiner ausweglosen Lebensproblematik brachte;[193] zufällig ist überliefert, daß er, offensichtlich ungefähr zur Zeit der Entstehung des *Gracchus*, seinem Freunde Oskar Baum gegenüber äußerte, das einzig Nichtdilettantische an seinem *Gruftwächter* sei, daß er ihn *nicht* vorlese.[194] Als Begleitvorstellungen könnten solche Gedanken bei der Ausformulierung der Erzählung mitgeführt worden sein und dann in der angeführten Passage die veranschaulichend-interpretierende Ausgestaltung einer Zentralvorstellung gefunden haben, die schließlich am 12. November 1917 in folgende sentenzartige Form gebracht wurde: »Du bist die Aufgabe. Kein Schüler weit und breit.«[195]

Wie eine Schulaufgabe unlösbar ist, wenn der Bearbeiter fehlt, so können die Probleme des Jägers keine Lösung finden, weil er außerhalb des menschlichen Bereichs steht. Die Transponierung des Zusammenhangs in den Bildbereich der Herberge verdeutlicht einerseits noch einmal Kafkas ökonomisch-funktionale Verfahrensweise, denn geschlossene Türen und Fenster und ein auf der Pritsche Liegender, der ganz von einem Tuch bedeckt ist,[196] sind Elemente, die vorher im Text schon gebraucht worden waren; andererseits sein dauerndes Zurückgreifen auf schon feste, gestaltete Bildvorstellungen über die eigene Existenz, denn in einem Brief an Felice vom 26./27. Februar 1913 beschreibt er seine möglichen Reaktionen beim Empfang eines Telegramms, das ihm Felicens Kommen anzeigen würde, mit folgenden Worten: »meine Lauheit hätte es wohl aufgestachelt, diese widerliche Lauheit, die mir aus der ganzen Wohnung, ja aus der ganzen Stadt ein einziges Bett macht.«

In der Fortsetzung des Zitats heißt es, er sei allein wie früher, weil er keine derartige Nachricht erhalten habe, nur manchmal schaue ihm aus dem Briefpapier, das er beschreibe, sein eigenes Gesicht entgegen, so daß er am liebsten die Feder weglegen wollte, nicht um sich an Felice zu hängen, sondern um sich der Strömung zu überlassen, die sich langsam unter ihm wälze. Wieder wird deutlich, daß solche Metaphern keine autonomen Formeln darstellen, über die er frei verfügen und die er beliebigen Erzählzusammenhängen dienstbar machen konnte, denn der ganze biographische Hintergrund des Bildes von der Welt als Herberge wird in den *Jäger Gracchus* mit übertragen, also die Situation des Schreibens, die hoffnungslose Isolation, die eine Rettung durch andere unmöglich macht, das Treiben in unbekannter »Strömung« und, so im Kontext, das Herausgerissenwerden aus einer langen Nacht. Bemerkenswert bleibt, wie trotz dieser Verfahrensweise die Erzählung nicht zum rein additiven Konglomerat wird, sondern wie die vom Biographischen übernommenen Vorstellungen gleichzeitig den ästhetischen Bedingungen des Gesamttextes genügen.

Die Schmutz-Metapher endlich ist ebenfalls kein bedeutungsloses Kolorit. Der Kummer des Bürgermeisters über den Unrat auf der Piazza wiederholt sich bei der Selbstbeschreibung des Jägers, der auf sein schmutziges Hemd verweist, und in der Zweitfassung wird dieses Moment schon bei der Beschreibung der Barke eingeführt: Der Kahn ist »verunreinigt, wie mit Schmutzwasser ganz und gar übergossen, noch troff es scheinbar die gelbliche Außenwand hinab«, eine Vorstellung, die bezeichnenderweise schon im *Prozeß*-Roman verwendet wurde. Dort, wo der Maler wohnt, sind

»die Gassen voll Schmutz«, und unter dem Toreingang befindet sich eine Lücke, »aus der gerade [. . .] eine widerliche, gelbe, rauchende Flüssigkeit herausschoß«.[197] Wieder findet sich ein fester, den individuellen Erzählzusammenhang übergreifender Baustein, der sein Leben aus der selbstquälerischen Ansicht des Schreibers bezieht, innerlich zutiefst schmutzig zu sein.[198]

Die Einzelbetrachtung sämtlicher den Text des *Jägers Gracchus* konstituierender Motive verdeutlichte eindrucksvoll, wie durchgehend ganz persönliche Gegebenheiten Kafkas für ihre Verwendung als Erzählelemente maßgebend waren und folgerichtig den ungewöhnlichen Erzählaufbau bestimmen. Nirgends gibt es Anhaltspunkte dafür, daß eine Deutung, die diese Zusammenhänge außer acht läßt, der Erzählung gerecht werden könnte.

Emrichs Auslegung, hier werde das universell Allgemeine, das sich nicht mehr unter einen zureichenden Allgemeinbegriff bringen lasse, thematisiert, ist aufgrund der gewonnenen Einsichten so wenig zu halten wie Kurt Weinbergs Meinung, Gracchus sei ein »Gottesgespenst«. Emrich deutet die zentrale Passage der Zweitfassung unrichtig: Sein Gesprächspartner, der, weil er sich und seine Familie hochzubringen hat, erst auf dem Sterbebett Zeit zu haben glaubt, sich auszustrecken, wobei dann vielleicht durch die müßiggängerischen Gedanken einmal der »grüne« Jäger streiche, fordert ihn auf, zusammenhängend zu berichten, und erhält diese Antwort: »Alle Bücher sind voll davon, in allen Schulen malen es die Lehrer an die Tafel, die Mutter träumt davon, während das Kind an der Brust trinkt, es ist das Geflüster in den Umarmungen, die Händler sagen es den Käufern, die Käufer den Händlern [. . .] in der Zeitung ist es gedruckt und das Volk reicht es sich von Hand zu Hand, der Telegraph wurde erfunden, damit es schneller die Erde umkreist, man gräbt es in verschütteten Städten aus und der Aufzug rast damit zum Dach der Wolkenkratzer. Die Passagiere der Eisenbahnen verkünden es aus den Fenstern in den Ländern, die sie durchfahren, aber früher noch heulen es ihnen die Wilden entgegen [. . .] und du Mann sitzest hier und fragst mich nach dem Zusammenhang.«

Stofflich angeregt zu dieser Aufzählung wurde Kafka durch eine Stelle der schon erwähnten *Sippurim*-Sage, die so lautet: »Man will ihn an einer grünen Jacke erkennen [. . .] welches aber durchaus falsch ist; denn er erscheint unter den Menschen in verschiedenen Gestalten [. . .] Dem Wucherer stellt er sich als einen leichtsinnigen Chevalier vor, der erst mündig ward; den Gelehrten und Dichtern, als Buchhändler oder Rezensent; den Richtern und Advokaten, als wohlhabender, prozeßlustiger Pächter; den Damen, als Offizier und Schauspieler.« Schon in der Vorlage besteht also ein Gegensatz zwischen der grünen Gestalt und einer von ihr behaupteten unendlichen Wandlungsfähigkeit; aber Kafka hat offensichtlich die Bedeutung der für ihn unbrauchbaren Versucher-Gestalt in ein Bild menschlicher Verständigung umgewandelt, denn alle Glieder der Kette sind Beispiele für das Zusammenwirken der Menschen untereinander, besonders durch das wechselseitig verwendete Medium der Sprache.

Das in der Erzählung verhandelte Problem, wie der Jäger und die Welt miteinander Kontakt haben, ist bei solcher Deutung zwangsläufig gestellt. Denn dieser ist, wie gezeigt, ein Bild für Kafkas fehlende Verbindung zu anderen Menschen, die er, der extrem Bindungslose, einem geselligen Partner, der ihn aufsucht, naturgemäß nicht zusammenhängend artikulieren kann. Die ganze Szene mutet diesbezüglich wie eine Veranschaulichung der Persönlichkeit Kafkas an: Dieser war, wie der Schwarzwaldjäger, zu zusammenhängendem Denken und lebendig sich aufbauendem Gespräch unfähig und machte sich seine Verhältnisse klar, indem er sich Fragen stellte und beantwortete, sprach, wie die Titelfigur, die schmerzlich lächelnd aus ihrem totenähnlichen Schlaf erwacht und im ersten Augenblick alles vergessen hat, von förmlich physischer Anstrengung bei der Erinnerung an seinen Sanatoriumsaufenthalt in Riva, und konnte sich unter Leuten, denen er sich fremd fühlte, nicht »rühren«, was genau dem Befund der Erstfassung entspricht, wo Gracchus erst die Augen aufschlägt, nachdem sich alle außer dem Bürgermeister entfernt haben.

Auch die Behauptungen des Kaufmanns sind innerhalb des genannten Zusammenhangs sinnvoll: Auf dem Totenbett erst, wenn sich alle irdischen Bindungen auflösen, wird dem in der Gemeinschaft Lebenden bewußt, daß er sich in einer dem Schwarzwaldjäger vergleichbaren Lage befindet, und zu diesem Zeitpunkt nur kann, nach dieser erkenntnistheoretischen Position, das Leben in seiner Gesamtheit wahrhaft überblickt werden. Poseidon, der von Kafka einmal, wie Gracchus, als seiner eigentlichen Funktion enthoben und begleitet von einem ihn umkreisenden Vogel gezeigt wird – »Still saß er an felsiger Küste und eine von seiner Gegenwart betäubte Möwe zog schwankende Kreise um sein

Haupt« –, kann erst beim Weltuntergang, also seinem eigenen Ende, einen Überblick über seine Gewässer gewinnen.

Eine in dieser Situation erlangte Erkenntnis, die dem Wissen der von Gracchus empfohlenen Geschichtsschreiber entspricht, würde nun allerdings ergeben – und darin zeigt sich, daß Kafka versuchte, in der Zweitfassung die allgemeine Verbindlichkeit seiner persönlichen Nöte herauszustellen –, daß die seit Urzeiten sich vollziehenden und in die Gegenwart hereinragenden Sterbeversuche des Jägers ein Ausdruck dafür sind, wie seit Urbeginn, seit dem Sündenfall, dem Dasein der ersten Generation, menschliche Existenz sich nur mit Hilfe von Motivationen, als Welt der Lüge vollzieht, deren Eingeständnis Selbstvernichtung des Lebens, besonders in der Gemeinschaft, bedeuten würde. Der in solchen Bezügen stehende fleißige Kaufmann muß also, um weiterleben zu können, sein mögliches Wissen um die Gracchus-Problematik verschweigen. Die Schwierigkeit, ob für philosophische Allgemeinbegriffe eine zureichende Terminologie gefunden werden könne oder nicht, stellte sich für den zur Abstraktion unfähigen Dichter demnach in keiner Weise, so daß Emrichs These nicht nur vom Gesamtbild der Fragmente her, sondern auch hinsichtlich seiner speziellen Belege der Boden entzogen ist.[199]

Das frühere Leben des Schwarzwaldjägers im Altertum muß zusammen mit den Darstellungen der alten Zeit im *Neuen Advokaten*, im *Stadtwappen, Alten Blatt*, den *Forschungen eines Hundes* und der Vorgeschichte im *Bericht für eine Akademie* gewürdigt werden. In allen diesen Fällen wird, in Übereinstimmung mit den Lebenszeugnissen, die Vergangenheit als Epoche verstanden, die noch nicht durch vorgängige falsche Entscheidungen negativ strukturiert ist, als offene und entwicklungsfähige Frühzeit, in der die wahren Lebensgesetze greifbar sind, und als vitale Lebensform, die von einer geordneten Gemeinschaft getragen wird.[200] Gracchus lebte gern, war stolz auf seinen Beruf, erfolgreich in seiner freien, männlichen Tätigkeit, die gesegnet und von der Gemeinschaft, weil ihr nützlich, anerkannt war. Schon die Charakterisierung selbst macht, ganz abgesehen von ihrer Kongruenz mit den entsprechenden Phasen der anderen Texte, eine direkte Beziehung auf Kafkas Leben und Schreiben unmöglich.[201]

Allerdings, und dies ist der andere Aspekt dieser Vorzeitbilder, hat er die Tendenz, die gegenwärtige Desorientiertheit, Leblosigkeit, Überalterung, Vereinzelung und Unwahrhaftigkeit des Lebens in den Ausgangspunkt der Entwicklung zurückzuprojizieren, so daß dort immer schon die Ansatzpunkte der späteren Depravierung vorhanden sind – im *Gracchus* die junggesellenhafte, besitzlose Lebensweise eines Mannes, dessen Unterhalt ausschließlich von der dauernden Anspannung seiner Kräfte und seiner Fähigkeit abhängt, dem Jagdtrieb folgen zu können. Die Figur ist demnach ein Bild dafür, wie das die Gegenwart kennzeichnende Grundmodell der Abirrung vom rechten Weg, das, wie Kafka schon 1916/17 glaubte, viel mehr als seine individuelle Familiensituation seine Schwierigkeiten verursachte, in idealer Vorzeit gründet.

e) Flickarbeit

Bleibt das Problem, warum die Erzählung nicht vollendet wurde. Die Zweitfassung führt, wegen der unbefriedigenden Perspektivgestaltung der vorhergehenden Fassung, einen Ich-Erzähler ein, der einen Arbeiter über die im Hafen liegende Barke befragt, den Kahn betritt und durch Fragen den Jäger, der »im Augenblick [. . .] immer alles vergessen« hat, zu Aussagen über sein außerordentliches Schicksal veranlaßt: »niemals werde ich vergessen, wessen Gast ich bin«, meint der Besucher.

Entsprechend besucht der Ich-Erzähler in der Vorfassung des *Berichts für eine Akademie* den anläßlich eines Gastspiels in der Stadt weilenden Rotpeter in seinem Hotel, wo er zunächst vom Impresario Informationen über das einmalige Phänomen erhält. Er ist, wie betont wird, der einzige Besucher (wie der Bürgermeister im *Gracchus*) und sich seiner ungewöhnlichen Situation bewußt: »Erst nach und nach, wenn ich mich aus den Gedanken zur Wirklichkeit zurückzwinge, zeigen mir wieder die Augen, wessen Gast ich bin.«[202] Schon das bis jetzt Angeführte zeigt, daß in beiden Fällen sehr ähnliches Material verwendet wurde.

Weiterhin besteht die Zweitfassung des *Gracchus* aus einem erzählenden Eingangsteil und einem nicht unmittelbar anschließenden, Begrüßung und Beginn des Gesprächs auslassenden Dialogstück ohne epische Zwischentexte, Erzählformen also, die ebenso im Vergleichstext wiederkehren wie der leichtfertig-skurrile Ton der Unterhaltung. Schließlich gibt es, wie schon erwähnt, in beiden Erzählungen eine Vorgeschichte mit entsprechender Funktion und Gegenständlichkeit – Rotpeter lebte im Wald und wurde von einem Jäger angeschossen –, die, neben Abschweifungen ins Gegenwärtige, Gegenstand der Plauderei ist. In beiden Fällen erfährt der Leser die Art des Unglücks, das zur neuen Existenzform führte, den Zeitpunkt, an dem sie begann, und erhält ein anschauliches Bild von der diesem zunächst folgenden Lebensperiode, die Rotpeter in einer unbequemen käfigartigen Holzkiste auf einem Schiff verbringt, während sich Gracchus in einem leeren »Holzkäfig« auf seiner Barke aufhält.[203]

Man kann also mit Grund annehmen, daß ein Teil des schöpferischen Impetus, der bei der Konzeption des *Jägers Gracchus* wirksam war, auf den zeitlich unmittelbar sich anschließenden *Bericht für eine Akademie* überging, der offensichtlich die gleichen Lebensprobleme in anderem Gewande zum Ausdruck bringen will. Da Kafka die Vollendung der Affen-Geschichte gelang, freilich in anderer, bemerkenswerterweise wieder E.T.A. Hoffmann entliehener Bauform,[204] bestand eine unmittelbare Notwendigkeit zur Fortsetzung des *Gracchus* um so weniger, als seine Schaffenskraft kurz darauf zu versiegen begann. Außerdem scheint er, wenn Pasleys Interpretation der *Sorge des Hausvaters* richtig ist, mit der Art der Gestaltung unzufrieden gewesen zu sein. Tatsächlich sind die Übereinstimmungen so groß, daß man zu dem Schluß kommen kann, Odradek beziehe sich auf den Gesamteindruck, den der *Gracchus* auf den kritisch nachprüfenden Autor gemacht habe.[205]

Vor allem erinnern die abgerissenen, alten, aneinander geknoteten und ineinander verfilzten Zwirnstücke, mit welchen Odradek bezogen ist, an die Beschreibung des Kahns in der Zweitfassung: »Ein alter schwerer Kahn, verhältnismäßig niedrig und sehr ausgebaucht [. . .] die Masten unverständlich hoch, der Hauptmast im oberen Drittel geknickt, faltige rauhe gelbbraune Segeltücher zwischen den Hölzern kreuz und quer gezogen, Flickarbeit, keinem Windstoß gewachsen.«[206] Die Unausgewogenheit des Ganzen, das Abgeknickte und ineinander Verschlungene der Teile, die Betonung des Alters, kurz die »Flickarbeit«, sind Kennzeichen beider Texte. Obwohl Kafka den zuletztgenannten Begriff einige Jahre später, angeregt von einer Chassidischen Geschichte, soweit bekannt, nur zur Kennzeichnung seiner problematischen Versuche, die eigenen Lebensschwierigkeiten zu überwinden, gebraucht hat, darf aufgrund von anderen Selbstdeutungen, die sich einer Ähnliches aussagenden Bildlichkeit bedienen, geschlossen werden, daß er den *Gracchus* als disparates Konglomerat unorganischer Einzelteile ansah, das seinen ästhetischen Forderungen nicht entsprach und deshalb aufgegeben werden mußte.[207]

Eine solche Auffassung ist in gewissem Sinne direkt verifizierbar: Der fragliche Komplex gliedert sich in mindestens fünf selbständige Texteinheiten: der *Auf dem Dachboden* betitelten Vorfassung, der Erstfassung, die in Wirklichkeit aus zwei getrennten Erzählansätzen besteht, die erst von Max Brod zu einem einheitlichen Gebilde zusammengefügt wurden,[208] dem Tagebucheintrag vom 6. April 1917 und dem sogenannten *Fragment zum »Jäger Gracchus«*. Außerdem haben die Einzelmotive, die die jeweiligen Darstellungszusammenhänge aufbauen, durchaus verschiedenartige Aussagewerte, die keine organisch durchlaufende Sinnebene ergeben.

Eine zusammenhängende Interpretation der *Gracchus*-Fragmente, in der sich Teilerkenntnis zu Teilerkenntnis fügt und so schließlich einen homogenen Problemzusammenhang konstituiert, ist deswegen unmöglich. Es gibt keinen Fluchtpunkt, auf den alle Sinn- und Strukturlinien zulaufen. Kafka »wohnte« zwar »ganz und gar in jedem Einfall«, aber nur in dem Sinne, daß er sich immer wieder neu und anders mit Bildvorstellungen und Motivzusammenhängen identifizierte, so nur »abreißende Anfänge« zustande brachte und die autonomen Erzählstücke »heimatlos« ließ.[209]

Anmerkungen

1 Vgl. F. Kafka, Die Erzählungen, (hg. von K. Wagenbach), (Frankfurt/M.) 1961, S. 415.

2 Vgl. H 55 f. und M. Pasley/K. Wagenbach, Datierung sämtlicher Texte Franz Kafkas, in: J. Born / L. Dietz / M. P. / P. Raabe / K. W., Kafka-Symposion, Berlin (1965), S. 76.

3 Näheres in meinem Aufsatz »Kafka und seine Schwester Ottla«, in: *Jahrbuch der Deutschen Schillergesellschaft* 12 (1968), S. 426.

4 Es handelt sich um Schopenhauer, Briefe, Aufzeichnungen, Gespräche. Eingeleitet und ausgewählt von P. Wiegler, Berlin u. Wien o. J. (erscheint schon in der Nr. vom 16. IX. 1916 der *Berliner Titeldrucke*), und um Ludwig van Beethoven, Briefe, Gespräche, Erinnerungen. Ausgewählt und eingeleitet von P. Wiegler, Berlin u. Wien o. J. (nach dem *Deutschen Bücherverzeichnis* noch 1916 erschienen; da das Büchlein schon in der Nr. vom 22. I. 1917 der *Berliner Titeldrucke* angezeigt

wird, ist es höchstwahrscheinlich im Verlauf des Vormonats ausgeliefert worden).

5 Vgl. T. J. Reed, Kafka und Schopenhauer. Philosophisches Denken
und dichterisches Bild, in: *Euphorion* 59 (1965), S. 160 ff. und FK 100.

6 Vgl. B 352 ff.

7 Die von M. Pasley/K. Wagenbach, Datierung sämtlicher Texte Franz
Kafkas, S. 80 vorgeschlagene Datierung für das 7. Oktavheft – »Winter 1916/17« – kann also wesentlich präzisiert werden.

8 Vgl. T 518 und B 334 ff.; hinter beiden Texten steht die der Erstfassung fremde Vorstellung, daß ein Ich-Erzähler den Jäger auf seiner
Barke besucht.

9 Dafür spricht nicht nur, daß Kafka schreibt, wenn Buber gerade die
dem *Marsyas* überlassenen Stücke gefielen (*Der neue Advokat* und *Ein
Landarzt*), wolle er diese zurückfordern, sondern auch, daß die dann
in dieser Zeitschrift erschienenen Erzählungen nicht mit den beiden
genannten identisch sind.

10 Vgl. F 704 f.

11 Der bisher unbekannte Brief an Buber ist faksimiliert in: Exhibition
Franz Kafka (1883-1924). Catalogue, (hg. von R. Klingsberg), Jeru-
salem 1969, S. 17.

12 Vgl. Br 156 ff.

13 Vgl. H. Binder, Franz Kafka und die Wochenschrift ›Selbstwehr‹, in:
Deutsche Vierteljahrsschrift für Literaturwissenschaft und Geistesgeschichte
41 (1967), S. 288.

14 Die zwölf an Buber gesandten Stücke waren alle noch unpubliziert;
auch der Hinweis auf den *Marsyas* und die Tatsache, daß im Vorjahr
der *Traum* als Erstpublikation im *Juden* erscheinen sollte, sprechen für
die im Text vertretene Auffassung.

15 Vgl. F 704 f.

16 Vgl. M. Pasley/K. Wagenbach, Datierung sämtlicher Texte Franz
Kafkas, S. 67 und 77 mit H 440 und 447; da Buber *Schakale und Araber*
und den *Bericht für eine Akademie* publizierte, müssen Listen, in denen
die erstere Erzählung genannt ist, vor Mitte April zusammengestellt
worden sein, und die Affen-Geschichte kann nicht mehr nach diesem
Zeitpunkt entstanden sein.

17 Br 156, O 32 f. und 35.

18 Vgl. M. Pasley/K. Wagenbach, Datierung sämtlicher Texte Franz
Kafkas, S. 77.

19 Exhibition Franz Kafka, S. 17.

20 Kafkas Schaffenskraft pflegte gegen Ende einer produktiven Periode
allmählich zu verebben, vgl. oben S. 139 f.

21 Vgl. zu den Einzelheiten unten S. 271-273.

22 M. Pasley, Drei literarische Mystifikationen, in: Kafka-Symposion,
S. 28.

23 Vgl. T 420.

24 Im *Verschollenen* wird die Grenze der Erfahrungswirklichkeit nicht in der beim *Gracchus* vorliegenden Weise überschritten, auch kannte Kafka Amerika nicht aus eigener Anschauung; im Frühwerk *Beschreibung eines Kampfes* werden freilich reale Details Prags genannt, aber nicht als selbständige Erzählelemente eingesetzt, und in vielen andern Texten können zwar einige Erzählmomente auf Prager Gegebenheiten bezogen werden, doch werden sie in den Texten niemals als solche explizit ausgegeben.

25 B 99.

26 Vgl. T 38 und M 265 f.

27 H. Binder, Motiv und Gestaltung bei Franz Kafka, Bonn 1966, S. 188 f., 299 ff. und 330 ff.

28 H. Politzer, Franz Kafka, der Künstler, (Frankfurt/M. 1965) und W. H. Sokel, Franz Kafka – Tragik und Ironie. Zur Struktur seiner Kunst, München, Wien (1964).

29 Franz Kafka, Werk und Entwurf, Berlin (1962), S. 232, vgl. 231.

30 Franz Kafka, Bonn 1958, S. 15 f.

31 Die Funktion der Tierfiguren im Werke Franz Kafkas. Offene Erzählgerüste und Figurenspiele, Bonn 1969, S. 150 und 167.

32 Vgl. H 149 f. und 275.

33 Vgl. FK 91 und K. Wagenbach, Franz Kafka. Eine Biographie seiner Jugend 1883-1912, Bern (1958), S. 168.

34 FK 91 f.

35 FK 92; vgl. auch J. A. Steurer, Carl Dallago. Zum Ableben des Bozner Dichters und Denkers, in: *Der Schlern* 23 (1949), S. 79 ff.

36 Der Süden. Kulturelle Streifzüge eines Einsamen, Leipzig (1905), S. 34; die drei im Text genannten Persönlichkeiten werden in diesem Buch immer wieder rühmend hervorgehoben.

37 C. Valerius Catullus, Gedichte. Vollständ. Ausg. Deutsch von Max Brod, mit teilweiser Benützung der Übertragung von K. W. Ramler, München und Leipzig 1914, S. 49; Kafka besaß das Buch (vgl. K. Wagenbach, Franz Kafka, S. 253).

38 Einleitung, S. 2.

39 Br 420.

40 FK 360.

41 Vgl. F. H. Riedl, Das Buch vom Gardasee. Landschaft. Kunst. Kultur, (Wien 1955), S. 63.

42 *Italienische Reise*, Eintrag vom 12. und 13. IX. 1786.

43 Vgl. K. Baedeker, Oberitalien mit Ravenna, Florenz und Livorno. Handbuch für Reisende, 18. Auflage, Leipzig 1911, S. 238.

44 P. Hakenholz, Bergwanderungen am Gardasee, in: *Deutsche Alpenzeitung* 11 (1911), Heft 4, S. 93.

45 K. Baedeker, Oberitalien, S. 251.

46 H. Noë, Bilder aus Süd-Tirol und von den Ufern des Gardasees, München 1871, S. 134 f.; vgl. P. Hakenholz, Bergwanderungen, S. 91 f. Da der Ledrosee heute als Speicherbecken für das Elektrizitätswerk von Riva dient, führt der Ponalebach jetzt nurmehr sehr wenig Wasser (vgl. H 262).

47 Sie findet sich in: H. Noë, Von Deutschland nach Italien. Die Brennerbahn vom Innstrom zum Gardasee, Zürich (1883), S. 117.

48 Vgl. Das oberitalienische Seenparadies [. . .] Ein Bildwerk gestaltet von G. Hagen, München-Pullach (1962), S. 31.

49 Vgl. FK 92, 359 f. und K. Baedeker, Oberitalien, S. 217.

50 Vgl. A. Stefenelli, Le sorti politiche di Riva, Riva 1921, S. 29.

51 Dies ergibt sich aus dem Studium alter Karten und Ansichten von Riva, vgl. [R. Picht], Führer durch Riva-Torbole und Umgegend, Riva 1911 (Stadtplan vor dem Titelblatt – ein Ausschnitt aus dieser Karte ist hier als Abb. 7 reproduziert) und A. Perini, Guida della città di Riva e dei suoi dintorni, Salò 1875 (dort ein Panorama von Riva).

52 Vgl. K. F. Wolff, Dolomiten Sagen [. . .] Mit 2 Exkursen Berner Klause und Gardasee, 11. erweiterte deutsche Auflage, Innsbruck, Wien, München (1963), S. 580; J. Frischauf, Monte Castello am Gardasee, in: Zeitschrift des deutschen und österreichischen Alpenvereins 15 (1884), S. 338 ff.; F 472 und FK 359.

53 K. F. Wolff, Dolomiten Sagen, S. 587.

54 K. F. Wolff, Dolomiten Sagen, S. 614 ff.

55 Nach Berechnungen der damaligen Meteorologischen Beobachtungsstation betrug die mittlere Temperatur im September nachmittags um 14 Uhr 21,8° C; vgl. F 461.

56 Georgica II, 160; Italienische Reise, Eintrag vom 12. IX. 1786 und Tagebuchnotiz vom 12. IX. 1786; vgl. P. Hakenholz, Bergwanderungen am Gardasee, S. 92.

57 Inferno XII, 1-10 und XX, 61-81.

58 F. H. Riedl, Das Buch vom Gardasee, S. 8. Auch der Maler Hans Meid deutet in seinem Bild Hafen von Riva (Augustiner-Museum, Freiburg i. Br.) den Ort offenbar als Unterweltlandschaft (freundlicher Hinweis von Ulrich Müller, Salzburg). Die Parallelen zeigen, daß die Sehweise, die im Jäger Gracchus eingenommen wird, mindestens zum Teil in den Gegebenheiten der realen Szenerie wurzelt.

59 Vgl. F 768 und T 320, vgl. 705.

60 Vgl. Der Gardasee und seine Umgebung. Illustr. Führer durch den Kurort Arco und durch Riva [. . .], hg. von L. Woerl, 4. Auflage, Leipzig (1913) (Woerl's Reisehandbücher), gegenüber S. 30: auf dem dort reproduzierten Stadtplan ist die Lage des Sanatoriums eingezeichnet.

61 Das meint K. Wagenbach, Franz Kafka, S. 168.

62 Vgl. K. D. Seckelmann, Ein Tusculum für Dichter und Künstler.

Aus der Geschichte des Sanatoriums Dr. med. Christoph Hartung von Hartungen, in: *Deutsches Ärzteblatt* 1969, Nr. 5 (1. II. 1969), S. 306 ff. und Nr. 6 (8. II. 1969), S. 382 ff.

63 Vgl. F. H. Riedl, Das Buch vom Gardasee, S. 76, K. Baedeker, Oberitalien, S. 28 und F 768.

64 A. Holitscher, Gardasee, in: A. H., In England-Ostpreußen-Südösterreich. Gesehenes und Gehörtes 1914/1915, Berlin (1915), S. 110 und 113; das Buch war in Kafkas Besitz (K. Wagenbach, Franz Kafka, S. 257); er hatte schon für den *Verschollenen* Holitschers amerikanische Reiseberichte als Quellen benützt, vgl. W. Jahn, Kafkas Roman »Der Verschollene« (»Amerika«), Stuttgart (1965), S. 144 ff. und Br 478 f.

65 A. Holitscher, Gardasee, S. 112.

66 B 105, vgl. H. Noë, Italienisches Seenbuch. Naturansichten und Lebensbilder von den Alpenseen und Meeresküsten Italiens, Stuttgart 1874, S. 368.

67 B 103 f., vgl. Br 35, 125 und 278.

68 C. Valerius Catullus, Gedichte, S. 18.

69 T 607.

70 K.-H. Fingerhut, Die Funktion der Tierfiguren im Werke Franz Kafkas, S. 60.

71 B 99.

72 H. Noë, Bilder aus Süd-Tirol, S. 163, vgl. K. Baedeker, Oberitalien, S. 250 und Br 121. (Vom Bayerischen Hof aus – auf Abbildung 7 – hatte Kafka einen Blick auf den Hafenplatz, der ungefähr der Perspektive in Abbildung 8 entspricht.)

73 Vgl. etwa T 474 (Ujhel), 529 (Zürau), 595 (Reichenberg) und H. Binder, Kafka und seine Schwester Ottla, S. 452.

74 T 286, vgl. 284.

75 Vgl. B 176, 193, T 349, H 151 und A 122.

76 Es handelt sich um eine vom Anfang des Jahrhunderts stammende Farbpostkarte aus dem Besitz der geographisch-topographischen Bildersammlung der Österreichischen Nationalbibliothek (Sign. 7466/42); Kafka hat 1913 an Ottla eine ganz ähnliche Ansichtskarte der Piazza geschickt, auf der jedoch bezeichnenderweise Hafen und Piazza den Eindruck weiträumiger Leere machen, vgl. O Abbildung 7.

77 Reproduziert nach [R. Picht], Führer durch Riva-Torbole, S. 32.

78 Vgl. H. Noë, Bilder aus Süd-Tirol, S. 173.

79 H. Heine, Sämtliche Werke, Band V (Reisebilder, Teil 1-3), hg. von H. Kaufmann, (München 1964), S. 216.

80 K. Baedeker, Oberitalien, S. 221 f.

81 T 607 ff.

82 B 15, 19, 21, T 185, 265, 501 und K. Krolop, Zu den Erinnerungen Anna Lichtensterns an Franz Kafka, in: *Germanistica Pragensia* 5 (1968), S. 28 f.

83 T 284 und 309, Zitat H 255. Daß es sich hier um einen festen, den Einzeltext übergreifenden Erzählbaustein handelt, bestätigt das Schlußkapitel des *Prozeß*-Romans (enstanden um den Jahreswechsel 1914/15), in dem erzählt wird, wie eine Figur, die K. für Fräulein Bürstner zu halten geneigt ist, »aus einer tiefer gelegenen Gasse auf einer kleinen Treppe[. . .] zum Platz« emporsteigt, den die Hauptfigur gerade erreicht hat. (P 268)

84 H. Heine, Sämtliche Werke, Band V, S. 198 f.

85 Sippurim, eine Sammlung jüdischer Volkssagen, Erzählungen, Mythen, Chroniken, Denkwürdigkeiten und Biographien, hg. von W. Pascheles, 1. Sammlung, 3. Auflage, Prag 1838, S. 53 und 58; Felix Braun erinnert sich (in: Das Licht der Welt. Geschichte eines Versuches als Dichter zu leben, Wien [1949], S. 658), daß ihm Max Brod 1908 die »erregende Geschichte« des »Alchimistengäßchens« auf dem Hradschin erzählt habe, so daß vermutet werden darf, daß Kafka diese gleichfalls gekannt und mit der Überlieferung von der Goldenen Gasse im Ghetto assoziiert hat, besonders weil er selbst – 1912 an Felice (vgl. F 198) – und seine Schwester Elli – 1910 an Max Brod (vgl. Franz Kafka 1883-1924. Manuskripte. Erstdrucke. Dokumente. Photographien, [Berlin] 1966, S. 80) – Ansichtspostkarten von diesem Gäßchen verschickten. Er hat jedenfalls die Motive des wegen einer unerwünschten Heirat seinem Kinde zürnenden und es beschimpfenden Vaters, dessen Sturz vom Ufer aus in die Moldau, das Zubodenfallen des Vaters aus diesem Anlaß und dessen Vernachlässigung der Geschäfte im *Urteil* verwertet.

86 [R. Picht], Führer durch Riva-Torbole, S. 32 und P 264 f., vgl. P. Eisner, Franz Kafkas »Prozeß« und Prag, in: *German Life & Letters* 14 (1960/61), S. 23, M. Brod, Der Wert der Reiseeindrücke, in: *Frankfurter Zeitung*, 4. Morgenblatt (26. III. 1911), S. 2 und F 577.

87 Vgl. R. Pokorny, Als Kaiser Franz Joseph in Prag weilte . . ., in: *Prager Nachrichten* 4 (1953), Nr. 5/6, S. 2, B 22, T 501 und Br 267.

88 B 334, vgl. F 438.

89 T 613, vgl. H 291 f.

90 Vgl. unten S. 122 f.

91 T 642, E 172, L. Hardt, Erinnerungen an Franz Kafka, in: *Die Fähre* 2 (1947), S. 77 und FK 396.

92 T 309, 470 und 538, vgl. B 19.

93 Zitate B 104, 103 und 89, vgl. H 149 und T 576.

94 E 87, vgl. 116; dazu H. Binder, Motiv und Gestaltung bei Franz Kafka, S. 353 ff.

95 B 99-101; zu Kafkas Art und Weise, Nebenhandlungen zu gestalten, vgl. H. Binder, Kafkas literarische Urteile. Ein Beitrag zu seiner Typologie und Ästhetik, in: *Zeitschrift für deutsche Philologie* 86 (1967), S. 235 ff.

96 H 149.

97 Vgl. etwa FK 296, NS 58 f. und F 317.

98 Vgl. Lulu Gräfin Thürheim, Mein Leben. Erinnerungen aus Öster-
reichs großer Welt 1788-1819. In deutscher Übersetzung mit e. Vorwort hg. von R. von Rhyn, Band II, München 1913, S. 48: »[. . .] bei
dem Orte standen zwei Reihen von Juden, die uns wie Besessene mit
Vivatrufen und Schwenken ihrer Fahnen empfingen«; Kafka las das
Buch Anfang 1914 und hebt diese Stelle besonders hervor (vgl.
T 352 ff., besonders 358).

99 Vgl. P 170 f., T 389 ff., M 42, 67, T 544, 559, 561 und 577.

100 B 103, vgl. 335 und 338.

101 Br 398; T 474, 593 und 658, vgl. B 45 und 51.

102 T 153, 497 f. (vgl. H 349), 615 (vgl. H 343), Br 164, T 277 und 475.

103 P 48.

104 H 291 f., vgl. 451, T 616, 485 und F 466, eine Stelle, aus der hervor-
geht, daß es sich um S. Anastasia handelt; eine Abbildung des Portals
(ein durch Säulen getrenntes Doppeltor, dem eine Freitreppe vorge-
lagert ist) bei G. Biermann, Verona, Leipzig 1904, S. 77 (vgl. 75); die
Stufen, die zum aus mehreren selbständigen Toren bestehenden Eingang des Mailänder Doms führen, sind übrigens aus Granit.

105 T 616, vgl. 614 und bei K. Baedeker, Oberitalien, den zwischen S. 108
und 109 eingehefteten Stadtplan von Mailand.

106 H 18 und B 99, vgl. T 614.

107 H 293; zu Kafkas topographischem Sinn vgl. T 651.

108 B 99 f.

109 Der Gardasee und seine Umgebung, Stadtplan gegenüber S. 30.

110 Zu dieser Frage K. Krolop, Zu den Erinnerungen Anna Lichtensterns an Franz Kafka, S. 24.

111 Vgl. [R. Picht], Führer durch Riva-Torbole, S. 33 und Grieben,
Reiseführer 167: Gardasee, Verona und Brescia mit Angaben für
Automobilisten, 4. Auflage, Berlin 1931, S. 52.

112 [R. Picht], Führer durch Riva-Torbole, S. 32; die Abbildungen 2, 3
und 5 wurden vom Museo civico in Riva freundlicherweise zur
Verfügung gestellt.

113 Vgl. E 53 und S 15; seine eigenen Zeichnungen geben nur die Umrisse.

114 Freundlicher Hinweis von Dr. Magda Strebl, Wien; vgl. E. Trost,
Das blieb vom Doppeladler. Auf den Spuren der versunkenen Donaumonarchie, (München 1969), S. 51.

115 A. Holitscher, Gardasee, S. 110.

116 F 480.

117 Vgl. W. Jahn, Kafkas Roman »Der Verschollene« (»Amerika«),
S. 52 ff.

118 T 614, vgl. B 10 und H. Heine, Sämtliche Werke, Band V, S. 198,
T 322 und S 14; Zitate H 324, 436 und 437, vgl. 128.

119 Vgl. E 67 Z. 27.

120 T 197, Br 164 und F 310, Zitat 326.

121 Vgl. O. Tobler, Die Epiphanie der Seele in der deutschen Volkssage, Kiel 1911, S. 28 ff.

122 B 100.

123 Vgl. etwa die Abbildungen in: Enciclopedia Italiana de Scienze, Lettere ed Arti, Band 29, Roma 1936 (Tavola CVf.).

124 T 601, vgl. 603.

125 Vgl. Br 276 mit K. Wagenbach, Franz Kafka in Selbstzeugnissen und Bilddokumenten (Reinbek 1964), S. 115 (Abbildung der Pension Stüdl in Schelesen); außerdem Br 87, T 605 und 607.

126 Vgl. K. Baedeker, Oberitalien, S. 263; eine Abbildung der Loggia bei G. Biermann, Verona, S. 57; S. Anastasia liegt ganz in der Nähe und bildet den Abschluß des sogenannten »Corso«, dessen Absolvierung zum üblichen Touristenprogramm gehört.

127 Th. Mann, Lübeck als geistige Lebensform, in: Th. M., Autobiographisches, (Werke. Das essayistische Werk, hg. v. H. Bürgin), Frankfurt/M. 1968), S. 189, vgl. Br 120 und 491; K. Baedeker, Oberitalien, S. 322 ff., Abbildungen des Dogenpalastes in: T. Pignatti, Der Markusplatz in Venedig, München (1957), besonders S. 17, 18 f. und 28. Prager Vorbilder: Das Schönborn-Palais in Prag ist ein u-förmiges Gebäude mit Innenhof (vgl. die Abbildung in: K. Wagenbach, Franz Kafka in Selbstzeugnissen und Bilddokumenten, S. 106), auf dem Altstädter Ring finden sich Arkaden (vgl. das Photo in: K. Plicka, Prag, Prag 1961, S. 174), das diesem nahegelegene Ungelt-Haus besitzt eine Loggia (K. Plicka, Prag, S. 169); ebenso das Belvedere-Lustschloß der Königin Anna im Chotek-Park, der Kafkas Lieblingsort in Prag war (T 467; eine Abbildung in Plickas Werk S. 46 f. und, als Frontalansicht des Schlosses mit dem davorliegenden Brunnen, der gewiß – vgl. F 601 – das entsprechende Monument in Riva evozieren half, in: J. Urzidil / A. Jaenicke, Prag – Glanz und Mystik einer Stadt, Krefeld 1966, S. 84 f.); zur Pawlatsche vgl. Br 130.

128 Vgl. H. Binder, Motiv und Gestaltung bei Franz Kafka, S. 244 ff.

129 F 573.

130 E. Hardt, Gesammelte Erzählungen, Leipzig 1922, S. 62 und 71 (der Band erschien zuerst 1909).

131 Vgl. B 102 (»›Sind Sie tot?‹ ›Ja‹, sagte der Jäger, ›wie Sie sehen.‹ [. . .] ›Aber Sie leben doch auch‹, sagte der Bürgermeister. ›Gewissermaßen‹«) mit M. Brod, Die erste Stunde nach dem Tode. Eine Gespenstergeschichte, Leipzig (1916), S. 23. (Ein Staatsminister wird nachts von einem Gespenst besucht: »Nun, Sie sagen also [. . .] Sie sind also gestorben [. . .] Und doch leben Sie [. . .] Sind Sie also eigentlich gestorben oder sind Sie hier?«) Kafka besaß das Buch (vgl. K. Wagenbach, Franz Kafka, S. 253).

132 E. Hardt, Gesammelte Erzählungen, S. 72.

133 W. Shakespeare, Hamlet, IV, 5 (Zitat nach der Übersetzung von
     A. W. Schlegel), vgl. Br 84, F 252, 325, T 481 und H. Binder, Kafkas
     literarische Urteile, S. 235 f.; A. Rimbaud, Leben und Dichtung,
     übertragen von K. L. Ammer, Leipzig 1907, S. 138, vgl. K. Wagen-
     bach, Franz Kafka, S. 259.

134 W. Emrich, Franz Kafka, S. 21 und K. Wagenbach, Franz Kafka,
     S. 19.

135 H 73 und 261.

136 B. Blume, Das Bild des Schiffbruchs in der Romantik, in: *Jahrbuch der
     Deutschen Schillergesellschaft* 2 (1958), S. 148 f.

137 Dazu E. R. Curtius, Europäische Literatur und lateinisches Mittel-
     alter, 6. Auflage, Bern und München (1967), S. 138 ff. und
     D. Schmidtke, Geistliche Schiffahrt, in: *Beiträge zur Geschichte der
     deutschen Sprache und Literatur* 91 (1969), S. 357 ff.

138 B. Blume, Das Bild des Schiffbruchs, S. 146 und 148, vgl. B. Blume,
     Die Kahnfahrt. Ein Beitrag zur Motivgeschichte des 18. Jahrhun-
     derts, in: *Euphorion* 51 (1957), besonders S. 355 ff. – So schreibt
     H. von Kleist am 9. IV. 1801 an Wilhelmine von Zenge – Kafka las
     dessen Briefe Anfang 1911 (vgl. T 43 und Br 87) – anläßlich einer
     Reise: »Ich habe mich wie ein spielendes Kind auf die Mitte der See
     gewagt, es erheben sich heftige Winde, gefährlich schaukelt das
     Fahrzeug über den Wellen, das Getöse übertönt alle Besinnung, ich
     kenne nicht einmal die Himmelsgegend, nach welcher ich steuern
     soll, und mir flüstert eine Ahnung zu, daß mir mein Untergang
     bevorsteht –« (vgl. F 438 und 704).

139 F 413, FK 91, T 218, 264 f., 323 und 337.

140 Br 284 und 329.

141 M 168, 228 und 196, vgl. 221.

142 F 149 f., 227, 237, 257, 266 und 755.

143 Vgl. P 91 mit F 465.

144 T 518, B 103 und H 163.

145 Vgl. A. P. Foulkes, The Reluctant Pessimist. A Study of Franz Kafka,
     The Hague, Paris 1967, S. 77 ff. und oben S. 160-173 sowie unten
     S. 330-341.

146 F 461 und 467, vgl. 460.

147 Br 122, 123, 121, vgl. F 465 f. und H 118.

148 F 472.

149 Vgl. T 324 f., F 484 und K. Wagenbach, Franz Kafka in Selbstzeug-
     nissen und Bilddokumenten, S. 93 f.

150 O 40, vgl. T 325 und 313.

151 K. Wagenbach, Franz Kafka in Selbstzeugnissen und Bilddokumen-
     ten, S. 95.

152 T 418 f. und 422, vgl. 436.

153 Vgl. F 394, 396 f. und T 315.

154 Dazu F 435.

155 T 422 ff., Zitate 422, 423 und 424.

156 M 53 und 234, vgl. 223, F 743, Br 82 und 330.

157 T 180 f.

158 T 434.

159 F 742 und 748.

160 F 750.

161 T 173 f., 349, 389 ff. und 503; P 103 ff. und 174 ff.

162 T 454 und M 208, vgl. T 60 und Br 255.

163 M 42, H 182, Br 161, 178 und 258; auch die Wendung »Jagd nach Konstruktionen« (T 331) ist, wie T 329 beweist, keineswegs auf Kafkas Begegnung mit seinen literarischen Konzepten zu beziehen (so K.-H. Fingerhut, Die Funktion der Tierfiguren im Werke Franz Kafkas, S. 126 und 150). Vgl. auch unten S. 330-332.

164 Vgl. T 312, 424, 500, 510 ff., F 645 f., 663, 680, 683 und 685 f., Zitate H 239, F 423 und 666. – P. Zaunert, Von Nixen und Kobolden und anderen Geistern. Bändchen 2 der Natursagen, hg. von J. von Harten und K. Henninger, Köln (1914), S. 40 f. (vgl. K. Wagenbach, Franz Kafka, S. 262) und B 102, vgl. M 247 ff., E 153, T 22, H 100 und 334.

165 P. Zaunert, Von Nixen und Kobolden und anderen Geistern, S. 42 f.

166 K.-H. Fingerhut, Die Funktion der Tierfiguren im Werke Franz Kafkas, S. 166.

167 Ph. Katzenmeier / W. Sattler, Der Stand der Einbürgerung von Gams im Schwarzwald und in den Vogesen und von Alpenmurmeltieren im Schwarzwald, in: *Mitteilungen des Badischen Landesvereins für Naturkunde und Naturschutz e. V. Freiburg i. Br.* N. F. 7, Heft 5 (1959), S. 389 und Tafel 17, Figur 1.

168 Vgl. Br 35, 125, 278 und H 11: »[. . .] die Pferde streckten ihre dünnen Vorderbeine, gewagt wie Gemsen im Gebirge.«

169 F 641, 672 und T 506; vgl. B 25 (*Belustigungen*): »Da ich Fichtenwälder liebe, ging ich durch solche Wälder [. . .]«.

170 Zum Beispiel F 231, 407 f., 412 f. und M 14.

171 T 545 und B 335.

172 Br 385, vgl. F 444 f.

173 Kafka las im Sommer 1916 den Anfang der *Genesis* (T 502 ff.), fand als Buchdeckelillustration des ihm gewidmeten Romans *Tycho Brahes Weg zu Gott* von Max Brod eine aus Wolken kommende Hand, deren Zeigefinger einen Stern an der Sphärenkugel zum Strahlen bringt (das Buch erschien 1915 in Leipzig, vgl. Br 126 und 141), war bezeichnenderweise zum Feuermachen unfähig, weil er nicht wußte, daß das Holz zerkleinert werden mußte (O 32 f.), kannte die Prometheus-Sage aus Fr. W. Foersters *Jugendlehre*, wo sie ausführlich gewür-

digt wird (vgl. F 707), und wahrscheinlich aus *Dichtung und Wahrheit*, wo die antike Gestalt im 15. Buch als Urbild von Goethes eigenem einsamem, dichterischem Schaffen erscheint (vgl. T 214 und 255 f.); vgl. F 335: »Aber vielleicht muß so ein Gehirn eintrocknen und hart werden, damit man einmal zu seiner Zeit einen Funken daraus schlagen kann.«

174 Dazu G. Bachelard, Psychoanalyse des Feuers, Stuttgart (1960), besonders S. 44.

175 F 105 und G. Flaubert, Briefe über seine Werke, Minden 1909, S. 129. Kafka, der Flaubert als Blutsverwandten bezeichnete (F 460), hatte das Buch in seiner Bibliothek (K. Wagenbach, Franz Kafka, S. 254) und empfahl es Felice zur Lektüre (F 630); vgl. T 76, 468 und F 153.

176 T 294, FK 114 und T 293.

177 T 315.

178 H 46, T 41 und 420.

179 Fantasie- und Nachtstücke, München (1962), S. 91 und 93.

180 M 182, Br 315, F 404 und 427; Zitate: Br 420, *Selbstwehr* 19, Nr. 39, S. 3 und T 556.

181 B 102 f.

182 F 742, 747 (eine Abb. der Treppe in: G. Janouch, Franz Kafka und seine Welt, Wien, Stuttgart, Zürich [1965], S. 127 und 289) und B 104; vgl. Br 161, 289, T 127, 568 und H 209.

183 Vgl. Br 59 und T 270; in einem Vokabelheft, das im Nachlaß erhalten ist, hat sich Kafka das hebräische Äquivalent des Wortes notiert.

184 In den Thürheimschen Memoiren las Kafka: »Aber während meine Psyche, halb Raupe, halb Schmetterling, in mir noch schlummert [. . .]«. (Mein Leben, Band I, S. 103); Th. Mann schreibt in seinem Vorwort zur Pantheon-Ausgabe des *Peter Schlemihl* (1911), die der Thomas-Mann-Liebhaber Kafka (Br 182) besaß (K. Wagenbach, Franz Kafka, S. 253) und Ende 1916 wahrscheinlich wieder las (F 705, 707, 717 und öfter), vom »problematischen Puppenstande« Chamissos, dem er sich beeilt habe zu entwachsen (Th. Mann, Schriften und Reden zur Literatur, Kunst und Philosophie, Band I, Werke: Das essayistische Werk, hg. von H. Bürgin, [Frankfurt a. M. 1968], S. 73); vgl. auch *Reden und Gleichnisse des Tschuang-Tse.* Deutsche Auswahl von M. Buber. Neubearbeitete Ausgabe, Leipzig 1918 (das Buch erschien zuerst 1912), S. 9. (*Der Schmetterling:* »Ich wußte nur, daß ich meinen Launen wie ein Schmetterling folgte, und war meines Menschenwesens unbewußt. Plötzlich erwachte ich; und da lag ich wieder ›ich selbst‹.«)

185 H 237, 238 und F 92, vgl. S 408 Z. 23 f.; Zitat T 413.

186 Vgl. *Aus den Memoiren des Herren von Schnabelewopski*, Kapitel VII; Kafka kannte Heine gut (vgl. M 45 f., Br 397, F 103, 640: das hier zitierte Motto findet sich mehrmals in Heines *Ideen – Das Buch Le*

Grand als Vorspruch, ein Beweis dafür, daß Kafka die *Reisebilder* 1915 längst kannte) und als Verehrer von Reiseberichten gewiß auch diesen Text, der über das Motiv des Kaufmanns (B 337: »Geschäfte halber bin ich hier im Hafen«), des »Hamburger« Patrons (B 336 – Kapitel III und IV der *Memoiren* spielen in Hamburg) und das Moment der Ironie besonders auf die Zweitfassung eingewirkt zu haben scheint.

187 Vgl. T 306 Z. 20 ff. mit F 750 Z. 8 ff.

188 Die Sagen der Juden, gesammelt und bearbeitet von M. J. bin Gorion, Band I (Von der Urzeit. Jüdische Sagen und Mythen), Frankfurt/M. (1913), S. 216; vgl. K. Wagenbach, Franz Kafka, S. 256, T 502 ff. und Vergil, Aeneis VI, 190 ff.

189 M 235; vgl. Schiller an Goethe, 28. VII. 1797: »Vielleicht fliegt aus Ihrem Reiseschiff eine schöne poetische Taube aus [. . .]«.

190 In B 104 »schreie«, was nach der Handschrift zu korrigieren ist, vgl. K. Wagenbach, Franz Kafka in Selbstzeugnissen und Bilddokumenten, S. 139, Anmerkung 157.

191 B 104 f.

192 Vgl. E. T. A. Hoffmann, Fantasie- und Nachtstücke, S. 82 f.

193 Etwa Br 216, 374, 392 und 431.

194 Zitiert bei M. Brod, Der Prager Kreis, Stuttgart (1966), S. 132.

195 H 83, vgl. 41.

196 Vgl. B 99 mit 101; das folgende Zitat F 316.

197 T 518 und P 169.

198 Etwa M 199 und 208.

199 K. Weinberg, Kafkas Dichtungen. Die Travestien des Mythos, Bern und München (1963), S. 407, vgl. 195, W. Emrich, Franz Kafka, (8. Auflage), (Wiesbadeb 1975), S. 13 ff., B 97 f., 101, 212, 284, T 324, H 49 u. 105 f.; Zitate B 337, *Sippurim*-Sagen, S. 60 und H 128.

200 Dazu H. Binder, Motiv und Gestaltung bei Franz Kafka, S. 40 ff., vgl. Br 291 und 424 f.

201 K.-H. Fingerhuts Aussagen in diesem Punkt sind also zu modifizieren. (Die Funktion der Tierfiguren im Werke Franz Kafkas, S. 150 und 166)

202 B 101, 334 und 324.

203 B 103.

204 Dazu H. Binder, Motiv und Gestaltung bei Franz Kafka, S. 161 ff. und unten S. 271-273.

205 Dazu M. Pasley, Drei literarische Mystifikationen Kafkas, und M. Pasley, Die Sorge des Hausvaters, in: *Akzente* 13 (1966), S. 295 ff.

206 T 518.

207 T 582 (vgl. Br 443), dazu M. Brod, Keine Flickarbeit! Eine Erinnerung an Franz Kafka anläßlich seines 25. Todestages im Juni 1949, in: *Berliner Hefte* 4 (1949), S. 437 ff. (der Sachverhalt ist bei H. Politzer,

Franz Kafka, der Künstler, S. 400 ff. unrichtig dargestellt), T 192 und 498.

208 Vgl. dazu F. Kafka, Shorter Works, Volume 1, übersetzt von M. Pasley, London 1973, S. 52 ff.

209 T 57 und 142.

V

Rotpeters Ahnen:
»Ein Bericht für eine Akademie«

1. Tierbilder

Entscheidende motivliche und formale Anregungen für seinen *Bericht für eine Akademie* erhielt Kafka durch zwei Erzählungen E.T.A. Hoffmanns, der *Nachricht von den neuesten Schicksalen des Hundes Berganza* und der *Nachricht von einem gebildeten jungen Mann*, der seiner Geburt und ursprünglichen Beschäftigung nach eigentlich ein Affe war.

Beide leiten sich her von dem *Gespräch zwischen Cipion und Berganza, den Hunden des Auferstehungshospitals, das da liegt in der Stadt Valladolid vor dem Campo-Tore*, einer Novelle also des Cervantes, die 1613 innerhalb seiner *Novelas Ejemplares* erschien. Sie ist nicht selbständig, sondern Binnenerzählung der vorausgehenden *Betrüglichen Heirat*: Ein abgebrannter Soldat macht in dem im Titel erwähnten Krankenhaus eine Schwitzkur durch und wird dabei eines Nachts Zeuge einer nach Menschenart geführten Unterhaltung zwischen zwei Hunden, in deren Verlauf Berganza seine Lebensgeschichte erzählt. Der Soldat notiert das Gehörte in einem Heft und gibt dieses einem Freund zu lesen, wobei es nicht ohne Debatte darüber abgeht, ob das ganze Gespräch nicht frei erfunden sei.

Kafka, der sich auch in den *Forschungen eines Hundes* von Hoffmann beeinflußt zeigt, verdankt dessen Erzählungen zentrale Details: die Briefform; das Motiv der Jagdexpedition, das die Berührung des in freier Wildbahn lebenden Tieres mit der europäischen Zivilisation ermöglicht; Nachahmungstrieb und Lernbegierde des Affen, die ihn zum gefeierten Künstler und zum gesellschaftlichen Ereignis machen; die den Umwandlungsprozeß begleitenden Umstände wie Händeschütteln, Sprechen und Alkohol trinken; den übergeschnappten Lehrer; die gelegentlich durchbrechenden Instinkte der im übrigen überwundenen äffischen Lebensform; und schließlich die halbdressierte Schimpansin als Lebensgefährtin des Künstlers.

Der zeitweilige Widerwille des Ex-Affen vor Menschen in der *Nachricht von den neuesten Schicksalen des Hundes Berganza*, in der die Titelgestalt einem Unbeteiligten sein Leben seit jener Nacht erzählt, in der die Unterredung mit Cipion erfolgte, und die Dialogsituation des Stückes sind in zwei *Fragmente zum »Bericht für eine Akademie«* eingegangen, die sich im gleichen Heft erhalten haben, das die eigentliche Erzählung überliefert. Im ersten Text widersteht es Rotpeter oft, Menschen zu sehen, im zweiten überkommt ihn Brechreiz, wenn sich Menschengeruch mit den Ausdünstungen seiner alten Heimat mischt. Und beidesmal wird aus dem Blickpunkt eines die Hauptfigur interviewenden Reporters erzählt.

Der Zusammenhang zwischen Kafkas Affengeschichte und Hoffmanns *Nachricht von den neuesten Schicksalen des Hundes Berganza* wird noch durch den Umstand verstärkt, daß die beiden erwähnten Bruchstücke Vorfassungen zum *Bericht für eine Akademie* darstellen, die aber, gerade weil sie formal der Vorlage näher stehen als der endgültige Text, in eine erzählerische Sackgasse führten, aus der Kafka erst herausfand, als er sich in seiner Konzeption mehr an die Bauform der *Nachricht von einem gebildeten jungen Mann* anlehnte.

Diese mußte zunächst deswegen außerhalb seines Gesichtskreises liegen, weil er sich schon seit vielen Wochen bei dem Versuch, der *Jäger-Gracchus*-Problematik darstellerisch Herr zu werden, der Interviewform bedient hatte. An sie waren wichtige Inhalte gebunden, die mit ihr in das neue Projekt übernommen wurden. Es ist vorstellbar, daß es erst die schon vorliegende Dialogstruktur war, die als Hoffmanns Texten und dem geplanten Projekt gemeinsames Vergleichsdrittes die Erzählungen aus den *Fantasie- und Nachtstücken* als für die weitere Gestaltung hilfreiche Ahnväter assoziierte. Interviews mit Affen, die ihre tierische Vergangenheit scheinbar hinter sich gelassen hatten, waren Kafka, wie sich noch zeigen wird, aus Zeitungsartikeln bekannt, die seinen *Bericht für eine Akademie* auch in anderen Einzelpunkten befruchteten. Denkbar ist freilich, daß Hoffmann schon auf den *Jäger Gracchus* Einfluß nahm, weil diese Erzählung, nicht aber der *Bericht für eine Akademie*, strukturelle Besonderheiten aufweist, die sich so nur in der *Berganza*-Geschichte finden.

Die *Nachricht von einem gebildeten jungen Mann* besteht neben einem vergleichsweise kurzen Einleitungsabschnitt hauptsächlich aus einem *Schreiben Milos, eines gebildeten Affen, an seine Freundin Pipi, in Nord-Amerika*, das Kafka zur Niederschrift der endgültigen Fassung inspirierte, weil er sich hier ebenfalls der Briefform bedient. Diese bleibt in einem Bruchstück erhalten, in dem Kafka nach Abschluß der Erzählung versuchte, einen Kommentar zu Rotpeters Bericht aus der Feder seines ehemaligen Lehrers zu formulieren. Aufgrund von Indizien läßt sich erschließen, daß das in der zweiten Aprilwoche des Jahres 1917 geschah.[1]

So wichtig diese Einflüsse sind, so wenig selbstverständlich sind sie, nicht nur, weil sich Kafkas Zentralvorstellung, der Gitterkäfig, in den der gefangene Affe eingekerkert wird, bei Hoffmann überhaupt nicht findet.[2] Einwirken kann nur das, dem durch entsprechende Disposition schon der Weg geebnet ist. Kafka hat viel gelesen, aber vieles von dieser Lektüre hat keinerlei nachweisbare Spuren in seinem literarischen Werk hinterlassen. Was also hat ihn an der Verwandlung eines Tiers zu einem menschenähnlichen Wesen angezogen? Inwiefern war in seiner produktiven Einbildungskraft eine Vorstrukturierung dieses Sachzusammenhangs vorhanden?

Eine mit Hoffmanns Thematik vergleichbare Problemstellung war ihm einmal aus zeitgenössischen Tierexperimenten bekannt, die allergrößtes Aufsehen erregt hatten, dann auch aus Zirkus und Variété, die, so hat man die erhaltenen Zeugnisse zu deuten, eine ungewöhnliche Anziehungskraft auf ihn ausgeübt haben müssen. Daß er seine diesbezüglichen Erfahrungen durch die Kenntnisnahme entsprechender Literatur zu vertiefen suchte, ist eine naheliegende Annahme. Wie sehr er mit dem ganzen Bereich vertraut gewesen ist, zeigen von ihm verwendete Metaphern, die sich darauf beziehen, einige späte Textfragmente, vor allem aber die Stücke *Auf der Galerie, Ein Bericht für eine Akademie, Erstes Leid* und *Ein Hungerkünstler*, die gleichfalls in diesem artistischen Raum angesiedelt sind.

Der in diesen Erzählungen gewählte Gegenstandsbereich ist also keineswegs besonders originell, sondern gehörte zum fast selbstverständlichen Umfeld des Gebildeten, das natürlich auch literarisch bearbeitet wurde. So erschien zum Beispiel schon im März 1904 in der deutschsprachigen Prager Tageszeitung *Bohemia* unter dem Titel *Die Schulreiterin* eine von Max Messer verfaßte Geschichte, in der sich Zirkusklischees finden, die auch für *Auf der Galerie* kennzeichnend sind.[3]

Ähnlich verhält es sich mit dem *Hungerkünstler*. Angesichts der Nahrungsmittelknappheit der Kriegs- und Nachkriegsjahre bot sich der Komplex als Symbol für die Leiden der Zeit dar.[4] Im Juni 1916 brachte etwa das von Kafka regelmäßig gelesene *Prager Tagblatt* unter dem Titel *Hungerkünstler* einen kleinen Text von Richard Rieß, in dem von einem Münchner Lyriker berichtet wird, der sich angesichts der Verhältnisse wie Kafkas Hungerkünstler bei einem Zirkus verdingt.[5] Aber Kafka muß noch viel exaktere Anregungen für seine Erzählung aus zeitgenössischen Berichten erhalten haben, denn ob es sich nun um die Frist von vierzig Tagen handelt, die beim Hungern gewöhnlich nicht überschritten wird, den neuerdings nachlassenden Ruhm dieser Künstlerzunft, das Problem des Betrugs oder gar die Behauptung, das Hungern falle überraschend leicht – das alles gehörte damals zum landläufigen Bild von der Sache.[6]

Auch sofern sein Interesse der Tierdressur galt, folgte er den Neigungen vieler Zeitgenossen. Man stand unter dem Eindruck der Ergebnisse Darwins, mit denen Kafka schon als Schüler bekanntgeworden war,[7] las die eindrucksvollen Darstellungen Alfred Brehms und anderer,[8] in denen Tiere, nach heutiger Einsicht, unzulässig humanisiert, das heißt mit dem Maß menschlicher Psychologie gewertet wurden; man bewegte sich noch im Vorfeld der modernen Verhaltensforschung.

Verunsichert durch die Widerstände, die man, sogar von naturwissenschaftlicher Seite, gegen die Lehre von der Evolution vorbrachte, andererseits jedoch wieder fasziniert von den neuartigen Perspektiven, die Darwin eröffnet hatte, war die Stellung des Menschen in der Natur ein brennendes, unbewältigtes Problem, das am zuverlässigsten einer Lösung nähergebracht werden konnte, wenn man beobachtete, welcher Leistungen Tiere fähig waren, die dem Menschen stammesgeschichtlich nahe standen. In diesem Zusammenhang war die Tierdressur, wie sie Zirkus und Varieté vorführten, ein anschauliches Demonstrationsmaterial, das jedem offenstand.

Daß man die Dinge in Prag so sah, zeigt eindringlich ein Bericht des Schriftstellers Walter Tschuppik, der Ende November 1922 im *Prager Tagblatt* gedruckt wurde. Tschuppik schreibt: »Konsul der Zweite heißt der mit Recht berühmte Zeitgenosse, der jetzt im Theater Varieté dem Publikum zeigt, wie weit es ein Affe in der Dressur bringen kann. Seine Künste ernten großen

Beifall und Bewunderung, weil die Menschen es als die höchste Leistung ansehen, wenn es dem vernunftlosen Tiere gelingt, ihre Manieren und Gewohnheiten anzunehmen. Die Menschen tun recht daran, sich auf diese Weise gegen die Zumutung zu verteidigen, es bestände, trotz der populär gewordenen Lehre Darwins, ein tieferer Zusammenhang zwischen ihrer Welt und derjenigen der Affen. Wäre die Klugheit des Schimpansen kein Kunststück des Dresseurs, – wahrhaftig – die Menschen müßten intensiver daran gehen, gewisse Erscheinungen in ihrem Handeln und in ihrer Moral aus dem Leben der Affen zu erklären und viele ihrer schönsten Vorurteile fallen lassen. Ein Besuch bei Konsul II. hinter den Kulissen offenbart indessen die unheimliche Tatsache, daß der gelehrte Schimpanse als – Privatmensch, sozusagen, bei weitem interessanter ist als der Komödiant, den er abends auf der Bühne spielen muß [. . .] Anatole France, der so gern in seinen Romanen über philosophische Dinge nachdenkt, kehrt häufig auf einen Lieblingsgedanken zurück; er meint, ein Teil des Unglücks, das die menschliche Geschichte ausmache, beruhe zweifellos darauf, daß man die Grenze zwischen Mensch und Affe zu streng gezogen habe. Er wollte damit sagen, daß die Ideen von Menschenrechten häufig an dem Elend der menschlichen Natur scheiterten. Wenn man sieht, wie klug und zivilisiert Menschenaffen sein können und wie töricht, unmenschlich und dumm diejenigen handeln, die nicht einmal glauben wollen, daß sie von den Affen abstammen, dann faßt einen das Erbarmen mit den Affen, die man zur Zivilisation dressieren will.«[9]

Die Erfahrungen des Krieges, die Fortschrittsgläubigkeit und idealistisches Menschenbild zusammenbrechen ließen, sensibilisierten also für das Tier, besonders auch für das gefangene, das so zum Symbol menschlicher Existenz hypostasiert werden konnte. Johannes Haases Beitrag *Vor einem Tierkäfig* etwa beschreibt die »verzweifelte Wut nach Freiheit«, die in die ganze Physiognomie des unablässig hinter den Gitterstangen hin und her streifenden Tigers eingezeichnet sei, und schließt mit den Worten: »unter diesem markerschütternden, immer qualvoller werdenden Brüllen war es mir, als ob auch mein Rütteln an dem lebenslänglichen Kerker des Seins in diesem Aufschrei liege, nur so sich elementar und fessellos Luft schaffen könnte[. . .] Da ja auch ich in wilder Verzweiflung mich aus dem Leben hinaussehne, aus meinen Gefängnissen und einer Welt, die voll wilder Tiere einem einzigen Gefängis gleicht.«[10]

Sollten diese Gedanken, die Ende Februar 1922 in der literarisch ambitionierten *Prager Presse* veröffentlicht wurden, nicht in dem nur wenige Wochen jüngeren *Hungerkünstler* aufgenommen und abgewandelt worden sein, der damit endet, daß der Platz der Titelgestalt im Gitterkäfig des Zirkusses durch einen jungen Panther ersetzt wird, dessen edler Körper die Freiheit gar nicht zu vermissen, sondern gleichsam im Gebiß mit sich herumzutragen scheint und dadurch die Zuschauer fasziniert?[11]

Bezeichnend ist weiterhin Ludwig Bauers Bericht über einen Besuch im Basler Zoo, der Mitte Januar 1917 im *Prager Tagblatt* erschien. Er beginnt mit der Bemerkung des Schreibers, er fühle sich mehr zu den Tieren hingezogen, seit sich die Menschen so unmenschlich benähmen, und stellt sich eine Verschwörung der Tiere vor, als deren Ergebnis Menschen in Käfige gesperrt würden, die, Kriege führend, die Einheit alles Lebendigen vergessen hätten.[12] Führt solche Aussage nicht hin zu dem im April dieses Jahres entstandenen *Bericht für eine Akademie*, dessen Protagonist, die angebliche Freiheit des Menschengeschlechts höhnend, bloß einen »Ausweg« aus den Qualen seiner Gefangenschaft sucht, wie Kafka, der, eingebunden ins »Rudel« der Familie, seine Heimatstadt als Gefängnis empfand, das er wegen der herrschenden Zeitverhältnisse nicht verlassen konnte?[13]

Daß darüber hinaus Bewertungen des tierisch-animalischen Bereichs eine Rolle spielten, die sich im Gefolge einer Nietzsche-Rezeption Kafkas ergeben haben mögen, kann nicht geleugnet, aber auch nicht bewiesen werden.[14] Dasselbe gilt für seinen Vegetarismus.[15]

Die Aufmerksamkeit, die er der Tierdressur entgegenbrachte, ist das Ergebnis eines Prozesses, an dem Zeitströmungen und individuelle Lebensschwierigkeiten gleichermaßen Anteil hatten. Es läßt sich zeigen, daß er in der Dressur einen Vorgang sah, der ihn an seine eigene Erziehung erinnerte. Literarisierungen dieses Bereichs, die dann in der Lage waren, als strukturierte, abgeschlossene Sinneinheiten die Heterogenität der Erfahrungen und Tierbeobachtungen in die Ordnung eines abgeschlossenen Erzähltextes überzuführen, können den Schaffensprozeß aktiviert, wenn nicht ausgelöst haben.

Neben den Erzählungen E.T.A. Hoffmanns handelt es sich dabei vor allem um einen Aufsatz von Maurice Maeterlinck über die denkenden Pferde von Elberfeld, der im Juni 1914 in der *Neuen Rundschau* erschien und Kafka den ersten Anstoß gab, sich explizit literarisch mit dem Problem der Tierdressur zu befassen. Diese Texte trafen aber auf einen Autor, der durch Zeitungsberichte, Buchlektüre und eigene Anschauung schon in vielfältiger Weise mit dem fraglichen Phänomen konfrontiert und vertraut war, also schon Argumentationsketten aufgebaut und Verbildlichungen für Teilbereiche vorgenommen hatte.

Damit beide zusammenkamen und miteinander produktiv verschmolzen werden konnten, mußten literarische Vorlage und unmittelbarer Sinneseindruck partiell deckungsgleich sein, das heißt wenigstens teilsweise durch die gleichen Motive und Strukturen bestimmt sein. Diese Amalgamierung der beiden Erfahrungsebenen, die Voraussetzung der intuitiven Gestaltungsweise Kafkas war, setzte offenbar beträchtliche Schaffensenergien frei, indem die sprachliche Vorlage lebendig und durch Existentielles angereichert, gleichzeitig aber die Vielfältigkeit der Erfahrung zum übersichtlichen Gefüge begrenzt wurde. Damit ist auch gesagt: Die von Kafka gemachten Alltagserfahrungen waren nicht von autonomen Sachinteressen geleitet. Er billigte ihnen vielmehr überhaupt nur dann einen Stellenwert in seinem geistigen Haushalt zu, wenn sie Bild oder Baustein der Gegebenheiten sein konnten, mit denen er sich lebenspraktisch auseinandersetzen mußte.

2. Denkende Pferde

Wie die gesamte deutschsprachige Presse berichtete das *Prager Tagblatt* zwischen August und Oktober 1904 ausführlich über den klugen Hans, einen Berliner Hengst, der seit vier Jahren von seinem Besitzer, dem pensionierten Volksschullehrer Wilhelm von Osten, unterrichtet worden war und dabei so große Fortschritte gemacht hatte, wie man sie bis dahin für unmöglich gehalten hatte. Am 13. August konnte Kafka lesen: Das Pferd »kann Personen nach Bildern unterscheiden, versteht zu rechnen und liest; ebenso ist es imstande, Melodien wiederzuerkennen. Es beherrscht das ganze Alphabet und die Zahlen von 1 bis 100; die Antworten erfolgen durch Stampfen mit den Vorderfüßen.«[16] Am

18. des Monats druckte die Zeitung einen langen Bericht von Karl Möbius, dem Direktor des Berliner zoologischen Museums, in dem über die Abrichtung des Pferdes nähere Einzelheiten mitgeteilt wird. Es heißt dort unter anderem: »Nicht aus sich selbst hat er es so weit gebracht, sondern nur durch die ausdauernde methodische Mitarbeit einer menschlichen Intelligenz, allerdings auf Grund der hochstehenden Ausbildung der Sinnesorgane und des Nervensystems der Spezies Pferd.«[17]

Aber schon am nächsten Tag findet sich die Behauptung, es handle sich um einen Betrug. Der Stallbursche von Ostens gab gegenüber einer Berliner Zeitung folgende Erklärung ab: »Der kluge Hans bin ich eigentlich. Wenn ich die Augen niederschlage, dann trampelt das Pferd solange, bis ich die Augen wieder aufhebe.«[18] In der folgenden Morgenausgabe meldeten sich weitere Zeugen zu Wort, die den Beweis einer Irreführung der Öffentlichkeit durch Wilhelm von Osten erbringen zu können glaubten, so daß sich das *Prager Tagblatt* zu dem Kommentar veranlaßt sah: »Es scheint doch, daß sich das ganze Wunder von dem gelehrten Gaul auf den Goetheschen Spruch zurückführen lasse: ›Ich finde keine Spur von einem Geist und alles ist Dressur.‹«[19] Und am 25. August schließlich wird der Artikel eines Korrespondenten der *Frankfurter Zeitung* übernommen, in dem auf verdächtige Umstände während einer Vorführung des Pferdes hingewiesen wird.[20]

Drei Tage später erfolgt ein gewisser Umschwung. Ein Berliner Augenzeuge spricht jedem, der den klugen Hans nicht mit eigenen Augen gesehen hat, das Recht ab, darüber zu urteilen. Eine Erklärung wisse er zwar auch nicht, Betrug sei jedoch auszuschließen: »Aber ich halte es für sehr gut möglich, daß wir es hier tatsächlich mit einem erfolgreichen Versuche zu tun haben, ein Pferd wie einen Menschenschüler zu unterrichten und zu eigener Gehirntätigkeit anzuregen!«[21]

Am 1. September stellt ein Bonner Psychiater die Behauptung auf, bei den vom klugen Hans vollbrachten Leistungen handle es sich keinesfalls um Wunder oder Rätsel, Ernst Haeckel, dessen *Welträtsel* Kafka in seiner Jugend gelesen hatte,[22] vertrete schon seit Jahrzehnten Anschauungen, die durch die Versuche Wilhelm von Ostens jetzt bestätigt würden, während sie freilich aristotelisch-thomistische Vorstellungen von der Substantialität und Unvergänglichkeit der Seele widerlegten.[23]

Am 18. des Monats teilte das *Prager Tagblatt* seinen Lesern das Ergebnis einer Prüfung mit, die eine Kommission mit dem Pferd vorgenommen hatte. Dabei wurden die Ergebnisse von Ostens bestätigt.[24] Am 21. schließlich erfuhr man von einer fehlgeschlagenen Untersuchung, doch wurde eine neuerliche Überprüfung durch Wissenschaftler in Aussicht gestellt.[25] Die auf Veranlassung des preußischen Kultusministeriums eingesetzte Kommission zerstörte mit ihrem Gutachten den Nimbus des Pferdes, indem behauptet wurde, dessen Antworten hingen von unwillkürlichen Bewegungen des Fragestellers ab.

Damit war die Angelegenheit aber keineswegs erledigt. Schon die kleine Erzählung *Der kluge Hans* von Hugo Just, die am 1. Januar 1914, also über neun Jahre nach den Ereignissen, im Feuilleton des *Prager Tagblatts* erschien, verrät etwas von der nachhaltigen Wirkung des Wunderpferdes auf die Zeitgenossen: Mit ihren Gagen unzufriedene Zirkusclowns unterhalten sich über die Klugheit verschiedener Tierarten, wobei auch erwähnt wird, daß der Direktor des Unternehmens ein begabtes Dressurpferd in Hans umgetauft habe und eifrig bemüht sei, ihm all das beizubringen, was das Berliner Pferd geleistet habe. Die Clowns bestechen den Stallknecht, der das Pferd zu versorgen hat, und setzen den Hengst, der ausdauerndes Sitzen anläßlich einer Pantomime erlernt hat, vor die Schreibmaschine im Büro. Der Direktor findet einen mit »Der kluge Hans« unterschriebenen Brief eingespannt, in dem ihn der Schreiber auffordert, seine Clowns besser zu bezahlen, und angesichts spärlicher Eßrationen davon abrät, ihm weiterhin Mathematik, Geschichte und Geographie beizubringen.[26]

Wichtiger waren aber die Folgeerscheinungen auf der Ebene der Realität: Wilhelm von Osten hat in Karl Krall aus Elberfeld einen Nachfolger gefunden, der jahrelang mit zwei Pferden experimentierte und die Ergebnisse seiner Arbeit 1912 unter dem Titel *Denkende Tiere* veröffentlichte. Am 7. März 1912 brachte die Prager deutsche Zeitung *Bohemia* eine Besprechung des Buches, dessen Verfasser die von Krall behauptete eigene Denkfähigkeit der Pferde als erwiesen galt: »auch ein bisher nicht genügend gewürdigter Umstand wurde erkannt. Die Leistungen hingen nicht allein von der Veranlagung ab, sondern wesentlich von dem *Eigenwillen*, der Launenhaftigkeit des Hengstes, und die Verkennung dieser Tatsache war es, die seinerzeit den Klugen Hans zu Fall brachte.«[27]

Das Buch hatte ein weltweites Echo, Kralls Tiere wurden unter der Bezeichnung »Die denkenden Pferde von Elberfeld« berühmt. Aber wieder war die Wissenschaft skeptisch. Auf einer Hauptversammlung des internationalen Zoologenkongresses in Monaco nahm H. Dexler, der Vorstand des tierärztlichen Instituts der Prager deutschen Universität, gegen Krall Stellung. Diese Ausführungen wurden am 28. März 1913 in der *Bohemia* und im *Prager Tagblatt* auszugsweise abgedruckt. Kralls Ergebnisse, heißt es da, seien mit den gegenwärtigen Ergebnissen der Sinnesphysiologie der Tiere unvereinbar.[28] Zwei Tage später brachte das *Prager Tagblatt* die Leserzuschrift eines gleichfalls gegen Krall eingestellten Biologen – er hatte Dexlers Stellungnahme mitunterzeichnet –, der den Elberfelder Kaufmann zwar des Irrtums bezichtigt, aber ausdrücklich eine Betrugsabsicht verneint: »er plagt sich nun bereits seit fünf Jahren täglich mehrere Stunden mit ihrem Unterricht; er vernachlässigt zum Teil sein gutgehendes Geschäft; erwirbt durch Überarbeitung eine Nervenkrankheit; gibt ein Buch mit Hunderten von Abbildungen heraus, das ihn Tausende kosten mußte usw.«[29]

Kafka kann diese ganze Auseinandersetzung nicht verborgen geblieben sein, und er scheint das Variété unter anderem als Möglichkeit angesehen zu haben, durch die Beobachtung dressierter Tiere das strittige Phänomen nachzuprüfen. Damals nämlich nahm diese Einrichtung Aufgaben wahr, die heute fast ausschließlich dem Zirkus vorbehalten sind. Artistische Vorführungen gehörten so selbstverständlich zu seinem Repertoire wie Dressurakte. Die erhaltenen Quellen erlauben den Schluß, daß Kafka zuzeiten ein begeisterter Variétébesucher war. Nicht nur berichtet Max Brod von der Vorliebe seines Freundes für derartige Unterhaltungen, sondern anhand der Tagebücher läßt sich auch festsellen, daß er manchmal noch schnell vor dem monatlich erfolgenden Programmwechsel eine Aufführung besuchte.[30]

Schon zwei Tagebuchstellen aus dem Jahr 1910 verweisen auf das Variété. Der Junggeselle, schreibt Kafka innerhalb einer längeren Betrachtung, habe nur so viel Halt, wie seine zwei Hände bedecken, »also um so viel weniger als der Trapezkünstler im Variété, für den sie unten noch ein Fangnetz aufgehängt haben«. In einer etwas früher liegenden Aussage vergleicht er die Art seiner Produktion mit japanischen Gauklern, »die auf einer Leiter klettern, die nicht auf dem Boden aufliegt, sondern auf den emporgehaltenen Sohlen eines halb Liegenden, und nicht an der Wand lehnt, sondern nur in die Luft hinaufgeht«. Eine Jahre jüngere Tagebuchnotiz beweist, daß dieser von Kafka auch gezeichnete Vorstellungszusammenhang auf einer wirklichen Erfahrung beruht, die natürlich nur in einem Variété gemacht werden konnte.[31]

Ein vermutlich vom Herbst 1920 stammendes Erzählfragment Kafkas beginnt mit den Worten: »Dem berühmten Dresseur Burson wurde einmal ein Tiger vorgeführt; er sollte sich über die Dressurfähigkeit des Tieres äußern.« Zu einer derartigen Fragestellung konnte er durch das Prager Théâtre Variété angeregt werden. Dort gastierte beispielsweise im Vorfrühling 1913 der Dompteur Cesario mit einer Löwen- und Tigergruppe, über die das *Prager Tagblatt* schrieb: »Sie unterscheidet sich von den oft gesehenen Zirkusvorführungen durch die bei aller ersichtlichen Wildheit außerordentliche Willfährigkeit, mit denen diese Raubtiere – lauter Prachtexemplare – ihrem Dompteur untertan sind. Hier sieht man deutlich die Kraft und Macht des menschlichen Willens.«[32]

Im gleichen Zeitraum entstand ein Bruchstück, dessen Verwandtschaft mit *Poseidon* und dem *Schweigen der Sirenen* offensichtlich ist: »Im Zirkus wird heute eine große Pantomime, eine Wasserpantomime gespielt, die ganze Manege wird unter Wasser gesetzt werden, Poseidon wird mit seinem Gefolge durch das Wasser jagen, das Schiff des Odysseus wird erscheinen und die Sirenen werden singen, dann wird Venus nackt aus den Fluten steigen, womit der Übergang zur Darstellung des Lebens in einem modernen Familienbad gegeben sein wird.«[33]

Was Kafka hier, gleichsam aus technischen Gründen, im Zirkus ansiedelt und auch in der angeführten Erzählung von Hugo Just dieser Institution zugeordnet wird, war in Prag genauso charakteristisch für das Variété. Teils als Tanzpantomime, aber auch in der Nachfolge der bekannten, noch in Kafkas Prag geübten Praxis, antike oder klassische Figurengruppen oder Gemälde als Tableaus durch entsprechend kostümierte Personen nachstellen zu lassen – lebende Bilder nannte man das. So heißt es beispielsweise in einer Besprechung des Variétéprogramms vom März 1913: »Die Eigenart dieser Darstellung besteht darin, daß den Bildern ein ganz merkwürdig leuchtendes Kolorit von metallischem Glanz gegeben wird, das den Ausstrahlungen radioaktiver Körper ähnelt. Die gestellten Bildwerke, die Modellen von Rodin,

Begas, Stuck, Sinding, Thorwaldsen und anderer Künstler nachgeahmt, üben einen wunderbaren sinnlichen Reiz auf die Zuschauer aus.«[34]

Im gleichen Monat fand im Prager Théâtre Variété ein derartiges Ereignis auch als Wohltätigkeitsveranstaltung statt, für die erste Kreise der adligen und bürgerlichen Gesellschaft ihre Mitwirkung zugesagt hatten; Franz Werfels Schwester Hanna wirkte beispielsweise daran mit. Man gab sozusagen einen Kursus der Kunstgeschichte in modernem Geiste, in dem weder Tizian, Leonardo da Vinci oder Angelika Kauffmann fehlten.[35] Anfang 1911 stellte man im Variété Renaissancegemälde nach, versuchte sich in der Arenaszene aus Sienkiewicz' Roman *Quo vadis?* und arrangierte sogar eine Badeszene.[36]

Ein Jahr später wurde Böcklins *Kentaurenkampf* in Szene gesetzt, eine dem Erzählentwurf Kafkas sehr ähnliche Verlebendigung mythologischer Fabelwesen, denn bei dieser in Prag geschaffenen Nummer wurde die Statik des Tableaus in die pantomimische Bewegtheit eines feenhaften, traumartigen Ausstattungsstücks überführt: »da brechen sie hervor aus den Gebüschen die bockbeinigen Faune und die mächtigen Zentauern – Gestalten, als wären sie aus dem Rahmen Böcklinscher und Stuckscher Bilder getreten – und holen sich die schmucke Nymphe, in die sich die Hirtin durch den Trunk verwandelt hat.«[37]

Schließlich zeigen zwei kurze Erzählfragmente, im Sommer 1916 und 1917 entstanden, die Faszination, die das Variété auf Kafka ausgeübt haben muß. Im jüngeren der beiden Texte wird der schon zwanzig Jahre zurückliegende Auftritt eines Taschenspielers beschrieben, der den Ich-Erzähler unvergeßlich stark beeindruckt hat, vielleicht der Reflex einer wirklichen Kindheitserinnerung des Schreibers; im älteren, *Die Bewertung im Variétéfach* betitelt, wird eine grundsätzliche Analyse des Phänomens versucht: »Es ist sehr schwer, auf dem Gebiet der Variétéproduktion auch nur für kurze Zeit annähernd richtige Bewertungen vorzunehmen.«[38]

Die mit den denkenden Pferden von Elberfeld gegebenen Problemstellungen artikulierten sich im Prager Variété der Vorkriegsjahre vor allem in der Affendressur und in Hundenummern, zumal 1911 ein sprechender Hund namens Don von sich reden gemacht hatte, der, aus eigenstem Antrieb, ohne abgerichtet zu werden, »sich den Menschen auf eine *andere Weise verständlich* zu machen« suchte als seine Artgenossen. So schrieb die *Bohemia* über das Dezemberprogramm 1912 im Théâtre Variété: »*Hunde* sind es, die da meisterlich den Menschen und sein Glück und Weh kopieren, kleine Wunder an Klugheit und Gelehrigkeit und jeder einzelne ein Triumph moderner Dressur. Da gibt es keine Peitsche und überhaupt keinen sichtbaren Dresseur mehr, die Künstler scheinen von eigenen Trieben bewegt und können ihre Rollen manchem schwimmenden Mimen zum leuchtenden Vorbild dienen.«[39]

Im Februar 1913 waren Kussys sprechende Hunde die Attraktion des Programms: »Was geradezu staunenswert ist, das sind die Intelligenzleistungen dieser Tiere. Die Höhe vorgehaltener Ziffern künden sie durch Bellen, auf die Tafel geschiebene Zahlen addieren und subtrahieren sie einwandfrei. Wird ihnen die Null vorgehalten oder aufgeschrieben, kann sie keine Liebkosung und kein Schelten zum Bellen zwingen. Irrt sich der kleine weiße Pudel und bellt, wenn ihm der Dreier gezeigt wird, fünfmal, korrigiert ihn sofort der Herr Nachbar und beschämt stellt auch der Pudel seinen Fehler durch dreimaliges Bellen richtig. Aus einer ganzen Anzahl auf dem Tische ausgebreiteter deutscher, tschechischer, französischer und englischer Zeitungen hebt so ein Tierchen totsicher die aus dem Publikum verlangte heraus.«[40]

Im Oktober 1919 wurde im *Prager Tagblatt* wiederum von einem Hund berichtet, dessen Nervenempfindung so hoch entwickelt sei, daß er, weil er Menschensprache verstehe und lesefähig sei, die Grundrechenarten sowie das Wurzelziehen und Potenzieren beherrsche, und zwar besser als seine menschliche Umgebung. Sein Geist habe sich sogar teilweise auf seine Nachkommen übertragen: »Jedenfalls ragt er aus seiner Umwelt hervor, wie das Genie aus dem Durchschnitt; vielleicht ist seine Geistigkeit eine Degenerationserscheinung, vielleicht ist er der Ahnherr eines neuen wissenden Hundegeschlechts.« Rolfs Kenntnisse scheinen auch sein Gefühlsleben verfeinert zu haben, enthält er sich doch des Naschens, Stehlens und Lügens: »er begann Scham zu fühlen, was unter Menschen nicht immer vorkommen soll«. Und er äußert sich, recht besehen, in der Anschaulichkeit eines Naturkindes, so daß er sich nur graduell von der menschlichen Psyche unterscheidet: Allen Ernstes wurde die Veröffentlichung einer Selbstbiographie des Hundes in Aussicht gestellt.[41]

Könnten derartige Darstellungen nicht das Terrain für die *For-*

schungen eines Hundes vorbereitet haben, deren menschlich fühlender Protagonist als sich von seinen Mithunden abhebender Forscher deutliche Schamgefühle zeigt und in der Ich-Form von seinem Lebensgang, seinen Untersuchungen spricht?

Wie schon erwähnt, erschien im Juni 1914 in der Berliner Monatsschrift *Die neue Rundschau*, die Kafka seit den Studienjahren regelmäßig las, unter dem Titel *Die denkenden Pferde von Elberfeld* ein längerer, philosophisch fundierter Artikel von Maurice Maeterlinck, in dem sich dieser zu Kralls Auffassungen bekannte.[42] Ob Kafka diesen Aufsatz sofort nach Erscheinen gelesen hat, scheint fraglich, denn zu Anfang des Monats, als die betreffende Nummer der Zeitschrift ausgeliefert wurde, befand er sich in Berlin, wo er sich mit Felice Bauer verlobte. Irgendwann in den folgenden Monaten, vielleicht Ende Juli nach seiner Rückkehr vom Sommerurlaub, den er an der Ostsee verbracht hatte, muß er sich aber intensiv mit dem Beitrag auseinandergesetzt haben, denn der Fragment gebliebene *Dorfschullehrer*, an dem er seit dem 19. Dezember 1914 arbeitete, verdankt ihm entscheidende Anregungen.

So ist in dieser Erzählung der Gegensatz zwischen dem alten und verbitterten Volksschullehrer und dem gebildeten, geistreichen Kaufmann, der alle Untersuchungen über den merkwürdigen, bei der Wissenschaft nur Unglauben hervorrufenden Gegenstand noch einmal durchführt, dem Verhältnis zwischen Wilhelm von Osten und Karl Krall nachgebildet, nur daß Kafka das Objekt des Streites durch einen Riesenmaulwurf ersetzt und dadurch den ursprünglichen Sachzusammenhang vollständig seines Sinnes beraubt hat, ihn sozusagen abgeschnitten hat von dem autobiographischen Hintergrund, der dafür verantwortlich ist, daß er sich überhaupt für ihn interessierte.[43] Dabei scheint die Einführung des Maulwurfs durch Erzählungen eines Schwagers veranlaßt, mit denen er sich Anfang November konfrontiert sah.[44] Da die Arbeit am *Prozeß* seit Ende dieses Monats in eine schwere Krise geraten war, nutzte er die Zeit für die Konzeption des *Dorfschullehrers*.[45]

Bemerkenswert ist nun aber, daß er die mit den denkenden Pferden von Elberfeld verbundene Problemstellung in zwei kleinen Erzählfragmenten auch direkt aufgenommen hat. Weil diese Bruchstücke den Vorlagen näher stehen als der *Dorfschullehrer*, könnte man geneigt sein, sie als dessen Vorfassungen anzusehen. Das eine ist jedoch in der zweiten Januarhälfte 1915 entstanden, das andere wahrscheinlich erst im Spätherbst 1920.

Anfang 1915 mußte Kafka nicht nur die Arbeit am *Dorfschullehrer* und am *Unterstaatsanwalt* aufgeben, der in den allerletzten Tagen des Vorjahres entstanden war, sondern er war auch unfähig, den *Prozeß* fortzusetzen. Da er noch schaffenswillig war, drängten sich ihm schon am 4. Januar neue Pläne auf, die er aber noch unterdrückte. Erst am 18. des Monats heißt es im Tagebuch: »Unfähig zu längerer konzentrierter Arbeit. Auch zu wenig im Freien gewesen. Trotzdem eine neue Geschichte angefangen, die alten fürchtete ich zu verderben. Nun stehen vor mir vier oder fünf Geschichten aufgerichtet, wie die Pferde vor dem Zirkusdirektor Schumann bei Beginn der Produktion.«[46]

Zunächst spricht der gewählte Veranschaulichungsbereich dafür, daß das an diesem Tag Geschriebene die Intelligenzleistungen von Pferden betreffen sollte. Denn die Bildebene der Metapher gehört zum Vorstellungszusammenhang Pferdedressur, die sich als naheliegende, aktuelle Assoziation ergab, wenn der eben begonnene Erzähltext tatsächlich dieser Thematik zuordenbar war.

In die gleiche Richtung weist die Überlieferung des Stücks. Es wurde in einem Heft niedergelegt, das datierbar ist, weil es seit Anfang Februar 1915 zur Konzeption der *Blumfeld*-Erzählung diente. Vor diesem Zeitpunkt muß das Fragment entstanden sein. Für eine solche Fixierung sprechen auch Tagebuchnotizen vom 29. und 30. Januar 1915, die dokumentieren, daß Kafka an den beiden Tagen nach etwa zehntägiger Schreibunterbrechung »fast nutzlos« versucht hatte, mit der literarischen Arbeit fortzufahren, von der er sich »ausgeworfen« fühlte.[47] Das Ergebnis dieser beiden Tage könnte nämlich, neben mißlungenen Versuchen, an den vorliegenden Textfragmenten weiterzuarbeiten, eine noch unveröffentlichte Textpassage sein, die im gleichen Heft überliefert ist und offensichtlich die Aufgabe hatte, eine bessere Variante für den Kafka nicht befriedigenden Schluß der *Strafkolonie* zu finden.[48] Für diesen Zusammenhang spricht auch folgender Umstand: Kafka hatte sich wenige Tage zuvor mit Felice Bauer in Bodenbach getroffen. Diese erste persönliche Begegnung seit der im Juli des vergangenen Jahres erfolgten Entlobung hatte jedoch keinerlei Fortschritte in der gegenseitigen Beziehung gebracht, so daß eine Verwirklichung seiner aufs Soziale gerichteten Persönlichkeitsteile mit Hilfe einer Ehe für absehbare Zeit ausgeschlossen war. Um so mehr hatte er sich, als Ersatz dafür, um die Profilierung als Autor zu kümmern, also die noch ungedruckte *Strafkolo-*

nie endlich druckfertig zu machen. Daß er zu diesem Zeitpunkt tatsächlich an eine Veröffentlichung dachte, beweist ein Brief, den er Anfang April 1915 an René Schickele richtete.[49]

Außerdem darf als Parallelsituation ein Vorgang im Juli 1917 angeführt werden. Damals unternahm Kafka mit seiner Verlobten eine Reise nach Budapest, die ihn daran zweifeln ließ, ob er wirklich mit Felice zusammenleben könne. Unmittelbar nach seiner Rückkehr begann er, sich erneut um den Schluß seiner immer noch ungedruckten *Strafkolonie* zu bemühen. Schwierigkeiten mit Felice führten ihn also auch in diesem Fall auf seine literarische Bestimmung zurück.[50]

Kafka wird das fragliche Heft also am 18. Januar in Benützung genommen haben, denn er konnte seinen neuen Plan nicht auf den Schriftträgern realisieren, die den Roman und die beiden unvollendeten Erzählungen aufgenommen hatten. Der Tagebucheintrag betont, daß er den *Prozeß*, den *Dorfschullehrer* und den *Unterstaatsanwalt* nicht durch Weiterschreiben »verderben« wollte, also deren Fortsetzung grundsätzlich noch für möglich hielt. Unter dem Datum des 6. Januar 1915 heißt es ja ausdrücklich, daß die beiden Erzählungen nur »vorläufig« aufgegeben worden seien.[51] Der noch vorhandene freie Raum, der sich an das vorläufige Textende der drei Werke anschloß, durfte also nicht anderweitig verwendet werden.

Allerdings ist auch eine etwas andere Chronologie vorstellbar. Ein rötlich-braunes Quartheft, das Kafka vor allem im Jahr 1922 benutzte, enthält auf der ersten Seite ein Fragment, das, der Schrift nach zu urteilen, um 1915 entstanden ist und gewisse Ähnlichkeiten mit der Thematik des Maeterlinck-Aufsatzes und den Motiven und Strukturen des auf die Pferde von Elberfeld bezüglichen Fragments aufweist. Es beginnt nämlich mit den Worten: »Ein junger Student[. . .]«, erwähnt eine die Hauptfigur verlockende, aber auch überfordernde Fachlektüre, deren Ergebnis einem einer anderen sozialen Schicht angehörenden Studienfreund mitgeteilt werden soll, und betont die unabsehbare Größe der in Gegenwart und Zukunft zu leistenden Aufgabe, für die entsprechende Kräfte erst noch zu mobilisieren wären.[52]

Es ist vorstellbar, wenngleich nicht wahrscheinlich, daß Kafka am 18. Januar 1915 dieses Heft anlegte. Daß er den erwähnten Text nicht als abgeschlossen ansah, beweist der Umstand, daß er die Rückseite des ersten Blattes freiließ, als er, vielleicht nach

Jahren erst, weitere Eintragungen vornahm. Es war in seinem Bewußtsein noch eine Vorstellung davon vorhanden, daß er einmal mit der Möglichkeit einer Ergänzung gerechnet hatte. In diesem Fall müßte man sich das Elberfeld-Fragment erst am 29. oder 30. Januar entstanden denken und unterstellen, daß er innerhalb weniger Tage zwei neue Quarthefte in Gebrauch genommen hätte.

Wie auch immer, man könnte sich fragen, warum er, sonst so geizig mit dem Papier, bei stagnierender Produktion im Januar 1915 mindestens ein großformatiges Quartheft mit gutem Vorkriegspapier eröffnete, obwohl er es zunächst nur wenig beschrieb. Aber gerade das gehörte zu seiner damaligen Strategie, zu den wenigen Tricks, die ihm zu Gebote standen, wenn es galt, die unberechenbare Inspiration herbeizuzwingen.

Neben dem Überlesen des am Vortag Geschriebenen und dem Versuch, eine geplante Fortsetzung dadurch zu ermöglichen, daß er das ihm Vorschwebende zunächst, um seine Gestaltungskraft zu lockern, aus einer anderen Erzählerperspektive niederlegte, als es in seiner eigentlichen Absicht lag,[53] hatte er während der Niederschrift des *Prozeß*-Romans die Technik entwickelt, Teile, die sich der Darstellung nicht sofort fügen wollten, einfach zu überspringen und an späterer, leichter zugänglicher Stelle fortzufahren. Aus diesem Grund hat er auch den Heftcharakter des *Prozeß*-Manuskripts, der ihm an sich sehr wichtig war,[54] aufgelöst, die einzelnen, teilweise noch unvollständigen Kapitel voneinander isoliert. So konnte er an jeder Stelle fortfahren, wenn es ihn dazu drängte. Ja, er hat sogar, in den ersten Wochen, neben dem Roman her gleichzeitig noch zwei Erzählungen gefördert, dabei auf eine Art »mechanische Phantasie« sich stützend, die es erlaubte, die bei einem Projekt in Fluß gekommene Schaffenskraft gleichsam auf ein anderes zu übertragen.[55]

Er verteilte also verschiedene Erzählansätze auf eine entsprechende Zahl von Schriftträgern – auch der *Dorfschullehrer* und der *Unterstaatsanwalt* sind gegen die Regel nicht in Heften, sondern als isolierte Blätterkonvolute überliefert. Die bei der Konzeption des Romans gewonnenen Erfahrungen wurden auf die weniger umfangreichen Erzählvorhaben übertragen. Wenn die vier oder fünf Manuskripte vor ihm auf dem Schreibtisch aufgereiht waren, mochten sie tatsächlich an Pferde erinnern, die in der Zirkusarena gebändigt nebeneinander stehen und auf ihren Auftritt warten, hatte er sich doch schon vor Jahren seinen Arbeitsplatz und die auf ihm herrschenden Verhältnisse als Theaterinterieur vorgestellt.[56]

Die Behauptung Malcolm Pasleys, Kafka habe in seinen Manuskripten weder für etwaige Nachträge noch für Versuche Platz gelassen, eine abgebrochene Erzählung fortzuführen, ist also vollständig unrichtig, denn auch ihr erster Teil läßt sich durch die handschriftlichen Befunde widerlegen: Kafka hat die Schriftträger zu den *Forschungen eines Hundes* und zum *Schloß* so angelegt, daß zwischen den beschriebenen Seiten viel Raum für Ergänzungen blieb.[57]

Das im Januar 1915 entstandene Tierfragment beginnt mit den Worten: »Ein junger ehrgeiziger Student, der sich für den Fall der Pferde von Elberfeld sehr interessiert und alles, was über diesen Gegenstand im Druck erschienen war, genau gelesen und überdacht hatte, entschloß sich, auf eigene Faust Versuche in diesen Richtungen anzustellen und die Sache von vornherein ganz anders und nach seiner Meinung unvergleichlich richtiger anzufassen als seine Vorgänger.«[58]

Daß nicht wissenschaftlicher Erkenntnisdrang, sondern der Versuch, die eigene Erziehung zu bewältigen, hinter Kafkas Interesse an der hier vorgestellten Art der Tierdressur steht, zeigt die Fortsetzung. Der Student, wird berichtet, wolle sich vor allem vor der Erzielung einzelner Fortschritte hüten, wie sie seine Vorgänger mit dem Gelingen kleiner Rechenkunststücke erreicht zu haben glaubten: »es war so, als wenn man in der Kindererziehung damit einsetzen wollte, daß man dem Kind, gleichgültig, ob es gegen die ganze Menschheit blind, taub und gefühllos war, nichts anderes als das kleine Einmaleins einbleute.«[59]

Eben dies war in seinem eigenen Fall geschehen. Seine »tierisch« selbstzufriedene Gleichgültigkeit eines »kalt phantastischen Kindes« konnte kein inneres Verhältnis zu den Unterrichtsstoffen gewinnen, so daß es, verglichen mit dem eingesetzten Aufwand an Geld und Zeit, zu einem äußerst kläglichen Gesamtergebnis an Wissen und seiner Fundierung kam. Er hatte, da er tatsächlich schon der zweiten Frage zu einem Gegenstandsbereich nicht mehr genügen konnte, im Bild gesprochen, nicht mehr als das kleine Einmaleins gelernt.[60]

Entsprechend war die Erziehung im familiären Bereich. Kafkas Wesen, sein »Material«, und die erhobene »Hand« des Vaters, die, sozusagen als Peitsche, den Dressurakt – »kein Wort der Widerrede!« – begleitete, waren einander fremd. Was der Vater vormachte (zum Beispiel Tischsitten oder Schwimmbewegungen), konnte, durfte nicht »ruhig« »ausgeführt« werden, weil Kraft, Geschicklichkeit und Neigung fehlten, auf seiten der Erzieher aber Geduld und Achtung vor der Eigenart des Kindes. Im Organismus der Familie haben, schrieb Kafka in einem an seine Schwester Elli gerichteten Brief, der Erziehungsfragen gewidmet ist, »nur ganz bestimmte Menschen Platz, die ganz bestimmten Forderungen und überdies noch den von den Eltern diktierten Terminen entsprechen«.[61] Ohne die organische Entwicklung abzuwarten, wird »blindwütend« in den werdenden Menschen eingegriffen, Fehlendes eingehämmert, so daß man, wie Kafka selbst, nur mit Starrköpfigkeit antworten konnte – kein Zufall, daß mit diesem Begriff auch das Versuchsobjekt des Studenten gekennzeichnet wird.[62]

Der pädagogische Gegenentwurf findet sich in einem innerlich damit zusammenhängenden Fragment vom Herbst 1920, in dem es heißt: »ich habe ein Jahr lang mit einem Pferde derart gelebt, wie etwa ein Mensch mit einem Mädchen, das er verehrt, von dem er aber abgewiesen wird, leben würde, wenn er äußerlich kein Hindernis hätte, um alles zu veranstalten, was ihn zu seinem Ziele bringen könnte. Ich habe also das Pferd Eleonor und mich in einen Stall gesperrt und habe diesen gemeinsamen Aufenthaltsort immer nur verlassen, um die Unterrichtsstunden zu geben, durch die ich die Unterrichtsmittel für uns beide verdiente. Leider waren dies immerhin fünf bis sechs Stunden täglich und es ist durchaus nicht ausgeschlossen, daß dieser Zeitausfall den endgültigen Mißerfolg aller meiner Mühen verschuldet hat«.[63]

Mit diesem Entwurf scheint Kafka ebenfalls die Misere seiner Kindheit kompensieren zu wollen, war er doch in den ersten Lebensjahren meist sich selbst überlassen, weil beide Eltern ganztägig im Geschäft waren.[64] Das Mißlingen des Experiments, unter Bedingungen, die den Verhältnissen seiner Entwicklungsjahre entgegengesetzt und also ungleich günstiger waren, brächte dann zum Ausdruck, daß er in keinem Fall für den menschlichen Verkehr zu retten gewesen wäre.

Durch Zeitungsmeldungen und Variétébesuche entsprechend vorbereitet, sah er sich in Maeterlincks Bericht mit der zusammenhängenden Darstellung eines Problems konfrontiert, mit dem er sich selbst schon seit längerer Zeit beschäftigt hatte. Die widersprüchlichen Zeitungsartikel, die den zeitgenössischen Leser zwischen Anerkennung und Ablehnung der Ergebnisse von Ostens und Kralls hin und her schwanken ließen, waren in besonderer Weise geeignet, ein poetisches Potential zu entbinden. Die unerklärlichen, verschiedenartigsten Deutungen offenstehenden Vorgänge haben auch auf andere Autoren ihre Wirkung nicht verfehlt.[65]

Die Berichte deckten sich teilweise mit Maeterlincks Aussagen und verstärkten so die sich bildenden Strukturlinien in Kafkas produktiver Einbildungskraft, teilweise sind wohl auch direkt Details aus der Zeitungslektüre in den Erzählgang eingeflossen. Was über die finanziellen Schwierigkeiten und die zu erwartende nervliche Belastung des Studenten gesagt wird, ist nicht nur bei Maeterlinck angedeutet, sondern erinnert an die Leserzuschrift vom 30. März 1913 im *Prager Tagblatt*, in der auf entsprechende Verhältnisse Karl Kralls hingewiesen wurde. Und die Wildheit des Pferdes, die der Student im Gegensatz zu anderen Fachleuten nicht fürchtet, sondern als solche für seine Zwecke einsetzen will, geht von Ergebnissen Kralls aus, die in der angeführten Rezension in der *Bohemia* angeführt worden waren.[66]

Auffällig ist, daß alle Erzählversuche, in denen Kafka, entsprechend seinen Vorlagen, aus der Optik des Erziehers berichtet, Fragment geblieben sind. So auch ein im März 1917 entstandener Text, in dem erzählt wird, wie ein Ich-Erzähler versucht, einen gerade aus dem Ei geschlüpften storchartigen Vogel in seinem Zimmer aufzuziehen: »Leider war keine Storchmutter da, wäre der Vogel nicht so willig gewesen, mein Unterricht hätte wohl nicht genügt. Aber offenbar sah er ein, daß er durch peinliche Aufmerksamkeit und größte Anstrengung die Mängel meiner Lehrbefähigung ausgleichen müsse. Wir begannen mit dem Segelflug. Ich stieg hinauf, er folgte, ich sprang mit ausgebreiteten Armen hinab, er flatterte hinterher. Später gingen wir zum Tisch über und zuletzt zum Schrank, immer aber wurden alle Flüge systematisch vielmal wiederholt.«[67]

Es ist der Versuch, die inneren Entsprechungen einer äußerlichen Praktik »herbeizuzwingen«, gemäß dem bei Kafkas Entwicklung herrschenden Grundsatz, »daß aus Komödie bei genügender Systematik Wirklichkeit werden kann« – die Fähigkeit zur Imitation war eines der wenigen Dinge, derer er sich rühmte. Nicht ohne Zufall bezeichnete er sich als Affe seiner Eltern.[68]

Verräterisch die inhaltliche Verschiebung, die gegenüber dem Fragment vom Januar 1915 eingetreten ist: Der Unterricht, den der menschliche Lehrer dem gelehrigen Tier gibt, ist zum Problem der Aufzucht eines mutterlosen Geschöpfs geworden; der Ich-Erzähler hat »Frauenerfahrung« zu ersetzen. Und erinnern die Mängel der Lehrbefähigung, denen der Unterrichtende unterliegt, nicht an die Schwimmbewegungen, die der des Schwimmens unfähige Hermann Kafka seinem kleinen Sohn vormachte, zumal sich dieser hinsichtlich der Befriedigung seiner kindlichen Bedürfnisse mutterlos fühlte?

Es ist leicht zu sehen, daß der ganze Zusammenhang in verwandelter Gestalt in den *Bericht für eine Akademie* eingegangen ist, der nur wenige Tage oder Wochen später innerhalb der gleichen Arbeitsphase in der Alchimistengasse entstanden ist. Denn auch hier wird ein williges und gelehriges Tier von Lehrern unterrichtet, extensiv, indem es ununterbrochen in fünf aneinandergrenzenden Räumen zugleich lernt, die Lehrer zerschleißt, so daß sie wahnsinnig werden, Motive, die den Text auch direkt mit dem Elberfeld-Bruchstück genetisch verbinden.

Der bezeichnende Unterschied zu den Vorfassungen ist jedoch der Wechsel im Blickpunkt. Er liegt im *Bericht für eine Akademie* nicht mehr im Lehrer, sondern im Schüler, von dem auch die Initiative ausgeht: »Man beaufsichtigt sich selbst mit der Peitsche; man zerfleischt sich beim geringsten Widerstand«, eine Einsicht, die Kafka schon im Oktober 1916 im Tagebuch formuliert, wenn er im Blick auf sich selbst schreibt: »Wir dürfen den Willen, die Peitsche mit eigener Hand über uns schwingen.«[69] Oder wenn er dann im Blick auf den *Bericht für eine Akademie*, den er gerade im Erstdruck wiedergelesen hatte, am 21. November 1917 formuliert: »Das Tier entwindet dem Herrn die Peitsche und peitscht sich selbst, um Herr zu werden, und weiß nicht, daß das nur eine Phantasie ist, erzeugt durch einen neuen Knoten im Peitschenriemen des Herrn.«[70] So beeindruckend also das Motiv des denkenden Pferdes und seine Dressur für Kafka von Anfang auch gewesen sein mag, so mußte es doch einen starken Umwandlungsprozeß durchmachen, bis es zureichendes Spiegelbild der eigenen Entwicklungsmisere sein konnte. Voraussetzung dafür war offensichtlich der Blickpunktwechsel, der die Darstellung des leidenden Kindes, Tieres als Subjekt erlaubte.

Offenbar konnte Kafka den Schritt von der Außenoptik, wie sie ihm in allen Berichten über denkende Tiere entgegentrat, zur erstrebten Innensicht des Betroffenen, der zum Menschen werden soll, nicht ohne fremdes Vorbild tun. Möglicherweise bildeten die Erfahrungen, die er in Zirkus und Variété mit dressierten Pferden und Hunden gemacht hatte, ein zu geringes Gegengewicht zu seiner Lektüre; vielleicht war aber auch der Übergang von der wissenschaftlich sich gebenden Untersuchung Maeterlincks zur anschaulichen Erzählung zu groß oder deren Ergebnisse zu eng an der schon bekannten Problemstellung, so daß der produktiven Einbildungskraft zu wenig Spielraum blieb, im Stofflichen zu experimentieren. Jedenfalls gelang eine ästhetisch befriedigende Gestaltung des Sachzusammenhangs erst, als Kafka in Erzählungen E.T.A. Hoffmanns mit verwandelten Tieren konfrontiert wurde, die über ihre Entwicklung Rechenschaft ablegten, und zwar, wie sich im nächsten Abschnitt zeigen wird, in Vorstellungen, die ihm schon von Rotpeters Ahnen im Variété vertraut waren.

Man kann den Sachverhalt aber auch noch anders verstehen. Wenn Kafka, in Anlehnung an die Zeitungsberichte und Maeterlinck, der selbst unabhängig von seinen Vorgängern versucht hatte, sich ein selbständiges Urteil über die denkenden Pferde von Elberfeld zu bilden, die Optik des Experimentierenden beibehalten wollte, mußte er auf den Bereich Erziehung verzichten, der ihm nur aus der Sicht des leidend Betroffenen darstellbar war.

Die fünf Anläufe, die er im Lauf der Jahre nahm, um das Problem der Tierdressur angemessen zum Ausdruck zu bringen, sind auch ein Beleg für die Ökonomie der produktiven Einbildungskraft, die offensichtlich danach trachtet, einmal artikulierte Formzusammenhänge möglichst nicht als unbrauchbar zur Seite zu legen, wenn sie sich nicht als tauglich erwiesen haben, sondern sie neuen Gegebenheiten dienstbar zu machen, ein Verhältnis, das ja in gewisser Weise auch zwischen den *Jäger-Gracchus*-Fragmenten und dem *Bericht für eine Akademie* besteht.

Der Fall verdeutlicht allerdings, daß der von Kafka intendierte Problemkreis mit Hilfe der schließlich erreichten veröffentlichungsreifen Erzählung keineswegs abgearbeitet war, ist es doch noch Jahre später in beiden Fällen zur Wiederaufnahme des fraglichen Sachzusammenhangs gekommen.[71] Vergleichbare Befunde etwa bei Thomas Mann zeigen, daß eine derartige Verfahrensweise selbst dann vorkommt, wenn der rationale Anteil am Schaffensprozeß höher liegt, als das bei Kafka angenommen werden kann.[72]

Alle vier Erzählfragmente und der *Bericht für eine Akademie* sind in Zeiten konzipiert worden, in denen sich Kafkas Gemeinschaftsproblematik zuspitzte, er sich für den menschlichen Verkehr verloren hielt, so daß sich entwicklungsgeschichtliche Herleitungen dieses Faktums nahelegten.

Am 5. Dezember 1914, knapp zwei Wochen vor dem Beginn der Arbeit am *Dorfschullehrer*, erhielt er einen Brief von Felicens Schwester Erna, in dem der Vorschlag gemacht wurde, er solle mit der Schreiberin eine Weihnachtsreise unternehmen. Eine Analyse dieses Schreibens brachte ihn zu der Einsicht, er sei das Verderben der Familie Bauer, das allein seine Beziehung zu ihr bestimme. Der 18. Januar 1915, an dem vermutlich das Elberfeld-Fragment konzipiert wurde, war der Tag, an dem er erfuhr, daß er in Bälde Felice sehen sollte, ohne sich doch eine Chance ausrechnen zu können, ihr näherzukommen. Im März und April 1917 befand er sich, wie in den ganzen Monaten zuvor, in einer Phase der Isolation, auch von den Freunden, in der er sich viel besser fühlte als bei seinen Versuchen, sich sozial zu engagieren. Und das Fragment, das vom Pferd Eleonor berichtet, entstand in den Wochen, als er zu der Einsicht kam, daß sich Milena enttäuscht von ihm abzuwenden begann.[73]

3. Variétékünste

Wo konnte Kafka lebende Menschenaffen beobachten, auch dressierte, so daß er die Anschauungsbilder erhielt, die für ihn, den bildhaft Denkenden, dem sinnlichen Eindrücken Verhafteten, die Voraussetzung dafür waren, sich literarisch produktiv mit einem Gegenstandsbereich auseinandersetzen zu können? Einen zoologischen Garten gab es damals in Prag nicht. Wie sehr er aber daran interessiert war, derartige Einrichtungen zu besichtigen, beweist ein Brief, den er am 22. Juli 1912 aus dem bei Stapelburg im Harz gelegenen Naturheilsanatorium Just's Jungborn an Max Brod schrieb: »Samstag nachmittag fahre ich von hier weg[. . .] bleibe

Sonntag in Dresden und komme Abend nach Prag[. . .] Und ich fahre nach Dresden, als wenn es sein müßte, und werde mir den zoologischen Garten ansehn, in den ich gehöre!«[74] Gleichgültig, ob er seinen Plan wahrgemacht hat oder nicht: Der Dresdener Zoo war bekannt für seine Raubtierzucht, die damals wegen unzureichender Kenntnisse in Bezug auf Unterbringung und Ernährung noch recht schwierig war. Der Zoo hatte beachtliche Erfolge in dieser Hinsicht gerade bei Menschenaffen.[75] (Vgl. Abbildung 14)

Abb. 14   Das Affenhaus im Dresdner Zoo (um 1910), den Kafka möglicherweise im Sommer 1912 besuchte.

Eine weitere Möglichkeit war natürlich der Zirkus, auch mit seinen Tierschauen. Eine Affinität Kafkas zum Zirkus ist schon aufgrund eines Erzählfragments wahrscheinlich, das vergleichsweise auf die Zirkuswelt anspielt, sowie wegen der schon angeführten Metapher von den bei Beginn der Produktion aufgereihten Zirkuspferden, denn sie nennt ein Unternehmen, das zu Kafkas Lebzeiten tatsächlich in Prag gastiert hat.[76]

Da ist fast zu vermuten, daß Kafka eine Vorstellung Hagenbecks besucht hat, der im September 1910 ein Gastspiel in Prag gab: »Die Reisemenagerie des Hamburger Hauses weilt gegenwärtig in Prag, eine kleine Sensation nicht bloß für die Jugend allein. Bei der gestrigen Eröffnungsvorstellung konnte man darum auch beobachten, daß alle Stände und Lebensalter unter den Zuschauern vertreten waren.« Die Besprechung im *Prager Tagblatt* nennt unter den Tieren, die Dressurkunststücke vorführten, den Menschenaffen Lord Robinson, der als »ein würdiger Nachfolger Konsul Peters« bezeichnet wird.[77] Von diesem Vorgänger wird gleich noch ausführlich die Rede sein.

Motivliche Übereinstimmungen zwischen dem *Bericht für eine Akademie* und bestimmten Passagen und Photos in Carl Hagenbecks Lebenserinnerungen legen die Annahme nahe, daß Kafka dieses Buch gelesen hat, auf dessen Existenz er schon durch ihm bekannte Publikationsorgane hingewiesen werden mußte. Als Hagenbeck 1913 starb, war erneut Anlaß, sich mit ihm zu beschäftigen. Die Zeitungen brachten Nachrufe, die *Bohemia* druckte persönliche Erinnerungen an ihn nach, die in der Wiener *Zeit* publiziert worden waren.[78]

Das 1909 erschienene Buch *Von Tieren und Menschen. Erlebnisse und Erfahrungen* wurde noch im gleichen Jahr von Johannes V. Jensen in der *Neuen Rundschau* vorgestellt. Durch diese Rezension mußte Kafka genauso auf diesen dänischen Schriftsteller aufmerksam werden wie durch dessen andere in dieser Zeitschrift gedruckten Beiträge, die zum Teil die Konzeption des *Verschollenen* und der *Verwandlung* beeinflußt haben.[79]

Jensens Besprechung hebt Einzelpunkte hervor, die sich auch im *Bericht für eine Akademie finden:* Hagenbeck, heißt es da, habe zweckmäßigere und humanere Transportmittel eingeführt. – »Man hält eine solche Verwahrung wilder Tiere in der allerersten Zeit für vorteilhaft«, bemerkt der von einer Jagdexpedition Hagenbecks eingefangene Rotpeter im Rückblick ironisch über sein enges Gefängnis auf dem Zwischendeck des Dampfers, der ihn nach Hamburg gebracht hatte. Gutwilligkeit, Rücksichtnahme auf die Natur des Tieres und das Eingehen auf seine Eigenart habe Hagenbeck den Weg zum Herzen der Tiere gebahnt, Brandstellen im Fell kämen nicht mehr vor – sein Lehrer, berichtet Kafkas Affe, sei ihm nicht böse gewesen, wenn die Dressur mißlang, »wohl hielt er mir manchmal die brennende Pfeife ans Fell, bis es irgendwo, wo ich nur schwer hinreichte, zu glimmen anfing, aber dann löschte er es selbst wieder mit seiner riesigen guten Hand; er war mir nicht böse, er sah ein, daß wir auf der gleichen Seite gegen die Affennatur kämpften und daß ich den schwereren Teil hatte«.

Hagenbeck habe schließlich durch intimes Studium der einzelnen Tiere Erfahrungswerte erhalten, die es ihm erlaubten, diejenigen Tiere auszusondern, die sich besonders für eine freiwillige Dressur eigneten – Rotpeter erinnert sich, ungewöhnlich wenig Lärm gemacht zu haben, woraus man schloß, daß er entweder bald eingehen oder sehr dressurfähig sein werde.[80]

Hagenbeck meint selbst: »Ich bin auf Grund persönlicher Erfahrungen völlig davon überzeugt, daß eine Schlange von 18 bis 20 Fuß Länge einen Menschen, wenn sie ihn nur richtig umschlingen kann, in kürzester Zeit totdrückt.« Nur seiner Kaltblütigkeit und Gewandtheit habe er es zu verdanken, daß er aus vielen kritischen Episoden mit Schlangen lebend davongekommen sei. Gleich einleitend wird berichtet, wie eine Riesenschlange, die sich in Hagenbecks Menagerie befreit hatte und auf den Affenkäfigen herumkroch, einen Tumult verursachte – die Affen sprangen wie besessen hin und her und schrien aus Leibeskräften. Auch Jensen erwähnt in seiner Besprechung dieses Motiv.[81] Rotpeter aber erkennt demgemäß, daß ein Fluchtversuch vergeblich gewesen wäre, weil er möglicherweise sein Leben in den Umarmungen der benachbarten Riesenschlangen ausgehaucht hätte.[82]

Von besonderem Interesse für den vorliegenden Zusammenhang ist natürlich das Kapitel *Menschenaffen*, in dem sich der Satz findet: »Je mehr sich der Mensch mit diesen Tieren abgibt, um so eher vergessen sie ihre Gefangenschaft und um so besser gedeihen sie.« Die Schiffsbesatzung verhält sich gegenüber Rotpeter nach dieser Maxime. Hagenbeck war der Überzeugung, »daß man durch systematische Erziehung und Behandlung junge Menschenaffen, namentlich Schimpansen, entschieden bis zu einem gewissen Grade an menschliche Manieren gewöhnen kann.«[83]

Das beigegebene Bildmaterial bestätigt diese These: Man sieht nach Menschenart gekleidete Schimpansen, die Tischreden halten, an einem gedeckten Tisch mit Löffeln aus Suppentellern essen, aus Kaffeekannen und Flaschen trinken und die Lippen zum Kuß stülpen. (Vgl. Abbildung 15) Es sei verbürgt, daß Affen eine Vorliebe für Alkohol hätten. Sie wüßten gutes Essen zu schätzen, hätten sich an Hausmannskost gewöhnt. Einer habe sich als besonderer Liebhaber von Rotwein erwiesen.[84] Dies ist auch das Lieblingsgetränk Rotpeters. Das fachgerechte Leeren einer Schnapsflasche ist Teil seines Menschwerdungsprozesses.[85]

Am wichtigsten ist jedoch ein Nachtrag zum Buch, den Hagen-

Abb. 15   Dressierter Schimpanse. Abbildung aus Carl Hagenbeck: *Von Tieren und Menschen* (1909).

beck im Sommer 1909 schrieb. Der Schimpanse Moritz I, der auch abgebildet wird, habe sich zu einem Künstler entwickelt, wie die Welt noch keinen gesehen habe: »Moritz ist geradezu der intelligenteste Affe, der mir je begegnet ist, er ist fast wie ein kleiner Mensch. Ich kann hier nicht aufzählen, was man dem klugen Tier alles beigebracht hat, sondern will nur sagen, daß das Prinzip aller Vorstellungen darin beruht, einen Affen vorzuführen, der sich ganz wie ein Mensch beträgt und Kunststücke absolviert, die man sonst nur von Artisten zu sehen bekommt. Moritz geht stets und ständig völlig bekleidet mit Strümpfen, Schuhen, Unterkleidern, Weste, Rock und Mütze, er speist dasselbe, was sein treuer Lehrer und Reisebegleiter *Reuben Castang* zu sich nimmt, schläft in einem Bett, raucht seine Zigarette, trinkt seinen Wein, und wenn er reist, reist er zweiter Klasse [. . .] Schon ist ihm die hohe Ehre zuteil geworden, sich an Höfen und vor Fürstlichkeiten mit dem größten Erfolge zu produzieren«.[86]

Die Übereinstimmungen mit Rotpeter, dem Variétékünstler, sind auffallend und betreffen selbst die Sprachebene: »Die Hände in den Hosentaschen, die Weinflasche auf dem Tisch, liege ich halb, halb sitze ich im Schaukelstuhl und schaue aus dem Fenster. Kommt Besuch, empfange ich ihn, wie es sich gebührt. Mein Impresario sitzt im Vorzimmer; läute ich, kommt er und hört, was ich zu sagen habe. Am Abend ist fast immer Vorstellung, und ich habe wohl kaum mehr zu steigernde Erfolge. Komme ich spät nachts von Banketten, aus wissenschaftlichen Gesellschaften, aus gemütlichem Beisammensein nach Hause, erwartet mich eine kleine halbdressierte Schimpansin«.[87]

Es ist möglich, daß Kafka einen der Begabung von Moritz I vergleichbaren, dressierten Schimpansen im Prager Théâtre Variété gesehen hat. Jenen Konsul Peter nämlich, an den sich der Rezensent des *Prager Tagblatts* erinnert fühlte, als er die Künste Lord Robinsons zu beurteilen hatte, der übrigens durchaus mit Moritz I identisch sein könnte. Konsul Peter war der erste gezähmte und dressierte Menschenaffe, der in Prag zu sehen war. Am 17. September 1908 meldete das *Prager Tagblatt*, Konsul Peter gehe ein bedeutender Ruf voraus, »wie man von Künstlern zu sagen pflegt«. Der Bericht von der Vorführung enthält Einzelheiten, die in Kafkas Text wiederkehren, ganz abgesehen von der Übereinstimmung des Namens, die man geneigt ist, nicht für bloßen Zufall zu halten: »Er ergreift die Schelle und läutet damit heftig den Diener herbei; er trinkt aus dem Glas, in das er sich aus der Flasche einschänkt [. . .] er bietet dann seinem Besitzer das Feuer seiner Zigarette an [. . .] entkleidet sich endlich und man fühlt sich dabei wirklich geniert, als ob ein Mensch aus diesen Kleidern hervorkröche und seine Blöße zeigen wollte. Allein er behält schicklicherweise sein Hemd und legt sich in diesem zu Bett.«[88]

Einen Tag später lieferte die Zeitung eine Ergänzung, die Konsul Peters »Privatleben« betrifft: »Man muß ihn sehen, wie er nach der Vorstellung im Variété-Restaurant erscheint, im hechtgrauen Kaiserrock mit Seidenklappen, Lackschuhen, farbigen Strümpfen und der Tellermütze auf dem Kopfe [. . .] Er ist zu drollig, wenn er sich, nachdem er wie ein wohlerzogener Mensch gespeist hat, schmunzelnd mit der Serviette den – sagen wir Mund wischt, dann eine Zigarette anzündet und sich endlich zurücklehnt, um behaglich zu verdauen. Ab und zu läuft freilich dabei eine Unart mit, aber ein sanfter Rippenstoß oder ein zartes Kopfstück bringt ihn immer wieder zur Raison.«[89]

Das Läuten, Trinken und die bequeme Ruhehaltung Konsul Peters finden sich genauso in dem angeführten Textstück aus dem *Bericht für eine Akademie*, während eine andere Stelle direkt auf den zweiten Zeitungsbericht anzuspielen und ihn mit dem Entblößungsmotiv des ersten zu verbinden scheint: »Letzthin las ich in einem Aufsatz irgendeines der zehntausend Windhunde, die sich in den Zeitungen über mich auslassen: meine Affennatur sei noch nicht ganz unterdrückt; Beweis dessen sei, daß ich, wenn Besucher kommen, mit Vorliebe die Hosen ausziehe.«[90]

Peter wurde schnell zum »Tagesgespräch«, erzielte eine »sensationelle Wirkung«, die selbst bedeutenderen Attraktionen nicht gegeben war.[91] Ein notwendig gewordener Zahnarztbesuch Peters, des Affen, der »bis jetzt am meisten sich dem Menschen genähert hat«, war deswegen ein Spektakel, das von der Prager Presse beobachtet und ausführlich beschrieben wurde.[92]

Schon im Jahr 1904 hatte übrigens das *Prager Tagblatt* über einen Schimpansen namens Konsul berichtet, der, von einem Impresario betreut, in London sogar von einem Reporter einer der führenden Tageszeitungen in seiner Wohnung interviewt wurde. Der Künstler, der sich gerade in seinem Fauteuil niedergelassen hatte und mit Wohlbehagen eine Zigarre rauchte, machte angesichts seines Gastes eine einladende Handbewegung, die andeuten sollte, daß der Besucher sich setzen möge. Es sind dies Umstände, die in den *Fragmenten zum »Bericht für eine Akademie«* wiederkehren, wo der Reporter, bevor er Rotpeter interviewt, von dessen Impresario in einer an Konsul gemahnenden Weise empfangen wird.[93]

Peter blieb in Prag kein Einzelfall. Im Januar 1911 gastierte dort Grete, eine Mitschwester, die gleichfalls schnell zum Publikumsliebling wurde. Ihre Wiege stand in Kamerun: »Damals hat sie es sich nicht träumen lassen, daß sie einmal statt sich von Baum zu

Baum zu schwingen und im wilden Walde ein freies Leben zu führen, hoch zu Rad, oder zur Abwechslung auch auf Rollschuhen durch die Welt sausen, mit Bergstock und Tirolerhut als emanzipierte Touristin Partien machen und sogar saisongemäß per Rodel vom Berggipfel herabrutschen würde. Aber damit ist der Lebensweg der Affengrete noch lange nicht endgültig bestimmt. Wie der Dresseur erzählt, entwickelt diese geniale Beweiszeugin des Frauenfortschritts in der Affenwelt recht talentierte Sprachkenntnisse, sie lernt fleißig buchstabieren und soll sogar in Berlin ganz deutlich das Wort ›Hurra‹ erlernt haben.«[94]

Liegt hier ein Vorbild für den abends an der Tränke gefangenen Rotpeter, der in Menschenlaut ausbricht, indem er »Hallo!« ruft, oder für seine halbdressierte Bettgenossin?

Sogar die Illusion einer eigentlichen Verwandlung vom Tier zum Menschen, wie sie im *Bericht für eine Akademie* beschrieben ist, konnte Kafka im Prager Théâtre Variété erleben. Die *Bohemia* berichtete über das Dezemberprogramm des Jahres 1912: »Noch einen Artisten aus dem Tierreich scheint sich Direktor Tichy engagiert zu haben: einen riesigen *Menschenaffen,* der freilich noch nicht viel von der Kultur des zivilisierten Konsul Peter merken läßt und alle Affenunarten ungeniert auf offener Bühne ausführt. Ja zum kreischenden Schreck der Damen reißt er gar in die Logen aus und klettert eine ganze Weile auf der schwindelnden Brüstung der Galerie umher, ehe er wieder artig zurückkehrt. Man lohnt dem Affen gleichwohl seine noch ganz urwaldmäßigen Künste mit jubelndem Beifall, und weshalb? Weil dieser Affe nun wieder gar kein Affe, sondern ein Mensch ist. So haben Mensch und Tier im diesmaligen Programm die Rollen völlig vertauscht.«[95]

In den gleichen Zusammenhang gehört zum Teil eine Tanzpantomime, in deren Mittelpunkt Rahel Sanzara stand, die Freundin des mit Kafka zeitweilig befreundeten Schriftstellers Ernst Weiß – Kafka hatte mit dem Paar im Juli 1914 in Marielyst Urlaub gemacht und Weiß 1916 in Prag wiedergetroffen. Die im März 1916 in Prag aufgeführte Szene, die in ihrer Verbindung von tänzerischen und dramatischen Elementen die Form der lebenden Bilder fortentwickelte, hatte absurd wirkende Machenschaften zwischen einem Negerfürsten und einer Sklavin zum Gegenstand, die dauernd von einem riesigen Gorilla in seinem Käfig bedroht werden.[96]

Gleichgültig ob Kafka nun die Variétéattraktionen selbst besucht, oder nur in Zeitungsberichten, in denen er sich darüber informieren wollte, ob ein Besuch des Théâtre Variété lohne, und in Hagenbecks Erinnerungen darüber las, so erhielt er doch in jedem Fall ein genügend ausdifferenziertes Anschauungsmaterial, das als stoffliche Grundlage möglicher literarischer Gestaltung tragfähig war, das heißt genügend Einzelheiten für die zum Thema erhobene Menschenähnlichkeit eines Schimpansen bereitstellte.

Anmerkungen

1 Die Einzelheiten bei H. Binder, Motiv und Gestaltung bei Franz Kafka, Bonn 1966, S. 147 ff., 176 ff. 346 f. und in dessen Kafka-Kommentar zu sämtlichen Erzählungen, 3. Auflage, München (1982), S. 225 f.; vgl. B 323 ff.
2 Eine vergleichbare Vorstellung findet sich allerdings im *Kater Murr*, der über seine ersten Lebenserfahrungen wie folgt berichtet: »Deutlicher und beinahe mit vollem Bewußtsein finde ich mich in einem sehr engen Behältnis mit weichen Wänden eingeschlossen, kaum fähig Atem zu schöpfen und in Not und Angst ein klägliches Jammergeschrei erhebend«. (E. T. A. Hoffmann, Die Elixiere des Teufels. Lebens-Ansichten des Katers Murr, München [1961], S. 304) Kafka hat später Dora Diamant in Berlin aus dem Werk vorgelesen. (J. P. Hodin, Erinnerungen an Franz Kafka, in: *Der Monat* 1, Nr. 8/9 [1949], S. 94)
3 *DZB* 77, Nr. 91 (31. III. 1904), Beilage, unpaginiert.
4 *PT* 41, Nr. 166 (18. VI. 1916), *Unterhaltungs-Beilage* Nr. 25, unpaginiert.
5 Zu vergleichen wäre etwa der *Hunger* betitelte Leitartikel der *DZB* 93, Nr. 170 (21. VII. 1920), S. 1.
6 Vgl. Dr. J. St., Hungerkünstler, in: *Prager Presse* 5, Nr. 334 (6. XII. 1925), S. 8 und Anonym, Der Hungerkünstler. Das Fasten – ein wahres Vergnügen, in: *DZB* 98, Nr. 271 (21. XI. 1925), S. 3, wo der Hungerkünstler Armand Succi zu Protokoll gibt: »Das Schrecklichste ist das ›Hernach‹! Verstehen Sie mich? Man kann sich nicht mehr so recht ans Essen gewöhnen.«
7 Vgl. oben S. 160.
8 Kafka besaß zum Beispiel Th. Zell, Majestäten der Wildnis. Löwe, Tiger, Jaguar und Panther in Lebensbildern, Köln (1912), vgl.

Wagenbach, Franz Kafka. Eine Biographie seiner Jugend 1883-1912, Bern (1958), S. 263.

9 W. Tschuppik, Besuch beim Affenfräulein, in: *PT* 47, Nr. 277 (26. XII. 1922), S. 4.

10 *Prager Presse* 2, Nr. 57 (26. II. 1922), Beilage *Dichtung und Welt* Nr. 9, S. III.

11 E 268.

12 L. Bauer, Besuch bei den Tieren, in: *PT* 42, Nr. 12 (14. I. 1917), S. 2 f.

13 E 191 und T 514, vgl. F 195, 296, 310 und 649.

14 Vgl. dazu K. Fingerhut, Die Funktion der Tierfiguren im Werke Franz Kafkas, Bonn 1969, S. 8 ff.

15 Vgl. FK 70, wo Max Brod über seinen Freund schreibt: »Mit meiner Freundin besuchte er einmal das Berliner Aquarium. Da sprach er zu den Fischen in den leuchtenden Kästen (sie erzählte es mir später mit Erschütterung): ›Jetzt kann ich euch schon ruhig anschaun, ich esse euch nicht mehr.‹«

16 *PT* 28, Nr. 223 (13. VIII. 1904), S. 7 (»Das denkende Pferd«).

17 *PT* 28, Nr. 227 (18. VIII. 1904), S. 7 f. (»Beim klugen Hans«).

18 *PT* 28, Nr. 228 (19. VIII. 1904), Abend-Ausgabe, S. 3 (»Der ›kluge‹ Hans«).

19 *PT* 28, Nr. 229 (20. VIII. 1904), S. 9 (»Der ›kluge‹ Hans«).

20 *PT* 28, Nr. 234 (25. VIII. 1904), S. 6 (»Sehr verdächtige Momente aus der Vorführung des gelehrten Pferdes«).

21 M. O., Das Wunderpferd »Hans«, in: *PT* 28, Nr. 237 (28. VIII. 1904), S. 12 f.

22 Vgl. S. H. Bergman, Erinnerungen an Franz Kafka, in: *Universitas* 27 (1972), S. 742.

23 *PT* 28, Nr. 241 (1. IX. 1904), S. 7 f. (»Der kluge Hans und die Wissenschaft«).

24 *PT* 28, Nr. 258 (18. IX. 1904), S. 12 (»Der ›kluge‹ Hans‹ vor der Kommission«).

25 *PT* 28, Nr. 291 (21. IX. 1904), S. 7 (»Der ›kluge Hans‹«).

26 *PT* 39, Nr. 1 (1. I. 1914), *Unterhaltungs-Beilage*, unpaginiert.

27 *DZB* 85, Nr. 66 (7. III. 1912), S. 6 (»Denkende Tiere. Merkwürdige Experimente mit Pferden«).

28 *DZB* 86, Nr. 84 (28. III. 1913), S. 3 (»Prof. Dexler gegen die ›denkenden Pferde‹«) und *PT* 33, Nr. 84 (28. III. 1913), S. 3 (»Professor Dexler gegen die ›denkenden Pferde‹«).

29 *PT* 38, Nr. 86 (30. III. 1913), S. 4 (»Nochmals die ›denkenden‹ Pferde«).

30 Vgl. FK 103, T 68, 269 und 277 f.

31 T 21, 12 und 383.

32 H 325 und *PT* 38, Nr. 60 (2. III. 1913), S. 8.

33 H 304.

34 *PT* 38, Nr. 60 (2. III. 1913), S. 8.

35 *DZB* 86, Nr. 70 (12. III. 1913), S. 5 und Nr. 71 (13. III. 1913), S. 7 f.

36 *DZB* 84, Nr. 48 (17. II. 1911), S. 5.

37 *DZB* 85, Nr. 68 (9. III. 1912), S. 5, vgl. Nr. 61 (2. III. 1912), S. 5.

38 H 237, vgl. 133.

39 *DZB* 84, Nr. 89 (30. III. 1911), S. 5 und 85, Nr. 334 (8. XII. 1912), S. 6, vgl. 84, Nr. 71 (12. III. 1911), S. 5.

40 *PT* 38, Nr. 49 (19. II. 1913), S. 4.

41 e. d., Ein Hundegenie, in: *PT* 44, Nr. 253 (26. X. 1919), S. 3.

42 S. 782-820, vgl. F 121.

43 Zu den Einzelheiten H. Binder, Motiv und Gestaltung bei Franz Kafka, S. 136 ff.

44 T 442.

45 Vgl. T 444.

46 T 456, vgl. 454 und oben S. 61 f.

47 T 461, vgl. M. Pasley/K. Wagenbach, Datierung sämtlicher Texte Franz Kafkas, in: J. Born/L. Dietz/M.P./P. Raabe/K.W., Kafka-Symposion, Berlin (1965), S. 65.

48 Vgl. auch oben S. 117 f.

49 Expressionismus. Literatur und Kunst 1910-1923. Eine Ausstellung des Deutschen Literaturarchivs im Schiller-Nationalmuseum Marbach a. N., 1960, S. 140.

50 Vgl. O 37 f. und T 524 ff.

51 T 454, vgl. 442: »nichts mehr gearbeitet, zum Teil auch deshalb, weil ich mich fürchtete, eine gestern geschriebene erträgliche Stelle zu verderben.«

52 H 387, vgl. SKA 55 ff.

53 Vgl. oben S. 112-116.

54 Vgl. M. Pasley, Der Schreibakt und das Geschriebene. Zur Frage der Entstehung von Kafkas Texten, in: Franz Kafka. Themen und Probleme, hg. von C. David, Göttingen (1980), S. 18.

55 T 435, vgl. H. Binder, Kafka-Kommentar zu den Romanen, Rezensionen, Aphorismen und zum Brief an den Vater, 2. Auflage, München (1982), S. 177 f.

56 Vgl. T 32.

57 Der Schreibakt und das Geschriebene, S. 18. vgl. oben S. 33 und SKA 39, 42, 45, 48 f. und 52.

58 H 412.

59 H 414.

60 H 204, vgl. 207 und F 400: »daß ich schon der zweiten Frage nicht mehr entsprechen kann [. . .] wenn ich erzähle [Kafka meint: im mündlichen Reden], habe ich meistens ein Gefühl, wie es kleine Kinder haben könnten, die die ersten Gehversuche machen, aber noch nicht aus eigenem Bedürfnis, sondern weil es die erwachsene, tadellos gehende

Familie so will«.

61 H 176, 175 und Br 345.

62 Br 345, vgl. H 175, 413, F 230, 268 und 600.

63 H 294.

64 F 193.

65 So siedelt zum Beispiel Frank Thieß in seinem Roman *Stürmischer Frühling* (1937) Kralls denkende Pferde im Studentenmilieu der Tübinger Altstadt an.

66 H 414: »Die Reizbarkeit, von der Mensch und Tier, wenn sie in der Nacht wachen und arbeiten, ergriffen werden, war in seinem Plan ausdrücklich verlangt.«

67 H 144 f. Datierung: Das Heft, das dieses Erzählbruchstück tradiert, muß früher beschrieben worden sein als dasjenige, das den *Bericht für eine Akademie* enthält. Andererseits hat Kafka seine Affengeschichte schon am 22. April 1917 zusammen mit elf anderen Texten an Martin Buber zur Auswahl für eine Veröffentlichung im *Juden* übersandt. (Vgl. M. Buber, Briefwechsel aus sieben Jahrzehnten, Band 1: 1897 bis 1918, hg. und eingeleitet von G. Schaeder, Heidelberg [1972], S. 491.)

68 T 561, vgl. 219 und F 138.

69 E 194 und T 513.

70 H 84. Der *Bericht für eine Akademie* erschien im November 1917 im *Juden*. Da Kafka, damals in Zürau, die Oktober-Nummer, in der *Schakale und Araber* erstgedruckt wurde, am 19. dieses Monats und die Dezember-Nummer am 11. Dezember in seinem Besitz hatte (vgl. H 71 und 93), muß man davon ausgehen, daß er am 21. November ebenfalls schon das für diesen Monat bestimmte Heft gesehen hatte.

71 Vgl. 275 und oben S. 284.

72 Vgl. H. Wysling, Zu Thomas Manns »Maja«-Projekt, in: P. Scherrer / H. Wysling, Quellenkritische Studien zum Werk Thomas Manns, Bern und München (1967), S. 23 ff.

73 T 445, 455, O 40, F 618 f. und M 223 ff.

74 Br 101.

75 Dresden. Zoo Dresden. Wegweiser, Dresden 1980, S. 4 ff.

76 H 302 (»So wie zum Beispiel der Zirkus von einer Leinwand umspannt ist, also niemand, der nicht innerhalb dieser Leinwand ist, etwas sehen kann«) und T 456.

77 *PT* 34, Nr. 248 (9. IX. 1910), S. 5 (»Hagenbeck«).

78 *DZB* 86, Nr. 111 (24. IV. 1913), Abend-Ausgabe, S. 3 f. (»Karl Hagenbeck. Persönliche Erinnerungen«).

79 Vgl. oben S. 80-82 und 154-160.

80 J. V. Jensen, Hagenbeck, in: *Die neue Rundschau* 20 (1909), S. 1068 f., E 187 und 193.

81 C. Hagenbeck, Von Tieren und Menschen. Erlebnisse und Erfahrungen. Hundertstes bis hundertfünftes Tausend. Bildlich erweitert. Mit

138 zum Teil farbigen Illustrationen, Berlin-Charlottenburg (1914), S. 244, vgl. 242 f., 249 f., 272 und J. V. Jensen, Hagenbeck, S. 1068, der den Hamburger Tierhändler »bald wie ein Laokoon von Schlangen umwickelt« sieht.

82 E 190.

83 S. 415 und 414.

84 Vgl. die Abbildungen S. 388 und 409 f. Über die Vorliebe für Alkohol S. 381 und 413.

85 »Was für ein Sieg dann allerdings [. . .] als ich eines Abends [. . .] eine vor meinem Käfig versehentlich stehengelassene Schnapsflasche ergriff, unter steigender Aufmerksamkeit der Gesellschaft sie schulgerecht entkorkte, an den Mund setzte und ohne Zögern, ohne Mundverziehen, als Trinker vom Fach, mit rund gewälzten Augen, schwappender Kehle, wirklich und wahrhaftig leer trank«. (E 193)

86 S. 460 f.

87 E 195.

88 *PT* 32, Nr. 257 (17. IX. 1908), S. 5 (»Konsul Peter«).

89 *PT* 32, Nr. 258 (18. IX. 1908), S. 7 (»Théâtre Variété«).

90 E 186.

91 *PT* 33, Nr. 266 (26. IX. 1908), S. 9 (»Théâtre Variété«) und Nr. 267 (27. IX. 1908), S. 6 (»Théâtre Variété«).

92 *PT* 32, Nr. 269 (30. IX. 1908), S. 5 (»Konsul Peter beim Zahnarzt«).

93 *PT* 28, Nr. 55 (24. II. 1904), S. 5 (»Der Schimpanse ›Konsul‹ eingegangen«), vgl. B 323 ff.

94 *DZB* 84, Nr. 3 (3. I. 1911), S. 4 (»›Grete‹ im Variété«).

95 *DZB* 85, Nr. 334 (8. XII. 1912), S. 6 (»Hundezirkus und Affenkomödie«).

96 Darüber, auch mit Photos, D. Orendi-Hinze, Rahel Sanzara. Eine Biographie, (Frankfurt/M. 1981), S. 27 ff.

VI

Schreiben als Kur:
Das »Schloß«

1. Der Beginn der Arbeit am Roman

Die Darstellung der Gegebenheiten, die für die Genese des *Schloß*-Fragments verantwortlich sind, wird beträchtlich durch den Umstand erschwert, daß nicht mehr sicher auszumachen ist, wann genau und wo Kafka mit der Arbeit an seinem letzten Roman begonnen hat und in welchem zeitlichen Verhältnis dazu die Niederschrift der anderen während dieser Schaffensphase des Jahres 1922 entstandenen Texte steht. Es gibt zur Lösung dieser Fragen nur wenige indirekte und mehrdeutige Hinweise, die lediglich Plausibilitätserwägungen zulassen.

Malcolm Pasley behauptet in der von ihm betreuten Kritischen Ausgabe des Romans, Kafka habe mit der Konzeption des Textes am 27. Januar 1922 begonnen, also am Tag seiner Ankunft in Spindlermühle im Riesengebirge, wo er bis 17. Februar einen Erholungsurlaub verbrachte. Die Begründung: In dem Tagebuchheft, das Kafka 1922 benützte, sind lediglich die Notizen mit Bleistift geschrieben, die er am 27. Januar in Spindlermühle und am 23. Juni dieses Jahres in Planá an der Luschnitz zu Papier brachte, wo er an eben diesem Tage zu einem mehrmonatigen Aufenthalt eingetroffen war. Beidesmal habe aufgrund des Ortswechsels das gewohnte Schreibzeug nicht zur Verfügung gestanden.[1]

Es ist verlockend, mit den genannten beiden Eintragungen Romanpassagen in Verbindung zu bringen, die ausnahmsweise gleichfalls mit Bleistift geschrieben sind. Es handelt sich dabei einmal um den ersten Teil einer von Kafka dann sofort wieder verworfenen Variante des Romananfangs, die sehr stark vom endgültigen Text abweicht, zum andern um einige Zeilen des Eingangskapitels, in denen K., der angeblich vom Schloß bestellte Landvermesser, den in der Ferne sichtbaren Schloßturm mit dem Kirchturm seines Heimatorts vergleicht, und schließlich um einen Passus etwa vom Umfang einer Druckseite am Schluß des sechzehnten Kapitels.[2]

Die Hypothese, die zuletzt erwähnte Stelle sei am 23. Juni 1922 formuliert worden, scheint überzeugend. Die ihr im Manuskript noch folgenden Teile sind ausnahmslos mit einer Tinte geschrieben worden, deren Färbung sich deutlich von derjenigen unterscheidet, die Kafka im vorausliegenden Textkorpus verwendet hatte. Diese Tinte kann nur noch in einem anderen Schriftträger nachgewiesen werden, der gleichfalls in Planá in Gebrauch war. Kafka hätte also diese Tinte in seinem südböhmischen Urlaubsort vorgefunden oder gekauft und ausschließlich dort benützt.[3] Diese Schlußfolgerung schließt die Behauptung ein, daß er die Arbeit an seinem letzten Roman noch in Planá endgültig aufgab. Ein Schreiben, das er etwa am 10. September 1922 an seinen Freund Max Brod richtete, beweist, daß dies tatsächlich der Fall war.[4]

Die Vermutung, die Bleistiftpassage im sechzehnten Kapitel sei an dem Tag entstanden, an dem Kafka in Planá eintraf, wird dadurch gestützt, daß sie sich ungefähr an der Stelle im Gesamtmanuskript befindet, an der sie aufgrund anderer Erwägungen erwartet werden darf: Da er sehr regelmäßig arbeitete, seine Tagesleistungen wenig schwankten und sich in den Tagebüchern gelegentlich Anspielungen auf Romanszenen erhalten haben, läßt sich errechnen, wie weit er bis zu seiner Abreise aus Prag gekommen sein kann.

Es ist allerdings durchaus nicht sicher, daß der fragliche Text tatsächlich am 23. Juni formuliert wurde. In einem Heft nämlich, das er neben den dem Roman vorbehaltenen Schriftträgern im Frühjahr und Frühsommer 1922 in Gebrauch genommen hatte, erfolgt der Wechsel von der schwarzen zur bläulich-schwarzen Tinte unvermittelt innerhalb eines vergleichsweise kurzen Fragments. Selbst wenn dieser Übergang nicht mitten in einem Satz geschehen sein sollte – Pasley schweigt sich leider über diesen Punkt aus –, wäre es denkbar, daß Kafka schon vor oder nach seiner Ankunft in Planá die etwas anders eingefärbte Tinte kaufte. Es ist nicht unbedingt wahrscheinlich, daß ein nur knapp eine Druckseite umfassendes Erzählstück in Prag begonnen und dann, nach einer Ortsveränderung und einer mindestens einen Tag währenden Unterbrechung, noch um einige Zeilen fortgeführt wurde. In diesem Fall wäre doch mindestens ein deutlicher Duktuswechsel zu erwarten gewesen.[5]

Zu noch viel größeren Schwierigkeiten führt die Auffassung Pasleys, der ursprüngliche Romanbeginn sei am 27. Januar fixiert worden, der gleichfalls mit Bleistift formulierte Passus innerhalb des jetzigen ersten Kapitels aber am Tag vor der Abreise Kafkas in Spindlermühle, also am 16. Februar.[6] Bei diesen Annahmen nämlich hätte er in den drei Wochen, die er in Spindlermühle blieb, nur vierzehn Druckseiten geschrieben – den Satzspiegel der Kritischen Ausgabe als Maß genommen. Das wäre aber nur rund ein Viertel des durchschnittlichen Tagespensums, das sich ergibt, wenn man die vorliegende Textmenge durch die Anzahl der Tage teilt, die für die Konzeption des Romans zur Verfügung standen. Bei dieser Rechnung ist jedoch noch gar nicht berücksichtigt, daß Kafka in allen beobachtbaren Vergleichsfällen im ersten Impetus eines begonnenen Projekts viel mehr zu Papier brachte als in den späteren Arbeitsphasen.[7]

Noch aus einem anderen Grund muß Pasleys These verworfen werden: Warum sollte Kafka am 16. Februar die gewohnte Tinte nicht für die Konzeption seines Romans zur Verfügung gehabt haben, wenn er diese doch am gleichen Tag für eine Tagebuchnotiz und einen Brief an Johannes Urzidil benützte?[8]

Außerdem ist zu bedenken, daß die beiden Bleistiftpassagen des ersten Kapitels selbst für ein normales Tagespensum zu wenig umfangreich sind, besonders die erste, die ja den Beginn der Arbeit am Roman überhaupt bedeutete und mit einer entsprechend hohen Motivation des Schreibers einherging. Andererseits sind Gründe der verschiedensten Art denkbar, die Kafka auch in Prag zur Verwendung eines Bleistifts bewogen haben könnten, der ja während der gesamten Niederschrift des Romans immer wieder gelegentlich als Korrekturstift gedient hat.[9]

So schrieb er beispielsweise während der produktiven Phase im Winter 1916/17 regelmäßig mit Bleistift, weil er sich in dem von seiner Schwester Ottla gemieteten und auch benützten Häuschen in der Alchimistengasse als Gast fühlte, dessen Anwesenheit auf bestimmte Stunden des Tages beschränkt war. Da wollte er keine persönlichen Utensilien herumliegen lassen. Das gewohnte Schreibzeug, Tintenfaß, Federhalter und Löschblatt, das er ja gar nicht täglich in der Jacke hin und her transportieren konnte, blieb in der Wohnung, in der er schlief.

Vergleichbare Gegebenheiten können für das Jahr 1922 vorausgesetzt werden. Kafka lebte damals wieder in der Wohnung seiner Eltern, benutzte aber mehrere Räume: neben einem Hofzimmer, in dem früher Ottla gelebt hatte, das Eßzimmer der Familie und vor allem das elterliche Wohnzimmer und die Küche, die sich, weil sie geheizt waren, in der kalten Jahreszeit zum Schreiben anboten.[10] Unter solchen Bedingungen ist es gut vorstellbar, daß er, etwa vom Schaffensdrang in seinem Zimmer überrascht, zunächst nicht an sein Schreibzeug konnte, weil dieses in einem Nebenzimmer lag, wo jemand schlief oder Angehörige waren, die er nicht stören wollte. Als Vergleichsfall darf angemerkt werden, daß er einmal Felice Bauer auf der Rückseite einer Druckfahne schrieb, weil er sich zu später Stunde nicht im Nebenzimmer Briefpapier holen wollte, oder daß ein andermal die Tinte auszugehen drohte.[11]

Wenn man also überhaupt eine der beiden Bleistiftpassagen des ersten *Schloß*-Kapitels mit dem Aufenthalt Kafkas in Spindlermühle in Verbindung bringen will, dann allenfalls die zweite, die man dann auf den Ankunftstag datieren müßte. Er hätte dann an diesem Abend das bisher Geschriebene oder, wie es seine Gewohnheit war, das zuletzt Geschaffene überlesen, gelegentlich dabei kleine Korrekturen angebracht und schließlich, überwältigt von einer Eingebung, die unabgeschlossene Szene um die Beschreibung des Schloßturms ergänzt, die eigentliche Fortsetzung jedoch auf den nächsten Tag verschoben, an dem die Anstrengungen der Reise schon besser überwunden waren.

In diesem Fall wäre der Roman in Prag begonnen worden, und zwar um den 25. Januar herum. Ob nun diese Annahme zutrifft oder nicht, man hat sich auf jeden Fall vorzustellen, daß Kafka zunächst mit einem immer bereitliegenden Bleistift einsetzte, dann aber noch im gleichen Arbeitsgang zur Tinte überwechselte, wenige Minuten später diesen ursprünglichen Ansatz verwarf und mit der jetzigen Eingangsszene fortfuhr. Nur unter dieser Voraussetzung erreicht die Tagesleistung den für den Schreibbeginn erforderlichen Umfang. Dafür spricht auch, daß der Übergang zur Tinte ohne Änderung im Schriftduktus erfolgt und daß das Schreibmaterial mitten in einem komplizierten Korrekturvorgang gewechselt wird, der sicherlich noch beendet worden wäre, wenn diese Stelle die Zäsur zur produktiven Phase des nächsten Tages hätte bilden sollen.[12] Ja, die Verbesserungen, die am Text vorgenommen wurden, könnten geradezu der Grund gewesen sein, zur Feder zu greifen, weil dadurch die schließlich gewonnene Lesart deutlicher aus dem Wust vielfältiger Streichungen und Überschreibungen hervortrat.

Ein Arbeitsbeginn in Prag ließe sich mit Tagebuchnotizen jener Wochen vereinen, in denen vom Schreiben die Rede ist. In einer Notiz vom 16. Januar 1922 wird dieses hypothetisch als eine, freilich unbegreifliches Genie erfordernde Möglichkeit erwähnt, den Irrsinn zu vermeiden. Am 21. des Monats spricht Kafka von der jedes Maß übersteigenden Schwierigkeit der ihm gestellten Aufgabe, der er sich aber trotzdem stellen müsse, solange er am Leben bleiben wolle – die Struktur der hier verwendeten Metaphorik erinnert an Bilder, mit deren Hilfe er im März dieses Jahres im Tagebuch die Bedingungen seines Schriftstellerdaseins zu erläutern sucht.[13]

Am 24. Januar erwähnt er sein Schreiben im Zusammenhang mit seiner Persönlichkeitsentwicklung und sehnt sich nach der Eigengesetzlichkeit einer Welt, die er durch seine Gestaltungen hervorzubringen imstande war und die ihm innere Bewegungsfreiheit ermöglichte. Am 27. des Monats, in Spindlermühle, ist dann in einer grundsätzlich gehaltenen Aussage vom vielschichtigen Trost des Schreibens die Rede. Es wäre möglich, diese Stelle als erstes Resümee aktueller Schreiberfahrungen zu verstehen. Dann setzt sie aber nicht nur das Vorhandensein von zwei Seiten Bleistifttext voraus, der überdies von so fragwürdiger Qualität war, daß er sofort wieder verworfen wurde, sondern den Überblick über ein ansehnliches Stück Fiktion, das in den vorausliegenden Tagen entstanden zu denken wäre. Nach regelmäßigen täglichen Einträgen seit dem 16. Januar schweigt das Tagebuch bezeichnenderweise am 26. – man könnte sich vorstellen, daß der Roman alle Aktivitäten an sich zog, freilich auch, daß Reisevorbereitungen am Schreiben überhaupt hinderten. Jedenfalls hat Kafka im August 1914 die wohltätige Wirkung, die die Arbeit am *Prozeß* auf ihn ausübte, erst festgehalten, nachdem er sie einige Tage lang beobachtet hatte.[14]

Unterstellt man die gemachten Annahmen als richtig, dann müßte man davon ausgehen, daß Kafka in Spindlermühle regelmäßig am *Schloß* gearbeitet hat, obwohl es dafür kein eindeutiges Zeugnis gibt: Wenn er erst einmal mit einem Projekt begonnen hatte, suchte er es so kontinuierlich wie möglich zu fördern, im Zusammenhang mit der imaginären Erzählwelt zu bleiben, weil seiner Erfahrung nach jede größere Unterbrechung der Qualität des Geschaffenen entscheidend Abbruch tat.[15]

Setzt man überdurchschnittliche Tagesleistungen an, wie sie am

Anfang einer Produktionsphase die Regel waren, dann könnte er in Spindlermühle bis zum Beginn des fünften Kapitels vorgerückt sein. Dort findet sich in der Handschrift ein deutlicher Wechsel im Schriftduktus,[16] der als Folgeerscheinung der Rückreise am 17. Februar interpretierbar wäre. Denn auch die Übersiedlung nach Planá im Juni 1922 ging mit solchen Veränderungen in der Schreibhaltung einher, die sich am besten aus andersartigen äußeren Schaffensbedingungen, größeren Arbeitsunterbrechungen und Schwankungen der psychischen Spannungslage erklären.[17] Ein derart zügiges Fortschreiten der Arbeit am Roman hätte aber optimale Schaffensbedingungen vorausgesetzt, die in Spindlermühle keinesfalls vorhanden waren. Kafka litt teilweise, wie vorher in Prag, an vollständiger Schlaflosigkeit, die seine Schaffenskraft schwer beeinträchtigen mußte, und einmal benötigte er zwei Tage, um sich in die in Spindlermühle herrschenden Verhältnisse einzubürgern.[18] Die Tagebucheintragungen dieser Wochen zeigen dann auch, daß er, obwohl beziehungslos bis zur äußersten Isolation, die Nähe anderer suchte, während er später in Prag, ganz auf sein Schreiben konzentriert, sogar den Kontakt mit guten Freunden als Störung empfand.[19]

Man darf außerdem nicht vergessen, daß er in Begleitung des ihn behandelnden Arztes nach Spindlermühle gekommen war, also Kurverordnungen zu erfüllen hatte, und daß der Hotelbetrieb ihn gewiß daran hinderte, sich wie später in Prag regelmäßig abends um sieben Uhr an den Schreibtisch zu setzen.[20]

Angesichts dieser Fakten scheint die Behauptung realistischer, daß er in Spindlermühle überhaupt nicht zum Schreiben kam. Wenn man trotzdem daran festhalten will, daß er in diesen Wochen seinen Roman vorantrieb, müßte man von geringeren Tagespensen ausgehen und einen Duktuswechsel, der im Manuskript des *Schloß*-Romans gegen Ende des zweiten Kapitels auffällt, mit der am 17. Februar erfolgten Rückkehr nach Prag in Verbindung bringen. Es handelt sich um die Szene, die K.s ersten Besuch bei der Familie des Barnabas schildert. Die neue Schreibhaltung beginnt mit einer fast drei Druckseiten umfassenden Passage, die nach der Niederschrift sofort wieder ersatzlos gestrichen wurde. Sie enthält Handlungselemente, auf die Kafka auch an späteren Stellen des Romans nicht mehr zurückkam,[21] dokumentiert also, zum erstenmal in der Handschrift, daß er Schwierigkeiten mit der Führung des Handlungsablaufs hatte.

Aber welchen chronologischen Ansatz man auch für richtig hält – er hat Folgen für die Datierung der Erzählung *Erstes Leid*. Hier zunächst die Quellenlage: Kafka hatte im Oktober 1921 alle zwölf bis zu diesem Zeitpunkt existierenden Tagebuchhefte seiner Freundin Milena Jesenská zur Einsichtnahme überlassen. Vor dieser Übergabe hatte er aus dem letzten Quartheft die noch nicht beschrifteten acht Blätter herausgerissen und zurückbehalten, weil er das gute Papier aus der Vorkriegszeit noch verwenden wollte. Fünf davon haben sich erhalten. Sie bildeten ursprünglich, wie die Reißspur erkennen läßt, die Blätter fünfzehn bis neunzehn des zwölften Tagebuchheftes.

In ähnlicher Weise hat er fünf weitere, nur teilweise identifizierbare Hefte ausgebeutet und erhielt so ein Blätterkonvolut, das er in einen Wachstuchdeckel entsprechender Größe einlegte. Dadurch entstand ein Schriftträger, der nach Beschaffenheit und Umfang den Quartheften ähnelte, die er bisher als Tagebücher, aber auch für die Konzeption größerer Werke (wie zum Beispiel der *Verwandlung*) verwendet hatte. Kafka nahm ihn 1922 für die Niederschrift der ersten viereinhalb *Schloß*-Kapitel in Gebrauch. Unter den siebenunddreißig Blättern, auf denen er diesen Text niederlegte, befinden sich auch vier aus dem zwölften Tagebuchheft, die den Schluß des vierten Kapitels überliefern. Ein weiteres, als neunzehntes ursprünglich diesem Tagebuchheft zugehörig, benützte er für die Erstniederschrift des *Ersten Leides*.[22]

Pasley vertritt nun die in der Tat bestechende These, dieses Blatt sei zusammen mit seinen vier Nachbarn aus dem Tagebuchheft in das *Schloß*-Konvolut gelangt und im Anschluß an diese beschriftet worden. Ein Schriftvergleich zwischen dem vierten Romankapitel und der Erzählung stütze diese Vermutung, deren Wahrscheinlichkeit sich noch dadurch erhöhe, daß zum fraglichen Zeitpunkt erstmalig eine Stockung in der bisher flüssigen Niederschrift des Romans eingetreten sei – eine Voraussetzung dafür, daß sich Kafka mit dem Gedanken trug, *Erstes Leid* zu schreiben.[23]

Wenn man diese Rekonstruktion für zutreffend hält, dann impliziert dies mit einiger Wahrscheinlichkeit, daß die produktive Phase von 1922 unmittelbar mit der Konzeption des Romans begann, dieser also keinerlei kleinere Schreibversuche vorhergingen. Nun benützte aber Kafka in diesem Jahr neben dem jeweiligen Schriftträger, der für das Großprojekt reserviert war, noch zwei weitere Quarthefte, in denen alle übrigen literarischen Texte überliefert sind, die bis zum August 1922 entstanden. Das eine Heft, das später, in Planá, als schon alle einigermaßen freien Quarthefte für die Fixierung des *Schloß*-Textes verbraucht waren, den Schlußteil des Romans aufnehmen sollte, war nur einige Zeit während und nach der Ausformulierung des *Hungerkünstlers* in Gebrauch und diente anschließend wahrscheinlich als Papierlieferant, so daß es im vorliegenden Zusammenhang unberücksichtigt bleiben kann. Das andere aber war im Jahr 1922 nicht mehr ganz unbeschriftet, sonst wäre es natürlich vorrangig für das *Schloß* bereitgestellt worden. Es enthielt ein kurzes Textstück aus dem Jahr 1915 und sechs weitere kleine Fragmente, die nach Ausweis der Handschrift ebenfalls vor 1922 formuliert worden sein müssen. Der achte und die ihm folgenden Texte ähneln im Schriftbild dem *Schloß*-Manuskript, sind also zeitgleich mit diesem.[24]

An sechzehnter Stelle steht die Erzählung *Ein Hungerkünstler*, der nach Pasley am 23. Mai geschrieben wurde. Unter dem Datum des 25. Mai nämlich findet sich in Kafkas Tagebuch die bisher ungedruckte lakonische Notiz: »Vorgestern ›H. – K‹«, mit der nur diese Erzählung gemeint sein kann.[25] Die Abkürzung entspricht Kafkas sonstiger Praxis, auch ergibt sich aus der Druckgeschichte des *Hungerkünstlers*, daß das Manuskript spätestens Anfang Juni an die Redaktion der *Neuen Rundschau* geschickt worden sein muß, die es in der Oktobernummer dieses Jahres veröffentlichte.

Wenn nun Kafka das von ihm zusammengestellte Konvolut der Niederschrift des Romans vorbehielt, warum benützte er dann für die Ausarbeitung des *Ersten Leides* nicht das teilweise schon beschriebene Heft, wie er dies später im Fall des *Hungerkünstlers* tat? Wenn Pasley recht hat und Kafka in Spindlermühle außerdem überdurchschnittlich viel schrieb, ist die Lösung dieser Frage einfach: Kafka wollte dort seinen Roman fördern und hatte neben seinem Tagebuch, das zur Not gleichfalls literarische Arbeiten aufnehmen konnte, nur das dafür vorbereitete Heft mitgenommen. Als sich ihm während der Arbeit am *Schloß* die Erzählung aufdrängte, opferte er ein Blatt des aufgeschlagen vor ihm liegenden Konvoluts.

Falls jedoch *Erstes Leid* im Lauf des März in Prag entstanden sein sollte, läßt sich die Art der Überlieferung auf ähnliche Weise erklären. Man hätte dann entweder anzunehmen, daß das Hungerkünstlerheft zum fraglichen Zeitpunkt zufällig nicht zur Verfügung stand, weil es Kafka verlegt hatte. Das wäre bei der notorischen Unordnung, die auf seinem Schreibtisch zu herrschen pflegte, nicht verwunderlich. Diese hat in vergleichbaren Fällen dazu geführt, daß er Unterlagen nicht zur Hand hatte, wenn er sie benötigte.[26] Oder man müßte davon ausgehen, daß das Heft noch gar nicht wieder in Gebrauch genommen war, als er den Einfall zum *Ersten Leid* hatte, so daß er auf den Schriftträger zurückgriff, der ihm in diesem Moment allein als Papierlieferant diente.

Die vorgetragenen Rekonstruktionen stellen sich allerdings bei genauerer Betrachtung allesamt als wenig zwingend dar. Es gibt kein Indiz dafür, daß das Blatt, das Kafka für die Niederschrift der Erzählung verwendete, bei der Zusammenstellung des Konvoluts wirklich hinter die vier Blätter zu liegen kam, mit denen es aus dem zwölften Tagebuchheft herausgerissen wurde. Kafka hat beispielsweise zehn Blätter, die er zusammen aus einem anderen Wachstuchheft heraustrennte, dem *Schloß*-Konvolut so einverleibt, daß eines davon separat zu liegen kam. *Erstes Leid* könnte also zu einem Zeitpunkt entstanden sein, als die Arbeit am Roman noch gar nicht bis zum vierten Kapitel gediehen oder aber, gerade umgekehrt, schon etwas darüber hinaus fortgeschritten war.[27]

Das gilt vor allem dann, wenn man sieht, daß von tiefergehenden Schreibschwierigkeiten am Ende des vierten Kapitels keine Rede sein kann. Zwar zeigt die Handschrift an dieser Stelle viele Korrekturen, aber dabei handelt es sich um stilistische Besserungen und das Problem, die Hauptfigur des Romans auf möglichst ökonomische Weise vom Gasthaus Zur Brücke in das Haus des Dorfvorstehers gelangen zu lassen. Eine Irritation hinsichtlich des Handlungsgangs ist aus diesen Varianten keineswegs ablesbar.[28]

Auch ist in keiner Weise gesichert, ob Kafka überhaupt schon mit der Arbeit am *Schloß* begonnen hatte, als er *Erstes Leid* niederschrieb. Es läßt sich nämlich nicht beweisen, daß das Blatt, das die Erzählung überliefert, jemals in das Konvolut gelangt ist. Drei weitere Blätter, die Kafka ebenfalls im Oktober 1921 dem zwölften Tagebuchheft entnahm, sind entweder gar nicht in das Konvolut aufgenommen oder aus ihm wieder entfernt worden, bevor es seiner endgültigen Bestimmung zugeführt wurde. Das Blatt, das er für die Niederschrift des *Ersten Leides* verwendete, könnte das gleiche Schicksal gehabt haben.

Die Annahme Pasleys, Kafka habe vor der Abreise nach Spindlermühle überstürzt das Konvolut zusammengestellt, weil er dort mit dem Roman beginnen wollte,[29] hat angesichts der Tatsache wenig Überzeugungskraft, daß ein Teil der hier vereinten Blätter schon im Oktober des Vorjahrs als Papiervorrat angelegt und nachweislich zum Teil zwischenzeitlich verbraucht wurde.

So gesehen könnte *Erstes Leid* schon im Januar 1922 entstanden sein, die produktive Phase dieses Jahres eingeleitet haben. Daß die Erzählung ein Denkbild veranschaulicht und entfaltet, das Kafka in gleichzeitigen Tagebucheintragungen immer wieder als Strukturmuster für sein eigenes Schicksal heranzieht und, wie sich noch zeigen wird, dem *Schloß* als Erzählidee zugrunde liegt, spricht gewiß nicht gegen eine solche chronologische Fixierung.

Was schließlich die Ähnlichkeit im Schriftduktus mit dem Ende des vierten Romankapitels angeht, so läßt die Abbildung in der Kritischen Ausgabe erkennen, daß das Blatt enger beschriftet ist als die ihm gegenübergestellte Romanseite. Es enthält zwei Zeilen mehr, außerdem hat Kafka die Ränder besser ausgenützt, so als ob er Angst gehabt habe, den Text nicht vollständig auf dem Blatt unterbringen zu können. Pasley selbst hat in einer früheren Untersuchung, in der er Beziehungen zwischen den Besonderheiten der von Kafka gewählten Schriftträger und den darauf niedergelegten Erzählinhalten herstellen möchte, das *Erste Leid* als Beispiel dafür herangezogen, wie sich der Schreiber durch, vielleicht bewußte, Beschränkung des ihm zur Verfügung stehenden Raumes zu konzentrierter Formulierung anzuhalten suchte: Indem er ein einzelnes Blatt vor sich hinlegte, wies er sich gleichsam den knappen Exerzierplatz an, auf dem er »seine schwierigen und beängstigenden schriftstellerischen Turnkunststücke« ausführte, »welche diese kleine Geschichte darstellt und zugleich in sich selbst, als Schreibakt, verkörpert«.[30]

Wie mehrdeutig die Befunde sind, aus denen der Beginn der produktiven Phase von 1922 erschlossen werden muß, zeigt sich daran, daß es genügend Argumente für die Auffassung gibt, Kafka habe sich erst nach der Rückkehr aus Spindlermühle zur Arbeit an seinem Roman entschlossen. Sie sind zum Teil grundsätzlicher Natur und insgesamt so gewichtig, daß sie durch die vorhandenen, schon vorgetragenen Gegengründe nicht mehr neutralisiert werden können.

So erscheint es aus schaffenspsychologischen Erwägungen heraus fast undenkbar, daß Kafka wenige Tage vor dem Antritt einer längeren Reise ein Großprojekt in Angriff genommen haben sollte, wobei noch verschärfend ins Gewicht fällt, daß er über ein

Jahr lang ohne jede Schreibpraxis war. Denn ein solcher Aufenthalt außerhalb Prags bedeutete doch schon wegen der zu erwartenden Eingewöhnungsprobleme eine Störung der erforderlichen Schreibkontinuität, die der Qualität des Geschaffenen abträglich war. Gerade in diesem Winter beklagte er die Abhängigkeit seines Schreibens von unbedeutenden Äußerlichkeiten, ein Umstand, der bezeichnenderweise in den Roman Eingang fand.[31] Das hätte ihn zögern lassen, das Vorhaben durch unzeitiges Beginnen in Frage zu stellen, denn das Datum der Abreise nach Spindlermühle war ihm seit vielen Wochen genau bekannt.[32]

Einschlägige Erfahrungen in dieser Beziehung lagen genügend vor: Die Konzeption der *Verwandlung* hatte durch eine Dienstreise gelitten, die während der Niederschrift des zweiten Kapitels durchzuführen gewesen war.[33] Den *Dorfschullehrer*, auf den er schon eine Woche verwendet hatte, vermochte er gegen seine Erwartung während der Urlaubstage nicht zu vollenden, die er zusammen mit Max Brod in Kuttenberg verbrachte, den *Prozeß* nicht angemessen fortzusetzen, nachdem er wieder in Prag war.[34]

So begann er immer dann literarisch zu arbeiten, wenn er solche außerhalb Prags verlebten Zeitabschnitte, während der er seine als Schreibvoraussetzung nötige Tageseinteilung nicht befolgen konnte, hinter sich gebracht hatte: *Die städtische Welt* entstand im Anschluß an zwei ausgedehnte, dienstlich bedingte Aufenthalte in Nordböhmen; der *Prozeß* nach einem in Marielyst verbrachten Sommerurlaub; *Blumfeld, ein älterer Junggeselle* wurde kurz nach der Wiederbegegnung mit Felice in Angriff genommen, die in Bodenbach stattgefunden hatte; und die produktive Phase des Jahres 1920 folgte unmittelbar auf das Zusammentreffen mit Milena Jesenská in Gmünd an der tschechisch-österreichischen Grenze.[35]

Die Schwierigkeiten werden nicht geringer, wenn man annimmt, das *Schloß* sei seit dem 27. Januar in Spindlermühle fixiert worden. Denn fast alle Werke Kafkas sind in Prag konzipiert worden, wo er seine persönlichen Verhältnisse als besonders quälend empfand. Von den dort angefangenen Texten hat er versucht, die erste Fassung des *Verschollenen*, den *Dorfschullehrer* und das *Schloß* an anderen Orten fortzuführen, letzteres allerdings schon unter den Ausnahmebedingungen, die durch seine Beurlaubung vom Dienst gegeben waren. Vollständig außerhalb Prags sind nur einige kurze Texte entstanden, und zwar nach längerer Eingewöhnung während der Zürauer Monate,[36] sowie natürlich *Eine kleine*

Frau und *Der Bau*, die dem Berliner Aufenthalt von 1923 entstammen. Da Kafka jedoch damals beschlossen hatte, nicht mehr in seine Heimatstadt zurückzukehren, handelte es sich in diesem Fall um eine Übersiedlung auf Dauer, die mit seinen anderen Reisen nicht zu vergleichen ist. Tatsächlich dauerte es nur einige Wochen, bis ihn die Prager Probleme eingeholt hatten, bis er, gepeinigt von inneren Gesichten, sich wieder vor die Notwendigkeit gestellt sah, sich als Schriftsteller produktiv mit den ihn bedrückenden Lebensumständen auseinanderzusetzen.[37] So könnte man höchstens vermuten, daß er Anfang Februar, als ihn in Spindlermühle die Prager »Gespenster« aufstöberten,[38] zur Feder gegriffen haben könnte.

Allerdings enthalten die Lebenszeugnisse keine eindeutigen Hinweise darauf, daß er in Spindlermühle tatsächlich geschrieben hat – die Notiz vom 27. Januar kann natürlich auch als grundlegende Reflexion zu diesem Problemkreis verstanden werden, als abschließende Fixierung von Argumenten, die eine ihn seit Wochen beschäftigende Frage entscheiden helfen sollte.

Zu dieser Deutung paßt ein an Brod gerichteter Brief vom 3. Februar, in dem es heißt: »Liebster Max, schade, schade, daß Du nicht *ein paar Tage* kommen kannst, wir würden, wenn das Glück es wollte, den ganzen Tag bergsteigen, rodeln [. . .] und schreiben und besonders durch das letztere das Ende, das wartende Ende, ein friedliches Ende herbeirufen, beschleunigen, oder willst Du das nicht?«[39] Denn es handelt sich hier nicht nur um eine hypothetische, gar nicht realisierbare Aussage, sondern ernsthaftes Schreiben war auch für Kafka mit den andern von ihm erwähnten Tagesbeschäftigungen nicht zu vereinen, wie der Briefempfänger wohl wußte: Kafka hätte sich durch Schlaf am Nachmittag (der wegen des Hotelbetriebs nicht möglich war)[40] und einsame Spaziergänge am frühen Abend für die sich dann anschließende Schreibphase vorbereiten müssen. Die Formulierungen sind also eher als Wunschtraum und Veranschaulichung der Bedeutung gedacht, die Brods Freundschaft und die literarische Arbeit für den Schwerkranken möglicherweise haben könnten.

Verdacht erwecken außerdem die Tagebucheintragungen aus Spindlermühle: Ist es wahrscheinlich, daß neben der eben begonnenen Arbeit am Roman ein so ganz andersartiger Erzählansatz realisiert worden wäre, wie er unter dem Datum des 10. Februar überliefert ist? Sieht dies nicht wie ein allererster Schreibversuch aus, der Kafka »die Zunge [. . .] lösen« sollte?[41]

Vor allem aber sind diese in Spindlermühle formulierten Notizen vergleichsweise sehr ausführlich gehalten, zeigen, wenn man so sagen darf, eine ungewöhnliche Weltläufigkeit, ein facettenreiches Bild der äußeren Umgebung Kafkas, das schwer mit einer Konzentration auf das Schreiben vereinbar scheint. Unmittelbar nachdem er nach Prag zurückgekehrt war, ändern sich die Tagebucheintragungen grundlegend: Sie werden sehr kurz, und es sind jetzt gelegentlich Tage übersprungen, so als ob alle Schreibenergie in andere Kanäle fließe; seit April werden sie zwar wieder umfangreicher, dafür aber noch unregelmäßiger. Sollte da die Formulierung »Merkliches Mißlingen«, die am 20. Februar erscheint, nicht den verworfenen Romananfang meinen? Die vier folgenden Tage, die ohne Eintrag bleiben, auf ihre Weise Zeugnis ablegen für den ersten Schaffensrausch?[42]

Es ist nicht schwierig, die schon erwähnten Änderungen im Schreibduktus der *Schloß*-Handschrift mit der neuen Chronologie in Übereinstimmung zu bringen. Die andere Schreibhaltung, die im zweiten Kapitel zu beobachten ist, könnte auf eine mehrtägige Bettlägrigkeit Kafkas Anfang März zurückgehen, diejenige im fünften Kapitel auf die Aufregungen und Ablenkungen, die Mitte des Monats die Lektüre von Hans Blühers antisemitischer Streitschrift *Secessio judaica* verursachte.[43]

Selbst die Formulierung, mit der Kafka seinem Freund Robert Klopstock gegenüber Ende März 1922 die Wiederaufnahme seiner literarischen Tätigkeit anzeigt, legt nicht den Schluß nahe, als ob dieser am frühen Abend beginnenden Arbeit, die allein in Prag möglich war, eine nur unter anderen Bedingungen mögliche Schaffensphase in Spindlermühle vorausgegangen sei: »Ich habe, um mich von dem, was man Nerven nennt, zu retten, seit einiger Zeit ein wenig zu schreiben angefangen, sitze von sieben Uhr abends etwa beim Tisch.«[44] Und sollte er wirklich seinem Intimus Brod erst sieben Wochen nach Schreibbeginn zum erstenmal aus dem *Schloß* vorgelesen haben – es geschah dies am 15. März –, wenn dieser Abstand beim *Verschollenen* nur zwölf Tage betrug?[45]

Weiter fällt ins Gewicht, daß Kafka immer einige Wochen Inkubationszeit benötigte, in der das ihn belastende Ereignis oder ihn deprimierende Verhältnisse so weit von der produktiven Einbildungskraft vorverarbeitet wurden, daß eine flüssige, inspirierte

Niederschrift möglich war. Beim *Urteil* betrug diese vorbereitende Phase (von der ersten Zusammenkunft mit Felice Bauer aus gerechnet) sechs, beim *Prozeß* sogar acht Wochen, wenn man als Auslöser den Tag der ersten Entlobung am 14. Juli 1914 nimmt – in diese Zeit fällt eine Reise, auf der sich der Entlobte theoretisch mit seiner mißlichen Lage auseinanderzusetzen suchte.[46] Ein entsprechender Abstand wäre zwischen dem in der zweiten Januarwoche des Jahres 1922 erfolgten Nervenzusammenbruch, der, mehreren Briefzeugnissen zufolge, den Beginn der Arbeit am *Schloß* letztlich veranlaßt hat,[47] und der eigentlichen Niederschrift des Romans anzusetzen.

Und schließlich als letztes Argument dafür, daß Kafka erst nach der Rückkehr aus Spindlermühle wieder literarisch aktiv war: Schon in das erste Romankapitel sind Motive, Erlebniselemente und Beobachtungen eingegangen, die er dem Aufenthalt im Riesengebirge verdankt.[48] Ein früherer Schreibbeginn würde die freilich unter Literaturwissenschaftlern verbreitete Auffassung notwendig machen, Kafka, dessen Leben dann nur Schreiben war, habe seine Erlebnisse in Spindlermühle nach dem schon vorliegenden Romantext stilisiert. Kafka war aber zu keiner Zeit seines Lebens so verwirrt, daß er in seinen Aufzeichnungen die beiden Bereiche nicht hätte auseinanderhalten können.[49]

Wie man auch immer die vorhandenen handschriftlichen Zusammenhänge verstehen mag – Kafka muß entweder mit dem *Schloß* oder mit dem *Ersten Leid* begonnen haben, weil sich nur so einigermaßen erklären läßt, daß diese Erzählung nicht im Hungerkünstlerheft überliefert ist. Die acht Fragmente, die dem *Hungerkünstler* im Manuskript vorhergehen und nach Ausweis der Schrift dem Jahr 1922 angehören, müssen also vom Frühjahr dieses Jahres stammen. Das scheint folgerichtig: Ein Blick auf die Handschrift des Romans zeigt, daß die Darstellungsprobleme um so größer wurden, je weiter die Arbeit fortschritt. Mit dem fünften Kapitel, das spätestens Ende März entstanden sein muß, lockert sich die Linearität des Schreibprozesses, die bis dahin weitgehend gewahrt gewesen war – abgesehen von den beiden variantenreichen Stellen im zweiten und vierten Kapitel, von denen schon die Rede war.

Die Formulierungsschwierigkeiten wurden jetzt immer auffälliger, längere Lesarten stilistischer und inhaltlicher Natur immer zahlreicher, die Konzentration auf das eine Werk scheint nachzulassen, ein Vorgang, der sicherlich mit der Konzeption des *Verschollenen* und des *Prozeß*-Romans verglichen werden kann: Die *Verwandlung* und *In der Strafkolonie* wurden geschrieben, nachdem Kafka jeweils ungefähr zwei Monate auf die Großprojekte verwendet hatte. Jetzt, im April 1922, war es wieder so weit: Andere Erzählideen drängten sich auf, er suchte und fand dafür einen zusätzlichen Schriftträger, der die acht Fragmente und den *Hungerkünstler* genau so aufnahm wie elf weitere unvollendete Prosastücke, die alle noch vor der Abreise nach Planá entstanden sind.[50]

Mit dieser Rekonstruktion wäre auch ein gewisser zeitlicher Abstand zwischen der Niederschrift des *Ersten Leides* und des *Hungerkünstlers* gewahrt, dessen Annahme aus schaffenspsychologischen Erwägungen heraus unabdingbar erscheint: Niemals hat Kafka in engem zeitlichem Abstand zwei Erzählungen fertigstellen können.

Das Gesagte bedeutet noch keineswegs, daß der *Hungerkünstler* tatsächlich erst am 23. Mai konzipiert worden ist. Die Tagebuchnotiz vom 25. dieses Monats könnte beispielsweise nur auf den Abschluß der Arbeit an diesem Text verweisen. Es ist wenig wahrscheinlich, daß der schwerkranke, dauernd gegen Ermüdungszustände ankämpfende Kafka,[51] der pro Tag höchstens drei Druckseiten an seinem Roman vorankam, noch fähig gewesen sein sollte, eine Erzählung, die im Umfang an das *Urteil* heranreicht, in einem einzigen Arbeitsgang zu vollenden. Außerdem ist zu bedenken, daß eine Tagebuchnotiz, die lediglich Entstehung oder Abschluß einer Erzählung vermerkt, ein Einzelfall wäre.

Gegen die Auffassung, daß der *Hungerkünstler* erst am 23. Mai beendet wurde, spricht weiter, daß Kafka mit Ausnahme des *Berichts für eine Akademie* und des *Urteils*, das ihm nie wieder erreichbarer Beispielfall inspirierter Produktion war,[52] sich erst Wochen oder Monate nach der Fertigstellung einer Erzählung zur Veröffentlichung zu entschließen pflegte. *Erstes Leid* zum Beispiel, das spätestens Anfang März entstanden sein kann, schickte er in den ersten Maitagen an Hans Mardersteig, obwohl dieser schon im Dezember des Vorjahres in einem herzlich, aber zugleich dringlich gehaltenen Schreiben um einen Beitrag für den von ihm herausgegebenen *Genius* gebeten hatte.[53]

Wäre der *Hungerkünstler* erst am 23. Mai abgeschlossen worden, hätte Kafka unmittelbar danach die erforderlichen Schritte zur Veröffentlichung unternehmen müssen: Bis zum folgenden Monatswechsel hätte er den Text für den Druck bearbeiten, abschreiben, Brod zur Kenntnis bringen, die verschiedenen Publikationsmöglichkeiten bereden und die Versendung des Manuskripts bewerkstelligen müssen. Denn spätestens in der dritten Juniwoche hatte Brod schon von Rudolf Kayser die Nachricht erhalten, die Erzählung sei für die *Neue Rundschau* angenommen,[54] eine Entscheidung, die, wegen der komplizierten redaktionellen Struktur der Zeitschrift, nicht an einem Tag gefallen sein kann.[55]

Die Tagebuchnotiz vom 25. Mai könnte also vielleicht nur besagen wollen, daß die Erzählung, die in jedem Fall als im Frühjahr 1922 entstanden zu denken ist, an diesem Tag vorgelesen, druckfertig gemacht oder verschickt wurde. Derartige Tagebuchvermerke gibt es nämlich auch zu anderen Texten.[56]

2. Entstehungsgeschichtliche Besonderheiten

Trotz der Schwierigkeiten, den Zeitpunkt genau zu bestimmen, an dem Kafka mit der Arbeit am *Schloß* begann, ermöglichen es die vorstehenden Analysen und Erwägungen, einen zutreffenden Eindruck von den besonderen Gegebenheiten zu gewinnen, die die Voraussetzung für die Niederschrift des Romans bildeten.

Ist zunächst überhaupt erstaunlich, daß Kafka sich wieder schriftstellerischer Arbeit zuwandte, so muß darüber hinaus überraschen, daß er sofort mit einem Roman begann. Das gilt selbst dann, wenn die kurze Erzählung *Erstes Leid*, die ihn übrigens in keiner Weise überzeugte,[57] die ganze Schaffensphase eingeleitet haben sollte. Seine Lebenszeugnisse belegen nämlich, daß die Unzufriedenheit mit den Ergebnissen seines Schreibens seit der Konzeption des *Urteils* dauernd gewachsen war und schon während der Zürauer Monate einen Grad erreicht hatte, der ihn mehr oder weniger als Autor verstummen ließ.[58] Er definierte jetzt die Kunst als ein bloßes von der Wahrheit Geblendetsein und ordnete in seinen beiden Testamenten, die zwischen 1919 und 1923 entstanden sein müssen, die Vernichtung aller ungedruckten Werke an.[59]

Die Kluft zwischen seiner traumhaften inneren Welt und den Texten, die sie repräsentieren sollten, war offenbar so groß geworden, daß weitere Versuche in dieser Richtung sinnlos schienen. Sie waren sogar gefährlich, weil die Schlüsse, die das Geschriebene nahelegte, auf falschen Voraussetzungen beruhten und Fehldeutungen der eigenen Lage Vorschub leisteten: Das Schreiben hatte Kafka ja die Möglichkeit gegeben, autobiographische Konstellationen gleichsam experimentell auf mögliche Entwicklungslinien hin zu durchforschen, denn durch die literarische Gestaltung wurde das unübersehbare psychische Material begrenzt, objektiviert, beurteilbar.[60]

Waren diese Lehren 1922 schon wieder vergessen? Dies wäre angesichts der Tatsache besonders bemerkenswert, daß der letzte Schreibversuch im Herbst 1920 ausnahmslos nur klägliche Fragmente oder nicht der Veröffentlichung werte Kurzprosa hervorgebracht hatte. Aber selbst wenn die Bedenken nicht bestanden hätten, war doch schwer an der Einsicht vorbeizukommen, daß großangelegte Romanprojekte schon zweimal gescheitert, nämlich bruchstückhaft geblieben waren, während demgegenüber der Abschluß von Erzählungen immer wieder gelang. Dabei fällt noch erschwerend ins Gewicht, daß beispielsweise der allein erhaltenen zweiten Fassung des *Verschollenen* die glückhafte Niederschrift des *Urteils* unmittelbar vorausgegangen war, die erwarten ließ, daß dadurch auch die für das epische Großwerk notwendige Schaffenskraft zu entbinden war.

Solche Überlegungen verdeutlichen, daß die Schaffensphase von 1922 teilweise unter anderen Bedingungen gestanden haben muß als etwa diejenige der Jahre 1912 bis 1915. Das zeigt sich zunächst auf einer ganz äußerlichen Ebene: Der *Verschollene* und der *Prozeß*, die sich der aktive Versicherungsangestellte Kafka in nächtlichen Stunden abgerungen hatte, überzeugten ihn wenigstens in Teilen, ein Sachverhalt, der sich daran ablesen läßt, daß er aus beiden Romanen einzelne Partien veröffentlichte. Den *Heizer* scheint er sogar qualitativ höher geschätzt zu haben als jedes andere Werk.[61]

Demgegenüber fällt auf, daß er dem *Schloß* von Anfang an keinerlei künstlerischen Wert beimaß, obwohl er doch jetzt zum erstenmal die idealen Schreibbedingungen, die seit seiner Erkrankung gegeben waren, in größerem Maße auszunützen vermochte. Die von ihm immer wieder ersehnte zusammenhängende Arbeit bis spät in die Nacht hinein, die nicht am nächsten Morgen im Büro abzubüßen war – jetzt vermochte sie Wirklichkeit zu werden. Denn Kafka war krankheitshalber beurlaubt, würde nicht in die Arbeiter-Unfall-Versicherungs-Anstalt zurückkehren müssen. Die Pensionierung wurde, nach langem Hin und Her, mit Wirkung vom 1. Juli 1922 ausgesprochen. Er hatte also, seit Ende Februar dieses Jahres durch Kurverordnungen nicht mehr belastet, Monate vor sich, die er ausschließlich für seine literarische Arbeit verwenden konnte.

Trotzdem schrieb er, wahrscheinlich im April 1922, an Robert Klopstock: »dieses Schreiben ist mir in einer für jeden Menschen um mich grausamsten [. . .] Weise das Wichtigste auf Erden [. . .] Das hat mit dem Wert des Schreibens [. . .] gar nichts zu tun, den Wert erkenne ich ja übergenau, aber ebenso auch den Wert, den es für mich hat«.[62] Objektiv gesehen, so muß man die Aussage lesen, ist diese Produktion also nach Ansicht des Schreibers wertlos. Diese Deutung kann nicht durch den Hinweis relativiert werden, der Brief solle begründen, warum sich Kafka von dem um ihn werbenden Klopstock zurückzieht. Das ist zwar zutreffend, aber Kafka hat sich auch Max Brod gegenüber in vergleichbarer Weise geäußert, wenn er meint, der Roman sei nur zum Geschrieben-, nicht zum Gelesenwerden da.[63]

Daß diese beiden bezeichnenden Urteile nicht etwa durch depressive Phasen erklärt werden können, die sein Schreiben zeitweise begleiteten, beweist ein Brief, den er im September 1923 an Carl Seelig richtete. Er war die Antwort auf die Bitte Seeligs, ihm für eine geplante Buchreihe einen Beitrag zur Verfügung zu stellen: »Was aus früherer Zeit an Geschriebenem vorliegt, ist gänzlich unbrauchbar, ich kann es niemandem zeigen; in letzter Zeit aber bin ich weit abseits vom Schreiben getrieben worden.«[64] Diese aus größerer zeitlicher Distanz formulierte Bewertung kann sich nur auf das *Schloß* beziehen. Tatsächlich hat er keine Zeile aus dem Roman veröffentlicht, auch nicht zu einem späteren Zeitpunkt, als er sich, in finanzieller Notlage, sogar bereit erklärte, Teile aus der *Betrachtung* nachdrucken zu lassen, die er in seiner letzten testamentarischen Verfügung als einziges seiner gedruckten Werke für ungültig und mißlungen erklärt hatte.[65]

Man kann keineswegs behaupten, daß Kafkas Schaffenskraft während der Niederschrift des Romans vorzeitig versiegt sei. Einerseits nämlich war er der Auffassung, daß die seit Ende Juni 1922 in Planá entstandenen Romanteile besser gelungen seien als die vorher in Prag geschriebenen, eine Bewertung, die der heutige Betrachter des Werks durchaus nachvollziehen kann, man denke nur an Bürgels Reden und die nachfolgende Aktenverteilung, die im ganzen Spätwerk ihresgleichen sucht. Nebenbei ist diese Gewichtung ein Argument dafür, daß er 1922 wirklich mit dem *Schloß* einsetzte – er war zu Beginn dieser produktiven Phase noch nicht so völlig in seine Arbeit eingegraben, noch nicht gleich im vollständigen Besitz seiner Schaffenskraft, während er umgekehrt das Eingangskapitel des *Verschollenen* für das beste des ganzen Romans hielt, denn seine Ausformulierung stand gewissermaßen am Endpunkt einer Entwicklung, die mit der Niederschrift der ersten Fassung begonnen und der Fixierung des *Urteils* ihren Höhepunkt erreicht hatte.[66]

Dem entspricht es, daß der Ende August 1922 endgültig aufgegebene Roman keineswegs den Abschluß der literarischen Arbeit in diesem Jahr bedeutete. Vielmehr brachte er, dem handschriftlichen Befund nach zu schließen, noch in Planá die ersten Seiten der *Forschungen eines Hundes* zu Papier, die er dann nach seiner Rückkehr nach Prag weiterführte.[67]

Kafkas Bewertung seines letzten Romans bleibt selbst dann ungewöhnlich, wenn man seine selbstquälerischen Neigungen in Rechnung stellt, die dafür verantwortlich sind, daß er eigene Leistungen herabwürdigte, soviel er nur konnte. Sie ist letztlich nur aus den Absichten zu erklären, die er mit dem *Schloß* verfolgte. Die Niederschrift war für ihn offenbar so etwas wie eine psychische Kur, mit deren Hilfe er seine neurotischen Zustände, »Wahnsinnszeiten«, durch die er »gepeitscht« wurde,[68] bekämpfen wollte, und zwar, indem er den sie verursachenden Gegebenheiten, die teilweise sogar unbewußter Natur waren, in literarischer Form Raum gab. Das Schreiben war also keine allein von übergeordneten ästhetischen Erwägungen geleitete Angelegenheit, sondern vor allem eine Abwehrhaltung oder, wie er in der ihm eigenen Bildlichkeit an Robert Klopstock schrieb, »eine mit Nägeln aufgekratzte Deckung im Weltkrieg«.[69]

Zwei Tagebuchstellen illustrieren den Sachverhalt. Am 16. Januar 1922 gibt sich Kafka Rechenschaft über einen in der Vorwoche erfolgten Nervenzusammenbruch, dessen Intensität frühere Ereignisse dieser Art weit übertraf: Die ihm seit jeher teils aufgezwungene, teils aber von ihm gesuchte Einsamkeit gehe jetzt aufs äußerste. Dieses Jagen nehme die Richtung aus der Menschheit und könne, bekämpft, zum Irrsinn führen, aber auch zur Rettung, sofern man sich von der Jagd tragen lasse, also seinen Zustand als unabänderlich hinnehme, literarisch fixiere.[70] Oder, wie er dann am 9. März, nun schon mitten in der Arbeit am *Schloß*, formuliert:

»Das Pferd des Angreifers zum eigenen Ritt benützen. Einzige Möglichkeit. Aber was für Kräfte und Geschicklichkeiten verlangt das! Und wie spät ist es schon!«[71]

Das würde bedeuten, daß er mit der Niederschrift seines Romans Zustandsbeschreibungen seiner inneren Situation abgeliefert hat, nicht über die ihm offensichtlichen Begrenzungen hinausging, mit denen sich zu bescheiden während der Zürauer Zeit gerade seinen Entschluß befestigt hatte, sich vom Schreiben zurückzuhalten. Die Forderung, Axt zu sein »für das gefrorene Meer in uns«, die schon der junge Kafka gegenüber der Literatur überhaupt erhoben hatte, konnte und wollte das *Schloß* nicht erfüllen.[72] Es sollte im *Schloß* auf die Antizipation möglicher Zukunftsentwicklungen verzichtet werden, wie sie beispielsweise für das *Urteil* charakteristisch ist; die Darstellung literarischer Probehandlungen, die, wie etwa im *Verschollenen*, alternative Lebensmöglichkeiten aufzuzeigen vermochte, sollte genauso unterbleiben wie die Entfaltung seelischer Zustände, die im *Prozeß* Kafkas Versagen vor den Forderungen der Gemeinschaft dokumentiert hatte.

Tatsächlich bestätigt eine Analyse des Romans diese deduktiv gewonnenen Postulate. Zwar sind alle Problemstellungen, die in den Lebenszeugnissen der letzten Lebensjahre erkennbar sind, im *Schloß* vertreten, aber immer nur in ihrem Daß und Wie, nicht in ihrem Warum und ihrem Inwiefern, das allein ihre Herrschaft, ihren Geltungsbereich beschnitten hätte. Es gibt also keinen poetischen Überstand gegenüber der passiven Ausweglosigkeit und den unverrückbaren Konstellationen, die Kafkas Leben damals auszeichneten.[73] Er wollte sich auf die Beschreibung der greifbaren Mißlichkeiten, vergeblichen Schachzüge, plumpen Finten und lächerlichen Hirngespinste eines starrsinnigen, lügnerischen Charakters beschränken, der unvoreingenommene Leser des Romans immer wieder abgestoßen hat und wesentlich dafür verantwortlich ist, daß das *Schloß* von der breiten Leserschaft, und sogar von der Forschung, lange nicht in gleichem Maße aufgenommen worden ist wie die beiden anderen Romane und die sie thematisch umlagernden Erzählungen.

Eine gewisse Bestätigung des Gesagten bietet der berühmte Brief vom 5. Juli 1922, in dem sich Kafka Max Brod gegenüber ausführlich über sein gegenwärtiges Schreiben äußert: »Es ist die Eitelkeit und Genußsucht, die immerfort um die eigene oder auch um eine fremde Gestalt – die Bewegung vervielfältigt sich dann, es wird ein Sonnensystem der Eitelkeit – schwirrt und sie genießt.«[74] Schreiben also als lustvolle autobiographische Bestandsaufnahme ohne Analyse der Gegebenheiten, die die gegenwärtige Lage herbeigeführt hatten. Wie sonst wäre Kafka zur Niederschrift der *Forschungen eines Hundes* genötigt worden, in denen gerade diese Genese des Gegenwärtigen einziges Thema ist? Der andere aber als Bild und Variante des Eigenen – die autobiographischen Romane Brods, die Kafka zur Gestalt Pepis anregten und so die Möglichkeit gaben, die persönliche Problemlage nuanciert abzuwandeln, bilden einen schlagenden Beweis für die in der Briefstelle behauptete Egozentrik der Darstellung.[75]

Warum aber, um es mit einem Begriff aus dem *Bericht für eine Akademie* zu sagen, dieses literarische Sich-in-die-Büsche-Schlagen, anstatt lebenspraktisch zu handeln, wie es eigentlich gefordert wäre? Und inwiefern unterschied sich Kafkas Lage von den Verhältnissen der Zeit zwischen 1912 und 1914, in denen die Romanentwürfe dieser Jahre wurzeln?

Die Wende im Herbst 1911, die den ersten Anstoß zur Konzeption des *Verschollenen* gegeben hatte, war durch verschiedenartige äußere Umstände eingeleitet worden, deren wichtigster das Gastspiel der Lemberger Theatertruppe war. Sie eröffnete Kafka ganz neue Lebensmöglichkeiten, als Jude, als Schriftsteller, als Ehemann. Ähnlich 1914, wo das Faktum der Entlobung Pläne artikulierte, die auf eine völlige Veränderung seiner Lebensführung hinausliefen, insbesondere seiner beruflichen Verhältnisse. Dazu kam, daß er als Schriftsteller in einer vergleichsweise hoffnungsvollen Position war. Die Arbeiten, die er bisher veröffentlicht hatte, waren von der Fachwelt günstig aufgenommen worden, die Verlagsbeziehungen hatten ihn noch nicht frustriert,[76] und er war, trotz hypochondrischer Neigungen und seiner schwachen Nerven, einigermaßen gesund.

Demgegenüber war die Krise des Jahres 1922, aus der das *Schloß* hervorwuchs, nicht durch äußere Geschehnisse veranlaßt, denen mit einer veränderten Lebenskonzeption zu begegnen gewesen wäre. Das Problem bestand vielmehr darin, daß Kafka eine derartige Zukunftsperspektive nicht mehr finden konnte, weil sich die Einsicht Bahn gebrochen hatte, daß er an einem absoluten Endpunkt angekommen war.

Er wußte, daß er nicht mehr gesund werden würde, hatte also den Tod vor Augen. Die Pensionierung stand bevor, und mit diesem Ausscheiden aus dem Berufsleben war, in gewisser Beleuchtung, die letzte Lebensberechtigung des Junggesellen und gescheiterten Schriftstellers dahin.[77] Am 23. Januar bringt er diesen Zusammenhang im Tagebuch wie folgt zur Darstellung: »Es war so, als wäre mir wie jedem anderen Menschen der Kreismittelpunkt gegeben, als hätte ich dann wie jeder andere Mensch den entscheidenden Radius zu gehn und dann den schönen Kreis zu ziehn. Statt dessen habe ich immerfort einen Anlauf zum Radius genommen, aber immer wieder gleich ihn abbrechen müssen [...] Es starrt im Mittelpunkt des imaginären Kreises von beginnenden Radien, es ist kein Platz mehr für einen neuen Versuch, kein Platz heißt Alter, Nervenschwäche, und kein Versuch mehr bedeutet Ende.«[78]

Es war ihm unmöglich, sich mit diesem Ergebnis in Ruhe abzufinden. Grenzenlose Verzweiflung mußte sich breitmachen. Die Tagebucheintragungen, als Gesamtphänomen betrachtet, sprechen in dieser Hinsicht eine deutliche Sprache. Sie haben, ganz im Gegensatz zu den autobiographischen Aufzeichnungen der Verlobungsjahre, eine ausgesprochen retrospektive Tendenz. Kafka versucht in mehreren Anläufen, die Frage zu beantworten, wie es zu diesem jetzt endgültig gewordenen Scheitern gekommen war, stellt Hypothesen über die Ursachen seiner geistigen Entwicklung auf und beschreibt die Formen seines späteren Niedergangs.[79]

Im Mittelpunkt steht dabei die Gemeinschaftsproblematik, die mißlungenen Heiratsversuche, die eigene Unfähigkeit zu lieben, seine Beziehungsschwäche. Selbst die Optik seiner Wahrnehmung ist ganz diesen Fragen verhaftet. Er beobachtet verheiratete Frauen und Bürokollegen, junge Mütter, Paare und Großväter mit ihren Enkeln, und der sterbende Wilhelm Raabe wird in einer Situation vorgestellt, die ihn als Empfänger ehelicher Liebe zeigt. Und immer wieder als Bewertung aller dieser ihm verschlossenen Lebensformen ein Begriff: Glück – und der eigene Neid auf dieses Glück.[80]

Er selbst bezeichnet sich dagegen als gleichsam außerhalb der Generationenfolge stehend. Er sei ohne Vorfahren, ohne Ehe, ohne Nachkommen, aber von wilder Gier beseelt, dies alles zu erwerben. Um diese Ziele zu erreichen, hätte es aber einer grundlegend veränderten Einstellung gegenüber der Sexualität bedurft, die ihm nicht möglich war. So fragt er sich im Tagebuch: »Was hast du mit dem Geschenk des Geschlechtes getan? Es ist mißlungen, wird man schließlich sagen.« Das Quälende an der Sache war dabei nicht etwa, daß es ihm an Regungen seiner Männlichkeit gefehlt hätte, ganz im Gegenteil. Unter den von ihm am 10. April 1922 formulierten fünf Leitsätzen zur Hölle lautet der zweite: »›Du mußt jedes Mädchen besitzen!‹ nicht donjuanmäßig, sondern nach dem Teufelswort ›sexuelle Etikette‹.«[81] Häufig genug hat er selbst nach dieser Maxime gehandelt.[82]

Entscheidend war vielmehr, daß er, infantil geblieben,[83] seine Geschlechtlichkeit nicht als selbstverständliche Ausstattung des männlichen Partners in geplante Lebensgemeinschaften einbringen konnte: Einerseits lockte und verlockte ihn sein Geschlechtstrieb zu entsprechenden Aktivitäten, andererseits aber machten ihn diese gleichzeitig auch verzweifelt, weil er sie allein zur Triebbefriedigung verwendet und damit mißbraucht sah, jedenfalls nach den Kriterien, die er als Jude an diesen Sachverhalt anzulegen gezwungen war.[84]

Die Tagebücher zeigen, daß eine derartige Situation auch Anfang 1922 bestanden haben muß. Die Abkürzung »G.«, die man dort unter dem Datum des 18. Januar und 10. Februar findet, ist nämlich nicht als Initial eines Personennamens zu deuten (man hat dahinter Felicens Freundin Grete Bloch vermutet), sondern meint die eigene Geschlechtlichkeit, die gebieterischen Forderungen des Trieblebens, heißt es doch unter dem zuerst genannten Datum auch: »das Geschlecht drängt mich, quält mich Tag und Nacht«.[85] Und dies alles, sozusagen, unter verschärften Haftbedingungen, denn es ist offensichtlich, daß fehlende Bezeugungen seiner Männlichkeit die Ursache dafür waren, daß sich Milena von ihm abgewandt hatte.[86]

Seine Aufgabe, sich durch eine Ehe in der Sozietät zu verankern, war unter solchen Voraussetzungen tatsächlich »nicht einmal so viel Kind wie die Hoffnung einer Unfruchtbaren«, die, so könnte man mit einer Briefstelle ergänzen, ohne diese Hoffnung »irrsinnig« würde.[87]

Die innere Distanzierung Milenas von Kafka im Herbst 1921 führte nicht zu einer Entfremdung zwischen den Partnern, sondern stellte die Beziehung nur auf eine neue Grundlage. Bis zum Mai 1922 traf man sich immer wieder in Prag, um in aller Offenheit zu besprechen, warum man gescheitert war. Damit sich Milena ein möglichst zutreffendes Bild seiner Persönlichkeit und seiner Probleme machen konnte, überließ er ihr alle Tagebücher, ein ungewöhnlicher Vertrauensbeweis, wenn man bedenkt, daß das hier ausgebreitete Material gegen ihn verwendet werden konnte. Aber man harmonierte eben immer noch, wie gut, zeigt der Umstand, daß er sich noch während seines Aufenthalts in Spindlermühle vorstellen konnte, Milena, falls sie zu Besuch käme, zu seiner Geliebten zu machen.[88]

Es ist deswegen selbstverständlich davon auszugehen, daß die Zusammenkünfte mit Milena im Winter 1921/22 ein Katalysator der Überlegungen waren, die Kafka zur Einsicht in die Hoffnungslosigkeit seiner Lage brachten. Wenn der *Schloß*-Roman aus dieser biographischen Konstellation herauswuchs, ist es nicht verwunderlich, dort sein Verhältnis zu Milena in allen wesentlichen Details aufgearbeitet zu finden.[89]

Zur Analyse seiner Verhältnisse, die durch die Anwesenheit Milenas gefördert und beschleunigt wurde, gehörten seine gescheiterten Beziehungen zu Frauen wesentlich dazu, deren letzte der Versuch gewesen war, mit Milena zusammenzuleben. Man kann aber nicht behaupten, daß der Roman vorwiegend als Darstellung dieses Sachverhalts geplant oder gemeint sei.

Das Ergebnis dieser Selbsterkundungen war, wie gezeigt, so deprimierend, daß sich Kafka genötigt sah, wieder zu schreiben, sich gleichsam durch eine literarische Beichte, durch das Aussprechen und Mitteilen seiner Gegebenheiten, Linderung von dem inneren Druck der ihn belastenden Probleme zu verschaffen. Freilich, es war ein Kurieren an den Symptomen, wie er wohl wußte. Besserung konnte dadurch nicht erreicht werden. Als sich entsprechende Nervenzusammenbrüche im folgenden Winter wiederholten, hat er auch nicht mehr auf dieses Mittel zurückgegriffen, sondern die stärkste Therapie versucht, die ihm möglich war: Er verließ Prag endgültig.[90]

Warum aber gleich ein Roman? Das autobiographische Material war im Lauf der Zeit immer größer geworden, eine »riesige, im Wachstum nicht aufhörende Masse« – »die Fülle der durchzudenkenden Dinge« häufte sich, wie K. im *Schloß* dem Dorfvorsteher gegenüber bekennt. Kafkas Erfahrungen bestanden inzwischen aus »wahren Wäldern von Einzelheiten«, so daß er notwendigerweise geschwätzig werden mußte, wenn er sich vornahm, sie zu bearbeiten, darzustellen. Geschwätzigkeit ist ja dann auch eines der Hauptmerkmale des bürokratischen Apparates im *Schloß*, der Kafkas psychische Struktur abbilden soll. Schon die Briefe, die

Kafka an Felice richtete, fand er in gleicher Weise wie den während der intensivsten Phase dieser Korrespondenz entstandenen *Verschollenen* ins Endlose angelegt.[91]

Verschärfend kommt dabei noch in Betracht, daß Kafkas Detailbesessenheit, seine Skrupelhaftigkeit und seine Eigenart, einmal Begonnenes ungewöhnlich minutiös immer weiter nach allen möglichen Voraussetzungen und Konsequenzen hin zu befragen, die erwünschte wahrhaftige Darstellung eines autobiographischen Sachverhalts ungeheuer weitläufig werden ließ. Wenn also beispielsweise, wie Max Brod berichtet, selbst in langen Erzählungen des Freundes über sein Verlöbnis mit Felice Bauer nur erste Andeutungen des Themas zum Vorschein kamen, dann ist zu ermessen, wie komplex sich die Gestaltung einer lebensgeschichtlichen Gesamtlage ausnehmen mußte, die er sich 1922 vorgenommen hatte.[92] Allein die literarische Großform des Romans war in der Lage, ein Bild der erläuterungsbedürftigen, weitverzweigten Vorstellungszusammenhänge zu geben.

3. Autobiographische Hintergründe

Die Auffassung, Kafka habe im *Schloß* die hoffnungslose Lage darstellen wollen, in der er sich Anfang 1922 befand, beruht nicht nur auf chronologischen Erwägungen, die den Beginn der Arbeit am Roman als Antwort auf den Nervenzusammenbruch im Januar erscheinen lassen, und Briefzeugnissen, in denen er selbst diesen Zusammenhang bestätigt. Lebenszeugnis und Werk entsprechen sich nämlich auch thematisch. Es läßt sich beweisen, daß die Grundstruktur des Romans von einem Vorstellungszusammenhang gebildet wird, den Kafka im Winter 1921/22 in vielfältiger Abwandlung zur Darstellung seiner eigenen Verhältnisse benutzt hat.

Dieses Denkbild erscheint im Winter 1921/22 zum erstenmal am 19. Januar im Tagebuch, wo als Gefühl des kinderlosen Junggesellen beschrieben wird: »immerfort kommt es auf dich an, ob du willst oder nicht, jeden Augenblick bis zum Ende, jeden nervenzerrenden Augenblick«. Als Kritik an diesem die eigenen Lebensprobleme beschreibenden Handlungsmuster wird dann am 27. dieses Monats formuliert: »Man kann ein Leben nicht so einrichten wie ein Turner den Handstand.«[93] In dieser zweiten Aussage ist lediglich die Veranschaulichungsebene gewechselt, wird doch hier betont, daß es in jedem Moment auf die unablässige Kräfteanspannung und Balance des Agierenden ankomme: Die Figur seines Lebens ist zerstört, wenn er nur einen Augenblick lang in seinen Anstrengungen nachläßt.

Am Tag nach seiner Rückkehr aus Spindlermühle greift Kafka dieses Strukturmuster erneut auf, veranschaulicht es jedoch wieder mit Hilfe eines anderen Gegenstandsbereichs: »Theaterdirektor, der alles von Grund auf selbst schaffen muß, sogar die Schauspieler muß er erst zeugen. Ein Besucher wird nicht vorgelassen, der Direktor ist mit wichtigen Theaterarbeiten beschäftigt. Was ist es? Er wechselt die Windeln eines künftigen Schauspielers.«[94]

Wieder in anderer Verkleidung findet sich der Gedanke schon Ende November 1920 in einem an Milena gerichteten Schreiben Kafkas, und zwar als Illustration einer extrem westjüdischen Existenz, deren Exponent er zu sein glaubte: »Es ist etwa so, wie wenn jemand vor jedem einzelnen Spaziergang nicht nur sich waschen, kämmen u.s.w. müßte – schon das ist ja mühselig genug –, sondern auch noch, da ihm vor jedem Spaziergang alles Notwendige immer wieder fehlt, auch noch das Kleid nähn, die Stiefel zusammenschustern, den Hut fabrizieren, den Stock zurechtschneiden u.s.w.«, denn das bedeutet, daß ihm »keine ruhige Sekunde geschenkt ist[. . .] alles muß erworben werden« – obwohl die Kräfte dazu fehlen.[95]

Also eine grundlegende Überforderung durch das Leben, dessen selbstverständliche Voraussetzungen nicht, wie in einer Sozietät üblich, weitgehend bereitgestellt werden, sondern ab ovo erzeugt werden müssen. Dieser Sachverhalt kann als Paradoxon formuliert werden: »Noch nicht geboren und schon gezwungen zu sein, auf den Gassen herumzugehn und mit Menschen zu sprechen.«[96] Ein unter solchen Bedingungen Lebender ist durchaus dem Schauspieldirektor vergleichbar, der ein Stück aufführen will, zuvor aber noch die dafür erforderlichen Schauspieler zeugen, aufziehen und ausbilden muß. Denn das Paradoxon läßt sich umkehren: Wer als Ungeborener, Erwachsenen gleich, die Straßen benützen will, muß ja an Vorbereitungen nicht nur das leisten, was Kafka dem westjüdischen Spaziergänger zuschreibt, sondern beispielsweise auch noch seine Glieder beherrschen lernen, Entfernungen richtig einschätzen, die Verkehrsverhältnisse kennen, fähig zur Orientierung sein und die der Witterung entsprechenden Kleider anlegen können.

Das Bild impliziert überdies Stagnation und Heimatlosigkeit. Jenes, weil jede Entwicklungsmöglichkeit in einem derart strukturierten Leben fehlt, jeder Augenblick vom Nullpunkt der Existenz ausgeht und wieder in diesen zurückführt. Stehendes Marschieren, hohlwerdender Zahn und sich entwickelnder Dammbruch sind die Metaphern, mit deren Hilfe Kafka diesen Aspekt der Sache veranschaulicht. Dieses, insofern Besitzlosigkeit, Mangel und das Fehlen verbindlicher Handlungspläne eine Verwurzelung im Boden der Gemeinschaft nicht zulassen.[97] Erhellend in diesem Zusammenhang ist ein an Milena gerichteter Brief Kafkas, in dem Max Brod der gleichen Gesetzmäßigkeit unterstellt wird: »Er hat aber keine Heimat und kann deshalb auch auf nichts verzichten und muß immerfort daran denken, sie zu suchen oder zu bauen, immerfort, ob er den Hut vom Nagel nimmt oder auf der Schwimmschule in der Sonne liegt oder das von Dir zu übersetzende Buch schreibt.«[98] Man ist unterwegs, als einsamer Bettler auf Wanderschaft, auf einer unendlichen Reise, die nur Augenblickskontakte zuläßt.[99]

Die Subsumierung Brods unter das eigenen Lebensgesetz ist kein Zufall, denn dieser selbst hat in seinem Kafka gewidmeten Roman *Tycho Brahes Weg zu Gott*, den dieser als »eine peinigende, selbstquälerische Geschichte« bezeichnete,[100] die Titelgestalt, hinter der er sich selbst verbirgt, in vergleichbarer Weise beschrieben. Tycho erscheint als ein Mensch, der hinter allem her sein muß, sogar bei den unbedeutendsten alltäglichen Verrichtungen, und in diesem unablässigen, aufreibenden Kampf, den er, allein und gleichsam nackt, zu führen hat, doch nur das Unglück herbeizwingt.[101]

Sicherlich ist Kafka durch Brods Gestaltung in seiner Deutung des eigenen Lebens bestärkt worden, aber beide greifen doch nur eine These der Zeit auf, die beispielsweise in einer *Die deutsche Kultur* betitelten Untersuchung von Franz Blei ihren Niederschlag fand. Diese wurde im *Hyperion-Almanach auf das Jahr 1911* gedruckt, der von Kafka in seinem Nachruf auf den *Hyperion* erwähnt wird, ihm und seinem Freund also sicherlich Ende 1910 schon bekannt war. Aber es bedurfte gar nicht dieser schriftlichen Vermittlung, denn Blei war mit Brod und Kafka seit 1907 persönlich bekannt, besuchte die beiden beispielsweise im Mai 1910 in

Prag, so daß der Gedankengang in Gesprächen vermittelt worden sein könnte.[102]

Natürlich muß man fragen, warum Kafka dieses ihm zugetragene Deutungsangebot aufgriff, warum es zu einer Beeinflussung kam, oder, falls er, in bloßer Zeitgenossenschaft mit Blei und Brod denselben Grundlagen und Strömungen seiner Epoche verhaftet, unabhängig von diesen seine Vorstellungen entwickelte, warum er gerade in dem angeführten Sachverhalt eine zutreffende Formel seines Scheiterns sah.

Offenbar war in einer derartigen Argumentationsweise ein polemisches, gegen den eigenen Vater gerichtetes Moment wirksam, das es erlaubte, die persönlichen Lebensschwierigkeiten in einer Weise zu artikulieren, daß sie noch diejenigen übertrafen, mit denen sich der erfolgreiche Hermann Kafka hatte auseinandersetzen müssen. Dieser hatte nämlich in einer seinen Sohn quälenden Weise immer wieder behauptet, wie leicht es seine in geordneten Verhältnissen und materieller Sicherheit aufwachsenden Kinder im Vergleich zu ihm hätten. Gegen die drohende Verinnerlichung dieser väterlichen Beklagungen, die vorhandene Gewissensqualen und die Neigung zur Selbstverurteilung noch verstärkt hätte, war das in Frage stehende Denkbild eine Art Strategie, weil es die Berechtigung der väterlichen Angriffe bestritt.[103]

Zum erstenmal überhaupt ist das Strukturmuster in einem Erzählfragment überliefert, das aus der zweiten Hälfte des Jahres 1910 stammt und eine Bestimmung junggesellenhafter Existenz versucht: »der Mann steht nun einmal außerhalb unseres Volkes[. . .] immerfort ist er ausgehungert, ihm gehört nur der Augenblick, der immerfort fortgesetzte Augenblick der Plage, dem kein Funken eines Augenblicks der Erholung folgt, er hat immer nur eines: seine Schmerzen, aber im ganzen Umkreis der Welt kein zweites, das sich als Medizin aufspielen könnte, er hat nur so viel Boden, als seine zwei Füße brauchen, nur so viel Halt, als seine zwei Hände bedecken, also um so viel weniger als der Trapezkünstler in Varieté, für den sie unten noch ein Fangnetz aufgehängt haben.«[104]

Entscheidend für den vorliegenden Zusammenhang ist nun, daß die gesamte produktive Phase des Jahres 1922 mehr oder weniger der Entfaltung dieser autobiographischen Grundstruktur gewidmet ist. Die Erzählung *Erstes Leid* beginnt mit dem Satz: »Ein Trapezkünstler – bekanntlich ist diese hoch in den Kuppeln der großen Varietébühnen ausgeübte Kunst eine der schwierigsten unter allen, Menschen erreichbaren – hatte, zuerst nur aus dem Streben nach Vervollkommnung, später auch aus tyrannisch gewordener Gewohnheit sein Leben derart eingerichtet, daß er, solange er im gleichen Unternehmen arbeitete, Tag und Nacht auf dem Trapez blieb.«[105]

Der Künstler hat, dem Schriftsteller vergleichbar, der sich, wie Kafka im Sommer 1922 meinte, eigentlich niemals vom Schreibtisch entfernen dürfe, sein Leben eingerichtet wie der Turner, der lebenslang einen Handstand zu machen sucht: »Nur diese eine Stange in den Händen – wie kann ich denn leben!«[106] Der Wunsch des Trapezkünstlers nach einer zweiten Turnstange kann mit dem am 24. Januar 1922 geäußerten Verlangen Kafkas in Verbindung gebracht werden, wenigstens einen Halt außer sich zu haben, knapp neben sich zu stehen, um den eigenen Standort als einen anderen erfassen zu können. Dies gleichsam als Korrektur der positiven Bewertung, die die Vorstellung derartiger Eingeschränktheit in der Zürauer Zeit nach dem Scheitern der zweiten Verlobung erhalten hatte.[107]

Wird im *Ersten Leid* auf die Schwierigkeiten verwiesen, die eine Existenzform darstellt, die sich auf das zweifellos in ihr selbst Vorhandene, nämlich die Summation einzelner Momente der Anspannung, zurückgezogen hat, so greifen die *Forschungen eines Hundes* die Eßmetaper auf, die in der Tagebuchstelle von 1910 eines der Elemente gebildet hatte, mit deren Hilfe die punktuelle Daseinsform des Junggesellen veranschaulicht werden sollte. Denn nicht nur gelten die Untersuchungen des Ich-Erzählers der Nahrungsfrage, sondern in seiner Volksgemeinschaft besteht auch die Regel, daß Erbeutetes nicht an Mithunde abgegeben, sondern sofort verschlungen wird – Gier und Nachstellungen der Artgenossen lassen nichts anderes zu: »Hast du den Fraß im Maul, so hast du für diesmal alle Fragen gelöst.« Kafka hypostasiert hier persönliche Erfahrungen zum Bild einer westjüdischen Seinsweise, die sich dadurch bestimmt, daß ihre besitzlosen Vertreter nur der Dinge sicher sein dürfen, die sie in Händen halten oder zum Mund führen.[108]

Der *Hungerkünstler* nimmt ebenfalls Veranschaulichungsbereiche auf, derer sich Kafka zur Darstellung der Gesetzmäßigkeiten bediente, von denen er sein Leben beherrscht sah: Einmal insofern, als die Titelfigur fastet, weil sie die für sie bekömmliche

Nahrung nicht findet, und schließlich, Beweis äußerster Einge-schränktheit, zum unsichtbaren Existenzpunkt verkümmert und stirbt. Zum anderen aber, weil die artifizielle Lebensform des Künstlers als unstetes Wanderleben in unverständiger Umwelt beschrieben ist.

Vor allem aber sind Erzählfortgang, Bau und Motivik im *Schloß* ganz von dieser autobiographischen Zentralvorstellung der Spät-zeit geprägt. In einem Fragment, in dem die Bürgel-Episode aus der Sicht eines Dorfbewohners erzählt wird, heißt es von K.: »Er lebt doch jetzt schon lange genug bei uns im Dorf, aber er ist hier fremd wie wenn er gestern abend gekommen wäre, und ist im-stande, sich in den drei Dorfgassen zu verirren. Dabei strengt er sich an, sehr aufmerksam zu sein, und hinter seinen Dingen ist er her wie ein Jagdhund, aber es ist ihm nicht gegeben, sich hier einzuleben [. . .] er hat ja hier schon mehr Verbindungen als jahrhundertelang hier lebende Familien, alle diese Verbindungen dienen nur seiner Landvermesserangelegenheit und dürfen, da sie schwer erkämpft worden sind und immer wieder neu erkämpft werden müssen, nicht aus den Augen gelassen werden. Ihr müßt euch das richtig vorstellen, alle diese Verbindungen lauern ja förmlich darauf, ihm zu entgleiten. Er ist also immerfort vollauf mit ihnen beschäftigt. Und dabei findet er Zeit, mit mir oder irgendeinem anderen lange Unterhaltungen über ganz abseits liegende Dinge zu führen, dies aber nur deshalb, weil kein Ding abseits genug liegt, daß es nicht seiner Meinung nach mit seiner Angelegenheit zusammenhinge. So arbeitet er immer, es ist mir eigentlich niemals eingefallen, daß er auch schläft.«[109]

Das ist die auf den Gegenstandsbereich des Romans bezogene Transponierung des Kafka kennzeichnenden existentiellen Grundmusters. Die Art und Weise, wie K. vorgeht, ist die des Spaziergängers, des Theaterdirektors, des Junggesellen und des handstehenden Turners. Denn sein Leben ist ein fortgesetzter Augenblick der Plage, der keine Verschnaufpause oder vor-übergehende Unaufmerksamkeit zuläßt, weil ihm sonst die Verhältnisse sofort entgleiten, Nebensächlichkeiten, die als Voraussetzung der geplanten sozialen Verankerung im Dorf Bedeutung haben könnten, unbeachtet blieben. Trotzdem aber mißlingt K. alles. Der geplante Schluß des Romans hätte den sterbenden Landvermesser, dem es gnadenhalber gewährt wird, im Dorf zu arbeiten, in einer Situation gezeigt, die den Umständen seiner Ankunft bis in Einzelheiten hinein geähnelt hätte.[110]

Sein Kampf war also umsonst – strukturelle Veranschaulichung der Vorstellung vom stehenden Marschieren und des im gleichen Tagebucheintrag ausgeführten Kreisbildes. Denn der immer wieder auf den Kreismittelpunkt Zurückgeworfene ist von dem vergeblich erstrebten Lebenskreis, den er trotz dauernder Versuche nie ziehen kann, immer gleich weit entfernt, er stagniert. Dem entspricht genau eine Aussage K.s im Roman, in der er erklärt, er habe nur vorübergehend an Umfang gewonnen, sei aber im Grunde »immer gleich weit« von der Verwirklichung seiner Pläne entfernt.[111]

Aber nicht nur die geschlossene Form des Romans zeigt sich durch Kafkas Selbstdeutung von Anfang 1922 bestimmt, sondern auch Handlungsabfolge und Kapitelabgrenzung. Anders als in der *Verwandlung*, im *Verschollenen* und im *Prozeß* mit ihren vergleichsweise selbständigen, abgeschlossenen, vielfach hinsichtlich des Zeitflusses voneinander isolierten Kapiteleinheiten wird im *Schloß* ein pausenlos ablaufender Erzählgang suggeriert, der sozusagen den Leser so wenig zur Besinnung kommen läßt wie den unablässig kämpfenden K. Von den ersten Tagen seiner Anwesenheit im Dorf an hat der angebliche Landvermesser mehrere von ihm veranlaßte oder ihm von anderen auferlegte Gesprächsverpflichtungen, die sich derart überlappen, daß weitere Verabredungen schon getroffen sind, während er noch der vorhergehenden hinterher hetzt. Zwischen den einzelnen Kapiteln gibt es deswegen keine zeitlichen oder räumlichen Zäsuren, die Handlung läuft kontinuierlich weiter, Veranschaulichung der unaufhörlichen Mühen des Romanhelden.[112]

K.s Verhältnisse im einzelnen bilden wichtige Aspekte des Denkbildes ab, mit dem Kafka seine Entwurzelung, Besitzlosigkeit und Isolation zum Ausdruck bringen wollte. K. müht sich in der Fremde um Unterkunft, Beruf und Ehe, denn er kommt als arbeitsloser Junggeselle ins Dorf, der jeden Tag erneut um ein Nachtlager zu kämpfen hat. Er wird als zerlumpter Wanderbursch beschrieben, der nur einen Knotenstock und einen winzigen Rucksack mit sich führt; ein Spaziergänger auch er, ohne zureichende Kleidung der Winterkälte ausgesetzt.[113]

Der aufgezeigte Zusammenhang wird noch überzeugender, wenn man bedenkt, daß Gegenfiguren K.s der gleichen Gesetzmäßigkeit ebenfalls unterliegen. Das Stubenmädchen Pepi zum Beispiel, dessen Lebenskampf K. direkt mit seinen eigenen Bemühungen parallelisiert. Ihre persönliche Habe hat in einem Tragkorb Platz, und die Vorbereitungen, die sie treffen muß, als ihr überraschend der Posten eines Ausschankmädchens angetragen wird, ähneln bis ins kleinste Motiv hinein den Arbeiten, die Kafkas Spaziergänger auf sich zu nehmen hat, bevor er den ersten Schritt tun kann.[114]

Pepi ist aber keine Dublette zu K.s Schicksal. Im Gegensatz zu diesem hat sie nämlich ihr Lebensziel wenigstens für vier Tage erreicht und kann dabei Erfahrungen für weitere erfolgversprechende Versuche sammeln. Die etwas unterschiedliche Position der beiden auf der Lebensleiter des Erfolges oder Mißerfolges wird auch begründet: K. ist schon in den Dreißigern, Pepi noch sehr jung, und die Aktivitäten der Jugend waren Kafka in besonderer Weise glücksverheißend. Außerdem wird Pepi als anpassungsfähig, flexibel und begabt geschildert; schließlich erfreut sie sich der Mithilfe ihrer Freundinnen.[115]

Pepi fordert natürlich zum Vergleich mit Frieda heraus, dem Schankmädchen, dessen Stellung sie für vier Tage einnimmt. Frieda ist gleichfalls arm – das kleine Bündel, das ihren ganzen Besitz bildet, wird ausdrücklich erwähnt. Sie ist viel älter als Pepi, weniger hübsch und ohne Freundinnen, trotzdem aber als Persönlichkeit Pepi haushoch überlegen. Es ist die Kraft ihrer Augen, die ihre Stellung ausmacht und K. zeitweilig in Bann zieht. Kafka hat diese Figur nach dem Vorbild Milenas gestaltet.[116]

Die Brückenhofwirtin Gardena, mit Frieda eng verbunden, spiegelt die Probleme, die Kafka im Umgang mit Freundinnen Milenas hatte, insofern diese störend in die Liebesbeziehung eingriffen. Gardenas Ehe erscheint dabei wegen ihrer unaufhebbaren Bindung an den Bürochef Klamm, der Milenas Mann Ernst Polak zu verkörpern scheint, als warnendes Beispiel für das von K. geplante Zusammenleben mit Frieda. Denn auch Frieda bleibt der Schloßwelt verfallen und gibt schließlich K. zugunsten eines Gehilfen auf, den Klamm dem Landvermesser zugeordnet hatte. Entsprechend hatte sich Milena, nachdem es ihr endlich gelungen war, sich der Faszination Polaks zu entziehen, nicht Kafka, sondern einem anderen Mann zugewandt.[117]

Die Beziehung zwischen Gisa, der Lehrerin, und Schwarzer, dem aus dem Schloß stammenden Hilfslehrer, der K. bei seinem

Eintreffen im Dorf sofort bemerkt und dadurch, ungewollt, dessen Aufnahme als Landvermesser bewirkt hatte, ist gleichfalls aus dem Material der Milena-Geschichte aufgebaut. Gisa erscheint als eine Art idealisierter Milena. Ihr werden Eigenschaften zugeschrieben, die sie zu einem Zusammenleben mit Kafka prädestiniert hätten. Schwarzer seinerseits stellt eine Gegenfigur zu K. dar, weil er mit der väterlich-erotischen Welt der Schloßbeamten gebrochen hat und damit ein Liebesideal Kafkas verkörpert, der seine Gefühle für Milena nach früheren Liebesverhältnissen auszurichten suchte, deren verhaltene Zartheit durch den Verzicht auf aggressiv-sexuelle Inbesitznahme gekennzeichnet war.[118]

Auf der Stufenleiter der Figuren, die dem immerwährenden Augenblick der Plage ausgesetzt sind, steht neben K., Pepi und Frieda schließlich Barnabas, der Schloßbote, dem Max Brod und Robert Klopstock Züge geliehen haben. Seine Schwester Olga, die den Typ des westjüdischen Mädchens verkörpert, mit dem Kafka in seinem Leben am häufigsten zu tun hatte, sagt zu ihm: »[. . .] daß dir nichts geschenkt wird, daß du dir vielmehr jede einzelne Kleinigkeit selbst erkämpfen mußt«.[119]

Das bekannte Muster versinnlicht sich handlungsmäßig so, daß Barnabas wie K. zum Schloß strebt, zu den für seinen Fall zuständigen Instanzen vordringen will. Wenn er so weit käme, von ihnen bemerkt zu werden und ein paar Worte mit ihnen sprechen zu dürfen, könnte, so glaubt er, Unübersehbares für seine Familie erwirkt werden. Dies in völliger Übereinstimmung mit K., der der Überzeugung ist, durch eine kurze Unterredung mit Klamm mehr erreichen zu können als sonst durch lebenslange Bemühungen.[120] Der Unterschied zwischen den beiden besteht nur darin, daß Barnabas im Verfolgen seiner Pläne etwas glücklicher ist als K., weil er, der ja immerhin Zugang zu den Schloßkanzleien hat, erst knapp vor dem Ziel scheitert: »Ich bin vielleicht nur eine Stufe unter Dir, aber auf der gleichen Treppe«, schrieb Kafka an Max Brod hinsichtlich der gemeinsamen Beziehungsprobleme.[121]

Die andere Schwester des Barnabas, Amalia, vertritt in gewisser Weise Julie Wohryzek, die zweite Verlobte Kafkas. Die Sortini-Episode, die zur Verfemung der Familie im Dorf führt, verarbeitet traumatische, in Kindheit und Jugend wurzelnde Erfahrungen Kafkas mit seinem Vater. Amalia legt in dieser Angelegenheit aber nicht das Verhalten an den Tag, mit dem Kafka auf die Schmähreden und entwürdigenden Ratschläge seines Vaters reagierte, sie verkörpert vielmehr eine bloß erdachte Möglichkeit, wie bei einer derartigen Konfrontation die persönliche Integrität besser gewahrt werden könnte, als es ihm möglich gewesen war.[122]

Die aufgezeigten Entsprechungen zwischen dem *Schloß* und den lebensgeschichtlichen Problemstellungen Kafkas zu der Zeit, als er mit der Niederschrift des Romans begann, diese Entsprechungen also beweisen, daß die Schaffensphase von 1922 tatsächlich in den Verzweiflungszuständen wurzelt, die ihn als Folge der Einsicht überkamen, daß alle bisherigen Lebensziele gescheitert waren.

Sie illustrieren aber gleichzeitig die schon vorgebrachte Auffassung, daß er trotz seiner bisherigen schlechten Erfahrungen mit dem *Verschollenen* und dem *Prozeß* die epische Großform benötigte, um den vielgliedrigen Kosmos seiner Innenwelt angemessen abbilden zu können. Das differenzierte Beziehungsgeflecht eines Romans, das es ermöglichte, eine ganze Palette untereinander abgestufter Lösungsmöglichkeiten eines Problems darzubieten, war der geeignete Ort, seine vielfach verschlungenen Lebenswege, Erfahrungen, Pläne und Hoffnungen angemessen zu repräsentieren. Er hat also einzelne Romanfiguren als Verkörperungen bestimmter autobiographischer Konstellationen angelegt, die ihm besonders zu schaffen machten. Sie bilden ein Spektrum unterschiedlicher , jedoch miteinander vergleichbarer Schicksale, eine Skala des Mißerfolgs, die Rückschlüsse auf die Lage des Schreibers erlaubte: Hier war abzulesen, welche Unterschiede in der Konstitution, in den gewonnenen Erfahrungen und den Umweltbedingungen, denen man ausgesetzt war, zu welchen Ergebnissen führen würden oder schon geführt hatten, war die Auffassung zu bestätigen, daß man selbst tatsächlich auf der untersten Sprosse der Lebensleiter stand.

Aber nach welchen Gesichtspunkten bestimmte sich das Arrangement dieser Figuren, Motive, Geschehniszusammenhänge und Strukturen? Als übergeordnete Gesichtspunkte sind Zufall und Paradoxon auszumachen. Ist jener für K.s Handeln hauptsächlich zuständig, so dieses vor allem für seine Beziehungen zur Gegenwelt.

Das Versagen des Landvermessers, aber auch seine Erfolge, ergeben sich keineswegs mit innerer Folgerichtigkeit oder gar Notwendigkeit aus der jeweiligen Situation, sondern gründen vielmehr in absichtslosen Konstellationen oder belanglosen Einzelumständen.[123] K. andererseits fühlt sich erwünscht und doch unbrauchbar, überwacht und dabei unbeachtet, gedemütigt und zugleich aufgemuntert, schließlich undurchsichtigen Schikanen ausgesetzt, die er jedoch selbst hervorgelockt zu haben scheint.[124]

Zeigt sich der Zufall in den Tagebüchern der Spätzeit direkt als ein entscheidender Faktor, der Kafkas unglückliche Persönlichkeitsentwicklung mitverursacht hat, so lassen sich die, vernunftmäßig betrachtet, einander ausschließenden Gesichtspunkte, unter die das Leben des Ankömmlings im Dorf gestellt ist, als Ausdruck von Beziehungsfallen, Ängsten und Verlassenheitsgefühlen deuten, denen Kafka zeitlebens ausgesetzt war.[125] Das unsichtbare Magnetfeld, in dem sich die epischen Teilchen zur Ordnung des Textganzen ausrichteten, hätte also sein Entstehen den Erfahrungen zu verdanken, die, Verfestigung fehlgelaufener Persönlichkeitsentwicklung, im Lauf der Jahrzehnte zum beherrschenden Erlebnismuster Kafkas geworden waren.

Freilich gestattete es der Roman, den eigenen Lebensweg unter verschiedenen Gesichtspunkten zu bewerten, entsprechend den wechselnden Positionen, aus denen Kafka seine Verhältnisse anzusehen pflegte: etwa unter den Maßstäben der Eltern oder der von ihm umworbenen Frauen, in die er sich aufgrund seiner ungewöhnlichen Einfühlungsgabe hineinzuversetzen vermochte.[126] Man kann das als eine Art Oberflächenstruktur der Selbstdarstellung verstehen, der Zufall und Paradoxon als Gestaltungsprinzipien der Tiefe an die Seite treten.

Die Aufgabe, den persönlichen Blickpunkt in dieser Weise zu relativieren, wird schon im *Prozeß* formuliert, wo Josef K. eine Eingabe erwägt, mit der er sich gegen die ihn bedrohende Anklage zur Wehr setzen will, eine Arbeit freilich, »einmal nach der Pensionierung den kindisch gewordenen Geist zu beschäftigen und ihm zu helfen, die langen Tage hinzubringen« – eine überraschend genaue Vorwegnahme der Siuation, in der das *Schloß* geschrieben wurde. Die Abfassung der Eingabe hätte freilich »eine fast endlose Arbeit« bedeutet, weil dazu »das ganze Leben in den kleinsten Handlungen und Ereignissen in die Erinnerung gebracht, dargestellt und von allen Seiten überprüft werden mußte«.[127]

Die Befunde sollten also nicht nur präsentiert, sondern auch aus unterschiedlicher Optik bewertet werden; Kafka hatte, wie er das im *Brief an den Vater* formuliert, den schrecklichen Prozeß, der zwischen ihm und seinem Vater schwebte, »in allen Einzelheiten, von allen Seiten, bei allen Anlässen, von fern und nah« durchzugehen.[128]

Daraus resultiert eine Besonderheit im *Schloß,* die in dieser Form im *Verschollenen* und im *Prozeß* nicht zu beobachten ist, wohl aber in den reflexiv gehaltenen großen Erzählungen der Spätzeit. Das Geschehen wird in Kafkas letztem Roman nämlich nicht nur in enger Anlehnung an den Wahrnehmungshorizont des Landvermessers berichtet, sondern auch zusätzlich in den Blickpunkten wichtiger Gegenfiguren gespiegelt: in den Aussagen des Dorfvorstehers, den Vorhaltungen der Brückenhofwirtin, in Friedas Erklärungen, im Protokoll des Dorfsekretärs, in Olgas Erzählung, in Bürgels Reden, in der Wiederaufnahme dieser Szene aus bäuerlicher Sicht und in Pepis Riesenklage.

Anmerkungen

1 SKA 63.
2 S 461-463 Z. 19, 15 und 271 f. (= SKA 115-117, SK 18 Z. 4-24 und 293 Z. 3-294 Z. 4)
3 SKA 68.
4 Br 413.
5 NS 363 ff., SKA 66 f., 70 und 57.
6 SKA 63.
7 Vgl. z. B. oben S. 139 f.
8 Vgl. T 574 und Br 371. (Poststempel vom Abreisetag, also an diesem oder, wahrscheinlicher, am 16. Februar geschrieben; Original, mit schwarzer Tinte geschrieben, im Leo Baeck Institute, New York.)
9 Vgl. SKA 33, 39 und 45.
10 O 41, 42, 48, 183 und T 550: »Briefeschreiben im Zimmer der Eltern.« Vgl. F 282.
11 F 82 f. und 324, vgl. 562 und 151.
12 SKA 119 f.
13 T 552 f. und 557, vgl. Br 431 (zur Datierung NS 346 ff.).
14 T 561 und 563, vgl. 422.
15 Vgl. z. B. F 125, im Blick auf die *Verwandlung:* »Eine solche Geschichte müßte man höchstens mit einer Unterbrechung in zweimal 10 Stunden niederschreiben«.

16 Nach S 87 Z. 18 (»Kissen«) (= SK 94 Z. 20), vgl. SKA 33.

17 SKA 45.

18 T 570 und 572.

19 Vgl. z. B. T 570 (»Glück, mit Menschen beisammen zu sein«) mit Br 431.

20 Br 366, T 563 und 574.

21 Nach S 48 Z. 9 (»gar nicht«) (= SK 53 Z. 7, vgl. SKA 33 und 168 ff).

22 SKA 31 ff., 66 und 64.

23 SKA 66.

24 SKA 51 ff. und 67 f., vgl. oben S 113-116 und 286 f.

25 SKA 67.

26 So erklärt sich beispielsweise der Wechsel im Gebrauch der beiden ersten Tagebuchhefte, vgl. T 724 f., aber auch z. B. 32 ff., F 72 f., 197, 332 Z. 8 f. und 605.

27 Vgl. SKA 31 f. (Bl. 28) und 38 ff.

28 Vgl. SKA 195 f.

29 SKA 64.

30 M. Pasley, Der Schreibakt und das Geschriebene. Zur Frage der Entstehung von Kafkas Texten, in: Franz Kafka. Themen und Probleme, hg. von C. David, Göttingen (1980), S. 12, vgl. SKA 74 f.

31 T 551 (»Die Unselbständigkeit des Schreibens, die Abhängigkeit von dem Dienstmädchen, das einheizt, von der Katze, die sich am Ofen wärmt, selbst vom armen alten Menschen, der sich wärmt«), 574 (»das Stubenmädchen, das mir früh das warme Wasser zu bringen vergißt, wirft meine Welt um«) und S 524 (= SKA 442) (»Der Umstand zum Beispiel, daß ein Tintenfaß eine Handbreit von seinem gewöhnlichen Platze entfernt wurde, kann die wichtigste Arbeit gefährden«).

32 Br 366, vgl. 369.

33 Vgl. oben S. 139.

34 T 451 und 454.

35 M 208, zu datieren auf 26. August 1920 (das Treffen in Gmünd war am 14. und 15. des Monats), vgl. J. Born/M. Müller, Kafkas Briefe an Milena. Ihre Datierung, in: *Jahrbuch der Deutschen Schillergesellschaft* 25 (1981), S. 523.

36 Am 21. Oktober 1917 *Eine alltägliche Verwirrung* und *Die Wahrheit über Sancho Pansa*, am 23. *Das Schweigen der Sirenen*, alle drei Texte bezeichnenderweise während einer Pragreise seiner Schwester Ottla, die ihn in Zürau betreute (dorthin war er am 12. September gefahren). *Prometheus* entstand am 17. Januar 1918, etwa zehn Tage nach erfolgter Rückkehr aus Prag. (Vgl. H 74 ff.) Auch Kapitel *II*, Anmerkung 117.

37 Vgl. Br 451, 453 und O 146.

38 Br 371 (»mein Incognito ist gelüftet«) und T 571 (»Ihnen entlaufen«).

39 Br 370. (Die Datierung ergibt sich aus einem Vergleich mit Br 370, Z. 8 f., T 570 Z. 7 und der Tatsache, daß der Brief sieben in Spindler-

mühle verbrachte Nächte vorauszusetzen scheint; »8.« in *Briefe 1902–1924* also wahrscheinlich Entzifferungsfehler.)

40 T 563 (»Unmöglichkeit, im Hotel nachmittags Ruhe zu haben«).

41 Das Zitat M 208, wo Kafka ausführt, ein halbes Jahr Anlaufzeit zu benötigen, um Werke hervorzubrigen, die seinen Anforderungen genügten.

42 T 575.

43 Vgl. T 575 und 577.

44 Br 374.

45 FK 389 und 113, vgl. 130 und SKA 64.

46 Vgl. FK 131 ff.

47 Br 374 und 431.

48 NS 368 ff.

49 Vgl. z. B. T 563 (mit Anspielung auf die Erzählung *Ein Landarzt*) und 578 (Hinweis auf die Hofszene im achten Kapitel vom *Schloß*).

50 Vgl. SKA 55 ff.

51 Z. B. T 575, am 6. März (»Neuer Ernst und Müdigkeit«) und Br 374 (wegen des Hinweises aufs Büro auf April zu datieren), wo von besinnungsloser Müdigkeit die Rede ist.

52 T 294, am Tage nach der Entstehung: »[. . .] daß ich etwas Schönes für Maxens ›Arkadia‹ haben werde«.

53 Vgl. J. Unseld, Franz Kafka. Ein Schriftstellerleben. Die Geschichte seiner Veröffentlichungen, (München, Wien 1982), S. 198 und 285 f.

54 J. Unseld, Franz Kafka, S. 200 und 286.

55 Vgl. H. Binder, Kafka und »Die neue Rundschau«. Mit einem bisher unpublizierten Brief des Dichters zur Druckgeschichte der »Verwandlung«, in: *Jahrbuch der Deutschen Schillergesellschaft* 12 (1968), S. 103 ff.

56 Z. B. T 281, 305, 351 und 444.

57 Br 375 und 379.

58 Vgl. H. Binder, Leben und Persönlichkeit Franz Kafkas, in: Kafka-Handbuch, hg. von H. B., Band 1: Der Mensch und seine Zeit, Stuttgart (1979), S. 533 ff.

59 H 93 f. und P 316 f.

60 T 94, F 271, 555 und Br 212 ff.

61 T 305 und F 291 (kann sich wegen der Entstehungszeit des Textes, die Kafka indirekt mit Ende September bis Ende Oktober 1912 angibt, nur auf den *Heizer* beziehen).

62 Br 431 (zur Datierung vgl. NS 346 ff., auch muß der Brief jünger sein als Br 373 f. vom März 1922).

63 Br 396.

64 Br 444.

65 Br 480 und P 317.

66 Br 413 und F 332.

67 SKA 58 und 68.

68 Br 431.

69 Br 374.

70 T 552 f.

71 T 576.

72 Br 28, vgl. 195 f. und H 41: »Das Glück begreifen, daß der Boden, auf dem du stehst, nicht größer sein kann, als die zwei Füße [ergänze:, die] ihn bedecken.«

73 Vgl. NS 307 ff.

74 Br 385.

75 NS 457 ff.

76 Vgl. zu diesem Punkt J. Unseld, Franz Kafka, S. 39 ff.

77 Br 309: »Bedenke, daß das Bureau an meiner Krankheit ganz unschuldig ist, ferner daß es nicht nur unter meiner Krankheit, sondern schon unter ihrer 5jährigen Entwicklung gelitten hat, ja daß es sogar noch eher mich aufrecht gehalten hat, als ich bewußtlos durch die Tage nur taumelte.«

78 T 560.

79 T 562, 563, 558 f., 561 f. und 573.

80 T 542, 561, 555, 544 und 551.

81 T 553 und 579, vgl. 558.

82 Vgl. z. B. Br 317 (»daß der Körper jedes zweiten Mädchens mich lockte«), M 182 f. (»in der ersten Meraner Hälfte machte ich gegen meinen offenen Willen Tag und Nacht Pläne, wie ich mich des Stubenmädchens bemächtigen könnte«) und T 500 (»Ich kann nicht widerstehn, es reißt mir förmlich die Zunge aus dem Mund, wenn ich nicht nachgebe, eine Bewunderungswürdige zu bewundern und bis zur Erschöpfung der Bewunderung zu lieben«).

83 Vgl. H. Binder, Leben und Persönlichkeit Franz Kafkas, S. 128 ff. und T 544, am 18. X. 1921: »Ewige Kinderzeit. Wieder ein Ruf des Lebens.«

84 T 174 (»Auch im Talmud heißt es: Ein Mann ohne Weib ist kein Mensch«) und Br 401, ironisch über sich selbst: »Ein heiratsunfähiger, keine Träger des Namens beibringender Sohn [. . .] Das ist ein Sohn zum Schwärmen.«

85 T 554.

86 FK 203 f., Milena an Max Brod über ihre Beziehung zu Kafka: »ich war nicht imstande meinen Mann zu verlassen und vielleicht war ich zu sehr Weib, um die Kraft zu haben, mich diesem Leben zu unterwerfen, von dem ich wußte, daß es strengste Askese bedeuten würde, auf Lebenszeit. In mir ist aber eine unbezwingbare Sehnsucht, ja eine rasende Sehnsucht nach einem ganz anderen Leben [. . .]«.

87 T 557 und Br 431.

88 T 542, 550, 555 f., 557, 563 und 567.

89 Vgl. NS 306 ff.

90 O 145 f. und 149 f.

91 Br 161, SKA 203, M 50, Br 296, 96 und F 64, vgl. NS 401 ff.

92 M. Brod, Zauberreich der Liebe, Berlin, Wien, Leipzig 1928, S. 154, vgl. H. Binder, Kafka-Kommentar zu den Romanen, Rezensionen, Aphorismen und zum Brief an den Vater, 2. Auflage, München (1982), S. 19 ff.

93 T 555 und 563.

94 T 574.

95 M 248 und 247, Datierung nach J. Born/M. Müller, Kafkas Briefe an Milena, S. 524.

96 T 577, vgl. 561: »Mein Leben ist das Zögern vor der Geburt.«

97 T 560 und 544, vgl. 562.

98 M 173.

99 Br 398, 430 und M 154, vgl. S 15 (= SK 18), 439 (= SK 475), E 257 und FK 200.

100 F 559, vgl. Br 126.

101 M. Brod, Tycho Brahes Weg zu Gott, Leipzig 1917, S. 97 f., 199, 206 und 316.

102 E 316 und T 14, vgl. P. Raabe, Franz Kafka und Franz Blei, in: J. Born/L. Dietz/M. Pasley/ P.R./K. Wagenbach, Kafka-Symposion, Berlin (1965), S. 7 ff.

103 Vgl. zu den Einzelheiten H. Binder, Kafka-Kommentar zu den Romanen, S. 288 f.

104 T 21.

105 E 241.

106 E 244, vgl. Br 386.

107 Vgl. T 561 und H 41, vgl. 313 und F 76.

108 B 273, vgl. H 191, M 46 f. und NS 387 ff.

109 S 465 ff. (= SKA 421 ff.).

110 S 526 f. und NS 297 ff.

111 SKA 474, vgl. S 289 (= SK 313).

112 Vgl. NS 270 f.

113 S 8 (= SK 11), 241 f. (= SK 260 f.) und 474 (= SKA 168), vgl. NS 274.

114 S 432 f. (= SK 467 f.), vgl. NS 269 f.

115 NS 481 ff., vgl. H 191, Br 356, 357 und 359.

116 S 58 (= SK 63) und 65 (= SK 71), vgl. NS 308 ff.

117 S 366 f. (= SK 396 ff.) und NS 314 ff., 327 f. und 341 ff.

118 Vgl. NS 335 ff.

119 S 263 (= SK 284).

120 S 331 (= SK 359) und 489 (= SK 263), vgl. NS 630 f.

121 Br 289, vgl. NS 437.

122 NS 420 ff.

123 NS 282 ff.
124 Vgl. A. Miller, Du sollst nicht merken. Variationen über das Para-
    dies-Thema, (Frankfurt/M. 1981), S. 351 ff.
125 Zu den Einzelheiten H. Binder, Leben und Persönlichkeit Franz
    Kafkas, S. 128 ff.
126 T 228, Br 412, B 297, F 357, 400, 504, 553 und 593.
127 P 154 f.
128 H 193.

VII
Der bessernde Autor:
Textschichten und Lesarten

1. Sinnänderungen

Georg Witkowskis Vermutung, die Varianten moderner Autoren spiegelten Entwicklungsstadien der künstlerischen Persönlichkeit, findet wie Goethes Behauptung, man müsse literarische Werke »im Entstehen aufhaschen«, um sie einigermaßen zu begreifen, im Blick auf die erhaltenen Handschriften Kafkas nur ganz ausnahmsweise eine Bestätigung.[1]

Zwar gibt es natürlich ganz vereinzelt Formulierungen in den Manuskripten, die den im endgültigen Text mehr oder weniger verborgenen Hintergrund schlaglichtartig erhellen: So wird in der Handschrift der *Josefine*-Erzählung an einer Stelle von »Leuten« statt von »Mäusen« gesprochen, und die Wendung »Zukunft des Volkes« wird dort interpretiert durch den Zusatz »der schönste Anblick dem Patrioten«; beides verwies offenbar zu deutlich auf die nationaljüdische Thematik der Geschichte.[2] In den gleichen Zusammenhang gehört, daß im *Jäger Gracchus* für das Wort »Geschichtsschreiber« ursprünglich »Dichter« stand, wodurch – es wird in der handschriftlichen Fassung klar gesagt, daß der Gesprächspartner des Jägers aus Böhmen stammt – die autobiographischen Züge des Fragments deutlich hervortreten.

Sonst aber bewirkt die Art des Kafkaschen Schaffens, daß in der Regel die wichtigsten Phasen der Textgenese vor der eigentlichen Niederschrift liegen. Eine der wenigen Ausnahmen findet sich bezeichnenderweise im *Urteil*: Während des entscheidenden Durchbruchs zur gemäßen Erzählweise konnte die damit verbundene innere Erregung nicht sofort in allen Einzelelementen endgültig objektiviert werden. Das zeigt sich besonders an Name und Herkunft Frieda Brandenfelds, der Braut des jungen Kaufmanns, dessen Schicksal das *Urteil* thematisiert.

In einem auf den 2. Juni 1913 datierten Schreiben Kafkas an Felice Bauer, der späteren Verlobten, kommt er im Zusammenhang mit Merkwürdigkeiten in der Erzählung auf die dort vorkommenden Namen zu sprechen. Er deutet zunächst Georg Bendemann als Kryptogramm für Franz Kafka und fährt dann fort: »›Frieda‹ hat so viel Buchstaben wie Felice und auch den gleichen Anfangsbuchstaben, ›Friede‹ und ›Glück‹ liegt auch nah beisammen. ›Brandenfeld‹ hat durch ›feld‹ eine Beziehung zu ›Bauer‹ und den gleichen Anfangsbuchstaben. Und derartiges gibt es noch einiges, das sind natürlich lauter Dinge, die ich erst später herausgefunden habe.«[3] Das erhaltene Manuskript bestätigt den Befund auf so offensichtliche Weise, daß man den Schlußsatz der angeführten Briefstelle als bloße Schutzbehauptung verstehen würde, die die Verantwortlichkeit des Schreibers verkleinert hätte, sofern Felice die Darstellung ungünstig aufnahm, wenn nicht durch das Tagebuch belegt wäre, daß er sich die beschriebenen Zusammenhänge mindestens zum Teil tatsächlich erst am 11. Februar 1913, also Monate nach der Entstehung des *Urteils*, klargemacht hatte.

Georg, so heißt es in der Erzählung, habe seinem Petersburger Freund lieber Belanglosigkeiten geschrieben,

als daß er zugestanden hätte, daß er selbst

(I) ganz nahe vor der Verlobung mit einem

(II) vor einem Monat mit einem Fräulein Frieda

  (1) Brandenburg

  (2) Brandenfeld   (a) sich verlobt hatte

        (b) der Tochter eines wohlhabenden

            (aa) Fabrikanten

            (bb) Juweliers

            (cc) Kinematographenbesitzers

        (c) einem Mädchen aus wohlhabender Familie,

  sich verlobt hatte.

Wenig später im Text muß der gleiche Sachverhalt erneut genannt werden. Georg berichtet nun »tatsächlich« seinem Korrespondenzpartner die eigene Verlobung, und zwar »mit folgenden Worten«:

Ich habe mich mit einem Fräulein Frieda Brandenhof verlobt,

        (a) der Tochter eines hiesigen K. B. [. . .]

        (b) einem Mädchen aus einer wohlhabenden Familie.

Der Name Brandenfeld setzt sich also, wie man sieht, erst in der Druckfassung durch. Er ist als Kontamination von Feld (für Bauer) und Brandenburg zu verstehen: »Vielleicht ist sogar der

Gedanke an Berlin nicht ohne Einfluß gewesen und die Erinnerung an die Mark Brandenburg hat vielleicht eingewirkt.«[4] Dagegen bildet in der Form Brandenhof der Begriff Bauernhof die Assoziationsbrücke. Daß beide Formen unausgeglichen so eng beieinander stehen, ist ein Indiz für das unkontrollierte, freie Fließen des vorbewußten Vorstellungsstromes, dessen Gesetzmäßigkeiten dem Autor trotz inzwischen erfolgter mehrmaliger Lesung des *Urteils* erst bei der im Zusammenhang mit der Drucklegung erfolgten Fahnenkorrektur bewußt wurden.

Nicht weniger interessant sind die Aussagen über die Herkunft der Braut. Kafka hat die Familie Felicens stets als typische Vertreter des gutsituierten jüdischen Mittelstandes angesehen, dessen Lebensformen die Verlobte, anders als er selber, durchaus teilte und gegen den Bräutigam durchzusetzen suchte. Fabrikanten und Juweliere aber waren, in Prag wie in Berlin, in besonderem Maße Angehörige dieser Gesellschaftsschicht. Der sozial etwas anrüchige Kinobesitzer fällt nur scheinbar aus dem Rahmen. Eine Beziehung zu Felice ergibt sich über deren Tätigkeit in einer Firma, die Parlographen herstellte, ein Sachverhalt, über den sich in Kafkas an sie gerichteten Briefen mancherlei Ausführungen, vor allem humoristischer Art, erhalten haben. Vielleicht darf diese Variante als Indiz für sein gestörtes Verhältnis zum bürgerlichen Mittelstand gewertet werden, dem er entstammte, aber zu entkommen suchte. Die Lesart hätte also wohl Frieda–Felice abwerten sollen.

Wie sehr ihn dieses Problem beschäftigt haben muß, wird aus dem zweiten Zitat ersichtlich. Obwohl über mehrere Vorstufen hinweg eben eine ihn befriedigende Fassung des Sachverhalts gefunden wurde, die dann in die Drucke eingeht, experimentiert er jetzt erneut mit der Herkunft der Braut, wobei er natürlich wieder an den Versicherungsagenten Carl Bauer denkt, dessen Initialen im ersten Ansatz erscheinen (die in Prag unübliche Schreibung seines Vornamens war Kafka zum Zeitpunkt der Niederschrift kaum bekannt).

Diese Deutung kann nicht durch die Behauptung widerlegt werden, die Initialen K. B. seien einfach eine Abkürzung für das Wort Kinematographenbesitzer, obwohl dies, wenn man nur den Text als solchen im Auge hat, durchaus zutrifft. So steht etwa im *Prozeß*-Manuskript sicherlich F. B. zunächst für die Erzählfigur Fräulein Bürstner. Der Umstand aber, daß auf diese nur selten vorkommende Weise abgekürzt wird, läßt dann aber doch den Schluß zu, daß der Schreiber gleichzeitig geheime Verbindungen zwischen dieser Gestalt und seiner ehemaligen Verlobten F(elice) B(auer) herstellen wollte, die ja die Niederschrift des Romans ausgelöst und seinen Handlungsgang mitgeprägt hat.

In einem Brief an Felice hat sich Kafka ausdrücklich zu derartigen Buchstabenspielereien bekannt: Die Widmung »Für M. B.«, die er, um Max Brod zu ehren, seiner *Betrachtung* vorausgestellt hat, wurde in Gegenwart der späteren Verlobten formuliert, und zwar absichtlich in der zitierten Form, weil sich solche Monogramme »so unheimlich schön auslegen« lassen, etwa in dem Sinn, »daß B. der Anfangsbuchstabe von Bauer ist«.[5]

Schließlich fällt auf, daß er zunächst von einer nahe bevorstehenden Verlobung Georgs ausgeht, dann aber dieses Ereignis schon einen Monat Vergangenheit sein läßt. Da Kafka, als er das *Urteil* konzipierte, Felice nur einmal gesehen hatte und ihr zwei Tage zuvor einen ersten, freilich wochenlang überlegten Brief schrieb, könnte man die erste Fassung des fraglichen Sachverhalts als die biographisch näherliegende bezeichnen. Welcher Termin vorzuziehen ist, kann jedoch hinsichtlich dieses Gesichtspunkts als reine Interpretationsfrage angesehen werden: Vom Entstehungstag des *Urteils* aus gerechnet, lag das entscheidende Zusammentreffen von Kafka und Felice vierzig Tage zurück, konnte also mit der Zeitangabe »vor einem Monat« gerade noch bezeichnet werden, zumal der Tagebuchbericht über das Ereignis eine Woche jünger ist als dieses selbst, also vom Entstehungsdatum der Erzählung ziemlich genau einen Monat abliegt. Nun belegen die Lebenszeugnisse mit großer Eindeutigkeit, daß sich sein Urteil über die spätere Braut aufgrund dieses ersten, gemeinsam verbrachten Abends gebildet hatte. Spätestens am 20. August 1912, als er fragmentarisch die Zusammenkunft notierte, muß es demnach für ihn festgestanden haben, daß er um Felice als Frau in der Folgezeit würde zu kämpfen haben.[6] So gesehen konnte in der Erzählung mit innerem Recht von einer schon vollzogenen Verlobung die Rede sein.

2. Wortwiederholungen

Sieht man von Ausnahmen wie den eben besprochenen ab, so hat man in Kafkas Manuskripten kaum die Möglichkeit, die für den schöpferischen Prozeß bezeichnenden Umformungs- und Amalgamierungsprozesse zu beobachten, vielmehr hat man hier und in den von ihm mitverantworteten Drucken stilistische Varianten vor sich, die es zu verstehen gilt. Genauere Prüfung ergibt, daß hauptsächlich wegen der seit der galanten Zeit in deutscher Dichtung verpönten Wortwiederholungen[7] gebessert wird.

Damit soll nun nicht etwa behauptet werden, daß Kafka überhaupt die Wiederholung in Begriff und Satzteil meide, denn genau das Gegenteil ist richtig. Schon in den Briefen bemerkt man immer wieder Stellen, wo die Eindringlichkeit des Gesagten durch reduplicatio gesteigert werden soll: Er liebe an Felice, schreibt er, das Gute und das Nichtgute: »alles, alles«. Daß solche Formulierungen absichtlich gewählt werden, zeigt der *Kübelreiter*, wo der Kohlenhändler, seiner ihn beschwichtigenden Frau widersprechend, die Ankunft der Titelfigur ahnt und nachdrücklich sagt: »es ist, es ist jemand«. Das zweite »es ist« wurde nämlich von Kafka nachträglich in die Handschrift eingefügt. Auch läßt sich beobachten, daß besonders in den reflektierenden Ich-Erzählungen Wiederholungen einzelner Satzphrasen Formbildungen konturieren oder Emphase hervorrufen sollen.[8]

Eberhard Frey hat für den *Hungerkünstler* gezeigt, daß dort das fragliche Phänomen als Stilmittel verwendet wird.[9] Und Jörgen Kobs hat besonders für den *Verschollenen* dargelegt, daß Kafka bestimmte Begriffe gehäuft verwendet:

Jetzt besaß Karl an Verschenkbarem nur noch sein Geld, und das wollte er, wenn er schon vielleicht den Koffer verloren haben sollte, vorläufig nicht anrühren. Wieder kehrten seine Gedanken zum Koffer zurück, und er konnte jetzt wirklich nicht einsehen, warum er den Koffer während der Fahrt so aufmerksam bewacht hatte, daß ihm die Wache fast den Schlaf gekostet hatte, wenn er jetzt diesen gleichen Koffer so leicht sich hatte wegnehmen lassen.[10]

Die ganze Situation, die Form der erlebten Rede und die Art der Satzführung machen deutlich, daß die dreimalige Wiederholung des Requisits, um das Karls Gedanken kreisen, dessen erregte Konzentration auf den Koffer sprachlich verstärken soll.

Eine andere Bedeutung hat die Wiederholung des Einzelworts in der Rede, mit der Gregor Samsa in der *Verwandlung* dem Prokuristen gegenübertritt:

Sie sehen, ich bin nicht starrköpfig und ich arbeite gern [. . .] Man kann im Augenblick unfähig sein zu arbeiten, aber dann ist gerade der richtige Zeitpunkt [. . .] zu bedenken, daß man später [. . .] gewiß desto fleißiger und gesammelter arbeiten wird [. . .] Ich bin in der Klemme, ich werde mich aber auch wieder herausarbeiten.

Hier wird die besinnungslose Angst Gregors verdeutlicht, die bestimmte Kontrollfunktionen des Bewußtseins reduziert, Zuchtlosigkeit der Aussage fördert, Diskursivität mindert und, wie eine Stelle im *Urteil* zeigt, den Formulierenden mechanisch immer wieder nach dem gleichen Ausdruck greifen läßt.[11]

Anders ist das folgende Beispiel zu bewerten: In der Fassung A der *Beschreibung eines Kampfes* heißt es an einer Stelle über Mädchengewohnheiten,

daß niemand so traurig und so lächerlich sich wird machen wollen, täglich dasselbe kostbare Kleid früh anzulegen und abends auszuziehen. Doch sehe ich Mädchen, die [. . .] täglich in diesem einen natürlichen Maskenanzug erscheinen, immer dasselbe Gesicht in ihre gleiche Handfläche legen und von ihrem Spiegel wiedererscheinen lassen.

Die Bearbeitung dieser Passage, die Kafka für den Erstdruck in der *Betrachtung* von 1908 vornahm, ist nur unscheinbar, aber effektvoll: »täglich das gleiche« heißt es jetzt und: »immer das gleiche Gesicht in die gleichen Handflächen«. Die dauernde Wiederkehr der berichteten Handlungen findet in den verbesserten Formulierungen eine genaue Entsprechung; und damit sprachlich kein langweiliger Gleichlauf entsteht, hat Kafka das zweite »täglich« zu einem gefühlsintensiveren »tagtäglich« variiert.

Die angeführten Belege sind jedoch, wenn man so will, Ausnahmen von der Hauptregel, die besagt, daß Kafka dann, wenn keine besondere Motivation vorliegt, Wiederholungen einzelner Begriffe tunlichst vermeidet. Das läßt sich schon an seinen Urteilen über andere Autoren ablesen. An Martin Beradts Roman *Eheleute* beanstandet er, daß an sonderbaren Wendungen »grundlos« festgehalten werde. Als Beispiel notiert er sich: »er war um ihre Haare bemüht, bemüht und wieder bemüht.«[12] Unter den Stellen, die er an Max Brods Übersetzung von Janáčeks *Jenufa* kritisiert, ist auch folgender Satz: »Ohne die gelehrten Herren seh' (steh'?) ich da! Leider bin ja ich Instanz hier – (wischt sich den Schweiß von der Stirn) – gern – gern duckt' ich mich in ein Mauseloch!« Kafka meint: »›Gerne‹ am Schluß stört ein wenig in dieser großen Stelle.« Da er im gleichen Zusammenhang den Freund lobt, weil er »die Wiederholungen Leben-atmend« gemacht habe, darf geschlossen werden, daß ihn nicht nur der Bedeutungsgehalt des Adverbs störte, sondern auch seine Doppelung.[13]

Man kann gegen die vorgetragene These nicht ins Feld führen, daß Kafka gelegentlich im ersten Ansatz niedergeschriebene Synonyma zu einem bestimmten Ausdruck wieder tilgt und dafür noch einmal den fraglichen Begriff selber setzt. Dies geschieht beispielsweise in der *Verwandlung* an der Stelle, wo berichtet wird, wie Gregor, um der Schwester seinen Anblick zu ersparen, in mehrstündiger Arbeit ein Leintuch auf dem Kanapee derart anordnet, daß er sich darunter verbergen kann. In den Drucken steht in diesem Abschnitt viermal das Wort Leintuch, obwohl Kafka bei der zweiten Nennung des Gegenstandes zunächst den Begriff »Vorrichtung« verwendet, dann aber noch während der Niederschrift die endgültige Lesart hergestellt hatte. Ähnlich im *Verschollenen*, wo im Gespräch zwischen Karl und dem Heizer in dessen Kabine letzterer zunächst »erklärt[e]«, er könne es nicht leiden, wenn man vom Gang aus in seine Kammer schaue, was jedoch von Kafka sofort in »sagt[e]« verbessert wird, obwohl doch dieses Wort im unmittelbaren Kontext als Zuordnungsformel von Dialogteilen schon siebenmal vorkommt.[14]

Die Erklärung ist einfach. Im Gegensatz zu Thomas Mann, dessen Art der Gestaltung die gleichzeitige Verwendung verschiedenster Sprachebenen hinsichtlich Wortschatz und Syntax zuließ, so daß immer die Möglichkeit gegeben war, unerwünschte Wiederholungen zu umgehen, war Kafka aufgrund des ihm als Prager Autor zur Verfügung stehenden begrenzten umgangsprachlichen Materials und wegen seiner ästhetischen Konzeption in dieser Hinsicht sehr eingeschränkt. Vielleicht gerade, weil er auf dieses künstliche, nicht durch Volksbrauch und Dialekt gespeiste Prager Deutsch angewiesen war und sich als »Halbdeutscher« in der Sprache, in der er schrieb, nur als Gast fühlte, der beispielsweise idiomatische Feinheiten nicht zu beurteilen vermochte, vermied er es, durch »Stileinfälle« vom Gemeinten abzulenken.[15]

So mußte es geschehen, daß vielfach innerhalb der gewählten Grenzen kein gebräuchliches sinngleiches Wort für einen im weiteren Kontext zu vermeidenden Ausdruck zur Verfügung stand. In solchen Fällen lag es nahe, gar nicht erst durch Kunstgriffe in Wortwahl und Satzbau darauf aufmerksam zu machen, daß man sich mit dem leidigen Problem der Wiederholung herumzuschlagen habe, sondern das fragliche Wort möglichst unauffällig und so oft wie nötig zu setzen. Das gilt besonders für die inquit-Formel. Hätte Kafka in diesem Bereich Abwechslung geschaffen, indem er Wendungen wie »erwiderte«, »versetzte« oder »gab zurück« verwendet hätte, wäre dem sensiblen Leser nicht nur das im Deutschen hier vorliegende Stilproblem merkbar geworden, sondern Kafka hätte sich auch, gegen jede sonstige Gewohnheit, vorgeformter und besonders von der Trivialliteratur verbreiteter Sprachhülsen bedient.

Daß in den beiden angeführten Fällen die vorliegenden Wiederholungen nicht pointiert als solche wirken sollen, läßt sich am Kontext der Stellen erkennen. In der Fortsetzung des Gesprächs zwischen Karl und dem Heizer verzichtet Kafka, soweit möglich, ganz auf die Gesprächspartien einem der beiden zuordnenden verba dicendi. In der *Verwandlung* wird die in Rede stehende Passage durch die Formulierung beschlossen, Gregor habe einmal vorsichtig das Leintuch gelüftet, um nachzusehen, wie die Schwester die neue »Einrichtung« aufgenommen habe:[16] An dieser Stelle, wo nicht vom Tuch, sondern von dem mit seiner Hilfe hergerichteten Versteck die Rede ist, stand ein anderes Wort zur Verfügung, mußte »Leintuch« nicht erneut genannt werden.

Zu dieser Gruppe unvermeidlicher und deswegen unscheinbar gehaltener Wiederholungen gehört dieses Beispiel aus dem *Verschollenen*:

Der Onkel war zum Unterschied von Karl mit diesem Schreibtisch durchaus nicht einverstanden, nur hatte er eben für Karl einen ordentlichen Schreibtisch kaufen wollen und solche Schreibtische waren jetzt sämtlich mit dieser Neueinrichtung versehen, deren Vorzug nämlich auch darin bestand, bei älteren Schreibtischen ohne große Kosten angebracht werden zu können.

Es ist verkehrt, wenn Jörgen Kobs im Blick auf derartige Passagen meint, Objektverluste der Perspektivträger artikulierten sich sprachlich, indem der »Dichte des fixierenden Wortgeflechts« eine »höchste Diskontinuität der Gedankenführung« gegenüberge-stellt sei, und in der Art, wie die Verben des Sagens verwendet würden, sei monotone Wiederholung Kafkas erklärtes Ziel.[17] Solche Auffassungen werden durch viele andere Varianten wider-legt, die gerade zeigen, daß Kafka den Gleichklang der Worte mied, wo er konnte, oder ihn nicht den genannten Zwecken dienstbar zu machen vermochte.

Dafür jetzt einige Beispiele. In einem an Ottla gerichteten Schrei-ben verbessert Kafka das Wort »allerdings« in »aber«, um eine Wiederholung der zuerst genannten Partikel zu tilgen.[18] Lehrrei-cher sind Stellen im *Urteil*, die gerade verba dicendi betreffen. Noch in der Handschrift finden sich diese Veränderungen:

»Er wird also gar nicht zu unserer Hochzeit kommen«, sagte sie [. . .] »Ich will ihn nicht stören«, (sagte) antwortete Georg [. . .].

»Hier ist es ja unerträglich dunkel«, sagte er dann. »Ja, dunkel ist es schon«, (sagte) antwortete der Vater.

Die dem zuletzt Zitierten unmittelbar vorhergehenden Worte lauten in den Drucken von 1913 und 1916: »›Mein Vater ist noch immer ein Riese‹, sagte sich Georg.« Als um 1920 eine Neuauflage der Buchausgabe im *Jüngsten Tag* erforderlich wurde, die Kafka korrigierte, besserte er an dieser Stelle in: »dachte sich Georg«. An allen drei Fällen erstrebt er also beim übergeordneten Verb die variatio. Solche Beispiele gibt es in anderen Texten ebenfalls, etwa in der *Beschreibung eines Kampfes*, wo er bei der Umarbeitung versuchte, allzuhäufiges »sagte« zurückzudrängen.[19]

Noch eindrucksvoller wohl sind die Belege, die Nomina, Prono-mina und Modalverben betreffen: Kafka ersetzt beispielsweise, wie schon Ludwig Dietz beim Kollationieren von Druckfassun-gen Kafkascher Werke auffiel,[20] das sich wiederholende Substan-tiv durch ein entsprechendes Personalpronomen, oder er streicht ein Possessivum, das schon im näheren Kontext aufgetreten war. Heißt es im Manuskript der *Verwandlung*, Vater und Mutter hätten beim Violinspiel der Schwester aufmerksam »die Bewegungen ihrer Hände« verfolgt, während sich Gregor »von ihrem Spiele angezogen«, weiter ins Wohnzimmer vorwagt, so ist die zweite Formulierung schon im Erstdruck zu »von dem Spiele angezogen« verbessert worden.[21] Deswegen ist es unsinnig, wenn Kobs aus der Tatsache, daß im *Verschollenen* Körperteile regelmäßig nur vom bestimmten Artikel begleitet sind, den Schluß zieht, in Kafkas Darstellung sei die Funktionseinheit des Lebendigen aufgehoben, denn die Gliedmaßen gehörten »der Person nicht mehr oder doch nur insofern, als man sie wie Prothesen abschnallen und irgendwo ›hinwerfen‹ kann«.[22] Denn zu der selbstverständlich nicht immer zu Lesarten führenden Absicht Kafkas, Dubletten zu vermeiden, kommt ja noch die Prager Besonderheit, mehr als die Schriftsprache auf den Gebrauch des besitzanzeigenden Fürworts zu verzichten.

Nachdem Grete dem verwandelten Bruder verschiedene Nahrungsmittel zur Auswahl hingelegt hat, entfernt sie sich eilig und schließt dann die Tür hinter sich, »damit nur Gregor merken könne, daß er es sich so behaglich machen könne, wie er wolle«. Dies der Wortlaut der Handschrift, schon die Fassung in den *Weißen Blättern* hat aber: »behaglich machen dürfe«, wodurch das zweimalige »könne« entfällt. Und die großen Kosten, die der geplante Konservatoriumsaufenthalt der Schwester »verursachen mußte«, werden erst im zweiten Ansatz mit dem angeführten Hilfsverb verbunden: Die Form »verursachen würde« tilgte Kafka, weil er fortgesetzt hatte: »die man schon auf andere Weise hereinbringen würde«.[23]

Die Einsicht, wie sehr Kafka auf Wortwiederholungen achtete, ermöglicht es, die Ursache einiger auffälliger Änderungen zu erkennen, die er im Manuskript des *Verschollenen* vornahm. In den fraglichen Fällen unterstellt Kobs Kafka eine Tendenz zur Indifferenz des Ausdrucks, die Absicht, intensivere Wendungen durch schwächere, neutralere zu ersetzen, die es auch rechtfertigten, den Einfluß des jeweiligen Kontextes zu vernachlässigen, obwohl sich gelegentlich beobachten lasse, daß Lesarten verworfen würden, um störende Gleichklänge zu vermeiden.[24] Überprüft man die Sache genauer, ergibt sich freilich ein anderes Bild:

er [. . .] wurde [. . .] von der immer mehr anschwellenden Menge der Gepäckträger, die an ihm vorüberzogen, allmählich bis ans Bordgeländer (gedrückt) geschoben.

Die Burschen (zogen) holten gleich irgendwelche Papiere aus den Taschen.

Kobs nimmt beidesmal eine Reduzierung der Ausdrucksintensität an. Man könnte jedoch bei der ersten Änderung zur Rechtfertigung der Sachgemäßheit der von Kafka dann zum Druck beförderten Fassung fragen: Wie kann denn jemand beim Verlassen eines Schiffes außerhalb des Katastrophenfalles von einer nur allmählich sich verstärkenden Menge, die dazuhin nicht auf ihn zukommt, sondern langsam an ihm vorbeizieht, an die Reling gedrückt werden? Hier scheint doch der weniger intensive Ausdruck gerade wegen seines Bedeutungsgehaltes der beschriebenen Situation angemessener. Außerdem veranschaulicht er besser den Grundgedanken des Romans, den Kafka später im Tagebuch so zusammenfaßt: »Roßmann [. . .] der Schuldlose [. . .] strafweise umgebracht [. . .] mit leichterer Hand [als K., der Schuldige,] mehr zur Seite geschoben als niedergeschlagen.«[25] Es kommt also, als Szene und in der in ihr sichtbar werdenden Bedeutung, auf das nach und nach, fast friedlich sich vollziehende Vertriebenwerden Karls aus der menschlichen Gemeinschaft an.

Und was das zweite Beispiel betrifft: Beim Vergleich zwischen »herausholen« und »hervorziehen« (Kobs verwendet diesen Ausdruck statt des richtigeren »herausziehen«) ist es, will man die Exaktheit des von Kafka benützten Ausdrucks erkennen, doch nicht das entscheidende, daß die »charakteristische Bewegungsform des Hervorziehens [. . .] durch das nur richtungsbestimmte Verb ›holen‹ ersetzt« wurde,[26] sondern allenfalls wichtig, ob das wie auch immer geartete Verb die darzustellende Sache trifft: Da ist dann zu sagen, daß eher das Federbett, als deckende Fläche, etwas ist, unter der man Papiere *hervor*ziehen kann, als die Hosentasche eines Burschen, in der, wie man von einer anderen Szene weiß, alles mögliche durcheinanderliegt, so daß Karl, wenn er dort seinen Paß sucht, dafür das Wort »hervorkramen« benützt[27]. Zu einem vergleichbar ungünstigen Ergebnis kommt man, wenn man von dem Begriff »*heraus*ziehen« ausgeht, weil dieser in der Hochsprache im Sinn von »entfernen« gebraucht wird, deswegen die von Kafka beschriebene Situation nur unzureichend trifft und ihn ebenfalls zur Einsetzung eines besser geeigneten Bewegungsverbs veranlaßt haben könnte. Wenn man spitzfindig argumentieren will, kann man durchaus die Auffassung vertreten, »herausholen« sei in bezug auf eine Art Behältnis der treffendere Ausdruck.

Aber wesentlich für den vorliegenden Zusammenhang ist ja das andere: Kafka tilgt den ursprünglichen Begriff, weil er diesen noch im gleichen Satz für die unter dem Federbett des Kinderwagens liegenden Papiere der Frau benötigt, die sie auf ein Zeichen ihres Mannes hin hervorzieht. Andernfalls wäre eine störende Wiederholung des Verbs entstanden.

3. Randstriche

Das herausgestellte Stilgesetz hilft eine merkwürdige Erscheinung erklären, die sich in der Handschrift der zweiten Fassung der *Beschreibung eines Kampfes* findet. Dort hat Kafka an fünfzehn Stellen Textpartien durch Randstriche auffällig markiert. Diese Hervorhebungen sind in der Parallelausgabe der beiden Fassungen zwar nicht verzeichnet, doch hat Dietz sie in einem eigens ihnen gewidmeten Aufsatz genau beschrieben und zu deuten versucht. Er hält sie für besonders geglückte Formulierungen, die einen Hinweis auf die Entwicklung eines Kafka eigentümlichen erzähltechnischen Elements enthalten, nämlich auf die von Jahn im Blick auf den *Verschollenen* herausgestellten dramatischen Gebärden, mit deren Hilfe auf die Gestaltung der Unmittelbarkeit visuellen Geschehens abgehoben werden sollte. Dieses Merkmal sei durchgängiges Material der zweiten Fassung der Erzählung und komme auch deutlich in den durch Randstriche ausgezeichneten Stellen zum Ausdruck.[28]

Eine genauere Überprüfung ergibt jedoch, daß von den acht bei Dietz angeführten Beispielen nur einem einzigen der Charakter eines Belegs zukommt. In fünf Passagen sind die darin vorkommenden Gesten von Kafka überhaupt nicht angestrichen worden, sondern stehen meist im weiteren Kontext in anderen Abschnitten. In zwei anderen Fällen ist die Ausdrucksbewegung ganz oder teilweise schon in der ersten Fassung belegt, kann also nicht als Indiz für eine neue, weiterführende Werkstufe herhalten. Nur eine Stelle von fünfzehn enthält eine im ursprünglichen Ansatz noch nicht belegte Geste.

Macht schon dieses Zahlenverhältnis an sich die von Dietz vertretene Deutung der Striche recht unwahrscheinlich, so erst recht ein stilistischer Gesamtvergleich zwischen den beiden Fassungen, der allein eine zuverlässige Erklärung ermöglicht. Keinesfalls kann man sagen, daß in der nach Jahren vorgenommenen Neubearbeitung die mimisch-gestische Schicht der Novelle ausgeweitet worden sei. Es gibt im Gegenteil einige auffällige Erzähleinheiten, wo genau das Umgekehrte geschieht.

In einem Abschnitt noch gegen Anfang, wo die beiden nächtlichen Spaziergänger sich über das Stubenmädchen unterhalten, heißt es in der ersten Fassung: »Ich konnte nicht reden, denn mein Hals war voll Tränen, daher versuchte ich, wie ein Posthorn zu blasen, um nicht stumm zu bleiben. Er hielt sich zuerst die Ohren zu, dann schüttelte er freundlich dankend meine rechte Hand. Die muß sich kalt angefühlt haben, denn er ließ sie gleich los«. In der Neufassung steht an dieser Stelle ein Dialogstück, dem der Satz folgt: »Dabei reichte ich ihm die Hand zum Abschied hin.«[29]

Ergibt sich hier und in weiteren Passagen eine Vereinfachung der in Frage stehenden Gestaltungsebene, so fällt diese in andern Fällen sogar ganz weg. Im Schlußabschnitt des Eingangskapitels in der ersten Fassung werden beispielsweise bei der Neubearbeitung alle Sachverhalte in inneren Monolog überführt.[30]

Daneben gibt es freilich in der zweiten Fassung neu geschriebene Passagen, die bewegungsmäßig besonders profiliert sind. Sie dienen einer besseren Ausdifferenzierung der Erzählsituation (genauere, ausführlichere Bewegungen, besonders in der Zuordnung der Figuren), einer wenigstens vorstellungsmäßigen Rückbindung von Reflexionspartien, die in der ersten Fassung ganz isoliert dastehen, einer direkteren Motivation der Handlungsführung und der Verfügung ihrer einzelnen Einheiten.[31]

Noch viel auffälliger ist, daß regelmäßig Beschreibungen und Benennungen seelischer Vorgänge und Eigenschaften, die sich der analytischen Begriffssprache bedienten, in der Neubearbeitung objektiviert, das heißt in direkte Gegebenheiten des Lebens wie Atmosphäre, Bewegung, Haltung, Mimik, Gestik, Rede oder Gedankenfluß umgesetzt werden oder sogar fehlen. Judith Ryan erkannte, daß die verba dicendi zugunsten direkterer Darstellungsformen der inneren Welt zurückgedrängt werden.[32] Aber in gleicher Weise sind distanzierte Charakterisierungen der Stimmungslage aufgegeben:

A: in dieser guten Laune.
B: in dieser guten Luft.

A: Das schien mir thöricht.
B: Was denn noch?

I

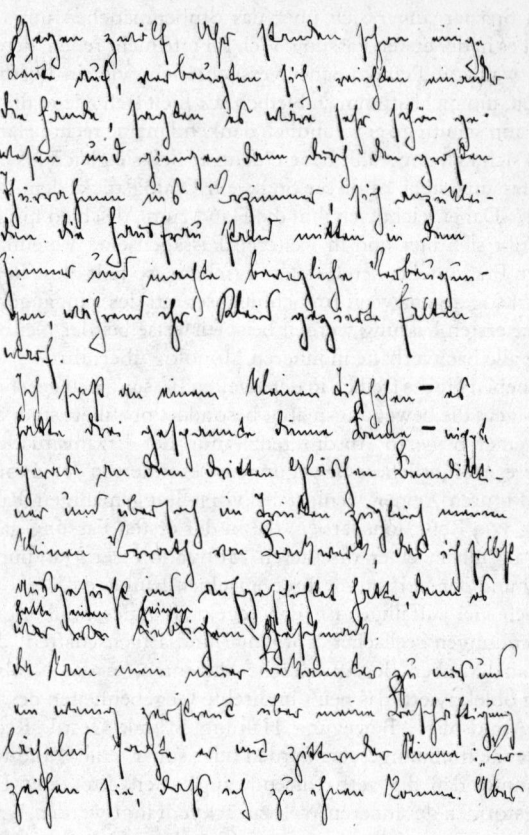

Abb. 16   Erste Textseite der *Beschreibung eines Kampfes* (Fassung A, 1904/1906).

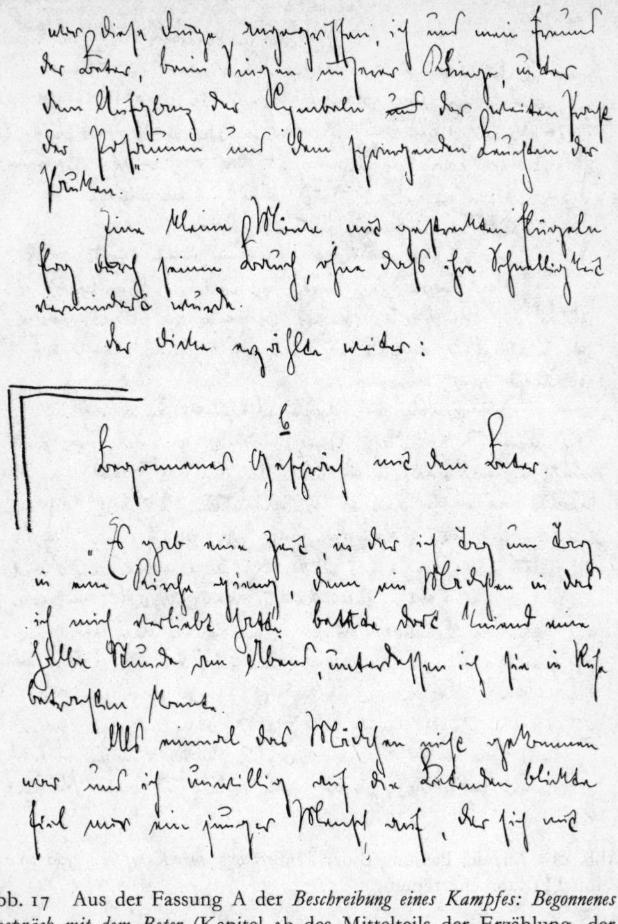

Der Dicke erzählte weiter:

b

Begonnenes Gespräch mit dem Beter.

„Es gab eine Zeit, in der ich Tag um Tag in eine Kirche gieng, denn ein Mädchen in das ich mich verliebt hatte, betete dort kniend eine halbe Stunde am Abend, unterdessen ich sie in Ruhe betrachten konnte.

Als einmal das Mädchen nicht gekommen war und ich unwillig auf die Betenden blickte, fiel mir ein junger Mensch auf, der sich mit

Abb. 17 Aus der Fassung A der *Beschreibung eines Kampfes: Begonnenes Gespräch mit dem Beter* (Kapitel 3b des Mittelteils der Erzählung, der *Belustigungen oder Beweis dessen, daß es unmöglich ist zu leben*).

Die Winkelmarkierung, die sich am Ende der Szene wiederholt, hat Kafka als Orientierungshilfe angebracht, als er dieses Kapitel als *Gespräch mit dem Beter* für die Publikation in der Zeitschrift *Hyperion* (1909) vorbereitete.

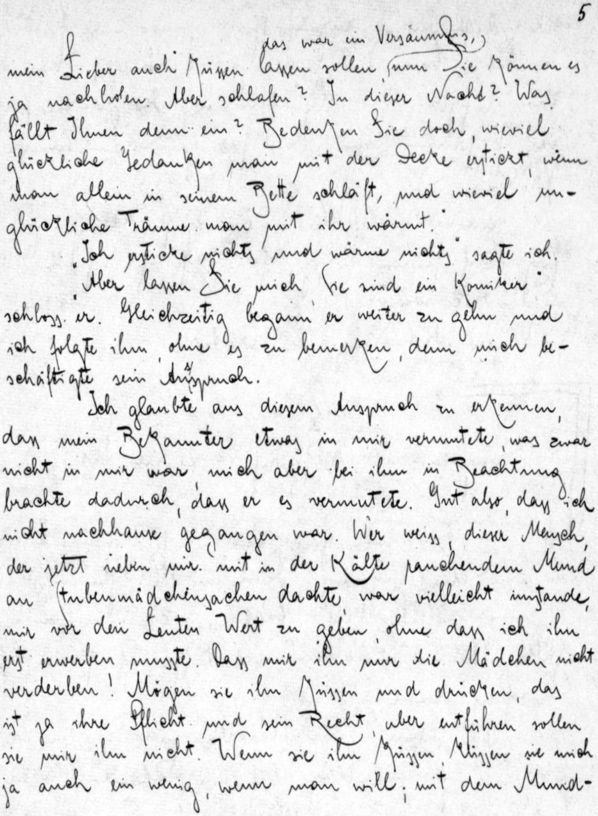

das war ein Versäumnis,)
mein Lieber auch Skizzen lassen sollen (nun Sie können es
ja nachholen. Aber schlafen? In dieser Nacht? Was
fällt Ihnen denn ein? Bedenken Sie doch, wieviel
glückliche Gedanken man mit der Decke erstickt, wenn
man allein in seinem Bette schläft, und wieviel unglückliche Träume man mit ihr wärmt."

"Ich ersticke nichts und wärme nichts" sagte ich.

"Aber lassen Sie mich, Sie sind ein Kauz"
schloss er. Gleichzeitig begann er weiter zu gehn und
ich folgte ihm ohne es zu bemerken, denn mich beschäftigte sein Ausspruch.

Ich glaubte aus diesem Ausspruch zu erkennen,
dass mein Bekannter etwas in mir vermutete, was zwar
nicht in mir war, mich aber bei ihm in Beachtung
brachte dadurch, dass er es vermutete. Gut also, dass ich
nicht nachhause gegangen war. Wer weiss, dieser Mensch,
der jetzt neben mir, mit in der Kälte rauchendem Mund
an Stubenmädchensachen dachte, war vielleicht imstande,
mir vor den Leuten Wert zu geben, ohne dass ich ihn
erst erwerben musste. Dass mir ihn nur die Mädchen nicht
verderben! Mögen sie ihn küssen und drücken, das
ist ja ihre Pflicht und sein Recht, aber entführen sollen
sie mir ihn nicht. Wenn sie ihn küssen, küssen sie auch
ja auch ein wenig, wenn man will, mit dem Mund-

Abb. 18 Aus der Fassung B der *Beschreibung eines Kampfes* (1909/1910):
Kapitel I (Rahmenerzählung).

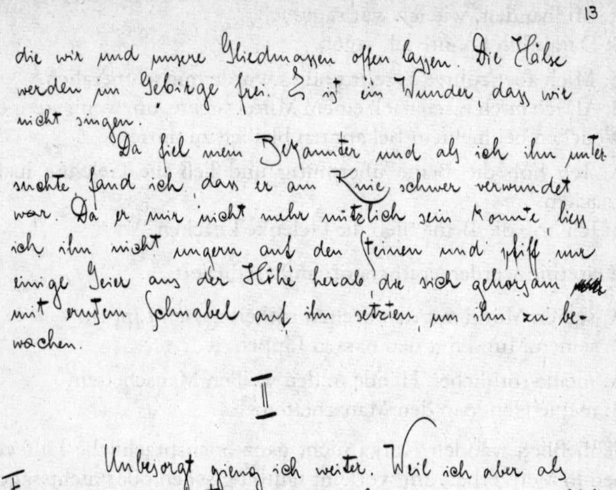

die wir und unsere Gliedmaßen offen lassen. Die Hälse
werden im Gebirge frei. Es ist ein Wunder, daß wir
nicht singen.

   Da fiel mein Bekannter und als ich ihn untersuchte fand ich daß er am Knie schwer verwundet
war. Da er mir nicht mehr nützlich sein konnte ließ
ich ihn nicht ungern auf den Steinen und pfiff nur
einige Geier aus der Höhe herab, die sich gehorsam und
mit ernstem Schnabel auf ihn setzten, um ihn zu be-
wachen.

II

   Unbesorgt gieng ich weiter. Weil ich aber als
Fußgänger die Anstrengung der bergigen Straße fürchtete,
ließ ich den Weg immer flacher werden und sich in
der Entfernung endlich zu einem Tale senken. Die Steine
verschwanden nach meinem Willen und der Wind verlor sich.

   Ich gieng in gutem Marsch und da ich
bergab gieng hätte ich den Kopf erhoben, den Körper
gesteift und hinter dem Kopf die Arme verschränkt. Da
ich Fichtenwälder liebe, gieng ich durch ~~Fichtenwälder~~
+
solche Wälder und da ich gerne stumm zu den Sternen
schaue, so giengen mir auf dem Himmel die Sterne

Abb. 19   Aus der Fassung B der *Beschreibung eines Kampfes:* Beginn des
Kapitels II (in der Erstfassung *Spaziergang* betitelt) aus dem Mittelteil der
Erzählung (den *Belustigungen oder Beweis dessen, daß es unmöglich ist zu leben*
der Fassung A).

A: Mißhandelt, wie ich war sagte ich.

B: Daraufhin konnte ich sagen.

A: Mich aber rührte es sehr und es wurde mir schmerzlich.

B: Als ich noch rasch nach einem Mittel suchte, um wenigstens ein Weilchen bei meinem Bekannten bleiben zu dürfen.

A: Ich hob die Beine übermütig und ließ die Gelenke lustig knacken.

B: Ich hob die Beine, ließ die Gelenke knacken.[33]

Weiterhin werden epitheta ornantia reduziert:

A: seinen Mund mit den breiten rothen nassen Lippen.

B: seinen Mund mit den nassen Lippen.

A: meine röthlichen Hände in den weißen Manschetten.

B: meine Hände in den Manschetten.[34]

Schließlich wandelt Kafka nicht ganz hochsprachliche Hilfsverben in Vollverben um, verleiht tautologischen oder nichtssagenden Wendungen eine tiefere Bedeutung und fügt vereinzelt metaphorische Wendungen hinzu.[35]

Konfrontiert man nun die durch Randstriche ausgezeichneten Textstellen mit den eben herausgestellten Kriterien, die für die Umarbeitung offensichtlich maßgebend waren, so ergibt sich kein signifikantes Ergebnis. Zwar können manche Passagen, sofern es sich um Neufassungen handelt, als Verbesserungen der Handlungsführung in dem beschriebenen Sinn verstanden werden, das aber keineswegs in größerem Maße als nicht durch Striche hervorgehobene Kontextphrasen. Das bedeutet aber, daß das Angestrichene nicht Spezifika der Zweitfassung heraushebt, was ja schon angesichts der Tatsache merkwürdig wäre, daß drei der angestrichenen Passagen mehr oder weniger wörtlich aus der Erstfassung übernommen wurden.

So bietet sich die Lösung an, die fünfzehn Stellen als besonders mißlungene Formulierungen zu verstehen, die gelegentlich verbessert werden sollten. In neun Fällen nämlich sind störende Wortwiederholungen feststellbar, meist sogar mehrere. Im folgenden Beispiel sind es nicht weniger als zehn: »Ein Weilchen lang hielt ich den Mund offen, damit mich die Aufregung durch den Mund verlasse. Ich verstand ihn, er schickte mich fort. Bei ihm sei kein Platz für mich, und wenn vielleicht doch einer hier ist, so sei er wenigstens nicht zu finden. Warum ich nebenbei gesagt so darauf versessen sei, bei ihm zu bleiben. Nein, ich möchte nur weggehn – und dies sofort – zu meinen Verwandten und Freunden, die schon auf mich warten. Hätte ich aber keine Verwandte und Freunde, dann müßte ich mir allerdings allein forthelfen (was hilft die Klage!) nur dürfte ich nicht weniger schnell von hier weggehn. Denn bei ihm könne mir nichts mehr helfen, nicht meine Länge, nicht mein Appetit, nicht meine kalte Hand. Wenn es aber meine Meinung sei, daß ich bei ihm bleiben müsse, dann sei das eine gefährliche Meinung.«[36]

Daß die vorgeschlagene Deutung der Striche richtig ist, wird noch dadurch erhärtet, daß Kafka sonst in der zweiten Fassung danach trachtet, Wiederholungen auszumerzen: »Von Zeit zu Zeit packte er mit der ganzen Kraft (seines) des Körpers seinen Schädel und schmetterte ihn seufzend in (seine) die Handflächen«.[37]

Schließlich weist in die angegebene Richtung, daß mindestens bei vier weiteren angestrichenen Stellen Darstellungsschwächen namhaft gemacht werden können. Unlogisch ist die folgende Wendung: »›Es ist Glatteis‹ sagte ich und verspürte einen Schmerz im Knie«. Denn es ist nicht einzusehen, inwiefern das Sich-in-Erinnerung-Rufen der Wetterlage mit dem Gewahrwerden des Schmerzes in Verbindung steht, der doch durch ein im vorhergehenden Satz berichtetes Stürzen verursacht ist.[38]

Anders das folgende Beispiel: »Jetzt kam offenbar der Mord. Ich werde bei ihm bleiben und er wird das Messer, dessen Griff er in der Tasche schon hält, an seinem Rock in die Höhe führen und dann gegen mich.«[39] Der Mord?

»Mein Kopf lag in der kühlen Luft und gerade mein rechtes Knie flog am besten, ich lobte es durch Beklopfen.«[40] Hier wird Heterogenes bloß syntaktisch zusammen gespannt, zumal das Knie in den vorhergehenden Sätzen überhaupt nicht erwähnt, das »gerade« also verkehrt ist.

Von vergleichbarer Brüchigkeit ist der folgende Satz: »Seht doch nur, faßt Mut, da seid Ihr z. B. einmal meiner Meinung und aus Uneigen[n]ützigkeit habt Ihr mich angehalten, mir das zu sagen.«[41] Hier besteht zwischen den beiden Sätzen weder eine logische noch eine sachliche Verbindung (sie widersprechen sich sogar), ein Fehler, der erst in der Zweitfassung auftritt, weil Kafka bei der Umarbeitung den Beter zunächst auf das unmittelbar vorhergehende Augenschließen des Ich-Erzählers reagieren lassen wollte. Dagegen bezieht sich die dann artikulierte Übereinstimmung auf eine ganz andere Ausdrucksbewegung des Ich-Erzählers.

Die zuletzt angeführten vier Beispiele haben eine Schwäche gemeinsam, die Kafka für kennzeichnend für sein Frühwerk hielt. Er beklagt im Tagebuch mehrfach die mangelnde Kohärenz des Geschriebenen, besonders deutlich im Herbst 1911 anläßlich einer Rezitation seiner *Automobilgeschichte*.[42]

4. Flüssigkeit und Prägnanz

Die zuletzt analysierten Textstellen lassen vermuten, daß Kafka bei Textänderungen nicht nur das Problem der Wortwiederholung vor Augen hatte. Es gibt eine Fülle gleichartiger Lesarten, die bei flüchtiger Betrachtung die schon erwähnte Auffassung zu stützen scheinen, daß er den blasseren Ausdruck gegenüber dem prägnanteren suche. Einige derartige Fälle aus allen Schaffensphasen des Autors seien hier, chronologisch geordnet, zusammengestellt.

ob es nicht (passend) gut wäre.
das Stück Fruchtkuchen schmeckte nicht (gut) besonders.

die geschäftlichen Aufregungen sind viel (stärker) größer.
eine Summe, die man eigentlich nicht (anrühren) angreifen durfte.

vor dem Fenster (starr umreifte) Bäume starr im Reif.

infolge (meines reiferen Verstands) meiner großen Erfahrung und (klareren) (tieferen) besseren Einsicht.

sie singt ja ihrer Meinung nach vor (stumpfen) tauben Ohren.[43]

Hier ist freilich nirgends ein Streben Kafkas nach Indifferenz wahrzunehmen, denn ob beispielsweise Aufregungen »stärker« oder »größer« sind, spielt hinsichtlich des in der Aussage einzig intendierten Intensitätsgrades keine Rolle. Aber das Gegenteil trifft natürlich gleichfalls nicht zu: Eine »bessere« Einsicht ist keineswegs gegenüber einer »klareren« oder »tieferen« die genauere Beschreibung, man könnte sogar, etwa beim letzten Beispiel aus *Josefine*, zu der Auffassung gelangen, die Lesung des Erstdrucks sei die fragwürdigere, weil gehörlose Zuhörer dem Vortrag der Sängerin überhaupt nicht folgen könnten, was dem Sinn der Erzählung widerspricht, während Stumpfheit die Eigenschaft ist, mit der die Mäuse auch sonst gekennzeichnet werden. Dagegen ist freilich einzuwenden, daß hier – es heißt »ihrer Meinung nach« – ein Zitat referiert wird, das eine der für Josefine kennzeichnenden Übertreibungen enthält. So gesehen wäre das sachlich Unrichtige sogar das Exaktere als das an sich Prägnante.

Da sich innerhalb des von Kobs herausgestellten Begriffspaars die Änderungen nicht sinnvoll verstehen lassen, kann man sie allein als Absicht Kafkas deuten, den jeweils gängigsten, gebräuchlichsten Ausdruck für eine Sache zu finden. Große Aufregungen oder Erfahrungen sind zweifellos die unauffälligsten Formulierungen für das Gemeinte, die das Medium ihrer Vermittlung, den sprachlichen Ausdruck, fast unsichtbar machen. Der darin sich zeigenden Neigung wegen befolgt Kafka, soweit möglich, die alte Schulregel, in der Literatur hätten Fremdwörter nichts zu suchen: Das Wort »passiere« wird zu »geschehe«, »fundiert« zu »begründet«, »Methode« zu »Art« und »System« zu »Plan«.[44]

Die in den Beispielen sichtbar werdende Tendenz ist jedoch nur die eine Seite eines komplexeren Vorgangs, denn andererseits muß man aus dem Studium der Varianten die Überzeugung gewinnen, daß Kafka um äußerste Treffsicherheit des Ausdrucks bemüht war, um genaueste Abgrenzung eines Sachverhalts, um situative Stimmigkeit des Erzählablaufs.

Der Erzähler der *Beschreibung eines Kampfes* sagt in das hübsch gerötete Gesicht seines Begleiters – »hinauf« ergänzt die zweite Fassung, weil an dieser Stelle ein Sitzender einen Stehenden anredet. Daß derartige Personenzuordnungen auch in späterer Zeit genau beachtet werden, zeigt eine winzige Änderung in der Handschrift der *Verwandlung*. Um Gregor von der ohnmächtigen Mutter abzuhalten, schlägt Grete vor ihm »mit der Fußspitze« die Tür zu. Dazu hätte sie sich freilich umdrehen müssen, obwohl sie doch, wie im Kontext versichert wird, ohne sich beim Bruder irgendwie aufzuhalten, ins Nebenzimmer eilt. Also muß in »mit dem Fuße« geändert werden.

Die ursprüngliche Lesart war nicht einer Lässigkeit Kafkas entsprungen; da er auf die Figurenkonstellation stets zu achten pflegte, muß ihm diese plastisch vor Augen gestanden haben. Vielmehr ist anzunehmen, daß Gretes Handlung zunächst als Geste verstanden werden sollte, die mit ihrem sonstigen Verhalten dem Verwandelten gegenüber völlig harmoniert: Alles, was mit dem Ungeziefer zusammenhängt, ist ihr derart widerwärtig, daß sie jede Berührung seines Bereichs tunlichst vermeidet. Deshalb die Fußspitze. Erst als er den Widerspruch zur speziellen Situation bemerkte, stellte Kafka deren Stimmigkeit über die aus andern Stellen ablesbare Gesamtauffassung der Figur.[45]

Im Manuskript des *Kübelreiters* steht der Satz: »›Ich höre gar nichts‹, sagt die Frau, ruhig ein- und ausatmend über den Stricknadeln, wohlig im Rücken gewärmt«. Nach dem Sprechen und bei entspanntem Dasitzen, wenn die Atmung richtig arbeitet – Kafka wurde auf diese Zusammenhänge mindestens während seiner Aufenthalte in Naturheilsanatorien hingewiesen –, ist aber die Reihenfolge umgekehrt, und so heißt es im Erstdruck: »aus- und einatmend«.[46]

Nicht weniger penibel ist Kafka, wenn es um die genaue Bestimmung unanschaulicher Sachverhalte geht. Die berühmte Episode von der im Grünen jausenden Frau in der *Beschreibung eines Kampfes*, die er in einem Brief als wirkliches Erlebnis erzählt, wird im Text der Erzählung selber mehrmals erwähnt und kommentiert. Kann es da ein »einfacher« Vorfall sein, wie die ursprüngliche Fassung will? Das wäre unvereinbar mit der im Kontext vorausgesetzten Vielschichtigkeit, die trotz der Alltäglichkeit und Natürlichkeit des Geschehens besteht. Also ändert er in: »Ein so gewöhnlicher Vorfall!«[47]

Gregor Samsa erschrickt, als er seine der Mutter antwortende Stimme hört, »die wohl unverkennbar seine eigene« ist, in die sich aber ein Piepsen mischt. Dann ist es aber doch nicht mehr ganz er selbst, freilich auch kein Fremder, und so verbessert Kafka sofort in »die wohl unverkennbar seine frühere war«.[48]

Einer gesonderten Betrachtung bedürfen die Fälle, in denen die endgültige, vielgliedrige Formulierung erst über mehrere, allmählich umfänglicher werdende Zwischenstufen gefunden wird. Kobs teilt zwei typische Beispiele aus der Handschrift des *Verschollenen* mit, nämlich die Beschreibung des amerikanischen Schreibtischs im zweiten Kapitel und die Passage über die Loge des amerikanischen Präsidenten im *Naturtheater von Oklahoma*. Er findet, wie überhaupt im Roman, eine Konzentration auf das Detail, die das Beobachtungsfeld einenge und den Funktionszusammenhang zerbreche. Kafka wolle dadurch das Verfehlte in der Sehweise seiner Hauptgestalt sichtbar machen. Je mehr sich Karl

Roßmann bemühe, selbst minimale Einzelheiten zu erfassen, desto mehr nehme er nur noch Projektionen der eigenen Subjektivität wahr. Dadurch entsteht eine Diskontinuität der Bewußtseinsakte, eine Isolierung der Beobachtungskomponenten, die diese ins Undeutliche bringt.[49]

Diese Auffassung läßt sich am Text in keiner Weise ablesen: »Rings um die Loge, von den Seiten und von der Höhe, kamen Strahlen von Licht«. So beginnt die Beschreibung der Präsidentenloge. Um die Art der Lichtwirkung zu erklären, spricht Kafka dann in zwei wieder gestrichenen Fortsetzungen zunächst davon, daß die »Lichtquellen« außerhalb des Bildausschnitts lägen, entschließt sich jedoch noch während des Schreibens, den Sachverhalt nur indirekt darzustellen, durch die Art und Weise nämlich, wie die Loge in Licht getaucht ist:

weißes und doch mildes Licht enthüllte förmlich
   (I) zwischen und über dem Goldgeländer
   (II) den Vordergrund der Loge,
während ihre Tiefe hinter
   (I) ringsum fallenden und durch Schnüre gelenktem
   (II) rotem (1) mit
               (2) unter vielen Tönungen sich faltendem Samt der
                    (a) ringsum
                    (b) an der ganzen Umrandung niederfiel und
                        durch Schnüre gelenkt wurde,
als eine dunkel rötlich schimmernde Leere erschien.[50]

Es ist der entfernte Standort des Lichts, der die beschriebenen Farbdifferenzierungen bewirkt. Die ihm zugewandte Logenbrüstung erscheint scharf profiliert, das dahinter liegende Innere verdämmert in den Reflexen des zurückstrahlenden Samts und in den wenigen direkten Lichtstrahlen, die in diesen Hintergrund dringen können. Die ganze Beschreibung ist scharf konturiert, die Details erscheinen zwar geschachtelt, weil Kafka die ganze Beschreibung in einem einzigen Satzbogen unterbringen wollte, werden aber gerade dadurch keinesfalls autonom. Die erste Variante zeigt sogar, daß er eine urspünglich erstrebte Differenzierung wieder zurücknimmt, der Verlauf des Folgenden imitiert das bei der Betrachtung eines derartigen Objekts natürliche Wandern der Augen von Außen nach Innen, eine Technik, die er bei

Beschreibungen regelmäßig anwendet, um die Wahrnehmung als Erlebnis eines Perspektivträgers erscheinen zu lassen (erlebter Eindruck).[51]

Richtig ist an der Interpretation von Kobs, daß Kafka Details bevorzugt, was aber nur beweist, daß dieser selbst typologisch einer derartigen Wahrnehmungsweise unterlag, zu der es keine Alternative gab, vor allem, da Kindheitserlebnisse verstärkend wirkten.[52] Natürlich ist der Sachverhalt Kafka und seinen Freunden nicht verborgen geblieben. Er selbst meinte: »Mehr als Kleinigkeiten kann man mit bloßem Auge dort, wo Wahrheit ist, nicht sehn.« Und Max Brod schreibt in diesem Zusammenhang in seinem biographischen Roman *Zauberreich der Liebe* über Kafka, der hier als Garta figuriert:

»Gartas Erlebnisse sind immer lückenhaft, es wird immer nur das einzelne erfaßt, das allerdings mit liebevoller Eindringlichkeit bis in die Tiefe; aber von Vollständigkeit ist nie die Rede. Leicht könnte auch dies in schablonenhaftes Lob gedreht werden: ein intensives, nicht registriersüchtiges Leben. Aber Garta empfindet es nicht als Vorrang, nur als persönliche Schwäche, als Mangel, daß er nicht auch für das vollständige Erfassen ausreicht«.[53]

Hier liegt wohl der Grund, warum Kafka detailreiche Komplexe öfters erst nach mehreren Ansätzen zu gestalten vermochte: Die unter künstlerischen Gesichtspunkten notwendige Einheit des Beobachteten mußte gegen die eigene Erkenntnisschwäche erzwungen werden.

Was bei konkreten Objekten die Details sind, das sind bei abstrakten Komplexen die Aspekte und Nuancen, die Kafka in vergleichbarer Weise, wenngleich aus anderen Gründen, zu erfassen sucht. Wenigstens ein Beleg sei angeführt, und zwar aus den *Forschungen eines Hundes*, wo gleich am Anfang die Art der Untersuchungen spezifiziert wird, denen der Erzähler sein Leben gewidmet hat. Dieser ist beschäftigt mit

(1) kleinen
(2) kleinen hoffnungslosen, aber mir (a) wohltuenden
                                            (b) unentbehrlichen
(3) kleinen dilettantischen hoffnungslosen, aber mir unentbehrlichen, also doch wohl trotz allem geheime Hoffnung gebenden Untersuchungen.[54]

Nur rezeptionsästhetisch lassen sich solche Bestimmungen wohl kaum würdigen, man könnte aus dieser Optik höchstens sagen, daß der darstellerisch intendierte Doppelaspekt von objektiver Irrelevanz und subjektiver Bedeutung in der endgültigen Fassung emphatisch ausgefaltet wird, über die Art der verwendeten Begrifflichkeit allein aus dem Kontext jedoch nichts Schlüssiges ausmachen. Tatsächlich dürfte das Movens der Veränderung vor allem außerkünstlerischer Natur sein. Es ist bei dieser autobiographischen Erzählung offensichtlich, daß der fragliche Sachverhalt lebensgeschichtliche Entsprechungen hat. Das bedeutet jedoch, daß derartige literarische Manifestationen auf den Autor als reale Fakten zurückwirken und seine wirklichen Entscheidungen mitbestimmen. Deswegen ist es notwendig, daß solche Modelle und Hilfsvorstellungen für die Bewältigung existentieller Schwierigkeiten diese möglichst genau wiedergeben, und eben das ist die Triebkraft, die für die nähere Bestimmung der Forschungen des Ich-Hundes verantwortlich ist.

Was in der angegebenen Passage als Stufe zwei erscheint, entspricht genau der Selbstdeutung seines literarischen Schaffens, die Kafka fast gleichzeitig mit der Niederschrift der *Forschungen eines Hundes* gab: Einerseits sei für ihn das Schreiben zwar »das Wichtigste auf Erden«, andererseits erkenne er »übergenau« auch dessen vollständige Wertlosigkeit an sich, die er übrigens für so groß hielt, daß er es ablehnte, das derart Entstandene Außenstehenden auch nur vorzulegen.[55]

Die letzte Formulierung der Phrase gehört der zweiten, zeitlich mindestens einige Wochen später liegenden Fassung der Erzählung an. Schaffenspsychologisch ist dieser Befund insofern zu würdigen, als man davon auszugehen hat, daß sich erst im Verlauf der Niederschrift der *Forschungen eines Hundes* alle Komponenten des Vorstellungskomplexes artikulierten. An späterer Stelle der Erzählung nämlich ist in einer vom Autor wieder getilgten Passage davon die Rede, daß die beschriebenen Untersuchungen nicht der Ergebnisse wegen betrieben würden, sondern immer nur im Hinblick auf das Hundevolk, das dadurch ermuntert werden soll,[56] eine Belebung, die, so wird man ergänzen dürfen, angesichts der im Text immer wieder zutage tretenden engen Kopplung zwischen Volksganzem und Erzähler, auch dessen eigener Erkenntnisfähigkeit dienen würde.

Diese Aussage ist fast nur eine andere Formulierung für eine Briefstelle, in der Kafka sein in menschenferner Isolation sich vollziehendes Schreiben als Ausdruck einer Sehnsucht nach der Gemeinschaft versteht: »Dieses ganze Schreiben ist nichts als die Fahne des Robinson auf dem höchsten Punkt der Insel«. Der postulierte Zusammenhang wird noch wahrscheinlicher, wenn man bedenkt, daß der Brief im Juli 1922 geschrieben wurde, der Konzeption der *Forschungen eines Hundes* zeitlich also nur wenige Wochen vorausgeht.[57] In die gleiche Richtung weist der allerletzte Abschnitt der Erzählung, wo das allerdings kümmerliche Gewächs der Freiheit als Ergebnis der Untersuchungen verbucht wird, während der ihnen feindlichen Wissenschaft die Fähigkeit abgesprochen wird, irgendwelche Erkenntnisfortschritte zu erzielen.[58]

Beide Momente berücksichtigt Kafka in der späteren Überarbeitung, indem er die in der epischen Keimzelle des Ganzen gesetzte Hoffnungslosigkeit dialektisch relativiert. Wie verhält es sich aber mit der anderen Ergänzung, dem Aspekt des Dilettantischen?

Aus der Lektüre von *Dichtung und Wahrheit* konnte ihm Goethes Aussage zu diesem Sachverhalt bekannt sein. Im dreizehnten Buch wird es als Fehler aller Dilettanten bezeichnet, »mit dem schwersten anzufangen, ja sogar das Unmögliche leisten zu wollen«. In diesem Sinn habe er sich bald in größere Unternehmungen verwickelt, in denen er stecken geblieben sei, weil es an Begabung und den erforderlichen charakterlichen Tugenden gefehlt habe.[59]

Mußte sich Kafka im Herbst 1922 nicht dasselbe sagen? Hatte er doch im Frühjahr, nach mehreren vergeblichen Versuchen in dieser Gattung, erneut sich an die ihm besonderen Widerstand entgegensetzende Großform des Romans gewagt, wie in allem so auch hier den Anspruch auf Vollkommenheit der Gestaltung erhebend, und war damit eben wieder und endgültig gescheitert. Der Begriff lag also nahe damals, selbst wenn er ihn bloß im Sinn der Konvention gebraucht haben sollte. Denn was ist es anderes als sachunkundiges Herumstümpern, wenn keine »grundlegende eingeborene ehrenhafte Schriftstellereigenschaft« vorhanden ist, wenn der Autor, wie Kafka besonders in der Zeit, als er die *Forschungen eines Hundes* revidierte, schreibunfähig ist oder höchstens »Flickarbeit«, »Gekritzel« zustande bringt?[60] Gerade Ende 1922, als ein Schaffensstoß von einigen Monaten zuende war, der nur ein einziges akzeptables Ergebnis, den *Hungerkünstler*, hervorgebracht hatte, war diese Selbstdeutung angebracht, mehr als im Juli dieses Jahres, wo noch die Hoffnung bestand, das *Schloß* vollenden zu können: Von den damals geschriebenen Kapiteln hielt Kafka sogar mehr als von den zuvor in Prag entstandenen.[61]

5. Abstraktion und Konkretion

Zu den Grundsätzen, die Kafka schon 1910, bei der Umarbeitung der *Beschreibung eines Kampfes*, befolgte, gehört seine Neigung, innere Vorgänge nicht in abgezogenen Begriffen darzustellen, sondern direkt als Phänomene zu zeigen. Die folgenden Beispiele geben einen Eindruck davon, daß er diese Gesetzmäßigkeit nicht allein in seiner Frühzeit beachtete:

(Traurig) langsam nahm er das Tuch von Brunelda ab.

›Himmlischer Vater!‹ dachte er (erschrocken).

Mit diesem Brief in der Hand war Georg (still) lange, das Gesicht dem Fenster zugekehrt, an seinem Schreibtisch gesessen.

während Josefine ihr Triumpfpfeifen anstimmte und (vor Selbstzufriedenheit) ganz außer sich war.[62]

Angesichts solcher Varianten ist es leicht einzusehen, daß die in der Forschung weitverbreitete Behauptung, Kafkas Sprache sei kalt und gefühllos, einem Mißverständnis entstammt. Denn er ändert ja nicht deswegen, weil er nicht will, daß Karl Roßmann traurig, Gregor Samsa erschrocken, Georg Bendemann still und Josefine selbstzufrieden erscheinen, sondern er war offenbar der Meinung, daß die Verfassung der Figuren im ersten und dritten Fall durch die Art ihrer Bewegung und die Dauer ihrer Haltung besser repräsentiert sei als durch direkte Benennung.

In den beiden andern Beispielen hat der auf äußerste Ökonomie der Darstellungsmittel bedachte Autor Überflüssiges gestrichen: Gregors Ausruf und der Begriff »Triumpfpfeifen« verdeutlichen genügend die Gefühlslage der beschriebenen Figuren. Der Grund für die Bevorzugung von Ausdrucksbewegungen, für die Tendenz, Psychisches an seinen somatischen Folgeerscheinungen zu veranschaulichen, liegt wohl vor allem in Kafkas Typologie: Jegliche Abstraktion, auch begriffliche Eindeutigkeit, war ihm zuwider. Er hielt sich an die greifbaren Phänomene, vor allem an die optische Wahrnehmung.[63]

In diesem Zusammenhang muß man die bilderreiche Sprache sehen, derer sich Kafka in Lebenszeugnis und Dichtung gleichermaßen bedient. Sprachliche Zusammenhänge, die bildhafte Komponenten enthalten, waren die ihm gemäße Art, in Allgemeinvorstellungen zu denken.[64] Es wurde schon darauf verwiesen, daß in der Zweitfassung der *Beschreibung eines Kampfes* Sachverhalte durch zusätzliche Bilder plastisch angereichert werden. In vergleichbarer Weise arbeitete er die *Hochzeitsvorbereitungen auf dem Lande* um.[65] Aber die Verwendung metaphorischer Wendungen schuf andererseits wieder Probleme, die jetzt besprochen seien. Schon im Jahr 1910 notierte er im Tagebuch mißlungene Stellen aus Erzählungen, die sich durch eine überladene, sinnverwirrende Bildlichkeit auszeichneten.[66] Und in der Folgezeit finden sich dann immer wieder Beispiele, wo er, ganz entgegen seiner eben beschriebenen Vorliebe, zunächst gewählte konkretere Versionen eines Erzählumstandes zugunsten einer abstrakteren getilgt hat.

Ein Beleg aus dem *Ersten Leid*. Nur durch ununterbrochene Arbeit in der Höhe der Zirkuskuppel kann der Trapezkünstler seine Kunst davor bewahren, »den geringsten Schatten anzusetzen«. Eine verständliche Formulierung, antithetisch dem Sonnenlicht entgegengesetzt, das im Kontext artikuliert wird, als Wortspiel assoziationsfähig zu Kafkas Lungenkrankheit, die sich als Schatten auf den Röntgenbildern manifestierte, zur Zeit der Niederschrift des Textes, in der kalten, das Leiden verschlimmernden Jahreszeit, stärker als je zuvor. Trotzdem wird verbessert. Der außerordentliche Künstler, heißt es jetzt, vermag seine Kunst nur durch dauerndes Training »in ihrer Vollkommenheit« zu bewahren.

Die Gründe? Einmal vielleicht der Umstand, daß die Metapher nicht eigentlich konkretisiert, denn eine derart beschattete Variéténummer ist um nichts plastischer als eine unvollkommene, zum andern aber, daß der Begriff der Vollkommenheit eines der wenigen von Kafka benützten Abstrakta war, das in dem von der Erzählung gestalteten autobiographischen Zusammenhang unbedingt angebracht war.[67]

In dieser Vermutung wird man, zum Teil wenigstens, durch eine Stelle in *Josefine, die Sängerin oder Das Volk der Mäuse* bestätigt. Einmal ist dort davon die Rede, der Aufschwung der Musik passe nicht »für die dringendsten Erfordernisse des täglichen Lebens«, und Kafka ändert gleich in »für unsere Schwere«. Der zuletzt genannte Ausdruck ist ein Schlüsselbegriff, besonders in seiner Spätzeit.[68] Freilich sind hier die Alltagsbedürfnisse der abstraktere Begriff gewesen, seine an Milena gerichteten Briefe zeigen, daß sich für ihn »Schwere« mit auffälligen Bildvorstellungen verband. Es handelt sich also eigentlich um ein Beispiel für Konkretisierung, dem aber stilistische Gesichtspunkte übergeordnet sind. Denn in der späteren Fassung entsteht eine Antithese (Aufschwung – Schwere), während vorher die Gegensätzlichkeit der mit der Musik verbundenen Wirkung zur Lebensform der Mäuse nur mit Hilfe eines zu interpolierenden Gedankens fühlbar wurde.

Wieder anders ist die folgende Passage aus *Josefine* zu bewerten, der zu Vergleichszwecken ein Ausschnitt aus dem *Kübelreiter* beigegeben ist:

Ich war einmal zugegen, als sie jemand, wie dies natürlich öfters geschieht, auf das allgemeine Volkspfeifen aufmerksam machte, und zwar nur ganz bescheiden, so wie man etwa einem Reichen durch den Hinweis darauf, daß man selbst noch nicht verhungert ist, gewiß nicht wehtun, sondern eher zum ungestörten Genuß seiner Reichtümer verhelfen will.

ich muß ihm ganz genau nachweisen, daß ich kein einziges Kohlestäubchen mehr habe und daß er daher für mich geradezu die Sonne am Firmament bedeutet. Ich muß kommen wie der Bettler, der röchelnd vor Hunger an der Türschwelle verenden will und dem deshalb die Herrschaftsköchin den Bodensatz des letzten Kaffees einzuflößen sich entscheidet.[69]

Warum hat Kafka im ersten Fall den Vergleichssatz gestrichen, als er den Text für den Druck vorbereitete, im zweiten Beispiel aber nicht? Dafür gibt es verschiedene Gründe. An der Stelle aus *Josefine* handelt es sich um die feinere Ausdifferenzierung eines an sich verständlichen und ausdrücklich genannten Begriffs, um eine besondere Art der Bescheidenheit, die durch den Wie-Satz nicht verbildlicht, sondern nur erklärt wird. Denn es sind hier die Motive genannt, die dem Umgang weniger Begüterter mit Reichen zugrunde liegen. Anders im *Kübelreiter*. Was sich die Titelfigur als Verhaltensmuster vornimmt, ist nur im Bild vorhanden (und auf einfache Weise nicht anders formulierbar), das überdies, weil es eine Szene darstellt, optisch leicht realisierbar ist.

Vielleicht sind aber die beiden erwähnten Gesichtspunkte gar nicht entscheidend, sondern der unterschiedliche Grad der Einbettung der Bildvorstellungen in ihren Kontext, also das Maß ihrer epischen Integration. Der Kübelreiter ist ja tatsächlich ein Bettler, völlig ohne die benötigte Kohle und deswegen mit dem kleinsten Almosen zufrieden. Und die im Vergleich genannte Türschwelle ist auch, als Tür der Kohlenhandlung, der Schauplatz der Erzählung. Schließlich wird die So-wie-Beziehung im nächsten Satz direkt expliziert, wenn Kafka fortfährt: »ebenso muß mir der Händler [. . .] eine Schaufel voll in den Kübel schleudern.«

In *Josefine* gibt es nicht derartige Verknüpfungen mit dem Erzählgang, auch nicht über den Gegenstandsbereich des Bildes selber. Dieses droht sich, indem es den Leser auf einen nicht zur Geschichte gehörigen Reichen ablenkt, zu verselbständigen, und dies widerspräche Kafkas ästhetischen Prinzipien, zu denen strengste Funktionalität aller Details ja gehört.

Die Beachtung dieses Grundsatzes kann, ganz unabhängig von bildhaften Formulierungen im engeren Sinn, dazu führen, daß an sich erwünschte plastische Details durch bloße Nomina der inneren Regung ersetzt werden. So zu Anfang des dritten Kapitels der *Verwandlung*, wo berichtet wird, welche Vorstellungen Gregor in seinen schlaflosen Nächten erscheinen. Es sind Freunde und Bekannte, die ihn umkreisen und, Gespräche verweigernd, Kniebeugen vor ihm machen. Eine schaffenspsychologisch verständliche Veranschaulichung, wenn man bedenkt, daß Kafka in ganz ähnlichen Vorstellungen die ihn bedrängenden Nachtgespenster beschreibt, aber unnötig im Kontext der Erzählung, und so verkürzt er noch in der Handschrift zu der Aussage, die schon halbvergessenen Gestalten seien »unzugänglich und hochmütig« gewesen. Schon im Erstdruck heißt es dann nur noch »unzugänglich«.[70]

Die bisher gegebenen Belege verdeutlichen demnach mehr technische Fehler und Ungeschicklichkeiten, die bei der Verwendung metaphorischer Wendungen vorkamen, als die grundsätzlichen Schwierigkeiten, mit denen Kafka zu kämpfen hatte. Diese werden zunächst faßbar in einigen bemerkenswerten Aussagen in den Lebenszeugnissen. Bekannt ist die Stelle, wo er innerhalb einer Kritik am *David Copperfield* Dickens den Gebrauch von abstrakten Metaphern vorwirft, die das Gemeinte verschwommen erscheinen ließen. Geht man davon aus, daß das Wort abstrakt hier eine zu weitgehende Entfernung vom Beobachtungsobjekt meint, dann beanstandet er Generalisierungen von als einmalig gedachten Erscheinungen, die überdies durch ungenaue tertia comparata oder schlecht passende Strukturen der comparata keine klare Anschauung mehr vermitteln.[71]

Erhellender noch ist ein Tagebucheintrag vom 6. Dezember 1921: »Aus einem Brief: ›Ich wärme mich daran in diesem traurigen Winter.‹ Die Metaphern sind eines in dem vielen, was mich am Schreiben verzweifeln läßt.« Das angeführte Beispiel stammt aus einem an Robert Klopstock gerichteten Brief, wo als Sachebene die für den Schreiber »Wunder über Wunder« offenbarende Lebenslinie eines ihm bekannten Mädchens zugrunde liegt. Es geht also nicht vor allem um das Zusammenspiel zwischen dem Attribut »traurig« und dem bloßen Zeitbegriff »Winter«, dem der metaphorische Charakter zukäme,[72] sondern um den im Verb gesetzten Vorstellungszusammenhang, der auch sonst in den Lebenszeugnissen und im literarischen Werk bedeutsam ist. Es liegt eine Übertragung in einen andern Lebensbereich vor, wenn die aus fremdem Schicksal einströmende Ermunterung und Belebung als Sich-Wärmen bezeichnet wird. Erst die Fortsetzung des Zitats zeigt die Ursache des Problems:

Die Unselbständigkeit des Schreibens, die Abhängigkeit von dem Dienstmädchen, das einheizt, von der Katze, die sich am Ofen wärmt, selbst vom armen alten Menschen, der sich wärmt. Alles dies sind selbständige, eigengesetzliche Verrichtungen, nur das Schreiben ist hilflos, wohnt nicht in sich selbst, ist Spaß und Verzweiflung.[73]

Die Deutung dieser Aussage wird dadurch erschwert, daß das Beschriebene selber ein Gleichnis für die Schwierigkeiten bei der Verwendung von Bildern ist, die ihrerseits wieder symptomatisch für das Schreiben überhaupt sind. Die Selbständigkeit der drei erwähnten »Verrichtungen« besteht in ihrer Realität, im greifbaren Vorhandensein. Als Temperatur meßbare und auf Körper einwirkende Wärme ist, beispielsweise, im Winter äußere Schreibvoraussetzung. Aber ein solcher Sachverhalt wird zugleich bildlich gebraucht, insofern er zur Beschreibung psychischer Vorgänge verwendet werden kann: Wie sich die Katze am Ofen wärmt, so Kafka an der Lebensgeschichte eines bestimmten andern Menschen. Das ist natürlich dann kein adäquates Vokabular, und in einem Aphorismus heißt es deswegen, die Sprache könne für alles Geistige nur andeutungsweise gebraucht werden.[74]

Bei der Verwendung uneigentlicher Rede wird es aber besonders deutlich, daß beim Schreiben Sachverhalte nur durch Worte hervorgebracht werden, und das schafft Verzweiflung. Die Vergleichsbereiche sind inkommensurabel: Kafka erwärmt sich ja nicht tatsächlich während der Winterkälte aufgrund der ihm über das erwähnte Mädchen zukommenden Informationen, ist aber, gerade wegen seiner Neigung zum Greifbar-Anschaulichen, auf derartige Parallelvorstellungen angewiesen.

So entsteht eine Ambivalenz den eigenen Metaphern gegenüber. Eine bildhafte Repräsentation seines Lebenslaufs weist er mit den Worten »Nichts, nur Bild, nichts anderes« zurück. Eine wenig später verfaßte Passage, die in verschiedenartigen Veranschaulichungsbereichen Daseinsmöglichkeiten verdeutlichen soll, kommentiert er unter Anspielung auf die Bilderverachtung des Alten Testaments: »Ihr sollt euch kein Bild [. . .]«.[75]

In diesem Spannungsfeld ist eine Stelle in den *Forschungen eines Hundes* zu sehen. Dort berichtet der Ich-Erzähler, er habe nicht allein das Wissen, sondern auch den Schlüssel zu diesem nur gemeinsam mit allen andern Hunden. Im zweiten Arbeitsgang wird das verdeutlicht: »Eisernen Knochen, enthaltend das edelste Mark, kann man nur beikommen durch ein gemeinsames Beißen aller Zähne aller Hunde.« Diese Anschauung wird aber sofort relativiert – »Das ist natürlich nur ein Bild und übertrieben« – und auf der gleichen Ebene rektifiziert: Schon die Bereitschaft aller enthöbe des Beißens. Eingeleitet durch die Wendung »Bleibe ich innerhalb des Bildes«, folgen zehn Zeilen, in denen die vorgestellte Situation in ihren wesentlichen Merkmalen entfaltet ist.

Selbst damit ist Kafka noch unzufrieden, doch gelingt es ihm kurzfristig, die jetzt »ungeheuerlich« klingende Formulierung auf der Ebene der Fiktion selbst zu präzisieren, er fährt nämlich fort: »es ist nur ein Bild«, ein unpassendes ist gemeint – denn ein interpretierender Nachsatz verkehrt die Sache ins »Gegenteil«, indem er die erwähnte »Speise« zum »Gift« macht.

Dann jedoch streicht er diese ganze bildhafte Begründung für die Erkenntnisschwierigkeiten der Hundeschaft und ersetzt sie durch eine allgemeinere Wendung, die zwar ebenfalls an den erklärungsbedürftigen Ausgangspunkt, das dialektisch verstandene Verhältnis zwischen einzelnem und Gemeinschaft, anknüpft, aber doch so, daß jetzt bloß eine Spezifizierung dieser Beziehung gegeben wird, nicht mehr eine Darstellung gemeinsamer Aktivität: Das, was der einzelne von seinem Volke kenne, wird in

Anlehnung an eine frühere Aussage der Erzählung erklärt, sei ebenfalls Eigentum aller Hunde, nur das Verhältnis zu diesem gemeinsamen Eigentum sei ein anderes.

Aber das ist wieder nur eine Zwischenstufe, die nicht befriedigte. Sie wurde ersetzt durch die Behauptung, daß gemeinschaftliches Handeln ein schon seit langem verworfener Traum sei. Als mit der Erzählidee unvereinbarer Irrweg muß das ebenfalls wieder annulliert werden, denn im weiteren Verlauf des Textes ist ganz versteckt eine mögliche Führungsrolle des Forschenden in der Gemeinschaft angedeutet.[76]

Es ist klar, daß hier keine übliche Darstellungsschwierigkeit vorliegt, geschweige denn eine Unsicherheit über den Gegenstandsbereich selbst, wohl aber wird sichtbar, daß die allein begrifflich, also bildhaft zu leistende Präsentation des entscheidenden Grundgedankens durch alle Stadien des Formungsprozesses hindurch als unbefriedigend empfunden wird. Schon mit den Bildvorstellungen dieser Stelle, sachlich aber im Blick auf seinen Briefverkehr mit Milena, schrieb Kafka an die Geliebte: »ich suche immerfort etwas Nicht-Mitteilbares mitzuteilen, etwas Unerklärbares zu erklären, von etwas zu erzählen, was ich in den Knochen habe und was nur in diesen Knochen erlebt werden kann.«[77]

6. Syntax

Wer Kafkas Änderungen verfolgt, darf nicht die zahlreichen Stellen übersehen, wo er Partikel streicht, zufügt, umstellt oder gar das ganze syntaktische Gefüge umbaut. Es zeigt sich in dieser Hinsicht, wie sorgfältig er die eben entstandenen oder für den Druck vorzubereitenden Texte durchging. Aber nach welchen Grundsätzen? Es wäre methodisch verkehrt, wenn man die Änderungen als Anpassung an die Normen der damaligen reichsdeutschen Hochsprache verstehen wollte. Zwar ist überliefert, daß er sich bemühte, nicht dagegen zu verstoßen, doch ist aus den Befunden zu erschließen, daß das vor allem hinsichtlich Orthographie und Zeichensetzung gilt,[78] dann auch für den Gebrauch der Tempora (regelmäßig Futur und in der Zeitenfolge Plusquamperfekt bei Vorzeitigkeit gegenüber dem Präteritum), jedoch schon nicht mehr vollständig für den Wortschatz und kaum für den Satzbau. Briefe zeigen, welche Schwierigkeiten er hatte, den rechten Gebrauch der Konjunktion »bis« zu erkennen.[79] Und wenn er im Zweifel über die korrekte Wortstellung war, so konnte er, bei der Differenziertheit der in Frage stehenden Perioden, nicht einfach in einer Grammatik nachschauen.

Zunächst ein Beispiel aus der *Verwandlung*. Nachdem Gregors Beinchen festen Boden unter den Füßen haben, streben sie danach, ihn fortzutragen, »wohin er (nur) wollte«. Es ist anzunehmen, daß die Partikel gestrichen wurde (während der Vorbereitung zum Druck), weil Kafka der Auffassung war, der hier vorliegende Gebrauch von »nur« sei eine Besonderheit der Prager Juden, also unter Jargoneinfluß entstanden.[80] Das ist kein Einzelfall: Viermal drängt sich während der Niederschrift der *Verwandlung* ein überflüssiges »schließlich« ein, dessen Tilgung erst nach und nach gelingt.[81] Und eine beanstandete Satzkonstruktion Max Brods wird so kommentiert: »Ist das nicht Deutsch, das wir von unsern undeutschen Müttern noch im Ohre haben?«[82] Es ist deswegen wohl angebrachter, syntaktische Varianten zunächst einmal als Verbesserungen des Sinns, der logischen Stringenz und des Satzablaufs zu verstehen. Denn an den notwendigen, sehr subtilen Einsichten, die andernfalls in das von Kafka und seiner näheren Umgebung gesprochene Prager Deutsch nötig wären, fehlt es bis jetzt durchaus.

Es kommt vor, daß die gleiche Konjunktion einmal getilgt, dann aber wieder nachträglich eingefügt wird. Während Gregor an den ersten Abenden nach seiner Verwandlung an der Tür den Unterhaltungen der Familie lauscht, gehen ihm ganz nutzlose Gedanken durch den Kopf: »Aber manchmal konnte er vor allgemeiner Müdigkeit gar nicht mehr zuhören [. . .]«. Aber? Kafka hatte bei der Niederschrift die größere Szeneneinheit im Auge; dann ist es richtig, wenn seine Erschöpfung adversativ dem vorhergehenden Lauschen entgegengesetzt wird. Zu seinen unmittelbar vorhergehenden unsinnigen Überlegungen besteht dieser Gegensatz jedoch keineswegs, und so streicht er das den Satz einleitende Wort.[83]

Anders eine Passage am Ende des ersten Kapitels: »Als er aber endlich glücklich mit dem Kopf vor der Türöffnung war, zeigte es sich [. . .]«. Da im vorhergehenden Satz davon die Rede ist, daß der verwirrte Gregor sich in der einzuschlagenden Richtung so irrt, daß er sich zunächst wieder ein Stück zurückdreht, ist das »aber«, das für den Erstdruck eingefügt wird, berechtigt, weil es zwischen den einander entgegengesetzten Bewegungen in den beiden Sätzen vermittelt.[84]

Interessant ist der Schlußsatz des Mittelteils. In dieser langen Periode eilen zunächst Mutter und Schwester aus Gregors Zimmer hervor, und mit versagender Sehkraft bemerkt dieser noch, wie »dann« die Mutter auf den Vater zuläuft und umarmend auf ihn eindringt, um sich mit ihm zu vereinigen und um Schonung für das Leben des Sohnes zu bitten. Das erst in den Druckfassungen auftauchende Zeitadverb, das von Kafka allgemein geschätzt wird, gliedert den Satzfluß deutlicher in einzelne sukzessive Etappen und glättet sprachlich die Verbindung der einzelnen Teile.[85]

Waren derartige Beziehungen nicht gewahrt und selbst durch nachträgliches Feilen nicht erreichbar, so verwarf Kafka das Geschriebene. Im Blick auf seine *Automobilgeschichte* meinte er: »ein Satz reibt sich am andern wie die Zunge an einem hohlen oder falschen Zahn«. Daß bei derartigen Urteilen tatsächlich die vorstellungsverbindenden Partikel eine wichtige Rolle spielten, macht ein Brief an Felice wahrscheinlich, in dem er über eine mißlungene Tagebucheintragung meint: Die Passage sei »zusammengestoppelt, noch die Bindewörter hatte ich erfinden müssen, widerlich war das«.[86]

Recht auffällig sind die häufiger vorkommenden, ganz minimalen Änderungen in der Wortstellung. Es ist nicht auszuschließen, daß manchmal die erwünschte Flüssigkeit des Ablaufs durch die im Hochdeutschen übliche Stellung erreicht werden sollte, so wenn Füllwörter vor die Zeitadverbien gesetzt werden:

heute früh zwar → zwar heute früh.

diesmal schon → schon diesmal.

Gewöhnlich aber scheint Kafka, wie Kobs richtig erkannte, eine sorgfältige Parallelisierung der einzelnen Satzteile und eine gewisse Ausgewogenheit zwischen denselben angestrebt zu haben.[87]

In der Handschrift der *Kleinen Frau* formuliert er: »nun sei die Entscheidung da und ich würde gleich vorgerufen werden«. Im Druck liest man dann:

nun sei die Entscheidung da
und gleich würde ich vorgerufen werden.

So auch in der *Verwandlung*:

denn statt selbst dem Prokuristen nachzulaufen
oder wenigstens Gregor an der Verfolgung nicht zu hindern [. . .].

In der Handschrift heißt es: »dem Prokuristen selbst«. Beidesmal
wird durch die Umstellung der Gleichlauf der Glieder erhöht. Die
miteinander korrespondierenden Wortarten und Phrasen haben
jetzt in den Teilsätzen die gleiche Abfolge. Im ersten Fall steht das
Hilfsverb jedesmal vor dem Subjekt, im zweiten entstehen gleichartige Präpositionalobjekte.

Natürlich spielen klangliche Gesichtspunkte ebenfalls eine Rolle:
»nun sei« und »und gleich« entsprechen sich weitgehend lautlich,
und im Beispiel aus der *Verwandlung* wird durch die Umstellung
erreicht, daß der Tongipfel beidesmal an der gleichen Stelle im
Gefüge erscheint, wodurch auch eine bessere Korrespondenz mit
der gehaltlichen Aussage entsteht (»selbst« – »Gregor«). Vermutlich hatte Kafka derartige Phänomene vor Augen, wenn er 1910
über sein damaliges Schreiben klagt: »Kein Wort fast, das ich
schreibe, paßt zum andern, ich höre, wie sich die Konsonanten
blechern aneinanderreiben, und die Vokale singen dazu wie Aus-
stellungsneger.«[88]

Vielleicht am interessantesten sind die Umordnungen ganzer
Satzgefüge, die Kafka sogar noch bei Neuauflagen einzelner
Werke vornahm. Dietz führt in seiner den Drucken Kafkas gewidmeten Untersuchung zwei Beispiele an, wo derartige Umstellun-
gen erst in der dritten Auflage der *Verwandlung* beziehungsweise
des *Urteils* erfolgt sind:

fing in die vorgehaltene Hand mit einem irrsinnigen Ausdruck der
Augen dumpf zu husten an → fing mit einem irrsinnigen Ausdruck der Augen dumpf in die vorgehaltene Hand zu husten an.

Er hatte mit seiner Braut darüber, wie sie die Zukunft des Vaters
einrichten wollten, noch nicht ausdrücklich gesprochen, denn sie
hatten stillschweigend vorausgesetzt, daß → darüber noch nicht
ausdrücklich gesprochen, wie sie die Zukunft des Vaters einrichten wollten, aber sie hatten.

Darf man aber die späteren Fassungen tatsächlich als »klarere
Satzkonstruktion« gegenüber den Erst- und Zweitdrucken auffas-
sen?[89] Im ersten Beispiel ist doch syntaktisch in keiner Weise eine
Verbesserung erreicht. Die unschöne Reihung der Umstandsbe-
stimmungen besteht weiterhin, das syntaktische Muster ist unver-

ändert. Dagegen ist jetzt die Sachlogik eher gewahrt, weil die neue Reihenfolge besser dem Ablauf des geschilderten Ereignisses entspricht: Der Ausdruck der Augen ist vor dem Ergebnis des Vorgangs zu nennen, als der hier das Husten in die Hand erscheint. Außerdem ist das »dumpf« doch durch die Abdeckung des Mundes zumindest mitbedingt und steht deswegen sinnvollerweise unmittelbar vor der vorgehaltenen Hand.

Um derartiger Verbesserungen willen nimmt Kafka sogar eine sonst peinlich vermiedene Verschachtelung inkauf, wie eine andere Stelle der Erzählung zeigt: Gregor darf die von Grete zugeschlagene Tür nicht wieder öffnen, »wollte er die Schwester, die bei der Mutter bleiben mußte, nicht verjagen«. Im Manuskript lautet jedoch der Passus: »wollte er nicht die Schwester verjagen, die bei der Mutter bleiben mußte«. Welcher Art ist hier die Besserung, wo doch Kafkas Satzbau weniger durch einen Kleist verwandten Stil syntaktischer Gespanntheit zu kennzeichnen ist,[90] sondern vor allem durch einen schrittweise gestuften linearen Ablauf, durch parallel gerichtete und auf gleicher Ebene liegende Satzphrasen? Wenn Hypotaxen überhaupt vorkommen, so bewahrt jeder Teil seine Eigenart als Ganzes, weil Aufspaltungen vermieden werden. Im *Verschollenen* beispielsweise eröffnet der Trägersatz vielfach geschlossen die Periode, also ohne Einschübe. Dazu kommt noch, daß Kafka eine ausgesprochene Aversion gegen Relativsätze gehabt zu haben scheint: Diese sind recht selten, und vereinzelt finden sich Fälle, wo sie in vor dem Bezugssubstantiv stehende Attribute umgewandelt werden.[91]

Wichtiger war in diesem Fall für Kafka ein inhaltliches Argument. In der Erstfassung des in Frage stehenden Satzes ist Ursache und Folgeerscheinung entgegen der kausalen Abfolge angeordnet. Nach der Umformung ist nicht nur die natürliche Reihenfolge der Gedanken eingehalten, sondern das Zusammengehörige, Mutter und Schwester, wird überdies miteinander erwähnt. Daß Kafka den zuletzt genannten Gesichtspunkt für wichtig hielt, dokumentiert eine Stelle aus dem dritten Teil der *Verwandlung*. Die Zimmerherren, liest man dort, »waren peinlich auf Ordnung, nicht nur in ihrem Zimmer, sondern, da sie sich nun einmal hier eingemietet hatten, in der ganzen Wirtschaft, also insbesondere in der Küche, bedacht«. In der Handschrift heißt das: »waren peinlich auf Ordnung nicht nur in ihrem Zimmer, sondern auch in der ganzen Wirtschaft, in der sie sich nun einmal eingemietet hatten, also insbesondere in der Küche bedacht«. Der Grund der Änderung: Die zur Vorstellung Wirtschaft gegebene nähere Erläuterung sollte unmittelbar bei dieser stehen.

Wie verhält es sich aber mit der Passage, die Dietz aus dem *Urteil* anführt? Man hat sie zusammen zu sehen mit folgendem, ähnlich gelagerten Fall, wo die Umstellung ebenfalls erst in der dritten Auflage erfolgte:

die Wahrheit dessen, was er sagte, beteuernd → die Wahrheit dessen beteuernd, was er sagte.[92]

Das Besondere dabei ist, daß die beidesmal letztgültig zu Ehren gekommene Lesart mit der schon in der Handschrift verworfenen Erstformulierung identisch ist, während die beiden vorausliegenden Drucke die Form repräsentieren, die in der Handschrift den ursprünglichen Ansatz ersetzte.

In den beiden zuerst gedruckten Fassungen entschied sich Kafka dafür, zuungunsten eines glatten Satzflusses das innerlich Zusammengehörige in Kontaktstellung zu bringen, während er sich später für das parataktische Prinzip entschied, also tatsächlich, wie Dietz behauptet, für einen durchsichtigeren Satzbau, freilich auf die Gefahr hin, daß das vom Vater Gesagte oder der von Georg und Frieda ausgeklammerte Gesprächsinhalt vom Bezugswort getrennt wird.

Nimmt man alle Beobachtungen zusammen, so tritt deutlicher hervor, was Kafka meinte, wenn er von den »ungeordneten Sätzen« seiner *Automobilgeschichte* spricht. Diese beginnt nämlich so:

Auf dem Asphaltpflaster sind die Automobile leichter zu dirigieren, aber auch schwerer einzuhalten. Besonders wenn ein einzelner Privatmann am Steuer sitzt, der die Größe der Straßen, den schönen Tag, sein leichtes Automobil, seine Chauffeurkenntnisse für eine kleine Geschäftsfahrt ausnützt und dabei an Kreuzungsstellen sich mit dem Wagen so winden soll wie die Fußgänger auf dem Trottoir. Darum fährt ein solches Automobil knapp vor der Einfahrt in eine kleine Gasse, noch auf dem großen Platz in ein Tricycle hinein, hält aber elegant, tut ihm nicht viel, tritt ihm förmlich nur auf den Fuß, aber während ein Fußgänger mit einem solchen Fußtritt desto rascher weitereilt, beliebt das Tricycle stehen und hat das Vorderrad verkrümmt.[93]

Der dritte Satz schließt sich formal an den ersten an, der zweite steht störend dazwischen. Deswegen ist das »Darum« so deplaziert wie das erwähnte satzeinleitende »Aber« in der *Verwandlung*. Vor allem verstößt die Darstellung des Unfalls selbst gegen die von Kafka bevorzugte Sinnordnung der Sätze. Die Wendung »hält aber elegant« steht störend zwischen Aussagen, die schon von dem erfolgten Zusammenstoß ausgehen. Die vom Autor beanstandeten abreißenden Anfänge lassen sich in dem Zitierten ebenfalls gut studieren, gibt es doch eigentlich in der Abfolge der drei Sätze keine sich organisch entfaltende Gesamthandlung, sondern es sind insofern tatsächlich drei parallele und für sich stehende Ansätze der Geschichte, als jeder gleichsam voraussetzungslos ist, sich dem Problem des Autofahrens von einer andern Perspektive aus nähert.

7. Kollision und Doppeldetermination

Das Schwanken Kafkas in den beiden zuletzt angeführten Beispielen aus dem *Urteil* lenkt den Blick auf den Umstand, daß bei der Darstellung eines Sachverhalts häufig zwei vom Autor favorisierte ästhetische Grundsätze miteinander konkurrieren, nicht gleichzeitig realisierbar sind, so daß ein Interessenkonflikt entsteht, in dem entschieden werden muß, welches Übel in einem ganz bestimmten Fall das geringere ist. Wenn man die einer Änderung zugrunde liegende ambivalente Ausgangssituation nicht erkennt, wird man zu einer vollständigen Fehleinschätzung der stilistischen Intentionen eines Autors gelangen, weil man vielleicht Fälle generalisiert, die dem sonst von ihm Befolgten konträr entgegengesetzt sind. Deswegen hier abschließend einige derartige Beispiele.

In der *Verwandlung* heißt es an einer Stelle: »Die Tür zum Vorzimmer war geöffnet, und man sah, da auch die Wohnungstür offen war, auf den Vorplatz der Wohnung hinaus [. . .]«. In der Handschrift steht die Wendung »man sah« hinter »offen war«, wobei die Reihenfolge der beiden Wörter natürlich vertauscht ist.[94] Sieht man nur dies, hätte man anzunehmen, daß Kafka eine nicht erwünschte Parataxe tilgen wollte, denn durch die Umstellung geht der Gleichlauf der beiden ersten Teilsätze verloren. Tatsächlich aber wäre gerade durch diese Parallelität die unvermeidliche Wiederholung des Wortes »Für« und des Stammes

»offen« zu sehr betont worden. Die Vermeidung störender Wortdubletten war demnach in diesem Fall das als höherwertig anerkannte ästhetische Prinzip.

In *Josefine* wird das Mäusevolk an einer Stelle mit einem einzelnen verglichen, von dem man »glauben« könnte, »er habe übermenschlich viel nachgegeben im festen Glauben, daß das Nachgeben trotzdem seine richtige Grenze finden werde; ja, er habe mehr nachgegeben als nötig war«. In der Handschrift heißt es statt »Glauben« »Überzeugung«.[95] Wenn man sieht, daß der Begriff Nachgeben mehrfach im Kontext verwendet ist, ohne daß dies Kafka offenbar gestört hätte, und daß durch die Ersetzung des Wortes »Überzeugung« eine weitere Wiederholung entsteht, könnte man zu der Auffassung gelangen, dergleichen sei beabsichtigt.

Man hat das anders zu sehen. Erstens ist »Glauben« hier der passendere Begriff. Kafka wollte offenbar den Aspekt des Fürwahr-Haltens zum Ausdruck bringen, nicht das Moment der Denkgewißheit. Warum hat er dann aber nicht das Verb »glauben« durch »meinen« ersetzt und so die ihn störende Wortgleichheit vermieden? Hier kommt noch etwas anderes ins Spiel: Er wollte darstellen, daß der Erzähler selber, als zum Mäusevolk gehörig, dessen Vorstellungskategorien teilt. Handelt das Volk Josefine gegenüber in einem festen Glauben, so ist es naheliegend, die diesbezügliche Position eines seiner Repräsentanten mit Hilfe ähnlicher Wortwahl als gleichartig auszuweisen. In diesem Beispiel unterliegt demnach die Tendenz, Wiederholungen nicht zu dulden, zugunsten anderer Darstellungsgrundsätze.

Im *Urteil* heißt es vom alten Bendemann: Er warf »die Decke zurück mit einer Kraft, daß sie einen Augenblick im Fluge sich ganz entfaltete, und stand aufrecht im Bett. Nur eine Hand hielt er leicht an den Plafond«.[96] Im ersten Ansatz in der Handschrift hatte es noch geheißen: »an die Decke«. Natürlich kann man daraus nicht schließen, Kafka neige zum Fremdwort. Überdies wäre ja zu bedenken, daß im süddeutschen Raum zu Kafkas Zeiten »Plafond« ein gängiges, von allen Volksschichten gebrauchtes Lehnwort war. Es verhält sich vielmehr so, daß er seine Tendenz zum reinen deutschen Ausdruck hier einer damit konkurrierenden Leitvorstellung unterordnete: Zweimal das Wort »Decke« so nah beieinander und dazu noch in ganz verschiedener Bedeutung, das wäre ein ganz unerwünschtes Wortspiel und ein funktionsloser Gleichklang gewesen.

Ein weiterer Beleg aus der *Beschreibung eines Kampfes*. In der ersten Fassung heißt es gleich zu Beginn der Erzählung: »Kaum waren wir ins Freie getreten, als ich offenbar in große Munterkeit gerieth.« Die zweite Fassung verändert in: »Kaum waren wir ins Freie getreten, als ich offenbar in bedeutende Munterkeit gerieth.«[97] Es war schon davon die Rede, daß Kafka vielfach ungewöhnlichere Formulierungen durch gefälligere ersetzt. So wurde ja beispielsweise der reifere Verstand zur großen Erfahrung verbessert. Hier aber scheint es gerade umgekehrt, das »groß« zu gewöhnlich zu sein. Die Betrachtung des Kontextes vermittelt ein anderes Bild. Unmittelbar davor im Text ist von einem großen Mond die Rede, und an dieser Vorstellung war schlecht eine sprachliche Änderung möglich. So entschied sich Kafka hier zugunsten der variatio im Ausdruck.

Im *Naturtheater von Oklahoma* heißt es von den trompetenblasenden Engeln: »Sie waren aber nicht unmittelbar auf dem Podium, sondern jede stand auf einem Postament, das aber nicht zu sehen war«. Kafka hatte zunächst geschrieben: »Sie standen [. . .]«. Kobs meint, ein solcher Ersatz eines Verbs, das die Ortsfestigkeit richtungsbestimmt darstellt, durch das bloße »sein« bedeute eine Reduktion der Ausdrucksintensität, die Kafka systematisch betreibe.[98] Andererseits scheint die oben gemachte Aussage in Frage gestellt, er vermeide den Gebrauch von Hilfszeitwörtern da, wo in der Hochsprache Vollverben am Platze wären.

Tatsächlich aber ist es nur so, daß Kafka die blasse Formulierung in Kauf nimmt, um die Wiederholung des Verbums »stehen« im gleichen Satzgefüge zu vermeiden. Freilich ist diese Lösung – aber in einem nicht für den Druck revidierten Text – nicht ganz glücklich, weil immerhin ein partieller Gleichklang zu dem den Satz beschließenden »war« besteht, der doch leicht zu beseitigen gewesen wäre. Etwa durch folgende Formulierung: »Sie standen aber nicht unmittelbar auf dem Podium, sondern einzeln auf Postamenten, die nicht zu sehen waren«.

Es ist denkbar, daß Kafka bei einer späteren Überarbeitung in der vorgeschlagenen Richtung geändert hätte, es ist jedoch genauso vorstellbar, daß er die jetzt vorliegende Fassung belassen hätte: Es ist ja Karl, der dies alles zum erstenmal überblickt und wegen der Art der Kleidung nicht gleich erkennen kann, welche Körperhaltung die Mädchen genau einnehmen. Er sieht eben zunächst, daß sie sich nicht unmittelbar auf dem Podium befinden, erkennt erst im Nähertreten, daß sie stehen. Der blasse Ausdruck wäre dann gerade der realistische und die eingenommene Erzählerhaltung profilierende.

Daß Kafka von Fall zu Fall abwägt, welchem Darstellungsgrundsatz bei Interessenkollisionen der Vorzug zu geben sei, wird besonders dann deutlich, wenn er sich bei vergleichbaren Gegebenheiten unterschiedlich entscheidet. Hier wenigstens ein Beispiel aus dem *Verschollenen* und der *Verwandlung*: »Nun mußte die Schwester im Verein mit der Mutter auch kochen; allerdings machte das nicht viel Mühe, denn man aß fast nichts«. Für »machte« steht in der Handschrift »gab«. Kafka verfolgt hier seinen Grundsatz, mundartliche Reste zu tilgen, und dem steht an dieser Stelle nichts entgegen.

Anders in folgender Romanpassage: »Meine Stelle wird frei«, sagte der Heizer, steckte im Vollbewußtsein dessen die Hände in die Hosentaschen und warf die Beine, die in faltigen, lederartigen, eisengrauen Hosen steckten, aufs Bett hin, um sie zu strecken«. Dies ist freilich nur die Lesart der Handschrift. In den Drucken ist »steckte« durch »gab« ersetzt.[99] Der an anderer Stelle verworfene Pragismus wurde bewußt nachträglich eingeführt, weil er gegenüber dem störenden Gleichklang von »steckte« zum Plural desselben Verbs als das geringere Übel erschien. Dies war um so eher erlaubt, als gerade im *Verschollenen* mundartliche Wendungen als Mittel der Personencharakterisierung eingesetzt werden.

Der Vollständigkeit halber sei schließlich darauf verwiesen, daß neben dem Widerstreit unvereinbarer Stilnormen auch Doppeldeterminierungen für Textänderungen verantwortlich sein können. Es sind die Fälle, wo zwei in gleiche Richtung weisende Tendenzen für eine neue Variante verantwortlich sind.

Aus dem *Urteil* läßt sich anführen: »Vielleicht hatte ihn der Vater [. . .] an einer wirklichen eigenen Tätigkeit gehindert, vielleicht war der Vater seit dem Tode der Mutter, trotzdem er noch immer im Geschäft arbeitete [. . .]«. Statt des letzten Wortes hatte Kafka zunächst geschrieben: »tätig war«, höchstwahrscheinlich unter dem Einfluß des vorhergehenden, vom gleichen Stamm gebildeten Substantivs.[100] Aber die Änderung läßt sich nicht nur als Wunsch verstehen, Gleichklang zu vermeiden, sondern das Verb »arbeitete«, das manchmal abweichend von der heute üblichen Verwendungsart gebraucht wird,[101] ist überdies der glattere, gefälligere Ausdruck für den zu beschreibenden Vorgang.

Ähnlich in der *Verwandlung*: »In solchen Augenblicken richtete er (seine Blicke) die Augen möglichst scharf auf das Fenster«. Die Blicke kann man nicht eigentlich auf einen Gegenstand richten, außerdem entstünde eine mindestens partielle Wortwiederholung zu dem noch im gleichen Gefüge genannten »Anblick«.[102]

Als wichtigste Ergebnisse der vorstehenden Analyse könnte man ansehen, daß die in Kafkas Texten vorliegenden Varianten vorwiegend stilistischer Natur sind, also vor allem Änderungen des Ausdrucks, nicht solche des dargestellten Phänomens, daß sie im Kontext und im Zusammenhang mit dem gesamten Belegmaterial gedeutet werden müssen und daß die ihnen zugrunde liegenden ästhetischen Zielvorstellungen sich je nach den Einzelverhältnissen in ihrer Wirksamkeit gegenseitig einschränken.

Anmerkungen

Kleinere Textveränderungen werden entweder durch Pfeile dargestellt, die auf die spätere Lesart zeigen, oder die von Kafka verworfene Fassung ist in runde Klammern gesetzt. Zusammenhängende Passagen sind nach den Grundsätzen dargeboten, die Friedrich Beißner in der Großen Stuttgarter Hölderlin-Ausgabe entwickelt hat.

1 Brief an Zelter vom 4. August 1803, vgl. G. Witkowski, Textkritik und Editionstechnik neuerer Schriftwerke. Ein methodologischer Versuch, Leipzig 1924, S. 13.
2 Vgl. E 282, 280 und H. Binder, Kafkas Hebräischstudien. Ein biographisch-interpretatorischer Versuch, in: *Jahrbuch der Deutschen Schillergesellschaft* 11 (1967), S. 550 ff.
3 F 394, vgl. B 337.
4 T 297, vgl. E 56.
5 F 180, vgl. 240, SKA 67 und FK 353 (Faksimile aus der *Prozeß*-Handschrift).
6 Vgl. T 285 und F 148 f.
7 Vgl. U. Wendland, Die Theoretiker und Theorien der sogen. galanten Stilepoche und die deutsche Sprache, Leipzig 1930, S. 217.
8 F 488 und B 121, vgl. H. Binder, Motiv und Gestaltung bei Franz

Kafka, Bonn 1966, S. 307 ff.

9 Franz Kafkas Erzählstil: Eine Demonstration neuer stilanalytischer Methoden in Kafkas Erzählung »Ein Hungerkünstler«, Bern 1970.

10 A 16, vgl. J. Kobs, Kafka: Untersuchungen zu Bewußtsein und Sprache seiner Gestalten, hg. von Ursula Brech, Bad Homburg v. d. H. (1970), S. 431 f.

11 E 88, vgl. 66 (Tasche - Taschen und tausendmal - zehntausendmal).

12 BE 130, *Hyperion. Eine Zweimonatsschrift* 1, Heft 1 (Januar/Februar 1908), S. 93 und T 38 f.

13 L. Janáček, Jenufa: Ihre Ziehtochter. Deutsche Übersetzung Max Brod. Für die Wiener Hofoper textlich eingerichtet von Hermann Reichenberger, Wien–Leipzig (1918), S. 57, Br 179 und 178.

14 E 106 f. und Kobs, Kafka, S. 107, vgl. A 11.

15 O 67 und FK 96.

16 E 107, vgl. A 10 ff.

17 A 517 f. und J. Kobs, Kafka, S. 429, vgl. 107.

18 O 66 und 187.

19 E 56 und 59, vgl. BE 88 f. und 94 f.

20 Franz Kafka. Drucke zu seinen Lebzeiten. Eine textkritisch-bibliographische Studie, in: *Jahrbuch der Deutschen Schillergesellschaft* 7 (1963), S. 451.

21 Vgl. E 129.

22 Kafka, S. 194.

23 Vgl. E 98 und 102.

24 Kafka, S. 107 f.

25 A 9, 314 und T 481.

26 Kafka, S. 108.

27 A 21.

28 L. Dietz, Kafkas Randstriche in Manuskript B der »Beschreibung eines Kampfes« und ihre Deutung. Eine Ergänzung zur Edition der zweiten Fassung, in: *Jahrbuch der Deutschen Schillergesellschaft* 16 (1972), S. 652. Eine Zusammenstellung der 15 Stellen S. 650, vgl. auch W. Jahn, Kafkas Roman »Der Verschollene« (»Amerika«), Stuttgart (1965), S. 46 ff.

29 BE 18 ff.

30 BE 40 f.

31 BE 15, 25, 83, 23, 17 und 85.

32 J. Ryan, Die zwei Fassungen der »Beschreibung eines Kampfes«. Zur Entwicklung von Kafkas Erzähltechnik, in: *Jahrbuch der Deutschen Schillergesellschaft* 14 (1970), S. 568.

33 BE 44 f., 24 f., 94 f., 26 f. und 14 f.

34 BE 12 f. und 26 f.

35 Zum Beispiel BE 78 f.: »Sie war in dem schwarzen Kleide« → »Sie trug ein schwarzes Kleid«; 84 f.: »mit dem Dunkel der Gasse, in der

nur weit von einander gelbe Laternen waren« → »mit dem Dunkel der Gasse, in der Laternen nur weit voneinander und fast bis in der Höhe der ersten Stockwerke angebracht waren«. Vertiefung: BE 14 f.: »ihre Lippen waren halbgeöffnet« → »in dem schwachen, das ganze Stiegenhaus erfüllenden Lampenschein zitterten ihr die Lippen«. Vgl. 92 f. Metaphorik: BE 87 und 91.

36 BE 29 ff. (»Schon«, »Mund«, »fort«, »bei ihm«, »hier«, »bleiben«, »weggehn«, »Verwandte und Freunde«, »helfen« und »müsse«). Die andern Stellen: BE 27, »Soweit hatte: Schlimmste – wohin?«, 31, »Es ist: weniger – haben!« (»Wenn ich schon Ihre Mitteilung nicht brauchte, um wie viel weniger brauche ich eine Erklärung. Ich brauche nämlich nichts als Ihre Gnade«), 33, »Erst dieser: besser – hatte ich«, 37, »Er hatte: über die – erinnert er« und »Natürlich, sagte: Natürlich – immer«, 41, »Für mich: Für – werfen« (»Ich mußte mich nicht erstechen lassen, ich mußte nicht weglaufen«), 79, »In den: In den – welches auf« und 83, »Das glaube: angesprochen? – habe«. Angegeben wurden jeweils die ersten zwei Wörter des Abschnitts, in welchem die durch Randstrich(e) markierte Passage steht, deren erstes und letztes Wort nach dem Doppelpunkt ebenfalls notiert ist.

37 BE 76 f.

38 BE 35.

39 BE 31.

40 BE 37.

41 BE 93. Schlecht einordenbar bleiben die beiden folgenden in BE 29 stehenden Passagen: »Aber mit plötzlicher Wendung sah er mich an – ich war noch nicht ganz fertig« und »Das muß ich aber sagen, ärgern können Sie einen. Dieser unnütze Aufenthalt! Also machen Sie endlich Schluß!«

42 T 141 f.

43 Vgl. BE 10 f., 16 f., E 72, 103, B 120, 280 und E 272.

44 Vg. E 112, B 288, E 250 und 251.

45 BE 11 und E 114.

46 *Prager Presse* 1, Nr. 270 (25. XII. 1921), S. 22, vgl. B 121.

47 BE 94 f., vgl. 90 und 122.

48 Vgl. E 74.

49 J. Kobs, Kafka, S. 172, 183, 189 und 191.

50 Vgl. J. Kobs, Kafka, S. 223 und A 327.

51 Vgl. H. Binder, Motiv und Gestaltung bei Franz Kafka, S. 244 ff.

52 Vgl. folgende Passage im *Brief an den Vater*: »Um mich Dir gegenüber nur ein wenig zu behaupten, zum Teil auch aus einer Art Rache, fing ich bald an, kleine Lächerlichkeiten, die ich an Dir bemerkte, zu beobachten, zu sammeln, zu übertreiben.« (H 181) M 63 f.: »Auch darfst Du nicht vergessen, daß Scherz und Ernst zwar an sich leicht zu unterscheiden sind, aber bei Menschen, die so bedeutend sind, daß

das eigene Leben von ihnen abhängt, ist das doch wieder nicht leicht, das Risiko ist zu groß, man bekommt Mikroskop-Augen, und wenn man die einmal hat, kennt man sich überhaupt nicht mehr aus.« Vgl. dazu H. C. Buch, Ut Pictura Poesis: Die Beschreibungsliteratur und ihre Kritiker von Lessing bis Lukács, München (1972), S. 242 f.

53 Br 141 und FK 109 f.

54 Vgl. B 241.

55 Br 431 (der Brief ist auf Frühjahr 1922 zu datieren), vgl. 444 und oben S. 323.

56 Im Manuskript hinter B 271: »[. . .] bis er ausbleibt.«

57 Br 392, zur Datierung der Erzählung vgl. jetzt SKA 58, 68 und 71.

58 Vgl. B 290, 267 und 271.

59 Goethes Werke, Band IX: Aus meinem Leben: Dichtung und Wahrheit, Hamburg (1955), S. 564.

60 Br 392, T 582 und Br 472.

61 Vgl. Br 413. Zu seinem Freund Oskar Baum sagte Kafka über seinen *Gruftwächter*: »Das einzig Nicht-Dilettantische an dem Stück ist, daß ich es *nicht* vorlese.« (Max Brod, Der Prager Kreis, Stuttgart, Berlin, Köln, Mainz [1966], S. 132)

62 Vgl. A 355, E 73, 58 und 272.

63 Vgl. FK 49 und F 317.

64 Vgl. FK 71: »nicht nur, wenn es um so große Themen ging, offenbarte sich Kafkas anschaulich starke Bildkraft, sondern immer, ununterbrochen«.

65 Vgl. etwa H 7 mit 33.

66 Vgl. T 31.

67 E 241, vgl. Br 365, 366 und 295 f.

68 Vgl. E 281, F 107, M 168, 221, 228 und 244.

69 E 271 und B 120.

70 E 122.

71 T 536, vgl. F 396.

72 So J. Kobs, Kafka, S. 111.

73 T 550, Br 364 und T 551.

74 Vgl. H 45.

75 H 349 und 352.

76 Vgl. B 257.

77 M 249.

78 Dazu vor allem L. Dietz, Franz Kafka, Drucke zu seinen Lebzeiten, S. 416 ff. Über die *Betrachtung* schrieb Kafka: »Es gibt in diesen Stückchen ein paar Stellen, für die ich zehntausend Berater haben wollte«. (Br 99)

79 Vgl. Br 169, 180 und F 81 (Anmerkung).

80 Vgl. E 90 und H. Binder, Kafka-Kommentar zu sämtlichen Erzählungen, 3. Auflage, München (1982), S. 70.

81 Besonders störend ist das E 107 (hinter »verstand doch«) wegen des folgenden »im letzten Grunde«. Kafka strich erst bei der Vorbereitung zum Druck.

82 Br 178.

83 Vgl. E 102.

84 Vgl. E 93.

85 Vgl. E 118, 87 und 109.

86 T 142 und F 467.

87 Vgl. E 82, 109 und J. Kobs, Kafka, S. 116 ff.

88 E 252, 91 und T 27.

89 Franz Kafka. Drucke zu seinen Lebzeiten, S. 451.

90 Dies meint W. Jahn, Kafkas Roman »Der Verschollene« (»Amerika«), S. 79 ff.

91 Vgl. E 114, J. Kobs, Kafka, S. 118 ff. und E 89: »die schlimmen Folgen, die auf ihre Ursachen hin, nicht mehr zu durchschauen sind« → »die schlimmen, auf ihre Ursachen hin nicht mehr zu durchschauenden Folgen«. (Weitere Beispiele für diese von Kafka bis an die Grenzen des syntaktisch Möglichen ausgenutzte Form in: H. Binder, Motiv und Gestaltung bei Franz Kafka, S. 324.)

92 Vgl. E 126 und 66.

93 T 142 und 645 f.

94 Vgl. E 87 f.

95 Vgl. E 286.

96 Vgl. E 63.

97 BE 14 f.

98 J. Kobs, Kafka, S. 108, vgl. A 307. Gegen Kobs spricht auch eine Lesart zu Beginn der *Verwandlung* E 73: »Wenn es nicht wegen meiner Eltern wäre« → »Wenn ich mich nicht wegen meiner Eltern zurückhielte«. Kafka erstrebt das Vollverb und den prägnanten Ausdruck.

99 Vgl. E 100, A 13 und J. Kobs, Kafka, S. 73.

100 Vgl. E 55.

101 Vgl. Etwa A 135, 164 und 344.

102 Vgl. E 77.

Verzeichnis der Abbildungen

Personen- und Titelregister

405

st 2013 Plenzdorfs »Neue Leiden des jungen W.«
Herausgegeben von Peter J. Brenner

1972 in der DDR, 1973 in der Bundesrepublik erstmals erschienen, in der Theaterbearbeitung hüben wie drüben zugleich umstrittenes und umjubeltes Ereignis, hat Plenzdorfs
»Neuer Werther« den Erfolg seiner klassischen Vorlage
eingestellt. Wie diese 200 Jahre zuvor, so enthält auch
Plenzdorfs *Werther* das Gefühl, trägt ihn die Strömung
seiner Zeit, artikuliert er einer Generation Trauer und
Sehnsucht. Den Mythos von Plenzdorfs Werther historisch
und kritisch zugleich zu belegen und aufzuhellen, gleichzeitig aber zum ersten Mal Plenzdorfs Erstling einzuordnen
in den größeren Zusammenhang eines umfassenderen Schaffens: dies macht der neue Materialienband sich zur Aufgabe.

st 2014 Horváths »Der Fall E.« oder
Die Lehrerin von Regensburg
Herausgegeben von Jürgen Schröder

Horváths Dramenfragment über »Den Fall E.« fußt auf
einem Fall von Berufsverbot und seinen tragischen Folgen
im Jahre 1930. Die Voraussetzung für das Verständnis
von Horváths Arbeitsweise als des »Chronisten« der Wei-
marer Republik bildet eine möglichst genaue Dokumentation des authentischen Falles. Sie ist in den letzten beiden
Jahren fast lückenlos gelungen. Neben der Edition des Dra-
mentextes und aller Varianten, ausführlicher historischer
und literaturwissenschaftlicher Interpretation bietet der Ma-

terialienband u. a. die umfangreichen Personalakten der seinerzeit zuständigen Kreisregierung, die Protokolle des bayerischen Landtags, ein handschriftliches Tagebuch des Opfers,
Fotografien und mündliche Äußerungen noch lebender Zeugen.

st 2015 Herbert Achternbusch
Herausgegeben von Jörg Drews

Der Bezeichnungen für Herbert Achternbusch, den Mann
und das Werk, sind viele: Den Ungebändigten, Wütenden,
den Eigensinnigsten, den Anarchisten hat man ihn genannt,
zugleich aber den Schwierigen, den Versponnenen. In seinem Werk, ob Dichtung oder Film, entdeckte man den »Sog
des Existentiellen« ebenso wie das Sentimentale, das Sati-
rische wie das Utopische, das Volkstümliche wie das Exzen-
trisch-Esoterische. Auf eines jedoch wird man sich wohl ver-
ständigen: Achternbusch steht in der Reihe der wenigen
wirklich großen Unzeitgemäßen, der Schöpfer ihres provo-
kant eigenen Lebens, der wahren Poeten. Der Materialienband von Jörg Drews unternimmt eine Annäherung, ohne
hinter den Facetten dieses Autors den großen Nenner, dem
er sich und sein Schaffen verweigert, zu suchen.

st 2016 Brechts »Mutter Courage
und ihre Kinder«
Herausgegeben von Klaus-Detlef Müller

Mutter Courage und ihre Kinder ist Brechts vermutlich er-
folgreichstes, mit Sicherheit aber folgenreichstes Stück. Der
neue Materialienband mit dem Bestreben, »Einschüchterung
durch Klassizität« zu verhindern, ersetzt und ergänzt die
ältere Sammlung von Werner Hecht (edition suhrkamp 50).
Der Offenheit und Aktualität von Brechts Werk wird er
gerecht durch den Abdruck weiterer Dokumente zur Entstehung des Stücks und bisher unveröffentlichter Varianten,
eine Zusammenstellung von Äußerungen Brechts zum Werk
und zur Aufführung, eine Dokumentation zur Rezeption,
den Wiederabdruck wichtiger Deutungen, Bibliographie und
Aufführungsverzeichnis. Er versteht sich als Anregung zu
erneuter Auseinandersetzung mit dem Stück in Theater,
Universität und Schule.

st 2017 Brechts »Gewehre der Frau Carrar«
Herausgegeben von Klaus Bohnen

Die Gewehre der Frau Carrar gehören zu Brechts weniger zitierten, wohl aber meistgespielten Stücken. Im Blick auf das Gesamtwerk ist seine Bedeutung die einer Zwischenstellung: in der Nachfolge der »Lehrstücke« (engeren Sinnes) und als Vorbereitung der späteren »klassischen« Werke. – Der von Klaus Bohnen herausgegebene Materialienband geht über die Kommentare Brechts und seiner Mitarbeiter sowie die Sammlung vorliegender sekundärliterarischer Interpretationen hinaus: Exemplarisch werden hier, indem die historische Lage auf der Basis des von Brecht selbst gesammelten Materials dokumentiert ist, Verarbeitungsprozesse im Werdegang eines Dramas einsichtig. Zugleich gibt eine Untersuchung der Varianten des Stücks einen nicht unwesentlichen Hinweis darauf, wie Brecht die im marxistischen Denkmodell signifikante Klassenkampf-Typologie während der Überarbeitung dem dramatischen Anschauungsbild erst im nachhinein aufsetzt.

st 2018 Weimars Ende
Herausgegeben von Thomas Koebner

Daß die Intellektuellen, zumal die Schriftsteller, den Gang der Ereignisse vor und nach 1933 sehr viel besser vorausgesehen hätten als die ›professionellen‹ Politiker, diese provozierende Behauptung aus den Exil-Tagebüchern von Alfred Kerr ist Ausgangspunkt des Materialienbandes *Weimars Ende*. Stimmt aber diese Behauptung? Und – wenn sie stimmt – aus welchen Gründen vermochten die Intellektuellen besser, schärfer, weiter zu sehen als andere? In einem internationalen Symposium der Forschungsstelle Deutsche Literatur 1933–1945 hat eine Runde von Fachleuten sich um Überprüfung dieser angeblichen Prophetenleistung deutscher Intellektueller an repräsentativen Beispielen bemüht, um Antwort auf die Frage, über welche diagnostischen und prognostischen Fähigkeiten Schriftsteller und Publizisten in den Jahren 1930–1933 verfügten. Angeschlossen an diese Diskussion ist die Fragestellung nach bestimmten Paradigmen der Epochendeutung, nach den charakteristischen Mustern, Mythen, Motiven, Metaphern der Zeitkritik.

st 2019 Horváths »Geschichten aus dem Wiener Wald« Herausgegeben von Traugott Krischke

Der Band enthält im wesentlichen Originalbeiträge namhafter Forscher und Wissenschaftler. Der feuilletonistischen Einführung von Hansjörg Schneider folgt ein, den biographischen und werkgeschichtlichen Aspekten gewidmeter, Beitrag des Herausgebers Traugott Krischke. Mit der »Spießer-Ideologie« befaßt sich Hermann Glaser, während Martin Hell sich mit »Kitsch« und »Sentimentalität« in Horváths *Geschichten aus dem Wiener Wald* auseinandersetzt. Winfried Nolting untersucht »Individualität und Totalität Horváthscher Sprachdarstellung«, Ingrid Haag zeigt Horváths dramaturgisches Verfahren auf, und Jürgen Wertheimer behandelt »Horváths *Geschichten aus dem Wiener Wald* im Unterricht«. Im Exkurs zum Thema Mittelstand wird der Umbruch gesellschaftlicher Strukturen und die damit verbundene Problematik durch Texte der Jahre 1929 bis 1932 verdeutlicht. Umfangreiche Literaturhinweise ergänzen diesen Band.

st 2020 Ernst Weiß Herausgegeben von Peter Engel

Ernst Weiß hat auf exemplarische Weise die Zeitströmungen vom Expressionismus bis zur Neuen Sachlichkeit verarbeitet und dabei als Chirurg seine eigenen, meist von medizinischer und psychologischer Problematik bestimmten Themen gestaltet. Sein unverwechselbares, mit allen Dämonien menschlicher Verhaltensweisen vertrautes Werk hat in der Presse und unter den Literaturwissenschaftlern die widersprüchlichsten Reaktionen ausgelöst. Der Materialienband überliefert dieses spannungsreiche Spektrum mit den wichtigsten der zu Ernst Weiß' Lebzeiten verstreut in Zeitungen und Zeitschriften veröffentlichten Reaktionen auf sein Werk. Er dokumentiert aber auch bedeutende oder charakteristische Publikationen, die seit dem Tod des Dichters über ihn erschienen sind, ohne die Widersprüche, Irrtümer und Fehlspekulationen zu verbergen, die sich aus der zögernden und halbherzigen Erforschung und Rezeption eines Schriftstellers ergaben, dessen Werk weder Konzessio-

nen an den populären Publikumsgeschmack enthält noch
von einem der politischen und ideologischen Lager zu ver-
einnahmen ist.

st 2021 Brechts »Guter Mensch von Sezuan«
Herausgegeben von Jan Knopf

Neben die gänzlich neu gearbeiteten Bände zu Stücken
Brechts, die bisher nicht in der edition suhrkamp mit Mate-
rialiensammlungen zu finden waren, treten Bearbeitungen
jener Materialienbände zu den großen klassischen Stücken,
die über Jahre hinweg ihr Publikum gefunden und sich
selbst den Rang von Klassikern erworben haben. Nach
Brechts Leben des Galilei und *Mutter Courage* präsentiert
sich auch *Brechts Guter Mensch von Sezuan* in neuem Ge-
wand. Wie in jenen Bänden werden die Selbstäußerungen
durch bislang nicht publizierte Texte aus dem Nachlaß ergänzt, sind neue Forschungsansätze und Beiträge der letzten
Jahre vertreten, wird die Rezeption des Theaters mit ihren
Weiterungen in verstärktem Maße berücksichtigt. Ein aktua-
lisierter Bild- und Dokumentarteil gemeinsam mit einer
neuen Bibliographie machen das theoretisch Erörterte sinn-
fällig und prädestinieren den Band für das weiterführende
wissenschaftliche wie das allgemeiner interessierte Studium.

st 2022 E. Y. Meyer
Herausgegeben von Beatrice von Matt

Insistierend auf philosophiegeschichtlich vorgeprägten Fra-
gestellungen, hat E. Y. Meyer stilistisch zwar – wie ihm die
Kritik bescheinigte – den Weg zu einer klaren, beruhigten
und ganz selbständigen Prosa zurückgelegt. Nicht gering
bleiben dennoch die Schwierigkeiten, die Meyers Werk dem
spontanen Verständnis entgegensetzt: sei es die starke autobiographische Verankerung seiner Themen, die präzise, nicht
ablassende, penetrierende Art seiner Darstellung, die Ver-
häkelung des Gesamtwerks infolge seiner Technik motivi-
scher wie inhaltlicher Wiederaufnahme und Weiterführung.
Hier wie dort ist der eindringlich fragende Leser auf ein-
führende und ordnende Hilfestellung angewiesen. Beatrice
von Matt unternimmt diese Aufgabe mit einem abwechs-
lungsreich komponierten Materialienband, versucht Meyers

Werk durch eine Vielzahl von Näherungen konzentrisch zu fassen: im Gespräch mit dem Autor, durch Präsentation philologischen Materials zu Entstehungsbedingungen und Entwicklungen, im Spektrum der Originalbeiträge ausgesuchter Interpreten.

st 2023 Brechts »Mann ist Mann«
Herausgegeben von Carl Wege

Kaum ein anderes Stück Brechts ist zugleich so sehr Dokument seiner Entwicklung, ist so oft, je nach »Lebensphase« und den zugehörigen Ansichten des Autors, wieder umgebaut worden, kaum ein anderes auch wurde so oft und so weitgehend mißverstanden.

Zum ersten Mal nach Druck und Uraufführung von 1926 macht daher der Materialienband von Carl Wege die Erstfassung des Stücks wieder zugänglich, zum ersten Mal überhaupt bietet er Auszüge aus dem sogenannten Hauptmann-Manuskript, jener frühesten, 1924 in Zusammenarbeit mit Elisabeth Hauptmann entstandenen Rohfassung. Hinzu tritt ergänzend eine Dokumentation der Vorarbeiten zum selben Thema: so etwa des Galgei-Fragments und bislang unveröffentlichter Notizen und Anmerkungen.

Die Auseinandersetzung mit Stoff und Entstehungsprozeß des Stückes in Äußerungen von Freunden und Mitarbeitern Brechts wird im zweiten Teil des Bandes belegt, ergänzt durch zeitgenössische Theaterkritiken von Alfred Kerr und Herbert Ihering.

st 2024 Brasilianische Literatur
Herausgegeben von Mechtild Strausfeld

»Erst in der zweiten Hälfte des neunzehnten Jahrhunderts tritt mit zwei wahrhaft repräsentativen Gestalten, mit Machado de Assis und Euclides da Cunha, Brasilien in die Aula der Weltliteratur ein.«

Das schrieb Stefan Zweig 1941. Seitdem sind vierzig Jahre vergangen, und die moderne brasilianische Literatur zählt wie die hispanoamerikanische zu den interessantesten und vielseitigsten der zeitgenössischen Literaturen der Welt. Ziel des vorliegenden Bandes ist es, grundlegende Informationen über Autoren und Werke zu vermitteln, um einem größeren Leserkreis den Zugang zu dieser Literatur zu erleichtern.

Chronologisch werden die wichtigsten Namen dieses Jahrhunderts vorgestellt: Machado de Assis, Euclides da Cunha, Lima Barreto, Mario de Andrade, Carlos Drummond de Andrade, Graciliano Ramos, Jorge Amado, Gilberto Freyre, Guimarães Rosa, Clarice Lispector, Joao Cabral de Melo Neto; dazu noch ein kurzer Abriß der Entwicklung von Kurzgeschichte und Roman von 1964 bis 1980. Biobibliographische Angaben komplettieren den Band.

st 2025 Karl May
Herausgegeben von Helmut Schmiedt

Der Name Karl May stand jahrzehntelang für eine als kindlich bis kindisch geltende Unterhaltungsliteratur, die Interesse allenfalls unter pädagogischen und kommerziellen Aspekten zu verdienen schien. Andersartige Kommentare, für die vor allem Literaten wie Ernst Bloch und Arno Schmidt verantwortlich waren, blieben weitgehend wirkungslos, und erst neuerdings entwickelt sich in größerem Umfang eine engagierte, ernst zu nehmende Forschung, die in perspektivenreicher Annäherung an das Werk des vermeintlichen Trivialschriftstellers erstaunliche Dimensionen erschließt: Psychologische und ideologiekritische Interessen kommen dabei ebenso zu ihrem Recht wie formal-ästhetisch und literaturgeschichtlich orientierte Ansätze. Der Materialienband unternimmt es erstmals, die Geschichte und den aktuellen Stand der May-Forschung anhand repräsentativer Beispiele nachzuzeichnen, er führt sie mit einigen neuen Beiträgen weiter. Das bisher umfangreichste Verzeichnis der Werke Mays und eine ausführliche Bibliographie der Sekundärliteratur beschließen das Buch.